스마트폰,
학교 수업에 들어오다!

박만재

스마트폰, 학교 수업에 들어오다!

2판 1쇄 인쇄　　　 2025년 1월 1일
2판 1쇄 발행　　　 2025년 1월 7일

저　　자　　　 박만재
기획총괄　　　 변문경
책임편집　　　 문보람
디 자 인　　　 디자인 다인, 오지윤
인　　쇄　　　 영신사
종　　이　　　 세종페이퍼
홍　　보　　　 박연재, 박정연
제　　작　　　 박종훈
제작/IP 투자　 ㈜메타유니버스 www.metauniverse.net

펴낸 곳　　　 다빈치books
출판등록일　　 2011년 10월 6일
주　　소　　　 서울특별시마포구월드컵북로 375, 21층 7호
팩　　스　　　 0504-393-5042
출판 콘텐츠 및 강연 관련 문의 curiomoon@naver.com

목차

방과 후 업무 도우미

들어가며

○ **공을 잘 못 던지는 학생이 피구를 좋아하는 경우는 거의 없습니다.**

학생들은 대부분 자신이 잘하는 것을 좋아하기 마련입니다. 스마트기기 사용도 마찬가지입니다. 아이들이 무언가를 잘할 수 있게 하려면 좋아하게 하는 것만큼 확실한 방법도 없습니다. 그래서 선생님들은 늘 수업 도입부에 다양한 '동기 유발' 작업을 고민합니다.

○ **그렇다면 우리 학생들은 디지털 활용을 좋아할까요?**

여기서 말하는 디지털 활용은 게임이나 SNS를 즐기는 것이 아닙니다. 이미 많이 들어보셨을 디지털 리터러시를 의미합니다. 현재 컴퓨터를 거치지 않는 일은 상당히 드뭅니다. 공부든 업무든 미래에는 이런 현상이 더 심해질 것입니다. 나이 지긋한 노인분들도 동네 문화센터에서 스마트폰과 키오스크 사용법을 배우시는 걸 보면 디지털 리터러시가 이제 사회생활의 필수 역량이라는 데 사회적 합의가 모아진 것 같습니다. 우리 아이들에게도 디지털 리터러시는 필수입니다. 지식의 조각들을 모아 와서 목적에 맞게 재구성하고 여러 디지털 도구로 효율적인 문제 해결을 할 수 있는 능력을 길러주어야 합니다.

○ **디지털 리터러시를 기른 아이들은 어떤 모습을 보여줬을까요?**

디지털교과서 선도학교를 운영하면서 수업뿐 아니라 생활의 여러 문제들을 디지털 리터러시로 해결할 수 있는 역량을 아이들에게 중점적으로 키워주었습니다. 어느 날 '실생활 문제 해결력'을 길러주기 위해 미국의 한 학교에서 실제로 진행되었다던 '학교 화장실 세면대 높이 정하기'를 따라 해본 적이 있었습니다.

> "우선 구글 설문지로 우리 학교 학생들의 학년별 키를 알아보자."
> "저학년들은 잘 모를 테니 알아보기 쉽게 미리캔버스로 카드뉴스를 만들게."
> "다문화 친구들한테는 파파고로 번역하면 되겠다."
> "결과 나오면 프레젠테이션은 파트를 나눠 캔바로 제작하자."

디지털 도구의 활용에 익숙해진 학생들은 복잡한 문제의 해결 방법을 빠르고 다양하게 산출해냅니다. 이런 능력은 학교를 넘어 업무 능력과도 직결될 수 있습니다. 문제 상황 앞에서 수십 가지의 해결 도구를 가진 실력 있는 사람은 다른 사람들을 이끄는 리더십을 발휘할 수도 있습니다. 수천억 시장의 스포츠 팀들이 확고부동한 에이스나 경험이 풍부한 베테랑들에게 리더를 맡기는 데에는 다 이유가 있는 법입니다.

○ 디지털교과서 수업이란 무엇일까요?

디지털교과서 수업이란 단순히 종이책 대신 태블릿으로 교과서를 보는 것이 아닙니다. 같은 교과서 수업 활동을 하더라도 방법과 도구는 다양하게 선택 가능한 것이 요즘 교육의 모습입니다. 이제는 탁구공과 플래시로 실험하는 대신 VR 콘텐츠로 달의 모양 변화를 우주 시점에서 관찰하고, 앙부일구를 교과서 사진으로 보는 대신 AR 콘텐츠로 직접 작동시켜보는 것이 가능한 시대입니다. 한국교육학술정보원의 연구 결과에 따르면 디지털교과서 활용 시 의사소통, 협업, 정보 활용, 문제 해결, 창의성 및 혁신, 자기주도 학습 능력과 비판적 사고력, 학습 자신감, 학습 동기, 수업 태도의 10가지 능력에 유의미한 향상이 있었다고 합니다.[1]

○ 과연 아직 먼 이야기일까요?

　서울시 교육청에서는 2022년부터 중학생을 대상으로 1인 1태블릿PC를 제공하며 디지털교과서의 전면 도입을 선언하였고, 인천은 2024년까지 1인 1노트북 지급이 예정되어 있습니다. 충남 등에서도 비슷한 변화가 일어나고 있습니다. 교육부에서는 디지털교과서를 2007년부터 교육 중점 사업 중 하나로 지정하고 이미 수많은 선도학교를 운영하며 본격적 확산을 준비하고 있습니다. 한국판 뉴딜 정책으로 진행된 학교 무선망 구축도 완료된 상황입니다.

　이 책의 목적은 수많은 디지털 도구들을 이용해서 교과서 공부를 더 풍성하게 하는 방법을 소개하는 것입니다. 학교 현장에서는 디지털 리터러시가 중요하다고 국영수를 제쳐놓고 컴퓨터실에만 들락거릴 수는 없습니다. 그러므로 교과 공부와 디지털 리터러시의 균형 있는 성장을 디지털교과서 수업으로 도모해보시기 바랍니다. 선도학교 운영 중 직간접적으로 사용한 다양한 애플리케이션, 홈페이지, 프로그램 사용법과 실전 적용 수업 지도안들을 정리하였습니다.

　이 책을 읽고 계시는 분이 초등학교 선생님이시고 태블릿 등 스마트기기를 활용한 수업에 관심이 많으시다면, 부디 이 책이 선생님의 수업에 조금이나마 도움이 되기를 바랍니다. 우리 학생들이 여기서 소개해드리는 디지털 도구들과 수업들을 통해 자신의 학습 무대를 학교 밖으로 넓히고 자신의 생각을 다양한 방법으로 표현할 수 있으면 좋겠습니다.

---

1) 미래학교, EBS 다큐프라임[미래학교] 제작진 지음, GREEN HOUSE, 107쪽 내용

수업 준비하기

1. 디지털 교실 준비하기

○ 주 기기 선택하기

선도학교가 아닌 상황이라면 학생 개인의 스마트폰을 이용할 수밖에 없습니다. 만약 여건이 된다면 태블릿을 따로 이용하는 것이 좋다고 생각합니다. 가끔 VR 콘텐츠를 이용해야 할 때만 HMD(Head Mount Display)와 함께 스마트폰 활용을 권장합니다. 그 이유는 아래와 같습니다.

첫째, 스마트폰을 제거함으로써 학생들의 수업 집중도를 높일 수 있습니다.

학생 개인 소유의 스마트폰은 아이들에게 이미 놀이기기로 인식이 되어 있어 스마트폰이 가까이 있는 것만으로도 학생들의 수업 집중력은 낮아집니다. 초기 수업 때 몇몇 학생들은 셀카를 찍거나 페이스북 메시지를 보내는 등의 행동을 하기도 했습니다.

둘째, 화면이 커서 작업이 수월하고 시력 보호 효과도 있습니다.

학생이 직접 실감 나는 콘텐츠를 체험하고, 자신이 생각하는 바를 음악, 미술작품, 신문 등으로 직접 표현하면서 수업을 만들어나가는 일련의 생산적인 학습 활동을 위해서는 스마트폰의 작은 화면이 충분하지 않았습니다. 최근에는 모바일 최적화 프로그램도 많지만 그렇지 않은 것들도 상당히 많아 작은 스마트폰 화면에서는 아이콘 하나 누르는 것조차 쉽지 않은 경우가 있었습니다. 교과서 PDF 파일 등 문서를 볼 때도 태블릿의 화면 크기와 화면비가 훨씬 유리합니다.

시력 보호에도 태블릿이 좋습니다. 작은 화면을 계속 보게 되면 자기도 모르게 화면과 눈의 거리가 가까워지는 것은 모두가 한 번쯤 겪어본 현상일 것입니다. 학생들은 아직 눈이 덜 자랐기 때문에 가까운 거리의 피사체를 오랫동안 보는 것이 좋지 않다고 합니다. 또한 목을 숙이고 화면을 오래 보게 되면서 최근 학생들 사이에서는 거북목이나 목 디스크가 발생하는 빈도가 높아지고 있습니다. 수업 활동의 특성상 오랜 시간 작업을 해야 하므로 학생의 건강을 위해서도 태블릿이 좋습니다.

셋째, 키보드와 펜의 활용도가 높습니다.

디지털교과서를 120% 활용하기 위해서 반드시 필요한 것이 키보드와 펜이라고 생각했고 실제로도 그러했습니다. 특히 펜의 경우 스케치를 하거나 색을 칠하는 등 미술 수업을 진행함에 있어서 필수적이었습니다. 학생들은 교사가 생각하지 못한 부분에서도 펜을 자연스럽게 이용하며 디지털 네이티브다운 모습을 보여주었습니다. 그뿐만 아니라 교과서 PDF 위에 글씨를 쓰거나 기기의 디테일한 조작에 펜을 이용하는 등 여러 방면에서 펜을 자유자재로 사용하였습니다.

키보드 역시 수업 효과를 높이는 데 꼭 필요한 기기였습니다. 아무리 화면을 바로 누르는 터치 키보드가 정교해졌다고는 하나 아직까지 물리적 키보드의 편의성을 따라오지 못했다고 생각합니다. 특히 학생들에게는 스마트폰보다 큰 화면에서 키보드 키의 간격이 넓어진 터치 키보드를 쓰는 것이 쉽지 않아 보였습니다. 물리 키보드를 통해 빠르게 글을 쓸 수 있게 됨으로써 학생들은 원격 수업에서 서로의 의견을 빠르게 주고받았으며 카드뉴스, 신문 만들기, 영상 자막 넣기 등 각종 텍스트 입력에서 훨씬 빠르고 정확하게 과제를 수행하는 모습을 보여주었습니다.

주 기기를 선택하실 때는 아래의 사항들을 확인해보시기 바랍니다.

---

① 스마트폰보다는 태블릿 사용을 추천합니다.
② 화면은 교과서와 유사한 10인치 내외가 좋습니다.
③ 해상도는 FHD(1080p)도 충분합니다.(배터리 소모량, 기기 가격 고려)
④ 고장이 잦을 수 있으므로 AS 접근성 여부를 따져봅니다.

○ 보조기기 선택 가이드
① 키보드, 펜, 이어폰은 블루투스 연결이 필요 없는 것이 좋습니다.

컴퓨터실에서 수업을 하다 보면 체감상 2분에 한 번씩은 선생님 호출이 발생합니다. 하물며 태블릿은 어떨까요. 저는 원활한 수업 진행이 가장 중요하다고 생각하였기에 기기 관리 면에서 불편함을 최소화하고자 했습니다. 한 교실에서 여러 사람이 같은 기종의 기기를 사용하며 블루투스를 켜게 되면 30개의 블루투스 신호가 얽히게 되면서 난감한 상황이 펼쳐질 수 있다고 판단했습니다. 물론 개인적으로 집에서 사용하거나 제일 처음 두 기기를 연결하는 페어링 작업을 따로따로 해주면 혼란을 줄일 수도 있습니다. 하지만 만약 중간에 연결이 불안정해지면 수업 중 중대한 방해 요소가 생기는 것이므로 최대한 안전한 연결 상태를 유지하는 것이 중요하다고 판단하여 도킹 키보드와 연결이 필요 없는 펜, 유선 이어폰을 채택하였습니다. 최근에는 이어폰 단자가 없는 태블릿들도 많은데 USB-C 등 충전단자를 이용해 연결할 수 있는 유선 이어폰을 사용하시면 좋습니다.

또한 이렇게 주변기기 연결에 블루투스를 사용하지 않으면 태블릿 간 자료 이동 시 블루투스를 활용할 수 있게 됩니다. SAND ANYWHERE 등 애플리케이션을 이용한 공유도 가능하지만 학생들은 블루투스로 직접 전송을 하는 것을 더 선호했으며, 이를 통해 1:1 대응 데이터 송수신 기술인 블루투스 기술에 관한 학습도 자연스럽게 이뤄질 수 있었습니다.

② VR HDM(가상현실 헤드 마운트 디스플레이)를 구비합니다.

어떤 학습 프로그램들은 VR을 기반으로 제작되었습니다. 교육부에서 제작한 '실감형 콘텐츠'의 많은 학습 콘텐츠나 'SITES IN VR' 등은 VR을 활용했을 때 그 진가를 경험할 수 있습니다. 물론 VR기기 없이도 직접 기기를 들고 360도로 돌려가며 콘텐츠를 감상할 수 있는 3D모드를 함께 지원하고 있기는 합니다. 하지만 학생들의 몰입감과 콘텐츠의 실감 나는 활용을 위해서 VR 헤드 마운트 디스플레이 기기를 함께 구입하는 것을 권장합니다. 이때, 학생들의 스마트폰 크기를 고려하여 가장 큰 사이즈의 스마트폰에도 무리 없이 사용할 수 있는 크기의 기기를 구입해야 합니다. 유선 이어폰을 사용하신다면 이어폰 사용에도 무리가 없는지 꼭 확인하셔야 합니다. 거의 모든 VR 콘텐츠들은 음성 설명을 함께 제공하여 이어폰이 없다면 제대로 된 수업을 하기 어렵기 때문입니다. 가격이 부담스럽다면 '구글 카드보드'를 저렴하게 구입해 학생들이 직접 만들어보게 할 수도 있습니다.

③ OTG도 가끔 사용할 때가 있습니다.

OTG란 스마트폰이나 태블릿에 컴퓨터에서 사용하는 USB-A 타입을 연결할 수 있게 해주는 젠더입니다. 없어도 무방하지만 아직까지는 USB를 이용해 자료를 옮기는 것이 익숙한 학생들이 많으므로 가끔 사용할 일이 있었습니다.

혹은 실과 교과서의 종류에 따라 6학년 소프트웨어 교육 단원에서 교육용 피지컬 컴퓨팅 로봇을 코딩을 통해 직접 구동해보는 수업이 있습니다. 교육용 피지컬 컴퓨팅 로봇(햄스터봇, 마이크로비트 등)들의 연결 케이블이 대개 USB-A 타입이기 때문에 OTG를 이용하면 학생의 태블릿과 연결하여 자신만의 코딩을 즉각적으로 실험해볼 수 있게 됩니다. 선생님이 코딩하여 로봇이 이렇게 움직인다고 보여주기만 했던 이전의 수업 상황에 비해 훨씬 더 적극적이고 의욕적인 수업이 가능합니다.

○ 교실 환경

① 대형 충전기를 구매합니다.

교실에서 여러 대의 스마트기기를 운영하기 위해 기본적으로 갖춰야 할 장비가 대형 충전기입니다. 시중에는 30~40대의 기기를 한 번에 충전할 수 있는 다양한 대형 충전기들이 있습니다. 발열을 낮춰주는 쿨링 기능, 도난을 방지하는 잠금 기능 및 용이한 이동을 위한 바퀴와 손잡이 등이 갖춰진 제품을 고르신다면 이용에 불편함이 없을 것입니다.

② 무선 네트워크를 구축합니다.

최근 뉴딜 정책의 일환으로 진행된 교실 선진화 사업 중 학교 무선망 설치 사업이 마무리 단계에 접어들고 있습니다. 그 덕분에 이제 모든 교실에서 와이파이 이용이 가능해졌습니다. 디지털교과서에 이용되는 교육용 애플리케이션들을 설치하여 사용하기 위해서는 당연히 인터넷이 필요합니다. 다운로드뿐만 아니라 사용 중에도 인터넷이 계속 필요한 프로그램들이 꽤 많이 있습니다. 분수 계산기나 도형의 전개도 등 한정적인 콘텐츠를 제공하는 프로그램들은 다운로드만 받고 나면 더 이상 인터넷을 사용하지 않고도 자체적으로 구동할 수 있는 반면, 구글 크롬 뮤직랩이나 구글 아트 앤 컬처 등 끝없이 확장되는 콘텐츠를 제공하는 프로그램들은 설치 후에도 인터넷이 지속적으로 연결되어 있어야 모든 활동을 진행할 수 있습니다.

이와 같이 각종 교육용 프로그램을 다운로드하여 수업에 사용한다는 기본적인 역할 말고도 학생의 산출물을 빠르게 제출받고 피드백을 해줄 수 있다는 장점까지 있습니다. 또한 학생들이 궁금한 정보를 즉시 검색할 수도 있고 학생들의 생각을 바로 시각화하여 보여줄 수 있는 멘티미터나 발표에 자신감이 없는 학생도 부담 없이 자신의 생각을 보여줄 수 있는 패들렛 등 수업 운영을 도와주는 각종 프로그램도 사용할 수 있게 됩니다.

학교에서 스마트 TV를 사용 중이라면 학생 태블릿의 화면을 TV에 바로 미러링해서 보여줄 수도 있습니다. 예전 교실에서 사용하던 실물화상기가 이제는 필요 없어지는 것이지요. 학생들은 자신의 생각을 표현한 작품이나 교과서 PDF 파일 위에 문제를 해결한 결과물을 즉시 모든 학생과 공유할 수 있게 됩니다. 이 과정에서 학생들 사이의 긍정적 의견 교환과 피드백이 이루어지는 것은 말할 것도 없었습니다. 교사들 역시 화면 미러링을 통해 교과서 학습 문제를 칠판에 일일이 판서하는 일을 줄이고, 교과서 화면을 함께 공유하며 수업을 진행함으로써 학생들이 수업의 진행을 놓치는 일이 없어지고, 같은 장면을 보며 해법을 제시하게 됨으로써 이해도가 높아지는 현상도 관찰할 수 있었습니다.

2. 이 책의 활용 방법

디지털교과서 수업을 위한 교육과정 재구성이나 수업 준비를 언제나 쉽게 할 수 있는 것은 아닙니다. 저 역시 선도학교 운영 초기의 바쁜 와중에 관련 서적들을 읽다 보니 그냥 언제든 펼쳐서 써먹을 수 있는 실제 수업 적용 사례가 있으면 좋겠다고 생각했습니다. 그래서 교과서 활동 중심으로 바로 투입할 수 있는 것들을 소개해드리고자 노력했습니다.

이 책은 각 과목별로 사용할 수 있는 교육용 프로그램들을 아래의 네 단계에 걸쳐 소개하였습니다.

○ 활용 단원 추천
해당 앱을 사용할 수 있는 단원과 차시를 제안하였습니다. 학교별로 사용하시는 검인정 교과서에 따라 수업 내용은 같으나 차시나 교과서 쪽수는 다를 수 있습니다. 어떤 프로그램들은 활용하기에 따라 모든 과목에 걸쳐 사용할 수도 있으니 꼭 과목의 구별에 구애받지 않으셔도 됩니다. 선생님들의 수업 스타일이나 루틴, 각 교실의 상황에 따라 다양한 응용이 가능합니다.

○ 사용 방법

앱의 사용 방법을 상세히 서술하였습니다. 수업 중 프로그램 사용법에 대한 잦은 질문으로 제대로 수업을 진행하기 어려웠던 적이 있었습니다. 고민 끝에 앱 사용 설명서를 만들어줬는데 반응이 아주 좋았습니다. 그 경험을 반영하여 쉽게 따라 할 수 있게 설명하였으므로 수업 시 학습지로 활용하실 수도 있을 것이라 생각합니다.

○ 수업 지도안

어떻게 수업을 진행하였는지 정리하였습니다. 과목이나 단원의 특성 등 다른 자료에서 더 자세히 알아보실 수 있는 부분은 최대한 제거하였고, 지도안도 엄격한 형식에 맞추지 않고 단계별 활동만 알 수 있도록 간단하게 구성하였습니다.

○ 수업 후기

수업 진행 후의 효과, 유의점, 학생 소감, 학생 작품 등을 실었습니다.

이 책에서 소개해드리는 교육용 프로그램이나 애플리케이션은 추후 프로그램의 업데이트 등 각종 변경 사항이 발생할 수 있습니다. 하지만 기본적인 기능과 사용 방법은 크게 변하지 않으므로 한번 사용법을 익혀두시면 계속 활용이 가능할 것입니다. 특히 동영상 프로그램의 경우 무료였던 것들이 나중에 유료로 전환되는 일이 많은데 이럴 때는 후발주자로 나선 업체들의 무료 프로그램을 찾아서 사용하시는 것도 좋습니다. 초등학생의 경우 기본 기능만으로도 충분한 학습이 가능하고 이를 토대로 본인의 희망에 따라 심화된 기능에 도전하는 경우도 많이 관찰할 수 있었습니다.

제 경험상 대다수 초등학생들은 구글 안드로이드 기반의 스마트폰을 이용하고 있었습니다. 저희가 선도학교 운영에 사용한 기기 역시 안드로이드 기반 태블릿이었기 때문에 이 책의 모든 프로그램이나 앱들은 안드로이드에서 구동이 가능한 것들을 우선순위로 두었습니다. 앱 소개 첫 부분의 개요 표에 보이는 '사용 환경 추천 순서'를 참고하시면 사용 가능한 환경과 추천 순위를 보실 수 있습니다.

소프트웨어 교육 강사를 하면서 생각보다 많은 선생님들께서 컴퓨터나 스마트기기 교육에 관해 걱정하고 계시는 것을 본 적이 있습니다. 너무 걱정하실 필요는 없습니다. 디지털교과서 수업을 하면서 중요한 것 중 하나는 학생들을 믿는 것입니다. 디지털 네이티브로 태어난 우리 학생들은 스마트기기 활용에서 어른들보다 훨씬 뛰어난 능력을 보여주기도 합니다. 이미 쌓여 있는 다양한 경험들 덕분인지 새로운 앱을 만나도 어색함 없이 금세 적응하여 활용하는 모습을 보여줍니다. 그러니 선생님들께서 완벽하게 다 파악한 후에 시작해야 한다는 마음을 가질 필요는 없습니다. 저도 "새로 나온 앱이라 나도 잘 몰라", "같이 알아보자", "나도 좀 알려줘", "친구들끼리 도와주면서 하자"라는 말을 종종 하며 학생들과 함께 답을 찾아왔습니다. 이것도 그냥 수많은 수업들 중 하나일 뿐이라는 마음으로 편안하게 시작해보시면 좋겠습니다.

1교시

국어

01

전문가 같은 카드뉴스 제작하기
미리캔버스

미리캔버스 카드뉴스면 나도 발표 전문가!		
1)	• www.Miricanvas.com • 누구나 쉽고 빠르게 디자인을 할 수 있는 이미지 제작 사이트 • 다양하고 직관적인 템플릿과 이미지 도구 제공	
활용 목표	발표할 내용을 생각하여 적절한 자료를 고르고 카드뉴스로 만들어 발표할 수 있다.	
사용 환경 추천 순서	① 윈도우	② 구글 플레이스토어	② 애플 앱스토어
	2)	인터넷 브라우저 로 접속	애플리케이션이 없으므로 컴퓨터와 동일하게 기기의 인터넷 브라우저로 접속 (화면 크기상 태블릿 사용 추천)
인터넷 사용	로그인 및 사용을 위해서 지속적인 인터넷 연결 필요	
공유 방법	사진, 영상 등 다양한 방식으로 내보내 자유롭게 사용 가능	

---

1) [그림 1-1] https://www.miricanvas.com

2) [그림 1-2] QR코드는 크롬 브라우저 QR 생성 기능 사용

[표 1-1 미리캔버스 개요]

국어 단원 대다수는 단원의 마무리로 자신의 생각을 표현하는 활동을 합니다. 자료조사, 생각의 정리 및 표현이 모두 필요한 단원 정리 활동에 활용할 수 있는 발표 자료 만들기 도구를 소개해드리고자 합니다. 저희는 카드뉴스를 만드는 데 유용한 미리캔버스와 미리 준비된 레이아웃을 활용하여 신문을 제작할 수 있는 페이지스 등을 활용하였습니다. 꼭 국어 단원이 아니더라도 사회나 과학 등 다른 과목의 발표 자료를 만들 때에도 충분히 활용하기 좋은 프로그램들입니다. 각종 사회 캠페인 활동을 위한 자료 제작 등 학생들이 실생활에서도 활용하기 좋은 미리캔버스에 대해 함께 알아봅시다.

1 활용 단원 추천

학년-학기	과목	단원	주요 내용	차시	쪽수
3-2	국어	3. 자신의 경험을 글로 써요	우리 반 소식지 만들기	8-9	114-119
6-1	국어	3. 짜임새 있게 구성해요	적절한 자료로 발표하기	7-8	108-113
6-1	국어	8. 인물의 삶을 찾아서	문학작품 속 인물 소개하기	9-10	294-299

[표 1-2 미리캔버스 활용 단원 추천]

미리캔버스는 발표 자료를 만드는 수업이라면 어떤 수업에서든 활용하실 수 있습니다. 사회나 과학에서 학습 내용을 정리하여 소개하는 데 사용할 수도 있고, 미술이나 음악 과목의 발표 자료 제작에도 사용할 수 있습니다.

2 사용 방법

1. 미리캔버스 홈페이지에 접속하고 로그인을 합니다. 카드뉴스 제작 활동은 계정 없이도 가능하나 결과물을 다운로드하기 위해서는 로그인이 필요합니다.

미리캔버스에서는 학생들이 개인적으로 아이디를 만들 필요가 없습니다. 고객센터 이메일을 통해 양식을 갖춰 교육용 아이디 생성을 부탁하면 일괄적으로 생성된 아이디를 사용할 수 있습니다. 수업 중 학생들은 빈번하게 자신의 아이디와 비밀번호를 잊어버리는 일이 발생합니다. 접속을 못 해 수업이 지연되는 경우가 많으므로 일괄 계정 생성을 이용하시면 이러한 문제를 걱정하지 않으실 수 있습니다. 저희 학급의 경우에도 학생 개별로 가입을 시키는 것보다는 미리 계정을 받아 학생들에게 나눠주는 것이 효율적이었습니다.

⭐ **미리캔버스 학생 계정이 생성되었습니다** ⬀

안녕하세요.미리캔버스입니다.
요청하신 아이디 생성이 완료되었습니다
ID : ███████001@edu.miri ~ ███████110@edu.miri
PW : ████████

3)

[그림 1-9 고객센터에서 회신 받은 학생용 아이디와 비밀번호]

2. 로그인을 하면 지금까지 만든 작품들이 [내 디자인]에 보이게 됩니다. 우측 상단의 `디자인 만들기` 를 클릭하면 프레젠테이션, 인포그래픽, 웹포스터 등 다양한 자료를 만들 수 있습니다. 우리는 이 중에서 카드뉴스를 선택합니다.
3. 기본 작업 화면은 아래와 같습니다. 캔바(발표와 평가④)와 작업 화면 구성이 많이 유사합니다. 비슷한 기능을 지닌 프로그램들은 사용자 인터페이스도 대부분 비슷합니다.

---

3) [그림 1-9] https://mail.naver.com/

[그림 1-10 미리캔버스 디자인 화면]

A	작업 메뉴바입니다. 왼쪽에 세로로 나열된 작은 아이콘을 클릭하면 오른쪽의 큰 공간[C]에서 원하는 것을 찾아 이용할 수 있습니다. 검색창을 이용하여 원하는 것을 빠르게 찾을 수도 있습니다.

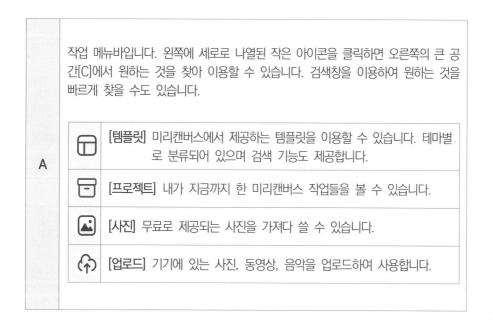

4) [그림 1-10]~[그림 1-32] 화면 및 아이콘 캡처 https://www.miricanvas.com/design

🔳	**[요소]** 선, 도형, 사진, 차트, 프레임 등을 추가할 수 있습니다. 검색창에 원하는 요소를 검색하여 사용할 수 있습니다.
Ⓣ	**[텍스트]** 텍스트를 입력합니다. 제공하는 서체와 글상자를 이용할 수 있습니다.
✦	**[AI 도구]** 생성형 AI 기능을 이용해 현재 디자인에 어울리는 요소를 만들거나 새로운 그림을 그려 넣을 수 있습니다.
👤	**[크리에이터]** 콘텐츠 작가들이 제작한 템플릿을 사용할 수 있습니다.
◔	**[데이터]** 타임라인, 차트, 인포그래픽 등 데이터 관리에 사용하기 유용한 디자인 요소들이 모여 있습니다.
▶	**[동영상, 오디오]** 무료로 제공되는 소스 영상을 쓰거나, 유튜브 영상을 링크로 붙여넣기 할 수 있습니다. 오디오도 넣을 수 있습니다.
🎨	**[테마]** 작업물에 적용되는 전체적인 색 조합을 바꿉니다.
▨	**[배경]** 배경을 넣습니다.
🔳	**[QR/바코드]** QR이나 바코드를 바로 생성하여 넣습니다.

B	작업 창입니다. 화면에 보이는 요소들을 배치하고 글씨나 사진을 넣어 자료를 제작할 수 있습니다. 템플릿 이용 시 화면에 보이는 거의 모든 개체를 별도로 조작 가능합니다. 개체를 클릭하면 그 개체의 전체 형태가 하늘색 선으로 보이게 되므로 크기 조절, 이동, 회전 등 조작이 가능합니다. 다음은 페이지 옵션들입니다. 📄 ＋ 🗇 ↑ ↓ 🗑 가장 왼쪽 아이콘은 메모 작성 기능입니다. 새로운 페이지를 추가할 때는 ＋ 버튼을

B	눌러야 합니다. 페이지를 추가하지 않고 같은 페이지를 계속 수정하며 작업하는 학생들이 꽤 있었습니다. 세 번째의 복사 아이콘으로 같은 페이지를 복사할 수 있습니다. 화살표를 누르면 페이지가 위, 아래로 이동합니다. 휴지통 아이콘을 누르면 삭제됩니다.
C	작업 창의 보기 옵션들입니다. [동영상 에디터], [디자인 에디터]로 바꿔가며 작업을 할 수 있습니다. 확대, 축소나 애니메이션 넣기 등을 사용할 수 있습니다.
D	디자인 공유 옵션입니다. 다운로드하거나 링크를 통해 공유할 수 있습니다. 인쇄물 제작의 경우 내가 제작한 디자인을 바로 제품 디자인에 적용해 판촉물 등을 만들 수 있습니다. 즉시 구매까지 할 수 있어 마케팅에 실질적인 도움이 됩니다.

[표 1-3 미리캔버스 사용 방법 정리]

발표할 내용 준비하기								
학년-학기	6-1	**과목**	국어	**단원**	3단원	**차시**	5-6	
학습 목표	발표할 내용을 준비할 수 있다.							
단계	**교수·학습 활동**							
도입	• 카드뉴스로 제작된 최신 소식 함께 보기 • 학습 목표 제시							
활동1	• 발표 유형 정하기(개인, 조별 등) • 발표 주제 정하기 • X MIND(발표와 평가3)로 발표 주제 관련 마인드맵 만들기 • 패들렛(발표와 평가2)에 마인드맵 업로드하기 – 교사 피드백, 학생 간 상호 관찰							

활동2	• 필요한 자료를 찾는 방법 알아보기
	• 발표하는 상황에서 자료를 제시하는 방법 알아보기
	  –『국어』106쪽 4번에 제시된 발표하는 상황 파악하기
	• 자료를 활용할 때 주의할 점 알아보기
	  – 알맞은 길이, 청중의 수준, 자료 출처 밝히기 등							

활동3	• 발표 자료 제작 계획 세우기(조별 역할 분담 등) • 미리캔버스로 발표 자료 만들기 • – 개인 발표, 조별 발표 등 다양한 구성 가능 • 발표							

정리	• 자료 공유하고 상호 피드백하기
	  ☞ 평가: 주제에 맞는 자료를 활용하여 발표용 카드뉴스를 만들어 발
	     표를 진행한다.
	• 발표할 내용을 잘 구성해야 하는 까닭 생각해보기
	• 개인별 실천 사항 및 수업 소감 발표하기							

[표 1-4 미리캔버스 수업 지도안]

학생들은 아주 작은 요소에도 큰 변화를 보이곤 합니다. 또한 각자의 재능이 달라 수업 활동을 살짝만 바꿔줘도 능력을 마음껏 펼치기도 합니다. 교과서에 결과물을 만들 때는 틀이 정해진 종이 위에 연필로 몇 줄을 겨우 채우던 아이들도 미리캔버스를 만나 다른 모습을 보여주었습니다. 준비되어 있는 다양한 템플릿과 요소들을 적재적소에 배치하며 색 구성부터 메시지까지 아주 멋진 결과물을 만들어내는 모습이 대견했습니다. 몇 줄 이상 채워야 한다는 부담감이 없어져서인지 짧은 문구라도 호소력 있게 쓰기 위한 고민을 하기 시작했습니다. 특히 한글이 아직 익숙하지 않은 다문화 학생들에게 큰 효과를 보았습니다.

긴 글보다는 눈에 확 띄는 이미지를 더 많이 사용하는 시대입니다. 글을 잘 쓰는 것도 물론 중요하지만 생각을 다양한 방법으로 표현하는 능력도 중요합니다. 미리캔버스를 익숙하게 다루게 된다면 우리 학생들은 앞으로도 독창적인 생각을 멋지게 포장할 수 있을 것입니다.

[그림 1-33 학생 작품 1]   [그림 1-34 학생 작품 2]

[그림 1-35 학생 작품 3]

[그림 1-36 학생 작품 4]

5)

---

5) [그림 1-33]~[그림 1-36] 미리캔버스를 이용한 학생 작품

02

유튜브 영상 같은 애니메이션 만들기

파우툰

파우툰으로 애니메이션 자료 만들기			
1)	• https://www.powtoon.com/ • 자동으로 움직이는 애니메이션 캐릭터들로 구성된 서식을 활용하여 내용만 써 넣으면 멋진 자료를 제작할 수 있는 홈페이지		
활용 목표	발표할 내용을 생각하여 적절한 자료를 고르고 애니메이션 자료로 만들 수 있다.		
사용 환경 추천 순서	① 윈도우	② 구글 플레이스토어	② 애플 앱스토어
	2)	인터넷 브라우 저로 접속	애플리케이션이 없으므로 컴퓨터와 동일하게 기기의 인터넷 브라우저로 접속 (화면 크기상 태블릿 사용 추천)
인터넷 사용	로그인 및 사용을 위해서 지속적인 인터넷 연결 필요		
공유 방법	유튜브 업로드, PPT 등의 방식으로 내보내기 가능		

---

1) [그림 2-1] https://www.powtoon.com
2) [그림 2-2] QR코드는 크롬 브라우저 QR 생성 기능 사용

⚠️ 파우툰 3줄 요약

❶ 파우툰 로그인 후 좌측의 🗂 **TEMPLATES** 3)에서 템플릿 검색하여 선택하기

❷ 화면 상단 (EDIT **CREATE**) 모드 선택
  * [EDIT] 모드는 슬라이드 속의 텍스트만 변경하며 간단하게 사용 가능
  * [CREATE] 모드는 슬라이드 속 개체들의 이동 등 정밀한 편집 가능

❸ 작업 완료 후 상단 (EXPORT ˅)의 YOUTUBE 선택하여 완성된 영상 내보내기 혹은
  ＜ SHARE 선택하여 링크로 서로의 작품 공유 가능

[표 2-1 파우툰 개요]

　미리캔버스(국어①)로 멋진 카드뉴스를 만들어보았다면 이번에는 조금 다른 느낌의 자료를 만들 수 있는 홈페이지를 소개해드리고자 합니다. 파우툰은 준비된 애니메이션 서식을 이용해 자료를 제작할 수 있는 곳입니다. 카드뉴스는 정적인 데 비해 파우툰에서 사용할 수 있는 애니메이션들은 캐릭터나 글상자 등 각각의 개체가 왔다 갔다 재미있게 움직입니다. 우리가 할 일은 적당한 애니메이션 서식을 골라 준비된 글상자 안에 말을 바꿔 넣는 것 정도입니다. 물론 조금 익숙해진 뒤에는 장면을 원하는 대로 편집하는 것도 가능합니다.

　파우툰은 최근 많은 콘텐츠를 유료로 전환하여 수업 중 무료로 이용할 수 있는 것들은 제한적이지만, 무료로 제공하는 몇몇 서식만으로도 학생들과는 충분히 멋진 자료를 제작할 수 있습니다. 색다른 결과물을 만들어볼 수 있는 파우툰을 알아봅시다.

---

3) [그림 2-3]~[그림 2-6] 아이콘 https://www.powtoon.com/html5-studio/?#/edit/dx6LZG4NQWg

학년-학기	과목	단원	주요 내용	차시	쪽수
4-1	국어	10. 인물의 마음을 알아봐요	재미있었던 일을 만화로 표현하기	9-10	298-300
4-2	국어	6. 본받고 싶은 인물을 찾아봐요	자신의 미래 모습 발표하기	9-10	210-215
5-2	국어	8. 우리말 지킴이	우리말 바르게 사용하기를 알리는 만화 그리기	7-8	286-289
5-2	과학	3. 날씨와 우리 생활	날씨와 우리 생활 만화 그리기	1	48-49
비상교육 미술 6		1. 나를 찾아가는 여행	나를 표현하는 작품 만들기	2-3	10

[표 2-2 파우툰 활용 단원 추천]

파우툰은 애니메이션 방식을 이용한 발표 자료 제작 도구이므로 꼭 만화로 결과물을 표현하는 차시가 아니더라도 미리캔버스(국어①)나 캔바(발표와 평가 ④)처럼 다양하게 활용하실 수 있습니다. 혹은 아래에 나오는 수업 지도안처럼 미술 수업에서 디지털 카드나 자기소개 자료를 만들어볼 수도 있습니다.

1. 파우툰에 접속합니다. 회원 가입 후 로그인을 합니다. 이메일 주소만으로 간단히 회원 가입을 할 수 있으므로 학생들도 계정을 만들어 사용하는 것이 좋습니다.
2. 로그인 후의 화면입니다. 템플릿을 선택하여 작업을 준비합니다.

4)

[그림 2-7 파우툰 작업 시작 화면]

[A]	준비된 서식을 이용하기 위해 ⊡ TEMPLATES 를 선택합니다. 아래에 보이는 IMPORT는 외부 파일을 불러와 만드는 방식이고 BLANK를 선택하면 빈 화면에서 시작하게 됩니다.
[B]	템플릿을 고릅니다. [PRO+] 마크가 붙어 있는 것은 유료이므로 무료로 이용할 수 있는 것을 고릅니다. 윗줄에서 주제별 템플릿 모음이 제시되므로 필요한 주제를 찾아 선택할 수 있습니다. 위쪽의 돋보기 모양 검색창을 이용하면 원하는 주제를 찾아 사용할 수도 있습니다.
[C]	지금까지 만든 파우툰 모음입니다. [View all]을 누르면 만든 파우툰을 모두 볼 수 있습니다. 아래의 [Learning Center]에서는 사용법을 배울 수 있습니다만 어차피 전부 영어라서 학생들이 보기에는 어려울 수 있습니다.

[표 2-3 파우툰 작업 시작 화면 설명]

---

4) [그림 2-7] https://www.powtoon.com/

[그림 2-8 미리보기 화면]

3. 템플릿을 선택하면 오른쪽 그림과 같이 어떻게 작동하는 모습의 템플릿인지 미리보기를 보여줍니다. 하단의 **Edit in Studio** 를 눌러 편집을 시작합니다.[5]

4. 아래는 편집 화면입니다. 자료를 제작하는 웹페이지들은 기본적으로 비슷한 사용자 인터페이스를 갖고 있습니다. 영어로 되어 있기 때문에 크롬을 이용하시는 경우 화면 위쪽의 하늘색 부분에 마우스를 대고 오른쪽 버튼을 눌러 [한국어(으)로 번역]을 하실 수 있습니다. 한국어로 번역되는 부분이 극히 적어 큰 도움은 안 되지만 사용하는 기능이 몇 가지 없어 학생들도 영어로 충분히 사용이 가능합니다.

파우툰에서는 두 가지 편집 모드를 제공하고 있습니다. 화면 왼쪽 상단에서 선택할 수 있는 [EDIT]와 [CREATE] 모드입니다. [EDIT]는 준비된 템플릿 안에서 글씨를 바꿔 넣거나 개체 이동만 할 수 있어 학생들이 간단히 사용하기 좋습니다. [CREATE] 모드에서는 각 슬라이드의 진행 상황을 보며 여러 개체들을 좀 더 복잡하게 조정하는 등의 고급 편집이 가능합니다.

5) [그림 2-8] https://www.powtoon.com/new-dashboard/#/templates?toolbarState=default&toolbarWidget=myPowtoons&preview =815&f lowType=spa-templates

[그림 2-9 파우툰 제작 화면]

[A]	[EDIT]와 [CREATE] 모드를 선택합니다.
[B]	준비된 슬라이드 목록입니다. 아래의 [+] 버튼을 눌러 슬라이드를 추가할 수 있습니다. 슬라이드 추가에는 두 가지 선택지가 있는데 [Add a ready-made scene]를 통해 사용 중인 템플릿과 같은 형식의 슬라이드를 추가하거나 [Make your own scene]으로 새로운 슬라이드를 넣는 것이 가능합니다. 슬라이드 추가 시에는 다른 템플릿의 일부분을 가져와 사용할 수 있습니다. 템플릿의 통일성을 위해서는 새 슬라이드 추가보다는 기존 슬라이드를 복사해서 사용하시는 것이 좋습니다. [그림 2-10 슬라이드 선택 화면]

6) [그림 2-9]~[그림 2-15] 작업 화면 및 아이콘 이미지
　　출처: https://www.powtoon.com/html5-studio/?#/edit/dx6LZG4NQWg

복사하고 싶은 슬라이드에 마우스를 갖다 대고 [⋯] 표시를 눌러 [Duplicate]를 선택하면 해당 슬라이드를 복사할 수 있습니다. [Delete]로 삭제를 하거나 [Swap]로 해당 슬라이드를 변경할 수 있습니다. 슬라이드 사이에 보이는 표시들(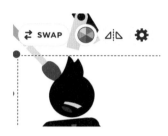)은 화면 전환 효과입니다. 클릭하여 변경이 가능합니다.

[그림 2-12 개체 아이콘]

각 개체는 다른 개체로 변경할 수 있습니다. 개체를 클릭하면 몇 가지 메뉴가 나타납니다.
[SWAP]을 통해서 다른 개체로 변경하거나(화면 우측에 대체할 수 있는 개체가 제시됨), 색을 바꾸고 대칭 이동을 하거나 여러 효과를 줄 수도 있습니다. 톱니바퀴 모양을 누르면 더 많은 요소들을 조절할 수 있습니다.

[그림 2-13 배경 SWAP]

배경 사진을 [SWAP]하여 바꿀 수도 있습니다. 파우툰에서 제공하는 샘플 이미지를 쓸 수도 있고, [+ Add image]를 눌러 기기에 있는 사진을 업로드해 이용할 수도 있습니다. 누군가에게 줄 카드를 만들 때는 받는 사람의 사진을 넣어 감동을 더하는 것도 가능합니다.

[C]	작업 창입니다. 마우스를 이리저리 움직이다 보면 선택 및 변경할 수 있는 개체들이 점선으로 표시됩니다. 위 화면에서는 검은색 사람과 안녕, 얘들아, 쌤이야, 나를 소개해줄게라는 4개의 글상자와 노란색 가로 띠, 말풍선 주머니의 총 일곱 가지 개체가 들어가 있습니다. 각각을 눌러 색깔, 크기, 위치를 바꾸거나 글씨를 바꿔 쓸 수 있습니다. 윗부분의 [Horizontal]을 누르면 작품의 비율을 가로형, 세로형, 정사각형으로 바꿀 수 있습니다. [+ 100% -]는 작업 화면 확대·축소 기능입니다.
[D]	미리보기 버튼입니다. [▶]를 누르면 해당 슬라이드만 재생되고, 파란색 ▶를 누르면 해당 슬라이드부터 마지막 슬라이드까지 쭉 재생됩니다.

[표 2-4 파우툰 제작 방법 설명]

5. 내용을 집어넣습니다. 글씨만 잘 바꿔도 충분히 멋지게 활용이 가능합니다. 필요한 슬라이드들을 선택하고, 나머지 슬라이드는 삭제합니다.

6. [EDIT] 모드로 편집 시 가끔씩 슬라이드 처음에 나왔다가 사라지는 개체들은 수정이 불가능할 때가 있습니다. 이럴 때는 위에서 [CREATE] 모드로 변경합니다. 진행 중인 작업의 변화 없이 화면 우측과 하단에 도구 모음이 나타납니다. 하단에 나타나는 [시간 조절 바]를 활용하시면 개체들이 나타나고 사라지는 시간을 조절할 수 있습니다.

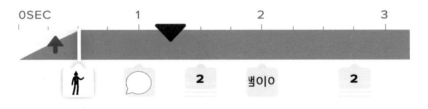

[그림 2-14 시간 조절 바]

① 검은색 삼각형(▼)을 움직여 해당 슬라이드의 움직임을 천천히 훑어볼 수 있습니다. 삼각형을 움직이다 보면 시간대별로 슬라이드에 어떤 변화가

일어나는지 관찰이 가능합니다. 현재 검은 삼각형이 초반부에 있기 때문에, 화면에는 사람 아이콘과 말풍선만 나타나 있고 뒤에 보이는 '쌤이야' 같은 말들은 아직 뜨지 않은 것을 유추할 수 있습니다. 시간대를 조절해 가며 [EDIT] 모드에서는 숨겨져 있어 변경할 수 없는 개체들을 찾아 선택하실 수 있습니다.

② [시간 조절 바] 아래에 보이는 작은 아이콘들이 현재 슬라이드에 있는 개체들입니다. 사람 아이콘이 가장 처음으로 나타나고 말풍선, 숫자 2로 표시된 2개의 개체 묶음('안녕'과 '얘들아'), 쌤이야, 다시 2개의 개체(노란색 가로 띠, '나를 소개해줄게')가 순서대로 나타날 것임을 볼 수 있습니다.

③ 아이콘을 선택하면 그 개체가 언제 나타나서 언제 사라지는지 파란색 구간으로 표시가 됩니다. 위 시간 바에 선택되어 있는 사람 개체는 슬라이드의 처음에 나와서 끝까지 유지된다는 것을 확인할 수 있습니다. 검은색 세로줄 위에 마우스를 대면 양방향 화살표(↔)가 나타납니다. 이를 이용하여 개체의 유지 시간을 조절할 수 있습니다. 개체 아이콘 위에 마우스를 올리면 네 방향 화살표(✥)가 나타나는데 이 상태로 아이콘을 통째로 옮기며 시간을 조절할 수도 있습니다.

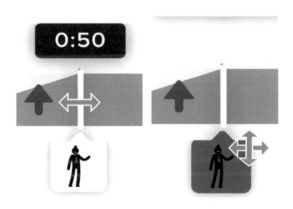

[그림 2-15 CREATE 모드에서 개체 세부 조정하기]

7. 작업 중 화면 상단의 [SAVE]를 수시로 클릭하여 중간 저장을 잘 하라고 안내해주시는 것이 좋습니다. 작업을 마친 뒤에는 결과물을 내보냅니다. 작업물을 다른 사람에게 보여주는 방법은 크게 [SHARE]와 [EXPORT]의 두 가지로 나뉩니다.

가장 좋은 결과물 저장 방법은 영상 파일일 것입니다. 영상을 바로 저장하는 것은 유료 기능이지만, 저장 방법 중 [YouTube]를 이용하면 약간 우회하는 방법으로 영상 파일을 저장할 수 있습니다.(아래 참고) 무료 이용의 경우 화면 오른쪽 아래에 파우툰의 로고 워터마크가 붙습니다.

[SHARE]	[Edit]	캔바(발표와 평가④)와 마찬가지로 함께 작업할 수 있는 사람들을 추가합니다. 상대방의 이메일 주소를 입력하여 링크를 보낼 수 있습니다.
	[Publish & Share]	링크를 공유하여 파우툰 홈페이지에서 결과물을 볼 수 있게 해줍니다.
[EXPORT] EXPORT ⌄	Download Image(MP4)	비디오 파일로 저장합니다. 가장 유용한 기능인 만큼 유료 회원만 이용할 수 있습니다.
	Download Image(JPG)	해당 슬라이드만 사진 파일로 다운로드받습니다. 정지된 화면으로 사진이 다운로드됩니다.
	Download animated(GIF)	해당 슬라이드만 움직이는 그림인 GIF 형태로 저장합니다. 개체의 움직임을 볼 수 있습니다.
	YouTube	구글 아이디로 로그인하여 자신의 유튜브 채널에 영상으로 된 결과물을 올릴 수 있습니다. 유튜브에 올린 자신의 영상은 자유롭게 다운로드받을 수 있습니다. 파우툰에서 유튜브로 [PUBLISH]를 한 뒤 유튜브에 접속하여 화면 왼쪽의 [내 동영상]으로 들어갑니다. 파우툰에서 저장한 영상을 선택한 뒤 [오프라인 저장]을 하면 영상 파일로 결과물을 저장할 수 있습니다.

	그 외	나머지 방법은 수업 중에는 거의 사용할 일이 없어 생략합니다. 페이스북이나 비메오, 트위터 등 리스트에 보이는 여러 플랫폼에 결과물을 올릴 수 있습니다.

[표 2-5 파우툰 작품 내보내기 방법 설명]

3 수업 지도안

마음을 전하는 카드 만들기						
학년-학기	–	**과목**	창체	**단원**	–	**차시** –
학습 목표	파우툰을 이용하여 마음을 전하는 애니메이션 카드를 만들 수 있다.					
단계	**교수·학습 활동**					
도입	• 모션그래픽, 인포그래픽 개념 알아보기 – 예시 자료 ① 독도 모션그래픽 홍보 영상[7] ② 모션그래픽이란 무엇인가?[8] • 마음을 전할 주제 정하기 – 기념하고 싶은 상황 떠올리기 – 마음을 전하고 싶은 사람과 전하고 싶은 마음 떠올리기					

---

7) [그림 2-16] 유튜브, Jehyeon Yu, 독도(Dokdo) 모션그래픽 홍보영상 QR https://youtu.be/tdXY3BoLYDQ

8) [그림 2-17] 유튜브, 헤이메이트(heimate), [모션그래픽, 인포그래픽] 인포그래픽이란 무엇인가? QR(Heimate 헤이메이트) https://youtu.be/GTb2Scy2GwY

마음을 전하는 카드 만들기		
활동	• 주제에 알맞은 템플릿 찾기	

<table>
<thead>
<tr><th>상황</th><th colspan="2">추천 템플릿 이름(검색창에 입력)</th></tr>
</thead>
<tbody>
<tr>
<td>마음 표현
(3종)</td>
<td colspan="2">Mother's Day
Valentine's Day Card
Simply Valentoon</td>
</tr>
<tr>
<td>기념일
(6종)</td>
<td colspan="2">Secret Surprise
Merry Christmas
Happy Halloween
Festival of Lights
Birthday Template
Graduation</td>
</tr>
<tr>
<td>파티 초대
(5종)</td>
<td colspan="2">Virtual Holiday Party
Wedding Invitation
Save the Date
Thanksgiving Invitation
Invite Guests</td>
</tr>
<tr>
<td>새해
(2종)</td>
<td colspan="2">Happy New Year!
Season's Greetings</td>
</tr>
</tbody>
</table>

	• 내용을 입력하여 파우툰 슬라이드 완성하기
정리	• 완성된 파우툰을 보내고 싶은 사람에게 보내기 　- [PUBLISH] → [YouTube] 선택하여 유튜브로 내보내기 　- [PUBLISH] → [Publish & Share]로 링크를 복사하여 알려주기

[표 2-6 파우툰 수업 지도안 ①]

자기소개 영상 만들기							
학년-학기	6-1	과목	비상교육 미술 6	단원	1. 나를 찾아가는 여행	차시	2-3
학습 목표	자신을 소개할 내용을 정리하여 애니메이션 영상으로 제작할 수 있다.						

단계	교수·학습 활동
도입	• 나의 특징을 말할 수 있는 주제 찾기 – 내면과 외면의 모습으로 나누어 생각해보기 • X MIND(발표와 평가③)로 나를 소개할 아이디어 생각하기 – 중심 토픽에 자기 이름 넣기 – 주 토픽들에 자신이 관심 있는 분야 쓰기 – 필요한 경우 음식, 노래, 가수, 취미 등 키워드 알려주기
활동	• 파우툰으로 나를 소개하는 영상 만들기 – 아래 템플릿 사용 추천 (아래 표) • 내용을 입력하여 파우툰 슬라이드 완성하기

활동 단계 내 표:

상황	추천 템플릿 이름(검색창에 입력)
목표 말하기 (2종)	Team Year in Review Blue Sky Board
대상 소개 (5종)	5 Fun Tips 5 Whiteboard Tips to Being an Ally 5 Quick Facts 5 Video Tips 5 Tips
자기소개 (4종)	Training Intro Teacher Intro Personal Resume Student Resume

자기소개 영상 만들기	
정리	• 완성된 자기소개 애니메이션을 학급 홈페이지에 올리기 - [PUBLISH] → [Publish & Share]로 링크 복사 • 서로의 소개를 보고 댓글로 감상 나누기

[표 2-7 파우툰 수업 지도안 ②]

4 수업 후기

저와 비슷한 또래들이라면 평소 학교 가는 날에는 그렇게 못 일어나다가도 일요일이면 늦잠의 유혹을 이겨내고 디즈니 만화동산을 보신 적이 있을 것입니다. 애니메이션에는 묘한 힘이 있는 것 같습니다. 같은 정보를 전달하더라도 더 재미있게 보입니다. 별것 아닌 움직임들에도 집중하게 됩니다. 파우툰은 학생들이 또 하나의 새로운 방식으로 자신의 생각을 전달할 수 있게 해주는 도구입니다.

생각을 표현하는 방법은 수없이 많이 있습니다. 소설가는 언어로, 음악가는 음악으로, 화가는 작품으로 생각을 표현합니다. 방식이 다양할수록 많은 사람들에게 생각과 감동을 전해줄 수 있습니다. 굳이 영어 홈페이지까지 들어가서 무료 서식을 찾아가면서 이렇게까지 해야 하나 싶을 수도 있지만 우리 학생들에게는 자신의 생각을 표현해줄 도구를 다양화할 수 있는 기회입니다. 특히나 원 소스 멀티 유즈의 시대에는 프레젠테이션도 만들어보고 카드뉴스도 만들어보고 영상도 만들고 애니메이션도 만들어보는 경험은 미래에 큰 도움이 될 것이라 생각합니다.

03

꽉 찬 구성, 알찬 내용의 지면 신문 발간하기
페이지스

페이지스로 지면 신문 구성하기		
 1)	• https://www.icloud.com/pages/ • 애플에서 제공하는 문서 작성 도구로서 신문, 전자책 등 흔하지 않은 다양한 템플릿을 제공함 • 애플 로그인 후 icloud 접속 시 무료 사용 가능	
활용 목표	프레젠테이션 도구를 이용하여 신문 템플릿을 스스로 구성할 수 있다. 발표할 내용을 생각하여 적절한 자료를 고르고 신문으로 만들어 발표할 수 있다.	
사용 환경 추천 순서	① 애플 앱스토어	② 윈도우	③ 구글 스마트폰, 태블릿
	앱스토어 다운로드 2)	인터넷 브라우저로 접속	
인터넷 사용	사용을 위해 지속적 인터넷 연결 필요	
공유 방법	완성작을 파일로 내보내거나 인쇄할 수 있음	

---

1) [그림 3-1] https://www.icloud.com/pages/
2) [그림 3-2]~[그림 3-4] QR코드는 크롬 브라우저 QR 생성 기능 사용

ⓘ 페이지스 사용법 요약
❶ icloud 접속 및 로그인 후 페이지스 아이콘 🖊️3) 선택
❷ 왼쪽 📁 **둘러보기** → + 문서 생성 → 뉴스레터 서식 5종 중 하나 선택
❸ 레이아웃에 맞게 신문 만들고 상단🔧 → ↓[복사본 다운로드]로 저장하기

[표 3-1 페이지스 개요]

신문을 제작하는 데는 많은 노력이 필요합니다. 우선 사람들의 이목을 끌 수 있는 단어를 조합해 눈에 잘 띄는 글씨체와 글자 크기로 헤드라인을 작성해야 합니다. 기사의 내용을 보충할 사진 자료를 넣거나 한눈에 내용을 파악할 수 있는 표와 그래프의 배치도 중요합니다. 정보 전달을 위해 필요한 것이 무엇인지 종합적으로 판단하고 필요한 자료를 구성하는 과정은 꽤나 복잡한 사고력을 요구합니다. 인터넷 뉴스가 훨씬 익숙해진 시대지만 지면 신문을 제작하는 과정을 통해 학생들은 많은 것을 배울 수 있습니다.

6학년 국어 9단원에 학급 신문을 만드는 활동이 있는데 지면 신문이 익숙하지 않은 학생들이라 그런지 대부분 붙임 딱지 위에 짧은 글로만 기사를 작성하는 경우가 많았습니다. 페이지스는 신문 제작 활동을 훨씬 업그레이드해줄 수 있습니다. 준비된 서식을 보여주는 것만으로도 신문에 어떤 내용과 자료를 넣어야 할지 고민하게 만들 수 있었습니다. 페이지스를 통해 한 학기를 정리하는 학급신문을 만들어 방학식 날 함께 감상하며 학기를 정리해보시기 바랍니다.

---

3) [그림 3-5]-[그림 3-6] 작업 아이콘 출처 https://www.icloud.com/pages/

1 활용 단원 추천

학년-학기	과목	단원	주요 내용	차시	쪽수
3-2	국어	3. 자신의 경험을 글로 써요	우리 반 소식지 만들기	8-9	114-119
6-1	국어	3. 짜임새 있게 구성해요	적절한 자료로 발표하기	7-8	108-113
6-1	국어	8 인물의 삶을 찾아서	문학작품 속 인물 소개하기	9-10	294-299
6-1	국어	9. 마음을 나누는 글을 써요	학급신문 만들기	7-8	322-325

[표 3-2 페이지스 활용 단원 추천]

소식지나 신문을 만드는 단원 외에도 각종 발표 자료를 만드는 데 활용할 수 있습니다. 미리캔버스(국어1), 캔바(발표와 평가4)처럼 활용할 수 있습니다.

2 사용 방법

신문 만들기 활동을 시작하기에 앞서 우선 신문 지면의 모습을 익힐 수 있도록 안내할 필요가 있었습니다. 몇몇 언론사에서는 [지면 보기] 서비스를 제공합니다. 인터넷 뉴스처럼 클릭할 수 있는 제목만 떠 있는 것이 아니라 당일 신문의 일부를 한눈에 볼 수 있습니다. 신문의 지면 레이아웃을 익히기 위해서는 지면 신문을 볼 필요가 있습니다. 물론 실제 종이 신문을 구해서 보거나 인터넷 이미지에 '신문'을 검색해도 수많은 지면 신문 예시를 볼 수 있습니다. 하지만 학생들에게 당일의 따끈한 뉴스가 실린 지면 신문을 보여주는 것이 동기 유발 효과가 더 좋았습니다. 제가 찾은 곳은 한국경제신문과 매일경제신문입니다. 무료로는 1-3페이지까지 볼 수 있습니다. 지면을 보는 방법은 아래와 같습니다.

* **한국경제신문**
① 한국경제 홈페이지에 접속하여 가장 위쪽에 보이는 [신문 보기]를 클릭합니다.

[그림 3-6 한국경제 인터넷 신문 홈페이지]

② 지면 신문이 나타납니다. 크기를 조절하여 한눈에 레이아웃이 보이도록 합니다. 왼쪽의 미리보기를 이용하여 여러 장을 살펴봅니다.

* **매일경제신문**
① 매일경제 홈페이지 접속 후 상단에서 [오늘의 매경]을 클릭합니다.

[그림 3-7 매일경제 인터넷 신문]

---

4) [그림 3-6] https://www.hankyung.com

② 오른쪽에 보이는 [지면 뷰어로 보기]를 클릭합니다.

[그림 3-8 매일경제 지면 신문 보기 화면]

　지면 신문의 레이아웃을 관찰합니다. 제목과 헤드라인, 소제목, 기사 내용, 사진과 광고의 배치까지 상세하게 알아봅니다. 지면 신문의 모습을 확인한 후에 본격적으로 신문 만들기 활동에 들어갑니다. 아이폰이나 아이패드는 앱을 다운받으면 바로 사용이 가능하므로 여기서는 윈도우 컴퓨터나 안드로이드 태블릿에서 접속하는 방법을 알려드리고자 합니다.

1. 크롬 등의 웹브라우저를 켭니다. 아이클라우드 홈페이지로 접속하여 회원 가입 및 로그인을 합니다. 초기 화면에 사용할 수 있는 서비스들의 목록이 아이콘으로 나옵니다. 이 중 오늘 사용할 Pages를 클릭합니다.

---

5) [그림 3-7] https://www.mk.co.kr

6) [그림 3-8] https://www.mk.co.kr/today-paper

[그림 3-9 icloud 화면]

2. 왼쪽 메뉴 바에서 🗁 둘러보기 → + 문서 생성을 눌러줍니다. 사용할 수 있는 서식들이 주제별로 분류되어 있습니다. 이 중 뉴스레터를 찾아보면 5개의 서식이 준비되어 있습니다. 원하는 서식을 골라 선택합니다.

[그림 3-10 페이지스 문서 생성하기]

7) [그림 3-9] https://www.icloud.com/

8) [그림 3-10] https://www.icloud.com/pages/create?parentItemId=appDocuments_com.apple.Pages&zone=com.apple.CloudDocs

3. 서식을 선택하면 바로 작업을 할 수 있습니다. 제목과 내용 칸에 맞게 신문 내용을 작성합니다. 한글 글꼴을 많이 제공하지는 않지만 신문 제작에는 충분했습니다.
4. 화면 상단에서 선택할 수 있는 메뉴들입니다.

 9)	내용 찾기, 눈금자 보기, 주석 가리기 등의 기능을 사용합니다.
125% ⌄	작업 중인 문서가 화면에 보이는 크기를 조정합니다. 여러 페이지를 나오게 하거나 화면 맞춤, 페이지 맞춤으로 볼 수도 있습니다.
	작업 되돌리기(단축키 Ctrl+Z), 되돌리기 취소(Ctrl+Shift+Z) 버튼입니다. 자주 사용하게 되므로 단축키를 알아두시는 것이 편리합니다.
	줄 바꾸기, 페이지 번호 등 문서 전반의 관리 기능입니다.
	(왼쪽부터)표, 그래프, 텍스트 상자, 도형, 그림을 넣습니다.
	메모를 작성합니다. 텍스트의 일정 부분을 블록으로 선택하거나 이미지를 선택한 뒤 메모를 누르면 해당 부분에 대한 메모를 입력할 수 있습니다. 메모는 출력되지 않으며, 문서 작업 창에서 마우스를 대면 보입니다.
	공동으로 작업할 사람을 초대합니다. 링크를 보낼 수 있습니다.
	문서 저장, 프린트, 문서 암호 설정, 환경설정 등이 있습니다. 문서를 저장할 때는 [복사본 다운로드]를 눌러 PDF로 저장하길 권장합니다.
	서체나 정렬, 그림의 배치나 크기 등 스타일을 조정하는 오른쪽 창을 열고 닫을 수 있는 아이콘입니다. 쭉 열어두고 사용하시는 것이 편리합니다.
	용지의 크기, 여백 등을 조절합니다.

[표 3-3 페이지스 작업 아이콘 기능 설명]

9) [그림 3-11]~[그림 3-23] 작업 아이콘 https://www.icloud.com/pages/0hd4pE6Vx6JD3CZeYr94bh7cQ#%ED%95%99%EA%B5%90_%EB%89%B4%EC%8A%A4%EB%A0%88%ED%84%B0

5. 사진을 넣을 때는 두 가지 방법 중 선택할 수 있습니다.
① 이미 들어가 있는 사진을 바꾸기
- 사진을 선택합니다. 오른쪽 스타일 창에서 [이미지] 탭으로 들어갑니다.
  [대치]를 눌러 기기에 저장된 다른 사진을 넣을 수 있습니다.

[그림 3-21 이미지 대치]

- 사진에서 어떤 부분을 보여줄지 선택합니다. 아래 그림을 보면 사진의 전
  체 크기는 모서리와 꼭짓점 부분의 파란 점으로 표시되고, 하얀색 틀로 보
  이는 액자 안에 어떤 부분을 보이게 만들지 조절이 가능합니다. 사진의 전
  체적 크기를 조절하거나, 사진에서 보여줄 부분을 확대, 축소하여 선택할
  수 있습니다. 액자 틀의 모양도 [스타일]에서 선택할 수 있습니다.

[그림 3-22 이미지 조정하기 화면]

② 레이아웃에 관계없이 새로운 사진 넣기

- 그림 을 클릭하여 추가할 사진을 선택합니다.
- 추가한 사진이 작업 문서 위에 나타납니다.
- 위치를 옮기거나 크기를 조절할 수 있습니다. 아래와 같이 사진을 옮기면 글자들이 알아서 사진을 피해 정렬되므로 편리하게 이동시킬 수 있습니다.

[그림 3-23 이미지 이동 시 텍스트가 자동 정렬되는 모습]

6. 신문 작성을 마치면 상단 🔧 → ⬇️ [복사본 다운로드]로 결과물을 저장합니다. Pages 파일, PDF, WORD, EPUB로 내보낼 수 있습니다. 호환성을 위해 PDF 파일로 내보내는 것이 좋고 나중에 수정을 하기 위해서는 Pages 파일로도 저장하는 것이 좋습니다. Pages 파일로 저장하지 않더라도 icloud에 작업물이 자동 저장되므로 언제든 다시 로그인하여 사용할 수 있습니다.

7. 만약 학생들의 애플 회원 가입이 어려운 상황이라면 조금 복잡하지만 PDF 파일을 아래의 방법으로 PPT 파일로 변환하여 사용할 수도 있습니다.

① 교사가 icloud에 로그인하여 Pages를 열고 뉴스 서식을 선택합니다.
② 🔧 → ↓[복사본 다운로드]를 이용해 서식을 PDF로 다운로드합니다.
③ 다운로드한 PDF 파일을 PPT 파일로 변환합니다. 구글에 PDF to PPT를 검색하면 변환 서비스를 제공하는 무료 홈페이지들이 많이 검색됩니다.(Smallpdf.com, Adobe acrobat 홈페이지 등)
④ 위와 같은 방법으로 5개의 뉴스 서식을 모두 PPT 파일로 변환합니다.
⑤ 학생들에게 서식을 줍니다. 학생들은 파워포인트나 한쇼 프로그램으로 해당 서식을 이용하여 신문을 제작할 수 있습니다. 서식이 약간은 변형되지만 작업에 큰 무리가 없는 수준입니다.

[표 3-4 페이지스를 PPT로 변환하여 사용하는 방법]

내보내기를 할 때 WORD 파일로 저장하여 한워드나 마이크로소프트 워드 프로그램으로 편집할 수도 있습니다만, 직접 해본 결과 호환성에 문제가 있는지 서식이 이상하게 변형되어 나오거나 편집이 잘 되지 않았습니다.

3 수업 지도안

우리 반 한 한기 소식을 담은 학급 신문 만들기						
학년-학기	6-1	**과목**	국어	**단원**	9단원	**차시** 7-8
학습 목표						

단계	교수·학습 활동
학습 목표	발표할 내용을 정리하여 전달에 효과적인 신문을 만들 수 있다.

도입	• 패들렛(발표와 평가②)으로 우리 반 베스트 사건 모으기
	   – 학교 행사 일정 되짚어보기
	   – 재미있는 수상 타이틀 만들어보기
	     * 베스트 커플상: 한 해 동안 최고의 조합을 보여준 단짝
	     * 기량 발전: 학년 초에 비해 어떤 분야에서든 발전을 보인 학생
	     * 최고의 순간: 커플 탄생, 체육대회 우승 등 기억에 남는 순간
	   – 교사가 학기 중 찍은 사진 함께 보기(사진은 기사 작성 시 사진 사용할 수 있도록 제공)
	 • 학습 목표 제시

활동1	• 신문사 만들기
	   – 모둠별로 신문사 이름 정하기
	   기사로 쓸 주제 정하기
	 • 우리 반 베스트 사건들 구체화하기
	   – 육하원칙에 따라 사건 재구성하기
	   – 사건 당사자 선정하여 인터뷰 계획 세우기

활동2	• 취재 실시하기
	   – 인터뷰 실시, 데이터 수집 등
	 • 페이지스를 이용해 기사문 작성하기
	   – 신문 서식 중 기사에 적합한 서식 고르기
	   – 기사문, 사진, 그래프 등 기사 작성하기
	 • 작성된 기사문을 한데 모아 학급 신문 인쇄하기

	우리 반 한 한기 소식을 담은 학급 신문 만들기
정리	• 학급신문 함께 보기 ☞ 평가: 기사로 쓸 내용을 선정하고 취재하여 적절한 레이아웃을 적용한 신문을 만들 수 있다. • 수업 반성 및 수업 소감 발표

[표 3-5 페이지스 수업 지도안]

4 | 수업 후기

예전에는 큰 종이를 주고 모둠별로 신문을 작성하는 활동을 많이 했던 것이 기억납니다. 종이 위에 기사를 작성하고, 학생들이 요청하는 사진을 출력해주고 붙이면서 신문을 완성한 뒤 복도에 전시하곤 했습니다. 가족신문 만들기도 단골 방학숙제였던 시절이 있었습니다. 지면 신문을 만들어보는 활동 자체가 학생의 종합적인 능력을 요구하는 참 좋은 학습 활동이기에 그랬던 것 같습니다.

제 경우에는 방학식 날이면 4교시까지 할 것이 별로 없어서 늘 고민이었습니다. 방학 생활계획표 세우고 교실 정리시키고 다 해봐도 3·4교시에는 할 게 없어서 교실 놀이를 하다가 보낸 기억이 많습니다. 하지만 디지털교과서에 익숙해진 학생들과 함께한 이번 방학식은 조금 달랐습니다. 한 학기 동안 있었던 일을 주제로 만든 학급신문과 학생들이 만든 영상을 보며 추억 여행을 하다 보니 모두가 의미 있는 방학식을 만들 수 있었습니다. 페이지스는 신문 제작에 필요한 모든 활동을 학생 개인이 진행할 수 있게 해줍니다. 선생님의 학급에서도 꼭 한번 활용해보시기 바랍니다.

04

내 손으로 만드는 뉴스와 광고

키네마스터

키네마스터로 9시 뉴스 앵커가 되어보자	
 1)	• 영상 제작 애플리케이션 중 학생들에게 많이 알려져 가장 익숙하게 사용할 수 있는 앱 • 영상 프로젝트 기능이 추가되어 간단하게 멋진 영상을 만들 수 있음 유료버전 사용 시 기능 추가 및 워터마크 제거
활용 목표	동영상 편집에 사용되는 프로그램을 알고 기본 사용법을 익힐 수 있다. 알리고 싶은 내용을 골라 영상 광고로 제작할 수 있다.

사용 환경 추천 순서	① 구글 플레이스토어		① 애플 앱스토어		② 윈도우
	 2)	플레이 스토어 다운로드		앱스토어 다운로드	사용 불가 (프리미어, 파워디렉터 등 윈도우용 동영상 편집 프로그램 이용)

인터넷 사용	한 번 다운로드 후 인터넷 연결 없이 사용 가능
공유 방법	완성작을 동영상 파일로 내보내 활용 가능

1) [그림 4-1] play.google.com/store/apps/details?id=com.nexstreaming.app.kinemasterfree&hl=ko&gl=US

2) [그림 4-2]~[그림 4-3] QR코드는 크롬 브라우저 QR 생성 기능 사용

유사한 프로그램		
 3)	**[뱁믹스 Vap mix]** • https://www.vapshion.com/vapshion3/download.php • 방송 자막에 특화된 윈도우용 동영상 편집 프로그램 • 동영상 편집과 자막 삽입에 좋으며, 함께 제공되는 뱁션 프로그램을 통해 자막 기능을 강화할 수 있음	

❗ 키네마스터 3줄 요약
❶ 사전에 촬영 계획 철저히 세워 영상 촬영. 픽사베이에서 필요한 영상 소스 찾기 ❷ 촬영한 영상을 시간 순서에 맞게 배치하고 자막, 음악, 화면 전환 효과 넣기 ❸ 완성한 영상을 내보내기 하여 함께 감상하기   – 영상의 목적에 따라 특화된 앱 활용 가능(광고 제작 시 '멸치', 방송 자막 활용 시 '뱁믹스' 등)

[표 4-1 키네마스터 개요]

우리 아이들은 영상으로 대화하는 세대입니다. 유튜브는 몇 년째 10대들이 가장 많이, 오래 이용하는 앱으로 조사되고 있습니다. 궁금한 것을 검색할 때도 구글보다는 유튜브를 더 많이 이용한다고 합니다. 틱톡과 같은 짧은 영상을 소비하는 일이 큰 유행이 되어 최근에는 유튜브나 인스타그램에서도 비슷한 서비스를 제공하고 있습니다. 아이들은 영상을 소비하는 것에만 그치지 않습니다. 인터넷 1인 미디어를 소비하는 학생들이 늘면서 그들처럼 자신의 방송을 하고 싶어 하는 학생들이 많이 있습니다. 게임 방송이든 메이크업 방송이든 각 반에서 자기 채널을 가진 학생들을 찾는 것이 어렵지 않게 되었습니다.

이러한 현실을 반영한 것인지 교과서에서도 몇 년 전부터 영상을 제작하는 단원이 늘어나고 있습니다. 학생 UCC 작품 공모전도 꽤 많고, 멋진 작품들도 꽤 많습니다. 6학년 국어 교과에는 뉴스 만들기와 광고 만들기 활동이 들어가 있습니다. 마치 기본적인 영상 제작·편집 능력은 갖춰야 하는 것이 현실 같습

---

3) [그림 4-4] https://www.vapshion.com/vapshion3/download.php

니다. 물론 손쉽게 작업이 가능한 동영상 편집 프로그램들도 등장하고 있습니다. 각각 특징이 달라서 대부분은 자신에게 알맞은 편집 프로그램을 골라 사용합니다. 가장 자유도가 높고 다양한 기능을 사용할 수 있는 대표적인 프로그램은 Adobe의 프리미어(Premiere)입니다. 그러나 좋은 프로그램인 만큼 무료로 이용할 수가 없어 모든 학생이 함께 사용하기에는 무리가 있습니다. 학생들은 보통 스마트폰에서 쉽게 이용할 수 있는 '비바 비디오', '키네마스터', '비디오 쇼', '블로' 등을 주로 이용하고 있었습니다. 스마트폰 영상 편집 앱들은 영상을 자기 생각대로 자유롭게 편집하는 것보다는 준비된 기능들을 활용하여 영상을 만들어야 합니다. 예를 들어 화면이 뒤집히며 바뀌는 효과를 내고 싶을 때 프리미어에서는 화면이 뒤집히는 속도나 방향까지 세밀하게 조정이 가능하다면, 앱에서는 뒤집히기 효과를 제공해주지 않으면 사용할 수 없는 식입니다. 영상의 완성도를 중요하게 생각하는 학생들은 원하는 효과를 이용하기 위해 여러 앱을 설치하고 하나의 영상을 만들 때도 앱을 옮겨가며 이용하기도 합니다.

다양하고 많은 영상 편집 프로그램들이 있지만 기본적인 사용 방법은 거의 모두 동일합니다. 화면 전환 효과, 자막, 필터 등의 차이가 있을 뿐 영상을 만드는 프로세스와 사용자 인터페이스는 거의 유사합니다. 사용 방법이 혼자만 너무 달라지면 신규 이용자의 유입이 차단될 수 있기 때문입니다. 만약 영상 제작에 관심이 많으시다면 주력으로 사용할 프로그램을 정하시고 유튜브에서 해당 프로그램의 강의를 찾아보시면 좋습니다. 여러 기능 설명과 화려한 효과를 만드는 방법들도 아주 자세하게 설명되어 있습니다. 몇 가지 기능을 익히다 보면 원하는 장면을 어떻게 만들어야 할지, 지금 보고 있는 장면에 어떤 효과들이 적용되었는지 알 수 있게 됩니다. 몇 군데의 도로에서 도로 연수를 잘 마치면 모든 길을 잘 운전할 수 있듯이 영상도 기본적인 사용법만 알아두시면 앱 종류에 관계없이 두루 활용하실 수 있을 것입니다.

이 책에서는 이런저런 앱들을 모두 소개해드리기보다는 수업 활동을 위한 영상 편집을 할 때 사용하는 대략적인 과정을 알려드리고, 학생들이 가장 익숙하게 활용하던 키네마스터에 대해 알려드리고자 합니다. 영상 제작 수업을 진행하실 때 선생님께서 꼭 모든 방법을 알고 계실 필요는 없습니다. 앱에서도 사용자의 편의를 위해 알아보기 쉬운 아이콘들을 사용하기 때문에 학생들이 방법을 금세 습득할 수 있습니다.

1 활용 단원 추천

학년-학기	과목	단원	주요 내용	차시	쪽수
6-2	국어	6. 정보와 표현 판단하기	관심 있는 내용으로 뉴스 만들기	7-8	258-263
6-1	국어	6. 내용을 추론해요	알리고 싶은 내용을 영상 광고로 만들기	7-8	230-235

[표 4-2 키네마스터 활용 단원 추천]

2 사용 방법

❶ 영상 촬영하기	작품에 사용할 영상을 촬영합니다. 직접 촬영을 하는 것이 대부분이나, 픽사베이(발표와 평가⑤) 등에서 오픈소스 영상을 활용하여 작품의 완성도를 높이기도 합니다. 여러 장소에서 촬영한 영상들이 조각조각 짧은 형태로 존재하는 단계입니다.
❷ 영상 배치하기	편집 프로그램에 필요한 영상들을 가져와 순서에 맞게 배치하는 단계입니다. 필요 없는 부분을 잘라내며 영상을 배치합니다.
❸ 배경음악 넣기	필요한 경우 영상의 각 부분에 배경음악이나 효과음을 넣는 단계입니다.
❹ 영상 효과 넣기	영상에 필요한 효과를 넣습니다. 흑백, 좌우 반전, 화면 전환 효과 등을 통해 표현하고자 하는 의도대로 영상을 편집합니다.
❺ 영상 완성하기	완성된 영상을 동영상 파일로 저장합니다.

[표 4-3 일반적인 영상 제작 과정]

❶ 영상 촬영하기

많은 사람들이 영상을 만들 때 가장 중요한 요소로 다양한 기능을 가진 프로그램이나 화려한 편집 실력을 꼽는 경우가 있는데 더 중요한 요소가 있습니다. 어마어마한 편집 실력을 갖고 있더라도 사용할 영상 자체의 퀄리티가 뛰어나지 않으면 편집 기술만으로는 영상을 살리기 힘든 경우가 많다는 점입니다. 초점도 안 맞고 흔들린 데다 소리도 제대로 녹음되지 않은 영상들만 갖고 있다면 어떻게 좋은 결과가 나올 수 있을까요. 또한 나중에 편집으로 영상을 살리는 것보다 처음부터 촬영을 잘 하는 것이 훨씬 수고가 덜 들어가기도 합니다.

처음으로 해야 할 일은 나에게 어떤 장면이 필요한지 생각하고 어떻게 촬영해야 할지 동선을 구상하는 일입니다. 영상 제작이 익숙하지 않은 학생들이기에 보통 활동을 시키면 영상의 시간 순서대로 장소를 옮겨가며 촬영을 합니다. 장면 1(교실) → 장면 2(운동장) → 장면 3(교실)이라면 교실에서 한 번 찍고 운동장 갔다가 다시 들어와서 장면 3을 찍는 방식으로 진행하시는 것을 많이 보셨을 것입니다. 그런데 학생들은 대부분 교내 공간이나 운동장에서 촬영하는 경우가 많기 때문에 여러 모둠이 수업시간 내에 함께 촬영을 할 경우 장소가 겹치기도 합니다. 이런 경우 다른 조의 소리가 함께 녹음되거나 서로 부끄럽다고 제대로 촬영을 못 하는 등 원활한 활동이 어렵습니다. 그래서 장소별로 시간을 할당해주고 한 번에 촬영하기 위해서는 어느 장소에서 어떤 장면을 찍을 것인지 미리 계획이 나와 있어야 합니다. 우리 모둠이 교실을 이용하는 시간에 장면 1과 장면 3을 모두 찍을 수 있게 준비를 시켜두어야 합니다.

학생들이 계획을 빠짐없이 잘 짤 수 있도록 활동지를 구성해주시는 것이 좋습니다. 만화의 컷처럼 생긴 스토리보드를 활용할 수 있게 해주면 됩니다.

주제	학교폭력 안 돼요!				
장면	4)				맑은 하늘 영상 마무리 자막
내용	괴롭히는 장면	우는 장면	친구들의 위로	화해하는 장면	교훈 메시지
장소	교실	운동장	운동장	교실	-
준비물	-	눈물 소품	눈물 소품	-	-
배우	철수, 민수	철수	철수, 한희, 정민, 수민	철수, 민수	-
주의 사항	여러 각도에서 여러 번 찍기	얼굴만 크게	목소리 크게 내기	-	픽사베이에서 영상 구하기

[표 4-4 스토리보드 예시]

이러한 사전 작업을 프리 프로덕션(Pre-Production)이라고 하며 방송에서는 프로그램 제작에서 가장 중요한 단계로 생각한다고 들었습니다. 학생들에게도 이 점을 알려주시고 영상 제작의 첫 단추를 잘 꿸 수 있도록 안내해줍니다.

직접 촬영하기 어려운 자료 화면의 경우에는 픽사베이(발표와 평가⑤) 등에서 오픈소스 영상을 다운받아 활용할 수 있습니다.

---

4) [그림 4-6]~[그림 4-9] 자료그림 직접 제작

❷ 영상 배치하기

[그림 4-10 키네마스터 실행 화면]

사용할 영상을 모두 구했다면 이제 편집을 할 차례입니다. 키네마스터를 구동합니다. 첫 화면은 위와 같습니다. **+ 새로 만들기**를 터치하여 새로운 프로젝트를 만듭니다. [내 프로젝트]에는 지금까지 만들었던 프로젝트들이 저장되어 있으므로 언제든지 불러와 영상을 이어서 제작할 수 있습니다.

□ 프로젝트 받기에서는 키네마스터에서 제공하는 영상 템플릿을 다운받아 사용해볼 수 있습니다. 매우 다채롭고 멋진 템플릿들을 제공하므로 필요할 때 사용하시면 좋습니다.

---

5) [그림 4-10]~[그림 4-30] 이미지와 아이콘 캡처 출처는 모두 '키네마스터' 앱

[그림 4-11 다양한 템플릿을
제공합니다]

[그림 4-12 템플릿을 선택,
다운로드를 터치합니다]

[그림 4-13 템플릿 구성 요소들도
다운로드합니다]

[그림 4-14 템플릿을 자유롭게
편집, 이용할 수 있습니다]

빈 화면에서 영상을 직접 제작하기 위해 [새로 만들기]를 터치합니다.

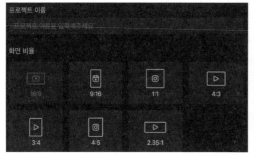

[그림 4-15 프로젝트 새로 만들기 화면]

프로젝트 이름을 정해주고 화면 비율을 설정합니다. 학생들의 스마트폰으로
촬영하는 영상이 거의 모두 16:9의 비율이므로 여기서도 기본값으로 정해져

있는 16:9의 비율을 이용하시는 것이 좋습니다. [사진 배치]는 영상 속에 사진을 넣을 때 사진과 영상의 비율이 다를 경우에 어떻게 넣을지를 설정하는 부분입니다. 사진은 대부분 4:3 비율을 이용하기 때문에 화면에 맞추게 되면 좌우에 검은색으로 남는 부분이 생기고 화면에 꽉 채우게 되면 위아래 부분이 잘리게 되므로 상황에 맞게 설정하시면 됩니다. [사진 길이]는 사진을 넣을 때 기본적으로 몇 초간 보이게 할 것인지를 설정합니다. 만약 사진만 여러 장을 이어붙이는 영상을 만들 때는 여기서 시간을 잘 설정해주면 편합니다. 설정을 마치면 편집 화면으로 이동합니다.

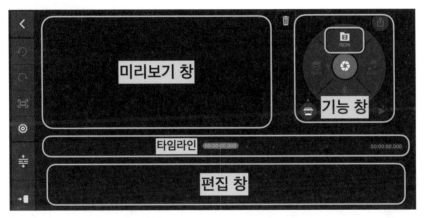

[그림 4-16 키네마스터 영상 편집 화면]

　편집 화면입니다. 향후 설명의 편의를 위해 설정한 각 영역의 이름을 확인해 보시기 바랍니다. 크게 미리보기 창, 기능 창, 타임라인, 편집 창으로 나뉘게 됩니다. 촬영한 영상을 불러오기 위해 화면 우측 상단에 보이는 기능 창의 [미디어]를 터치합니다. 저장된 영상과 사진들을 불러올 수 있습니다. 만약 갑자기 추가로 어떤 장면을 촬영하고자 한다면 가운데의 🔆 버튼을 터치하여 즉시 카메라를 사용할 수 있습니다.

[그림 4-17 저장된 영상과 사진 불러오기]

영상을 가져온 모습입니다. 화면 아래의 편집 창에 순서대로 영상들이 배치됩니다. 각 영상 조각을 [그림 4-18]에서 노란색 화살표로 표시한 것과 같이 길게 터치하여 선택한 뒤 위치를 옮겨 순서를 바꿀 수도 있습니다. 마치 블록을 순서대로 배치하듯 간편하게 각 영상을 이동시킬 수 있습니다. 영상 조각을 복사하여 또 사용하거나 잘라서 한 부분만 쓰는 등 다양한 변형이 가능합니다. 별다른 효과를 넣을 필요가 없는 드라마와 같은 영상의 경우 원본 영상들이 좋다면 이렇게 배치만 잘 하고 자막만 조금 넣어도 완성된 작품을 얻을 수 있습니다.

[그림 4-18 여러 미디어가 배치된 화면. 배치된 미디어의 순서 변경 모습]

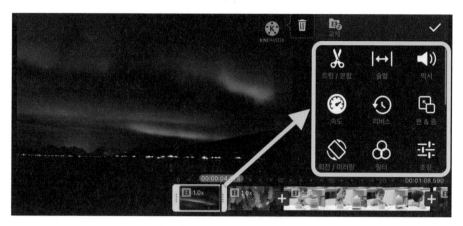

[그림 4-19 미디어 편집 메뉴]

영상을 디테일하게 편집하기 위해서는 우선 편집할 영상 조각을 선택한 뒤 화면 우측 상단에 보이는 메뉴들을 이용합니다. [트림/분할]이나 [슬립]을 이용해 불필요한 부분을 잘라내거나, [팬 & 줌]을 통해 특정 부분을 크게 보여줄 수 있습니다. 그 외에도 속도 조절, 회전 등 다양한 편집이 가능합니다. 각 아이콘을 터치하면 어떤 기능인지 설명도 함께 제공되므로 편하게 이용할 수 있습니다.

❸ 배경음악 넣기

광고나 드라마를 제작할 때는 배경음악이 필요합니다. 배경음악의 배치에 따라 영상의 길이를 조절해야 하는 경우가 있으므로 음악이 필요한 영상이라면 영상 배치 후에 바로 음악을 넣고 영상 각 부분의 길이를 조정합니다.

편집 화면에서 [오디오]를 터치하여 음악이나 효과음을 추가할 수 있습니다.

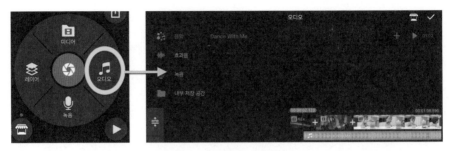

[그림 4-20 오디오 추가하기]

　Dance with me라는 음악을 추가하였습니다. 편집 창의 영상 블록 아래에 음악이 민트색 바 형태로 추가된 것을 볼 수 있습니다. 영상과 마찬가지로 다양한 편집이 가능합니다. 여기서 효과음을 하나 더 추가하게 되면 민트색 음악바가 아래와 같이 하나 더 쌓이게 됩니다. [그림 4-21]을 보면 오로라 영상이 나오다가 2초 지점부터 Dance with me 음악과 Woosh 10 효과음이 동시에 나오게 될 것임을 눈으로 확인할 수 있습니다.

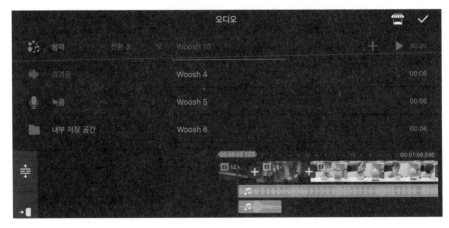

[그림 4-21 효과음 넣기]

나머지 효과들도 음악과 같이 색깔별 블록의 형태로 쌓이게 됩니다. 타임라인을 잘 보면서 영상의 어느 부분에서 음악이 시작되고 어디서 끝낼지 조절하여 편집합니다. 뮤직비디오 제작 시에는 음악의 비트에 맞춰 화면을 전환하면 멋진 효과를 줄 수 있습니다. 픽사베이에서 음악, 효과음을 가져와 쓸 수 있습니다. 멋진 음악을 찾고 싶을 때는 유튜브에 'No copyright music'을 검색해 보면 저작권 걱정 없이 쓸 수 있는 음악들이 많이 나옵니다.

❹ 영상 효과 넣기

[레이어] 메뉴에서는 영상 속에 넣을 수 있는 효과들을 선택할 수 있습니다. '레이어'라는 단어 뜻 그대로 영상 위에 효과들을 '쌓는다'는 느낌으로 접근하시면 이해하기 쉽습니다. 배치한 각각의 영상들을 보며 필요한 효과를 집어넣습니다.

[그림 4-22 레이어 메뉴]

미디어	영상 속에 다른 사진이나 영상을 겹쳐서 넣을 수 있습니다.
효과	영상에 모자이크, 흐림 등의 효과를 적용할 수 있습니다.
텍스트	글자를 써 넣을 수 있습니다.
스티커	스마일, 하트 등의 스티커를 영상 속에 붙일 수 있습니다.
손 글씨	화면에 직접 글을 쓰거나 그림을 그려 사용할 수 있습니다.

[표 4-5 레이어 메뉴 설명]

[미디어] 레이어는 학생들이 뉴스 영상을 제작할 때 꼭 필요한 기능입니다. 앵커의 어깨 위로 자료 화면이 함께 나오는 뉴스 화면을 따라 할 수 있게 됩니다. [미디어]를 누른 뒤 영상 속에 겹쳐서 넣고 싶은 사진이나 영상을 선택하면 아래와 같이 영상 블록이 하나 더 생기면서 미리보기 창 안에 선택한 영상이 겹쳐서 나오게 됩니다. 메뉴 창을 통해 크기·투명도 조절, 회전을 할 수 있습니다. 애니메이션 효과를 통해 멋지게 등장시킬 수도 있습니다.

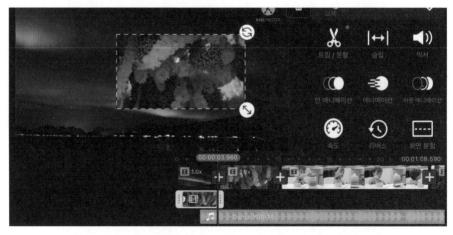

[그림 4-23 레이어 → 미디어를 이용한 화면 속 화면 만들기]

위의 예시 화면에서는 오로라 영상에 꽃 영상을 집어넣었습니다. 오로라 영상 블록 아래에 꽃 영상 블록이 겹쳐 있는 것을 볼 수 있습니다. 미리보기 창에서는 꽃 영상이 하얀색 점선으로 표시됩니다. 크기를 조절하거나 위치를 이동시키고 회전시킬 수 있습니다. 아래쪽 편집 창에 노란색으로 선택된 꽃 영상 블록의 양옆을 길게 터치하면 타임라인 내에서 영상이 위치할 부분을 조절할 수 있습니다.

[그림 4-24 모자이크 효과 선택하기]

[효과]에서는 [모자이크] 기능을 자주 이용하였습니다. 미리보기 창을 보며 효과를 적용할 범위를 지정합니다. [미디어]에서와 같이 편집 창에서 효과가 적용될 시간을 효과 블록의 길이를 늘이거나 줄여서 설정합니다.

이러한 방식으로 효과들을 차곡차곡 쌓으면 아래와 같이 정렬됩니다.

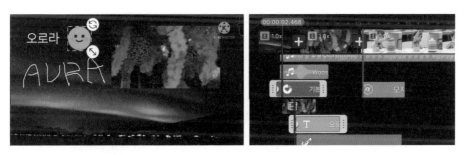

[그림 4-25 여러 효과를 적용한 상황에서 미리보기 창과 편집 창 비교]

[그림 4-25]의 왼편 미리보기 화면은 오른편 편집 창의 여러 효과들이 적용된 화면입니다. 적용된 효과를 위부터 순서대로 하나씩 보자면 아래와 같습니다.

① 음악 Dance with me(민트색 블록. 이후 한참 동안 계속됨)
② 효과음 Woosh 10(민트색 블록. 잠깐 나오고 끝남)
③ 기본 스티커(빨간색 블록. 스마일 마크. 현재 미리보기 창에 선택되어 있음)
④ 화면 속 화면인 꽃 영상(꽃 영상 일부가 블록으로 보임. 5초 지점까지 나올 예정)
⑤ '오로라'라고 적힌 텍스트(노란색 블록. 약 7초 지점까지 나올 예정)
⑥ AURA라고 쓴 손 글씨(주황색 블록. 약 15초 지점까지 쭉 나옴)
⑦ 모자이크 효과(하늘색 블록. 지금은 안 나오지만 10초 지점부터 나올 예정)

이와 같이 적용된 효과들을 편집 창에서 쉽게 확인하며 영상을 편집할 수 있습니다. 개별 영상의 편집이 끝났으면 화면 전환 효과를 넣습니다.

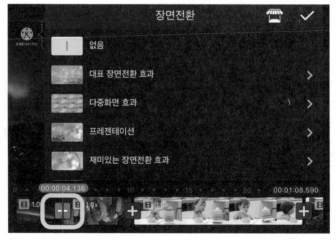

[그림 4-26 장면 전환 넣기]

영상 조각 사이사이에 보이는 ⊕ 마크를 누르면 위와 같이 선택할 수 있는 장면 전환 효과들이 나타납니다. 화면 전환 효과는 필요한 경우에만 이용하면 됩니다. 뉴스 영상의 경우 효과를 굳이 넣을 필요는 없으나 뮤직비디오나 광고의 경우 강조 효과를 위해 적당한 효과를 집어넣을 수 있습니다.

키네마스터는 자동 저장 기능을 제공하므로 영상을 편집하는 중간에 따로 저장을 할 필요는 없습니다. 기능 창에 있는 재생 버튼 ▶ 을 눌러 만드는 중간 영상을 재생해가며 확인할 수 있습니다. 재생 버튼을 길게 누르면 전체 화면으로 볼 수 있습니다.

❺ 영상 완성하기

모든 편집을 완료했다면 이제 영상 내보내기를 합니다. 기능 창에서 [저장 및 공유] 아이콘을 눌러 영상을 저장합니다.

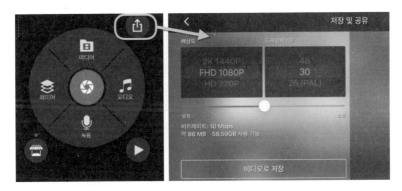

[그림 4-27 영상 내보내기]

[해상도]는 간단히 말하면 화질입니다. 숫자가 높을수록 선명하고 화질이 좋은 영상이 만들어집니다. [프레임레이트]는 영상의 부드러움을 의미합니다. 역시 숫자가 높을수록 자연스럽고 부드러운 움직임의 영상을 만들 수 있습니다.

[해상도], [프레임레이트], [비트레이트]는 모두 높을수록 화질이 좋고 멋진 영상을 만들 수 있지만 그럴수록 용량이 커지고 만드는 시간도 오래 걸리게 됩니다. 현재 우리가 접하는 대부분의 영상들은 해상도 FHD 1080P에 프레임레이트 30 정도이므로 기본값으로 설정되어 있는 이 상태 그대로 두시는 것을 추천합니다. 이제 마지막으로 [비디오로 저장]을 터치하면 영상이 완성되어 스마트기기 안에 저장됩니다.

영상 제작에는 이렇게 긴 과정이 필요합니다. 특히 편집에는 많은 시간과 노력이 들어갑니다. 모든 학생이 편집 과정을 체험해볼 필요가 있기 때문에 영상을 모둠 인원수에 나누어 각 부분 편집을 진행하고 마지막에 한 사람이 모아서 완성하는 방식으로 수업을 진행하였습니다. 많은 학생이 여가 시간에 유튜브나 개인 방송 등 영상을 소비하며 지내기 때문인지 대다수의 학생들이 영상 제작 수업에 무척 즐겁게 참여하였습니다. 어릴 때 미술학원에 다녀두면 나중에도 써먹을 수 있는 것처럼 영상 제작 능력 역시 한번 익혀두면 앞으로 영상 매체 시대를 살아갈 학생들에게 큰 도움이 될 것입니다.

3 수업 지도안

키네마스터로 뉴스 제작하기							
학년-학기	6-2	과목	국어	단원	6단원	차시	7-8
학습 목표	관심 있는 내용으로 학급 뉴스를 만들 수 있다.						
단계	교수·학습 활동						
도입	• 당일 아침 뉴스 영상 함께 보기 - 뉴스의 화면 구성에 대해 이야기 나누기 - 뉴스 영상의 진행에 대해 알아보기 • 학습 목표 제시						

키네마스터로 뉴스 제작하기	
활동1	• 활동 모둠 편성 및 주제 정하기 - 교과서를 보고 뉴스 주제가 가져야 할 조건 파악하기 - 우리 반 뉴스로 삼을 수 있는 주제 찾아보기 (학교 행사 리뷰, 학급 내 사건, 우리 반 취향 조사 등) • 촬영 계획 세우기 - 스토리보드 구체적으로 만들기(촬영 동선, 준비물 등) - 촬영, 앵커, 기자 등 역할 분담하기
활동2	• 촬영하기 - 교사는 교내에서 촬영에 활용할 수 있는 장소 지정해주기 (교사가 수시로 확인할 수 있는 범위 내의 장소가 좋습니다.) - 같은 장소를 동시에 공유할 경우 촬영 매너 철저히 지켜주기 - 스토리보드에 따라 장소별로 이동하며 촬영하기 - 교외 촬영의 경우 방과 후에 약속을 잡아 진행하기
활동3	• 뉴스 영상 편집하기 - 픽사베이나 유튜브에서 뉴스 인트로 영상 다운받기 - 모두 편집에 참여할 수 있도록 편집 영상 분배하기 - 화면 속 화면, 각종 자막 등 편집 실행하기 - 편집을 마친 영상들을 하나로 모아 영상 완성하기
정리	• 완성된 뉴스 영상 홈페이지에 공유하고 상호 피드백하기 ☞ 평가: 관심 있는 주제를 선정하여 학급 뉴스 영상을 만들 수 있다. • 수업 소감 이야기 나누기

[표 4-6 키네마스터 수업 지도안]

　아이들의 초창기 영상 작품들은 처참한 수준이었습니다. 소리는 안 들리고, 자막은 다 틀리고 화면은 중구난방이었습니다. 친구들이 만든 작품이면 그래도 궁금해서라도 집중해서 감상할 법도 한데 끝까지 다 보고 있기 힘든 작품들이 대다수였습니다. 나중에 몇 번의 수정 끝에 멋진 뉴스 영상이 만들어지자 따로 칭찬하지도 않았는데 알아서 어깨를 으쓱거리는 모습이 참 재미있었습니다.

[그림 4-28 학생 작품 ①]

[그림 4-29 학생 작품 ②]

　초등학생들이 한 편의 영상을 완성하는 것은 혼자 하기 힘든 일입니다. 앞서 배워본 카드뉴스나 신문 제작과는 다르게 영상을 만들 때는 대부분 모둠 활동으로 진행하는 경우가 많습니다. 제 경우에는 영상 제작 과제를 할 때 평소 친한 친구들끼리 한 모둠으로 구성을 해줍니다. 커뮤니케이션이 무척 중요한 작업이므로 인원수에 구애받기보다는 한 팀으로서 좋은 결과물을 만들기 위해 욕심을 낼 수 있도록 유도하기 위해서입니다.

　선생님들께서도 어디 외부 연수에 가시면 강사 분들이 꼭 한 번씩은 시키는 조별 활동을 겪어보셨을 것입니다. 처음 보는 분들과 조별 활동을 하라고 하면 일단 분위기를 살피고 서로의 눈치를 보게 되기 마련입니다. 한 교실에서 매일 부대끼는 아이들 사이에서는 안 그럴 것 같지만 오히려 더 그런 눈치를 많이 보게 되는 것 같습니다.

영상 제작 수업도 마찬가지라고 생각합니다. 수업의 주안점을 결과물의 퀄리티에 두시기보다는 수많은 협업이 필요한 지난한 과정에서 학생들이 열정적으로 의견을 나누며 의사소통 능력을 기르고, 조원들의 장단점을 고려한 분업을 통해 협업 능력을 기르는 등 우리가 교육학 공부할 때 나왔던 '잠재적 교육과정'에 주목하시길 권해드립니다. 우리 학생들이 영상을 엉망으로 만들어 왔더라도 분명 그 과정은 쉽지 않았을 것입니다. 동료장학 협의회의 마음가짐으로 일단 많이 칭찬해주시고 보완할 점을 차근차근 알려주시기 바랍니다. 엉성한 결과물을 두고 서로를 탓하게 만드는 것보다는 언젠가 또 영상을 제작해야 할 일이 있을 때 오늘의 즐거운 열정을 되새기며 적극적으로 임할 수 있게 해주는 것이 중요하다고 생각합니다.

느낌 있는 시화전 열기

글그램

그림 못 그려도 괜찮아! 글그램으로 시화전 열기			
 1)	• 사진을 선택하고 글을 쓰는 앱으로 감성글, 사랑글, 안부 인사, 응원글, 섬네일 등 다양한 사진 글귀를 만드는 데 최적화된 앱		
활용 목표	사진과 텍스트를 어울리게 조합하는 방법을 알 수 있다. 디지털 시화를 제작하여 시 낭송회와 시화전을 열 수 있다.		
사용 환경 추천 순서	① 구글 플레이스토어	② 애플 앱스토어	③ 윈도우
	2) 플레이 스토어 다운로드	하단의 '끄적글적' 대체 사용	파워포인트, 캔바, 미리캔버스 등 프레젠테이션 이용
인터넷 사용	한 번 다운로드 후 인터넷 연결 없이 사용 가능		
공유 방법	완성작을 그림 파일로 내보내 활용 가능		
유사한 프로그램			
" 3)	[끄적글적] • 앱스토어에서 '끄적글적' 검색하여 다운로드 가능 • 글그램과 같은 기능의 IOS용 앱으로 시화 만들기 가능		

---

1) [그림 5-1] play.google.com/store/apps/details?id=com.withwho.gulgram&hl=ko&gl=US

[표 5-1 글그램 개요]

시는 감수성을 풍부하게 해주는 언어의 예술로 초등학교 국어 과목에서 매년 다뤄지고 있습니다. 4-6학년 시 관련 단원에서는 마지막 정리 활동으로 학생 본인이 시를 써보거나 시화전을 여는 활동이 준비되어 있습니다. 미술 교과와 연계한 프로젝트 활동으로 학생들이 직접 그림을 그리고 캘리그래피로 멋진 글씨를 써보는 것도 좋겠지만, 여의치 않을 경우 간단하게 사진을 골라 그 위에 글을 쓸 수 있는 글그램 애플리케이션을 사용해볼 수 있습니다.

1 활용 단원 추천

학년-학기	단원	주요 내용	차시	쪽수
6-1	1. 비유하는 표현	시 낭송회와 시화전 열기	7-9	48-51
5-1	2. 작품을 감상해요	경험을 떠올리며 시 쓰기	7-9	84-91
4-2	9. 감동을 나누며 읽어요	생각이나 느낌을 시와 그림으로 표현해 전시회 하기	9-10	296-299

[표 5-2 글그램 활용 단원 추천]

---

2) [그림 5-2]-[그림 5-3] QR코드는 크롬 브라우저 QR 생성 기능 사용

3) [그림 5-4] https://apps.apple.com/kr/app/끄적끄적-사진-글쓰기/id1239067860

글그램은 초등학생들도 간단하게 사용법을 익힐 수 있는 간단한 앱으로 구체적인 설명을 하지 않아도 학생들이 잘 사용하는 모습을 관찰할 수 있었습니다. 사용 방법은 아래와 같습니다.

1. 글그램 실행하기

[그림 5-5 글그램 첫 화면]

왼쪽 화면은 글그램을 실행하면 보이는 첫 화면입니다. 아래쪽 네 가지 메뉴를 통해 작품을 만들거나 확인할 수 있습니다.

아름다운 배경 사진에 글쓰기	글그램에서 준비한 멋진 사진들 위에 글을 쓸 수 있습니다.
컬러 배경에 글쓰기	단색이나 그러데이션 등 단순한 색 위에 글을 쓸 수 있습니다.
내 사진에 글쓰기	내 기기에 저장된 사진을 이용하여 작품을 만들 수 있습니다.
내가 만든 글그램	내가 만들고 저장한 작품들을 확인할 수 있습니다.

[표 5-3 글그램 첫 화면 메뉴 설명]

4)

---

4) [그림 5-5]~[그림 5-7] 이미지와 아이콘 캡처 출처는 모두 '글그램' 앱

2. 아름다운 배경 사진에 글쓰기

글그램에 준비되어 있는 사진을
이용해 시를 쓸 수 있습니다. 사진
들은 테마별로 구별되어 있어 준비
한 시에 어울리는 그림을 쉽게 찾
을 수 있습니다. 사진을 선택하면
작품의 비율을 정하는 창이 나옵니

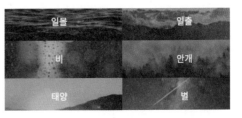

[그림 5-6 테마별로 구별된 사진들]

다. 1:1부터 사용자 지정까지 원하는 비율로 사용할 수 있습니다.

3. 글 쓰고 꾸미기

사진을 선택하고 비율을 정하면 시를 쓸 수 있는 준비가 완료됩니다. 화면
가운데의 '터치하여 글씨를 입력하세요'를 누르고 시를 쓰면 됩니다. 글씨를 누
르고 있으면 화면에 안내 선이 생기면서 원하는 곳으로 글씨를 옮길 수 있게
해줍니다. 화면 하단에는 작품에 멋진 효과를 넣을 수 있는 다양한 메뉴가 제
공됩니다.

[그림 5-7 화면 하단 효과 메뉴]

스타일	배경 이미지에 효과를 줄 수 있습니다. 글씨에 테두리를 주거나 배경에 각종 필터 효과나 배경 흐림 효과를 넣을 수도 있습니다. '컬러 배경에 글쓰기'에서 스타일을 선택하면 그러데이션 효과를 넣을 수 있습니다.

글꼴&크기	글씨체와 글씨 크기를 선택합니다.
글자색&정렬	글자 색 정하기, 정렬 방식 정하기, 그림자 등 글자 효과 넣기가 가능합니다.
글 효과	글의 투명도, 각도, 줄 간격, 글자 간격 조정을 할 수 있습니다.
서명	본인의 서명을 제작하여 넣을 수 있습니다. 다른 작품에도 사용이 가능합니다.
날짜	작품을 만든 날짜를 넣을 수 있습니다.
글 추가	글 상자를 하나 더 추가하는 기능입니다. 다른 위치에 글을 쓰고 싶을 때 유용합니다.

[표 5-4 글그램의 기능]

4. 저장하기

모든 작업이 끝났다면 화면 오른쪽 위의 '저장'을 클릭하면 작품이 저장됩니다. 작품은 사진 파일로 저장되며 자유롭게 이용이 가능합니다.

3 | 수업 지도안

시화 제작하여 시화전 열기						
학년	6	과목	국어	단원	1단원	차시	총 9차시 7-9차시
학습 목표	사진과 텍스트를 조합하는 방법을 알고 자신만의 콘텐츠를 제작할 수 있다.					

시화 제작하여 시화전 열기	
단계	**교수·학습 활동**
도입	• 시집을 읽고 시를 낭송하거나 시화전을 한 경험 나누기 • 학습 문제 확인하기 　– 시 낭송회와 시화전을 열어봅시다.
활동1	• 비유하는 표현이 잘 드러난 시 찾아보기 　– 교과서, 시집, 인터넷 검색 등 • 자신의 경험을 바탕으로 시 짓기 　– 창작이 어려운 학생들에게는 친구들에게 소개할 시 고르기 활동 제시 • 시에 어울리는 그림 찾아보기 　〈시와 그림이 가장 잘 어울리는 작품을 고르기 위한 평가 기준〉 　• 시의 전체적인 분위기에 어울리게 그림을 그렸는가? 　• 시와 그림의 배치는 적절한가? 　• 시의 내용과 그림은 관련이 있는가? • 글그램으로 시화 작품 만들기
활동2	• 시의 분위기에 어울리는 배경 음악 찾아보기 • 배경 음악에 맞추어 시 낭송하기 　– 화면에 작품을 띄우고 음악을 틀어준 뒤 낭송 시작하기
정리	• 시와 그림이 가장 잘 어울리는 시 찾아보기 　– 학급 홈페이지에 각 작품 전시 　– 스티커, 댓글 등으로 동료 평가 실시 • 수업 소감 발표 및 피드백 　☞ 평가: 비유하는 표현을 사용하여 시를 짓고, 알맞은 그림을 넣어 　　　시화를 제작할 수 있다.

[표 5-5 글그램 수업 지도안]

학생들은 빈종이나 교과서 위에 시를 쓰던 것보다 자신이 마음에 드는 그림을 골라 시를 써보니 더 좋다고 말했습니다. 창작 시간이면 꼭 몇 명씩은 '모르겠다'라는 말만 반복하는 학생들이 있기 마련인데 그림이 주는 영감에 도움을 받았는지 많은 학생들이 열심히 시 쓰기에 참여하였습니다. 창작이 어려운 학생들은 멋진 시를 찾아 친구들에게 소개해주라고 하였습니다. 학생 작품 몇 점을 아래에 소개합니다.

[그림 5-8 학생 작품 모음]

수많은 속담을 즐겁게 배워요!

맞춰봐 속담 퀴즈

맞춰봐 속담 퀴즈 앱으로 속담 솜씨 키우기		
속담퀴즈 1)	• 플레이스토어에서 '속담'으로 검색하면 많은 앱이 나오는데 이 중 학생들과 활용하기 좋았던 앱 • 빈칸 채우기 형식으로 속담 퀴즈를 풀어볼 수 있음	
활용 목표	속담 퀴즈 앱을 사용하여 다양한 속담의 의미를 익힐 수 있다. 속담의 뜻과 사용 방법을 배워 일상생활에 활용할 수 있다.	

사용 환경 추천 순서	① 구글 플레이스토어		② 애플 앱스토어		③ 윈도우
	 2)	플레이 스토어 다운로드		다른 속담 퀴즈로 대체 사용 가능 (앱스토어에 검색)	사용 불가

인터넷 사용	첫 설치 후 인터넷 연결 필요 없음
공유 방법	결과물 공유 없음

---

1) [그림 6-1] play.google.com/store/apps/details?id=com.namugames.wisephrasequiz&hl=ko&gl=US

2) [그림 6-2]~[그림 6-3] QR코드는 크롬 브라우저 QR 생성 기능 사용

함께 사용하면 좋은 앱		
3)	우리 속담 Lite 4)	퍼즐 사자성어 5)
우리말 속담사전	우리 속담 LITE	퍼즐 사자성어
표준국어대사전의 속담 7438개의 검색과 해설을 제공함	퀴즈 및 오답 노트 기능 제공. 속담 난이도가 높은 편	속담뿐 아니라 사자성어 퀴즈도 풀어볼 수 있음

> ⚠️ **맞춰봐 속담 퀴즈 3줄 요약**
> ❶ [맞춰봐 속담 퀴즈]의 문제를 풀어보며 속담 공부를 합니다.
> ❷ 속담 수업 중 모르는 속담은 [우리말 속담사전]으로 검색하여 알아봅니다.
> ❸ [우리 속담 LITE]와 [퍼즐 사자성어]로 고난도 속담과 사자성어도 공부해봅니다.

[표 6-1 맞춰봐 속담 퀴즈 개요]

　우리말을 더 맛깔나게 사용하기 위해서는 관용 표현, 속담 등을 잘 섞어서 사용해야 합니다. 꼭 말을 더 잘하기 위해서가 아니라 일상적인 대화를 어려움 없이 해내기 위해서도 다양한 관용 표현은 익혀둘 필요가 있습니다. 국어 교과에서는 관용 표현을 다루는 단원이 꾸준히 등장합니다. 6학년에 속담을 배우게 되는데 교과서에 나오는 속담들이 몇 개 되지 않아 항상 충분하지 않다는 생각을 하고 있었습니다. 초등학교 수준에서 속담은 좁고 깊게 아는 것보다 얕더라도 넓게 많이 아는 것이 더 중요하다고 생각하기 때문에 항상 교과서 외의 다른 자료들을 찾아서 지도하였습니다. 선도학교를 운영하게 되면서 이러한 속담

---

3) [그림 6-4] play.google.com/store/apps/details?id=com.crystal.lab.koreanproverb&hl=ko&gl=US

4) [그림 6-5] play.google.com/store/apps/details?id=com.elsebook.handal.sokdam.lite&hl=ko&gl=US

5) [그림 6-6] play.google.com/store/apps/details?id=com.noinne.PuzzleWord&hl=ko&gl=US

지도를 좀 더 편하게 할 수 있는 다양한 속담 퀴즈 앱들이 있다는 것을 알게 되었습니다.

1 활용 단원 추천

학년-학기	과목	단원	주요 내용	차시	쪽수
6-1	국어	5. 속담을 활용해요	다양한 속담 배우기	3-8	150-171

[표 6-2 맞춰봐 속담 퀴즈 활용 단원 추천]

2 사용 방법

속담 퀴즈 앱들은 대부분 기능이 단순하여 사용에 별다른 설명이 필요하지는 않습니다. 단원 진행에 맞게 알맞은 앱을 선택하여 적용하시면 됩니다.

1. [맞춰봐 속담 퀴즈]는 이전 스테이지를 해결하지 않으면 다음으로 넘어갈 수 없고, 각종 힌트 사용 등 게임의 요소가 강해 학생들이 흥미를 유지하며 퀴즈를 풀기에 적합한 앱입니다. 아래와 같이 문제 풀기를 시작할 수 있습니다.

[그림 6-7 시작하기]   [그림 6-8 스테이지 선택]   [그림 6-9 속담 20개 풀기]

2. 화면에 나타난 문제를 보고 빈칸에 들어갈 낱말을 글자 순서대로 터치합니다. 정답을 맞히면 코인을 얻을 수 있고 얻은 코인을 이용해 힌트를 이용할 수 있습니다. 힌트는 속담 오른쪽에 있는 3개의 동그란 아이콘을 터치하여 종류별로 사용할 수 있습니다.

[그림 6-10 빈칸 채우기]　　　[그림 6-11 정답 화면]　　　[그림 6-12 힌트 사용]

3. 사용 방법을 알려준 뒤 과제로 내서 스스로 공부하도록 안내해주시면 좋습니다. 잘 모르는 속담은 [우리말 속담사전]을 통해 찾아보도록 합니다.
4. [우리 속담 LITE]나 [퍼즐 사자성어]로 더 어려운 속담과 사자성어를 배워봅니다.
5. 6학년 1학기 국어 5단원 [속담을 활용해요]의 7-8차시에서는 단원 마무리 활동으로 속담사전 만들기를 하게 됩니다. 소개하고 싶은 속담을 검색하기 위해 [우리말 속담사전]을 활용할 수 있습니다. 검색어를 입력하여 속담을 찾을 수 있으므로 '개에 관련된 속담', '날씨에 관련된 속담' 등 주제별로 속담사전을 만드는 데 유용하게 활용할 수 있었습니다.

---

6) [그림 6-7]~[그림 6-12] 이미지와 아이콘 캡처 출처는 모두 '맞춰봐 속담 퀴즈' 앱

속담 퀴즈로 속담 실력 쑥쑥!						
학년	6	**과목**	국어	**단원**	5단원	**차시**	3-4

학습목표	다양한 상황에서 쓰이는 속담의 뜻을 알 수 있다.
단계	**교수·학습 활동**
도입	• 속담 잇기 놀이하기 　– 스마트폰 타이머로 1분 맞춰두기 　– 배턴 준비하여 첫 주자부터 순서 정하기 　– 알고 있는 속담을 하나씩 말하며 배턴 넘기기 　– 타이머가 울리는 순간에 배턴을 쥐고 있는 사람이 패배 • 학습 목표 제시
활동1	• 교과서 함께 풀어보기 　– 그림 가–라에서 사용한 속담과 의미 알아보기 　– 교과서 152–153쪽 상황별 속담 맞혀보기
활동2	• 여러 가지 속담 알아보기 　– 맞춰봐 속담 퀴즈 게임하기(1단계부터 제한 시간 종료 시까지) 　– 골든벨 형식으로 빈칸에 들어갈 단어 맞히기 • 함께 풀어본 속담들을 활용하여 자기 생각 이야기하기 　– 교과서 154–155쪽 속담을 활용하여 자기 생각 말하기 　– 친구에게 하고 싶은 말을 속담을 이용하여 써보기
정리	• 친구에게 하고 싶은 말 전달하기 　– 받은 친구도 속담을 이용해 답장 써보기 • 수업 소감 발표 및 피드백 　☞ 평가: 다양한 상황에서 쓰이는 속담을 활용하여 자신의 의견을 말할 수 있다.

[표 6-3 맞춰봐 속담 퀴즈 수업 지도안]

 학생들이 알고 있는 속담이 생각보다 적다고 느끼는 선생님들이 많을 것입니다. 이런저런 이유들로 평소 생활에서 많이 사용하지 않게 되다 보니 알고 있는 속담이 줄어드는 것은 당연한 일일지 모릅니다. 속담은 일단 많이 알아두는 것이 중요하다고 생각합니다. 빼곡히 인쇄된 속담 목록을 주고 외우도록 하는 것보다는 학생들이 흥미 있게 접근할 수 있는 퀴즈 앱을 이용하니 확실히 더 재미있게 공부하는 것이 느껴졌습니다. 복잡한 사고 능력이나 누적된 학습 역량이 딱히 필요한 단원이 아니라서 그런지 평소에 다른 공부는 힘들어하는 학생들도 쉬는 시간마다 "쌤 폰 켜서 속담 퀴즈해도 돼요?"라는 말을 많이 했습니다. 급식 순서, 자리 배치 등 학급 경영과 조합한 적절한 보상을 제공하며 학생들의 흥미를 유지하려고 했고 단원을 마칠 즈음에는 자기들끼리 대화할 때도 일부러 속담을 섞어 쓰는 모습이 많이 보여 뿌듯했습니다. 다문화 학생들은 부모님 나라의 속담도 일부러 조사해 와서 친구들에게 알려주었습니다. 조상들의 오랜 지혜로 빚어진 재미있는 말들은 세월을 뛰어넘어 요즘의 학생들에게도 재미를 주나 봅니다. 학습에 게임을 접목시키는 게이미피케이션(Gamification) 교육 트렌드에 꽤 어울리는 앱이라고 생각합니다.

수학

사진을 찍으면 수학 문제가 풀린다!

포토매스

내 손안의 수학 선생님! 포토매스		
[X=] 1)	• 구글에서 제작한 학습 앱으로, 종이 위의 문제를 사진으로 찍으면 풀어주는 앱으로 계산 과정 설명이 함께 제공됨 • 로그인 없이 사용 가능한 무료 앱으로 초등 수와 연산 영역의 문제 해결에 유용함	
활용 목표	수와 연산 영역의 계산을 앱으로 해결하고 계산 과정을 확인할 수 있다.	
사용 환경 추천 순서	① 구글 플레이스토어	① 애플 앱스토어	② 윈도우
	[QR코드] 2) / 플레이 스토어 다운로드	[QR코드] / 앱스토어 다운로드	사용 불가
인터넷 사용	설치 및 사용에 인터넷 연결 필요	
공유 방법	결과물 공유 없음	

---

1) [그림 7-1] play.google.com/store/apps/details?id=com.microblink.photomath&hl=ko&gl=US
2) [그림 7-2]~[그림 7-4] QR코드는 크롬 브라우저 QR 생성 기능 사용

사용 가이드 영상		
	• 경기도교육청교육연수원 마이크로콘텐츠 • 저자 제작 영상(2분 55초) • https://youtu.be/a8ofHFZEB70	

함께 사용할 수 있는 앱		
 3)	**[콴다 QUANDA]** • 직접 문제를 올려 묻고 답할 수 있는 사용자 간 서비스도 함께 제공하는 유명한 수학 학습 앱 • 콴다 과외 플랫폼 등 서비스 영역을 확장하고 있음	

🛈 포토매스 3줄 요약
❶ 앱을 실행하면 카메라가 켜지고 가운데에 빨간색 네모가 보입니다.
❷ 빨간 네모 ⌐ • ⌐ 안에 수학 문제가 모두 들어오게 맞추고 촬영●을 누릅니다.
❸ 문제의 답과 해설이 나옵니다. 상세 해설을 눌러 풀이 과정을 공부합니다.

[표 7-1 포토매스 개요]

학생들이 본격적으로 수학을 어려워하기 시작하는 몇몇 분기점들이 있습니다. 저학년 수학에서 훌륭한 성적을 거두었더라도 분수나 소수를 이해하기 어려워하는 학생들이 꽤 많이 있습니다. 자연수처럼 직관적으로 이해하기도 힘든 분수를 약분, 통분까지 하라고 하니 참 쉽지 않습니다. 하나씩 하나씩 틀린 문제들이 늘어가기 시작하면 아이들이 학습 동기를 잃곤 합니다. 수학에서 가장 중요한 학습법 중 하나가 틀린 문제를 제대로 다시 풀어보는 것인데 그럴 의욕이 나질 않습니다.

포토매스는 계산을 해줄 뿐 아니라 계산 과정을 보여주는 기능을 갖고 있습니다. 상세하게 서술된 풀이 과정을 차분히 확인하면서 자기가 어디서 틀렸는지 알아볼 수 있습니다. 선생님께 모르는 문제를 여쭤볼 수 없을 때 포토매스는 스마트폰 속의 선생님이 되어줄 것입니다.

---

3) [그림 7-5] https://play.google.com/store/apps/details?id=com.mathpresso.qanda&hl=ko&gl=US

활용 단원 추천

　초등학교 수학은 수와 연산, 도형, 측정, 규칙성, 확률과 통계의 다섯 가지 영역으로 구성됩니다. 그중 포토매스는 수와 연산 영역을 학습하는 데 도움을 줄 수 있습니다. 아래는 수와 연산 영역을 정리한 표입니다. 현재 버전의 포토매스로 모든 계산을 다 할 수는 없었지만 상당수의 연산 문제들을 풀어낼 수 있었습니다.

학년-학기	단원	주요 내용
1-1	3. 덧셈과 뺄셈	한 자릿수의 덧셈과 뺄셈
1-2	2. 덧셈과 뺄셈(1)	받아 내림, 받아 올림 없는 몇십+몇십
	4. 덧셈과 뺄셈(2)	세 수의 덧셈, 10-□, □+□=10의 계산
	6. 덧셈과 뺄셈(3)	받아 내림, 받아 올림이 있는 한 자릿수 덧셈
2-1	3. 덧셈과 뺄셈	받아 내림, 받아 올림이 있는 두 자릿수 덧셈, 뺄셈
2-2	2. 곱셈구구	곱셈구구 계산하기
3-1	1. 덧셈과 뺄셈	세 자릿수, 네 자릿수의 덧셈과 뺄셈
	3. 나눗셈	나눗셈의 기초, 곱셈구구 내에서의 나눗셈
	4. 곱셈	받아 올림이 있는 두 자릿수와 한 자릿수의 곱셈
3-2	1. 곱셈	(세 자릿수)×(한 자릿수),(두 자릿수)×(두 자릿수)
	2. 나눗셈	내림과 나머지가 있는(세 자릿수)÷(한 자릿수)
	4. 분수	대분수↔가분수 변환, 가분수와 대분수의 크기 비교
4-1	3. 곱셈과 나눗셈	자연수를 이용한 곱셈, 나눗셈의 모든 계산

학년-학기	단원	주요 내용
4-2	1. 분수의 덧셈과 뺄셈	분모가 같은 진분수, 대분수의 덧셈과 뺄셈
	3. 소수의 덧셈과 뺄셈	소수 세 자릿수 범위까지의 덧셈과 뺄셈
5-1	1. 자연수의 혼합계산	자연수의 덧셈, 뺄셈, 곱셈, 나눗셈 혼합 계산
	2. 약수와 배수	약수, 배수, 최대공약수, 최소공배수 구하기
	4. 약분과 통분	분수의 약분, 통분, 분수를 소수로 나타내 비교하기
	5. 분수의 덧셈과 뺄셈	분모가 서로 다른 진분수, 대분수의 덧셈과 뺄셈
6-1	1. 분수의 나눗셈	(분수)÷(자연수), 분수와 자연수의 곱셈·나눗셈
	3. 소수의 나눗셈	몫을 소수로 표현하는(소수)÷(자연수),(자연수)÷(자연수)
	4. 비와 비율	비, 비율, 백분율의 개념과 계산
6-2	1. 분수의 나눗셈	(자연수)÷(분수), 모든 분수의 나눗셈
	2. 소수의 나눗셈	(분수)÷(소수), 분수와 소수의 사칙연산 혼합 계산
	4. 비례식과 비례배분	비례식의 개념과 계산, 자연수의 비례배분

[표 7-2 포토매스 활용 단원 추천]

1. 포토매스를 설치합니다. 처음 설치할 경우 언어와 나이, 신분을 묻습니다.
입력에 따라 달라지는 것은 없으니 편하게 입력하시면 됩니다. 간단하게
제시되는 사용 설명을 보시는 것도 좋습니다.

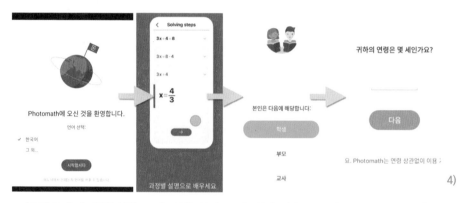

[그림 7-6 ① 언어 선택 → ② 사용 설명 → ③ 연령 입력 → ④ 학생·부모·교사 선택]

2. 카메라 접근 권한을 묻습니다. 카메라로 문제를 스캔해야 하므로 반드시
허용을 눌러줍니다.

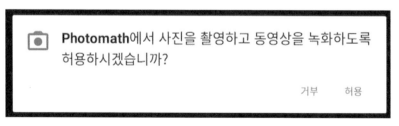

[그림 7-7 카메라 접근 허용]

---

4) [그림 7-6]~[그림 7-18] 이미지와 아이콘 캡처 출처는 모두 '포토매스' 앱

3. 카메라 화면으로 전환되고 빨간 선으로 작은 네모가 보입니다. 네모 안에 문제 전체를 위치하게 둔 다음 아래쪽에 보이는 빨간색 버튼으로 사진을 찍습니다.

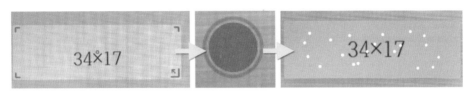

[그림 7-8 ① 빨간 선에 문제 맞추기 → ② 촬영하기 → ③문제 인식 중]

4. **방법 보기▶**를 누르면 구체적인 해결 방법을 볼 수 있습니다. 아래에 예시로 든 곱셈 문제(34×17)의 경우 애니메이션 튜토리얼로 푸는 방법을 아주 상세하게 알려줍니다.

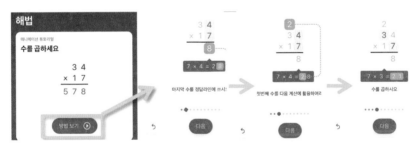

[그림 7-9 34×17을 계산하여 애니메이션 튜토리얼로 구체적 계산 순서 보기]

두 번째 예시 문제는 분수의 곱셈입니다. $\frac{4}{5} \times \frac{25}{16}$ 를 계산하였고, 이번 문제에서는 **해결단계 표시→** → **단계 설명→** 을 눌러 상세 설명을 볼 수 있습니다. 자연수의 사칙연산뿐 아니라 분수의 연산도 할 수 있음을 알 수 있습니다. 또한 해설 단계에서도 약분의 과정을 상세히 알려줘 유사한 문제를 풀 수 있는 알고리즘을 익힐 수 있습니다.

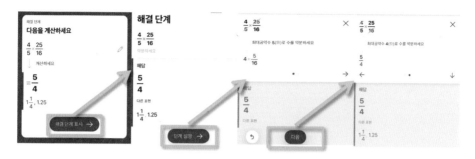

[그림 7-10 $\frac{4}{5} \times \frac{25}{16}$ 을 계산하여 [해결단계 표시] → [단계 설명] 보기]

세 번째 예시로는 비례식을 가져와 보았습니다. 비례식 계산도 가능할지 궁금했는데 앱이 □를 미지항으로 인식하여 답을 구하는 모습을 보여주었습니다. **해결단계 표시→** → **단계 설명→** → **더 자세한 단계와 설명을 보려면 누르세요** 순서대로 누르면서 해결 방법을 알 수 있습니다.

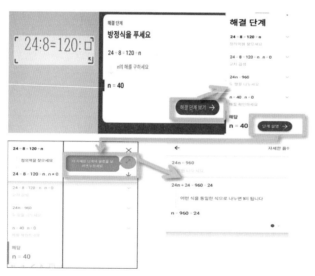

[그림 7-11 24:8=120:□ 비례식 미지항 구하기. □를 미지수로 인식하여 답을 구함]

5. 첫 실행 이후에는 앱을 켜면 바로 카메라 화면이 뜹니다. 화면에 보이는 아이콘들은 아래와 같습니다.

[그림 7-12 구동 화면]

🕐	지금까지 풀어본 문제를 보여줍니다. 앱을 다시 켜도 기록이 남아 있어 복습을 할 때 유용합니다.
❓	앱 사용 도움말을 봅니다.
⚡	플래시를 사용하여 어두운 곳에서의 촬영을 돕습니다.
☰	언어설정, 로그인 등 설정을 변경합니다.
🖩 계산기	앱에서 제공하는 계산기를 켭니다. 일반 계산기보다 기능이 많습니다.
🖼	기기에 저장된 사진을 이용해 문제를 풉니다.

[표 7-3 포토매스 기능 아이콘 설명]

6. 교과서 내 대부분의 문제를 촬영하여 풀 수 있습니다. 하지만 손으로 직접 쓴 문제를 인식하는 것은 완벽하게 작동하지 않을 때도 있었으므로 참고하시기 바랍니다.

3 | 수업 지도안

분수 계산! 포기하지 매						
학년-학기	6-2	**과목**	수학	**단원**	1단원	**차시** 단원 준비 단계

학습 목표	분수의 나눗셈을 위해 필요한 연산 방법을 알고 문제를 풀 수 있다. 어려운 부분을 공부하기 위해 포토매스를 활용할 수 있다.
단계	**교수·학습 활동**
도입	본 수업은 교과서 수업 중 한 차시의 지도안이라기보다는 6학년 수학을 공부할 준비가 아직 되지 않은 학생들을 도와줄 수 있는 개인별 보충 학습의 성격을 띠고 있습니다. 잘 아시다시피 수학 중에서도 수와 연산 영역은 계열이 확실한 영역으로 이전 내용을 알지 못하면 다음 내용을 알기 힘듭니다. 포토매스를 활용한 개인별 복습 시간을 통해 학습 결손 해소에 도움을 받을 수 있었습니다. • 수학 학습의 어려움 편하게 대화 나누기 • 학습 목표 제시

활동1	• 분수의 나눗셈을 위해 필요한 내용 되짚어보기
	   – 약수와 배수 → 약분과 통분 → 분수의 곱셈 방법 → 분수의 나눗셈 방법
	   – 알고 있는 부분과 모르는 부분 파악하기
	• 일일수학(수학③) 활용하기
	   – 자기가 모르는 단원과 내용 찾아보기
	   – 모르는 부분부터 시작하여 분수의 나눗셈까지 학습지 인쇄하기

분수 계산! 포기하지 마!	

활동2	• 포토매스 사용법 익히기
	  – 스마트폰 앱 설치 및 문제 해설 보는 법까지 간단하게 설명
	  – 교과서 속의 문제들로 사용 방법 연습
	• 문제 풀어보기
	  – 학습지 순서대로 풀어보기
	  – 어려운 부분 포토매스로 찾아 해설을 통해 문제 푸는 법 익히기

정리	• 새로 알게 된 내용 개인별 학습 노트에 정리시키기 • 향후 학습 계획 세우기

[표 7-4 포토매스 수업 지도안]

4 수업 후기

수학 교과서에서는 생활 속 장면과 그림들로 수학적 원리를 이해시킨 후 알고리즘을 알려주는 구성으로 학습을 이끌어갑니다. 아주 바람직한 방법이지만 이 방법을 거꾸로 이용해야 할 때도 있습니다. 1~100까지의 수직선 위에 점을 찍을 때 1부터 순서대로 진행할 수도 있지만 25,54,33과 같이 무작위로 점을 찍으며 모든 칸을 채울 수도 있습니다. 꼭 원리를 우선 이해하기보다는 여러 문제를 풀면서 자연스럽게 학습을 완성시키는 공부 방법도 있습니다.

포토매스는 이러한 측면에서 학생들이 우선 마주한 문제를 풀 수 있게 만들어준다는 장점이 있습니다. 선생님이 옆에 계속 붙어서 꾸준히 알려주지 않아도 풀이 과정을 보며 스스로 판단할 수 있습니다. 솔직히 이 앱 하나로 학생들이 분수 계산을 드라마틱하게 잘하게 되진 않았습니다만 최소한 수학 시간에 아무것도 바라지 않는 눈빛을 한 채 책만 노려보던 학생들은 훨씬 줄어들었습니다. 그리고 이 학생들 중 몇몇은 언젠가 수학 공부를 제대로 하고자 할 때 이 앱을 떠올릴 것이라 생각합니다.

애스크 매스

수학 익힘책 해설을 볼 수 있는 ASK MATH			
❋AskMath 1)	• https://askmath.kofac.re.kr/main.do • 수학 진단, 수학 학습, 수학 자료, 수학 행사 등 수학에 대해 궁금한 것이 있을 때 유용하게 이용할 수 있는 홈페이지		
활용 목표	수학 수준 진단 및 학습 콘텐츠를 이용하여 스스로 공부하는 힘을 기를 수 있다.		
사용 환경 추천 순서	① 윈도우	② 구글 플레이스토어	② 애플 앱스토어
	2) 인터넷 브라우저로 접속	애플리케이션이 없으므로 컴퓨터와 동일하게 기기의 인터넷 브라우저로 접속	
인터넷 사용	설치 및 사용에 인터넷 연결 필요		
공유 방법	결과물 공유 없음		

---

1) [그림 8-1] https://askmath.kofac.re.kr/main.do
2) [그림 8-2] QR코드는 크롬 브라우저 QR 생성 기능 사용

함께 사용할 수 있는 앱		
3)	[알지오 매스] • https://www.algeomath.kr/main.do • 애스크 매스와 형제 격인 홈페이지로 2D·3D 도형 그리기 등 도형 관련 학습 기능을 제공함	

🔔 애스크 매스 3줄 요약

❶ [수학진단] ➡ [수학클리닉 사전검사]로 수학 학습 동기, 전략, 심리를 진단합니다.
❷ [수학진단] ➡ [수학학습진단]에서 현재까지의 학습 수준을 파악합니다.
❸ 수학 익힘책 학습 시 [수학학습] ➡ [익힘책콘텐츠]의 문제 풀이 영상을 이용합니다.

[표 8-1 애스크 매스 개요]

　수학은 학생들의 개인차가 큰 과목입니다. 특히 고학년 교실에서는 그 차이가 격심한 경우가 종종 있습니다. 현재 수업이 힘든 학생들은 자신이 어려워하는 부분을 진단하고 스스로 공부할 수 있어야 합니다. 애스크 매스는 한국과학창의재단에서 만든 수학 학습 도구로 진단과 학습을 모두 도와줄 수 있는 홈페이지입니다. 학습 수준뿐 아니라 수학에 대한 감정과 경험까지 진단할 수 있는 검사 도구가 준비되어 있습니다. 또한 교과서 문제들을 자세히 설명해주는 콘텐츠도 갖추고 있습니다.

---

3) [그림 8-3] https://www.algeomath.kr/main.do

익힘책콘텐츠

학년 선택 1학년 2학년 3학년 4학년 5학년 6학년   학기 선택 1학기 2학기

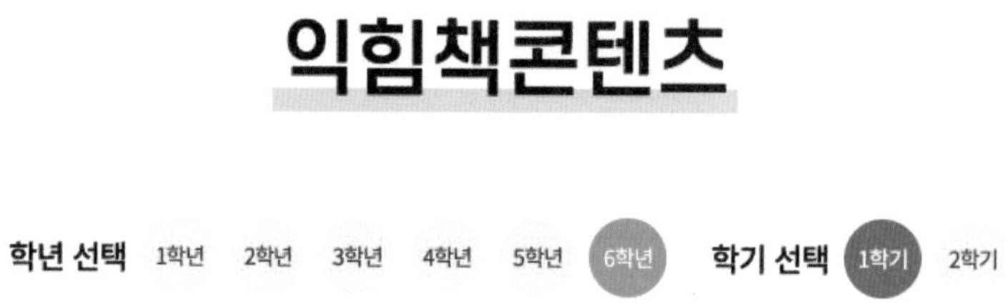

4)

[그림 8-5 익힘책콘텐츠 학년 학기 선택 화면]

애스크 매스의 [익힘책콘텐츠]에는 수학 익힘책의 문제들을 풀어주는 해설 콘텐츠가 준비되어 있습니다. 1-6학년 수학 중 필요한 학년 → 학기 → 단원 → 차시 순서로 선택한 후 문제의 해설을 선택하여 들어볼 수 있습니다.

2 사용 방법

1. 애스크 매스 홈 화면 상단의 메뉴 바는 아래와 같습니다. 홈페이지를 이용하기 위해서는 한국과학창의재단 통합 회원 가입이 필요합니다.

[그림 8-6 애스크 매스에서 주로 활용할 두 가지 기능]

5)

---

4) [그림 8-5] https://askmath.kofac.re.kr/board.do?lang=kor&menuPos=5

이들 중 [수학진단], [수학학습] 두 가지가 학생 진단과 학습에 사용하기 좋은 기능들입니다. 그 외 [수학자료], [수학행사], [소통공간], [알림공간]에서는 수업 자료, 연구보고서, 수학 관련 행사 안내, 커뮤니티 활동 등을 이용할 수 있습니다. 여기서는 학생들에게 필요한 [수학진단]과 [수학학습]을 알아보도록 하겠습니다.

2. [A][수학진단]에서는 두 가지 검사를 할 수 있습니다.

[그림 8-7 수학클리닉 사전검사 들어가기]

❶ [수학클리닉 사전검사]

[수학클리닉 사전검사]에서는 학생들이 수학에 대해 느끼는 여러 가지 감정이나 경험을 알아볼 수 있습니다. 총 30문항의 검사로 수학 학습 심리, 수학 학습 방법, 수학 학습 성향의 세 가지 검사로 구성됩니다. 여기서 수학 학습 심리란 수학에 대한 흥미, 자신감, 불안감, 가치 인식, 학습 의욕을 의미하고 수학 학습 방법은 수학 학습에 대한 자기관리와 학습 전략을 말합니다. 수학 학습 성향에서는 오답 노트 등의 학습 습관, 성적 관리 방법, 학습 동기를 검사합니다.

[수학클리닉 사전검사]로 들어간 뒤 검사에 대한 설명을 읽어봅니다. 설명 부분에서 구체적인 검사 매뉴얼을 다운로드받을 수 있습니다. 검사 결과를 해석하는 유용한 정보가 수록되어 있으므로 반드시 읽어보시고 진행하시길 권해드립니다. 개인 검사와 단체 검사 중 하나를 선택한 뒤 학적을 입력하면 검사가 시작됩니다.

<hr />

5) [그림 8-6], [그림 8-7] https://askmath.kofac.re.kr/main.do

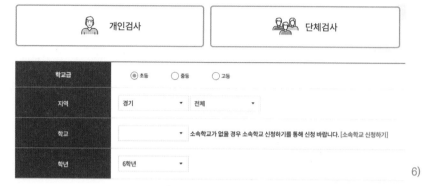

[그림 8-8 검사 유형을 선택 후 학적 입력]

30문항의 검사를 완료하면 아래와 같이 검사 완료 메시지가 나오고 결과표를 확인할 수 있습니다. 검사결과표 보기를 클릭하여 정량적, 정성적으로 평가된 진단 결과를 확인해봅니다. 앞서 확인한 매뉴얼을 참고하여 검사 결과를 해석한 다음 앞으로의 수학 학습에 어떤 것이 필요한지 진단해봅니다.

[그림 8-9 검사 후 결과를 확인하고 해석하여 학습 전략 도출]   7)

❷ [수학학습 진단]

학기별, 단원별로 구성된 검사로 현재 자신의 수학 학습 수준이 어느 정도인지를 알아볼 수 있는 검사입니다. [수학클리닉 사전검사]와 같이 학적을 입력하면 아래와 같이 학년, 학기, 단원, 차시를 고를 수 있는 검사 창이 보입니다.

---

6) [그림 8-8] askmath.kofac.re.kr/mathInspectionMng/mathClinicMng/index.do?lang=kor&menuPos=1

7) [그림 8-9] askmath.kofac.re.kr/mathInspectionMng/mathClinicMng/step4.do

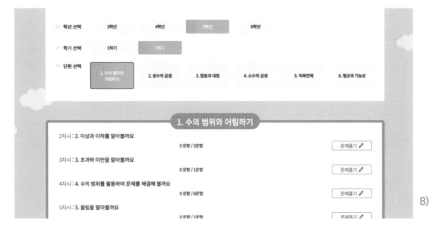

[그림 8-10 학년, 학기, 단원, 차시를 선택합니다]

  각 차시별로 객관식과 주관식이 혼합된 몇 개의 문항들이 보입니다. [문제풀기]를 누르면 해당 차시의 핵심 개념을 아는지 모르는지 판별할 수 있는 문제를 풀어볼 수 있습니다. 문제를 풀고 나면 [검사결과표 보기]를 눌러 아래와 같이 정답 여부를 즉시 알 수 있습니다.

[차시] 2. 이상과 이하를 알아볼까요

문항번호	1	2
정답여부	✕	✕

번호	정답여부	정답	선택한 답	같은 학년 정답률 ❓	문항 및 해설	익힘책콘텐츠
1	✕	2번 - 2	3번 - 3	0%	보기	1 [수학 익힘책 문제풀이 5학년 2학기 … 2 [수학 익힘책 문제풀이 5학년 2학기 …

오개념/어려움진단
이상의 개념을 모르고 있다.

[그림 8-11 정답 확인 화면]

8) [그림 8-10] https://askmath.kofac.re.kr/mathInspectionMng/mathLearningMng/step3.do?menuPos=2&lang=kor&idx=&act=&tabPos=1&tabPos2=&none_idx=none_T1912&join_grade=11&paramKey1=435&paramKey2=331&paramKey3=405&paramKey4=13337&paramKey6=11

9) [그림 8-11] https://askmath.kofac.re.kr/mathInspectionMng/mathLearningMng/view_learning_table.do?menuPos=2&lang=kor&idx

문항 해설 및 오개념/어려움 진단에서 어떤 부분을 모르는지 알아볼 수 있고 관련 학습 내용을 바로 연결할 수 있는 [익힘책콘텐츠] 링크도 사용할 수 있습니다. 3학년 첫 단원부터 차근차근 풀어가며 모르는 단원, 차시, 내용을 확인하면서 자신이 모르는 부분을 학습해나갈 수 있습니다.

3. [B][수학학습]에서는 아래의 네 가지 콘텐츠를 이용할 수 있습니다.

10)

[그림 8-12 익힘책콘텐츠 접속 방법]

이들 중 방금 잠깐 알아본 [익힘책콘텐츠]를 활용해봅시다. 수학 수업에서 빠질 수 없는 것이 바로 수학 익힘책입니다. 많은 경우 수학 수업은 수학책 다음 익힘책 문제 풀이의 순서로 이루어지기 마련입니다. 수업이 계획한 시간대로 딱딱 잘 진행되면 좋겠지만 설명을 한 번 더 해야 한다든가 학생이 질문을 하는 등 다양한 변수가 발생하다 보니 아무래도 익힘책 풀이를 할 때는 시간 문제로 설명이 부족해지기 일쑤입니다. [익힘책콘텐츠]에서는 학생들이 좋아하는 애니메이션과 함께 상세한 문제 풀이 강의를 볼 수 있어 혼자서도 즐겁게 공부할 수 있도록 도와줍니다.

6학년 1학기 1단원 분수의 나눗셈 단원의 '(자연수)÷(자연수)의 몫을 분수로 나타내어 볼까요'를 선택한 화면입니다. 익힘책 문제를 풀이해주는 애니메이션 강의 영상의 목록이 타일 형식으로 제시됩니다. 해설을 보고 싶은 문제를 선택하여 영상을 재생합니다.

=1653&idx2=1653&idx3=8634&act=&tabPos=1&tabPos2=2&paramKey1=435&paramKey2=331&paramKey3=405&paramKey4=13337&paramKey5=&paramKey6=11&paramKey10=&paramKey11=&paramKey30=11&paramKey31=15&paramKey32=57&paramKey33=553&none_tea_idx=8634&list_back=

10) [그림 8-12], [그림 8-13] https://askmath.kofac.re.kr/board.do?lang=kor&menuPos=5

익힘책콘텐츠

[그림 8-13 익힘책콘텐츠 학년 선택 및 문제 해설 보기]

3 수업 지도안

애스크 매스는 수업에서 직접 사용하지는 않고 학생들이 집에서 공부할 때 이용할 수 있도록 안내해주었습니다. 학교에서 한 번 설명을 들어서는 잘 이해가 되지 않는 문제들을 복습하기 위한 도구로 이용하도록 하였습니다.

4 수업 후기

방과 후 학원에 가지 않는 학생들이나 성격상 질문을 하지 못하는 학생들에게는 모르는 것을 스스로 공부할 때 이용할 수 있는 애스크 매스가 큰 도움이 될 것 같습니다. 뒤이어 소개할 수학 학습 애플리케이션들도 대부분 스스로 공부하는 데 도움을 주는 것들로 구성되어 있습니다. 본서에서 소개하는 앱들이 학생들의 수학 공부에 있어서 자기주도적 학습 능력을 키워줄 수 있는 도구들이길 바랍니다.

03

연산의 기초를 다져주는 복습 최강 도우미

일일수학

일일수학으로 매일매일 실력 쑥쑥!	
확인, 초등수학 도와요 지킴이 **일일수학** 1)	• https://www.11math.com/ • 원의 넓이를 구하는 공식을 도출하는 방법을 시각적으로 표현하여 이해를 도와줌 • 사진을 찍어 실제 물건의 넓이를 구해볼 수 있음
활용 목표	학년별, 단원별로 정돈된 연산 문제들을 풀어보며 연산 실력을 기를 수 있다. 연산 단원을 학년 역순으로 공부해가며 자신의 약한 부분을 보충할 수 있다.

사용 환경 추천 순서	① 윈도우		② 구글 플레이스토어	② 애플 앱스토어
	2)	인터넷 브라우저로 접속	애플리케이션이 없으므로 컴퓨터와 동일하게 기기의 인터넷 브라우저로 접속 (시험지 정답 확인 시에는 학생의 스마트폰으로 QR코드 인식하여 스스로 채점)	

인터넷 사용	접속을 위한 인터넷 연결 필요
공유 방법	시험지를 프린트해서 사용하는 방식으로 결과 공유 없음

---

1) [그림 9-1] https://www.11math.com/
2) [그림 9-2] QR코드는 크롬 브라우저 QR 생성 기능 사용

[표 9-1 일일수학 개요]

수학 공부에서 가장 기본이 되는 것이 바로 연산 능력입니다. 도형을 공부할 때도 넓이나 부피를 구하기 위해 연산이 필요하고, 규칙성이나 측정을 위해서도 연산을 사용하게 됩니다. 수와 연산 영역은 앞부분에서 막히면 뒷부분을 알 수가 없는 구조이기 때문에 수학을 못하는 6학년 학생들을 보면 자기가 어디서부터 모르는지도 헷갈리게 된 경우가 많습니다.

이런 학생들의 경우 어디를 모르는 것인지 찾아내기 위해 세심한 1:1 지도가 필요했습니다. 이전 학년의 학습 결손을 찾아내고 보충해주기 위해 다양한 학습 자료를 준비하기 위한 많은 노력이 필요했던 것입니다. 일일수학은 이러한 준비에 큰 도움을 줍니다. 학년별, 단원별, 차시별로 구분된 단순한 연산 문제를 순서대로 풀어보게 함으로써 교사의 준비를 훨씬 줄일 수 있게 되었습니다. 학생들 역시 단계별로 구성된 연산 문제를 풀어가면서 "아, 내가 3학년 곱셈부터 몰랐던 거구나!", "나는 통분을 몰라서 분수와 소수의 계산을 못 했던 거구나!"라고 자신의 부족한 부분을 원점에서 다시 공부할 수 있습니다.

1 활용 단원 추천

일일수학은 초등학교 6년 동안 배우는 수와 연산 영역의 모든 문제를 제공합니다. ±**연산문제지** 에 들어가면 위와 같이 학년, 학기, 단원, 차시를 선택하여 문항지를 출력할 수 있습니다. 또한 앞서 소개해드린 포토매스(수학 ①)의 활용 단원 추천에 표로 정리해두었습니다.

[그림 9-3 일일수학에서 학년과 단원 찾기]

2 | 사용 방법

일일수학의 사용법은 매우 간단합니다. 원하는 학년, 학기, 단원, 차시를 골라 생성된 시험지를 출력하면 됩니다. 같은 차시의 문제가 더 많이 필요할 경우 다른 문제들을 무한대로 생성하여 사용할 수 있습니다. 생성된 시험지의 우측 상단에 있는 QR코드를 스캔하면 정답을 확인할 수 있습니다.

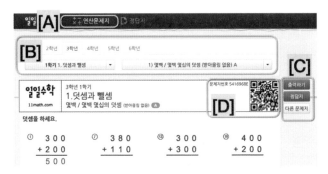

[그림 9-4 일일수학 연산문제지 화면 설명]

---

3) [그림 9-5], [그림 9-6] https://www.11math.com/calc#CA810104

[A]	일일수학 홈페이지에서 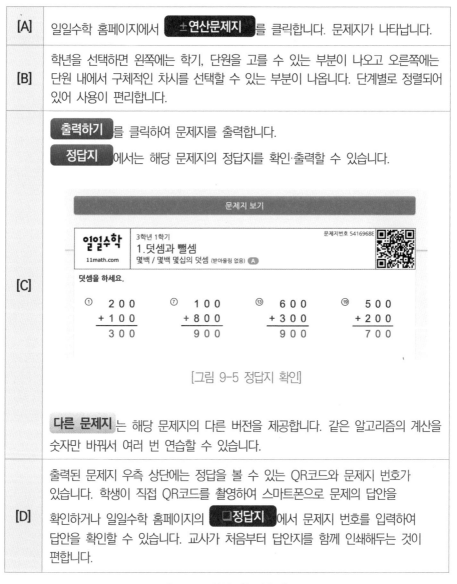 ±연산문제지 를 클릭합니다. 문제지가 나타납니다.
[B]	학년을 선택하면 왼쪽에는 학기, 단원을 고를 수 있는 부분이 나오고 오른쪽에는 단원 내에서 구체적인 차시를 선택할 수 있는 부분이 나옵니다. 단계별로 정렬되어 있어 사용이 편리합니다.
[C]	**출력하기** 를 클릭하여 문제지를 출력합니다. **정답지** 에서는 해당 문제지의 정답지를 확인·출력할 수 있습니다. 문제지 보기 **일일수학** 3학년 1학기 11math.com **1.덧셈과 뺄셈** 몇백 / 몇백 몇십의 덧셈 (받아올림 없음) Ⓐ 문제지번호 5416968E 덧셈을 하세요. ① 2 0 0 ⑦ 1 0 0 ⑬ 6 0 0 ⑲ 5 0 0 + 1 0 0 + 8 0 0 + 3 0 0 + 2 0 0 3 0 0 9 0 0 9 0 0 7 0 0 [그림 9-5 정답지 확인] **다른 문제지** 는 해당 문제지의 다른 버전을 제공합니다. 같은 알고리즘의 계산을 숫자만 바꿔서 여러 번 연습할 수 있습니다.
[D]	출력된 문제지 우측 상단에는 정답을 볼 수 있는 QR코드와 문제지 번호가 있습니다. 학생이 직접 QR코드를 촬영하여 스마트폰으로 문제의 답안을 확인하거나 일일수학 홈페이지의 **□정답지** 에서 문제지 번호를 입력하여 답안을 확인할 수 있습니다. 교사가 처음부터 답안지를 함께 인쇄해두는 것이 편합니다.

[표 9-2 일일수학 사용법]

111

초등 수학, 처음부터 다시 시작해보기!							
대상	6학년	**과목**	수학	**단원**	수와 연산 전 단원	**수업방식**	보충수업
학습 목표	수와 연산의 전 과정을 다시 풀어보며 내가 모르는 부분을 찾아 보충 학습을 할 수 있다.						
단계	**교수·학습 활동**						
도입	본 수업은 한 차시의 교과서 수업이라기보다는 수학 보충 학습이 필요한 학생들을 대상으로 하여 아침 활동 및 방과 후 교과 보충 활동으로 제시한 활동입니다. • 일일수학을 보며 학년별 단원명, 차시명을 표에 정리하기 • 자신이 아는 것과 모르는 것 체크해보기						
활동1	• 1학년 1학기 첫 단원 문제지부터 풀어보기 − 쉬운 문제들은 금방 풀 수 있으므로 시간 낭비가 많지 않음 − 틀린 문제가 있으면 반드시 틀린 원인과 모르는 부분을 확인해볼 것 − 모르는 문제는 포토매스(수학①)로 푸는 과정 확인 가능 − 문제지의 문제들을 90% 이상 맞히지 못하면 다른 문제지를 눌러 다시 풀어볼 것 • 한 단원이 끝나면 관련 단원 평가 풀어보기 − 단순 연산 문제가 아닌 다양한 유형의 문제들을 풀어볼 수 있는 단원 평가 학습지 제공하기 − 문장제 등 응용문제를 풀어보며 실력 다지기						
활동2	• 모르는 단원이 나오기 시작하면 관련 내용 공부하기 − 정답률 50% 이하거나 아예 방법을 모를 경우 − 선생님과 함께 공부하기 − 칸아카데미(수학⑤)나 EBS에서 관련 강의 찾아보기 • 활동1과 같이 정답률 90% 달성 및 다양한 유형의 문제들로 구성된 단원 평가 풀어보기						

	초등 수학, 처음부터 다시 시작해보기!
정리	• 현재 수학 진도까지 다 따라오게 되면 도입 부분에서 작성한 수와 연산 영역의 표를 보며 다시 아는 것과 모르는 것 체크해보기 • 도형 등 다른 영역에서도 연산이 사용됨을 알고 지금까지 못 풀었던 다른 영역의 문제들에도 도전해보기

[표 9-3 일일수학 수업 지도안]

4 수업 후기

'수포자'라는 단어가 등장한 지도 꽤 오래되었습니다. 여전히 수학은 학생들에게 어려운 과목으로 요즘에는 초등학생 수포자들도 심심치 않게 찾아볼 수 있습니다. 잠시 한눈을 팔았던 어느 수학 시간, 친구와 싸워서 도저히 수업이 귀에 들어오지 않던 그날의 수학 시간들이 쌓이고 쌓여 수포자가 된 친구들은 자기가 모르는 부분이 어디부터인지 파악할 수도 없는 상황입니다.

이럴 때 일일수학을 처음부터 쭉 풀어보는 것은 자신의 실력이 멈춰 있는 지점에서 다시 시작할 수 있게 해주는 계기가 됩니다. 학생의 학습 결손이 시작되는 부분을 찾아내는 작업을 교사가 직접 하려면 엄청나게 많은 준비와 지도 시간이 필요합니다. 한 반에 이런 도움이 필요한 학생들이 3-4명만 되어도 제대로 지도하기 힘든 상황이 됩니다.

일일수학은 이들 모두에게 각자의 속도에 맞춰 공부할 수 있는 기회를 제공합니다. 초등학교 수학의 출발점부터 차근차근 문제를 풀어가다 보면 어떤 학생들은 분수에서, 어떤 학생들은 구구단에서 자신의 부족함을 발견합니다. 그러면 교사는 그 부분에 대한 집중적인 지도를 할 수 있게 되고, 비로소 학생은 다음 단계로 넘어갈 수 있게 됩니다.

제 경우에는 학급의 방과 후 교과 보충반을 운영하며 일일수학에 큰 도움을 받았습니다. 레벨업 개념을 도입하여 서로 즐겁게 경쟁하는 분위기를 만들고 적절한 보상을 통해 학생들이 꾸준히 활동에 참여할 수 있도록 유도했습니다. 구구단 8단에서 결손이 시작된 한 친구는 2주간의 수업 후 5학년 1학기 자연수의 혼합 계산 문제까지 풀어내는 저력을 보였습니다.

어디부터 시작해야 하는지 찾아내는 진단 활동이 연산 공부에 가장 중요한 출발점이라고 생각합니다. 일일수학을 통해 학생이 스스로 자신의 상황을 점검하고 공부할 수 있도록 방법을 알려준다면 교사의 노력은 훨씬 적게 들이면서 수포자들을 구제할 수 있을 것입니다.

04

수학책 개념 해설 및 실습 도우미

스마트수학

스마트수학으로 원의 넓이를 알아보자!	
척척박사! 원의 넓이 1)	• 원의 넓이를 구하는 공식을 도출하는 방법을 시각적으로 표현하여 이해를 도와줌 • 사진을 찍어 실제 물건의 넓이를 구해볼 수 있음
활용 목표	직접 조작하고 관찰하면서 원의 넓이를 구하는 원리를 이해할 수 있다.

사용 환경 추천 순서	① 구글 플레이스토어		② 윈도우	③ 애플 앱스토어
	 2)	앱스토어 다운로드	'NOX', 'BLUESTACK' 등 안드로이드 가상머신을 설치하여 이용 가능	사용 불가

인터넷 사용	첫 다운로드 후 인터넷 연결 없이 사용 가능
공유 방법	결과물 공유 없음

---

1) [그림 10-1] play.google.com/store/apps/details?id=nahunhee.circle&hl=ko&gl=US

2) [그림 10-2] QR코드는 크롬 브라우저 QR 생성 기능 사용

[표 10-1 스마트수학 개요]

스마트수학은 하나의 앱 이름이 아닌 앱 개발자의 명칭입니다. 서울 이문초 나훈희 선생님께서 여러 교육용 앱을 개발하셔서 스마트수학이라는 이름으로 구글 플레이스토어에 제공하고 계십니다. 특히 수학 도형 관련 앱이 많은데 학생들이 이해하기 힘든 부분을 시각적으로 잘 표현하여 학습 내용을 이해하는 데 큰 도움을 받았습니다. 현재 플레이스토어에서 이용할 수 있는 스마트수학의 수학 공부 관련 앱 목록은 다음과 같이 찾아보실 수 있습니다. 플레이스토어에서 스마트수학을 검색하신 후, 개발자 명칭인 스마트수학을 클릭하시면 모든 앱 목록을 보실 수 있습니다. 혹은 플레이스토어 검색창에 'pub:스마트수학'(소문자 필수)이라고 검색하셔도 됩니다.

1 활용 단원 추천

앱 이름	학년-학기-단원	활동 내용
터치로 배우는 평행사변형과 삼각형의 넓이	5학년 1학기 6. 다각형의 둘레와 넓이	• 터치로 모눈종이 위에 임의의 평행사변형과 삼각형을 만든 후, 자르고 붙이는 활동 • 평행사변형과 삼각형 넓이를 구하는 공식이 도출되는 과정을 이해할 수 있음

앱 이름	학년-학기-단원	활동 내용
터치로 배우는 마름모의 넓이	5학년 1학기 6. 다각형의 둘레와 넓이	• 터치로 임의의 마름모를 만든 후, 자르고 붙이는 활동을 통해 여러 다각형의 넓이를 구하는 원리 배우기
터치로 배우는 직사각형의 둘레	5학년 1학기 6. 다각형의 둘레와 넓이	• 모눈종이 위에 그려진 여러 개의 선을 직사각형 모양으로 배치하여 직사각형 둘레의 성질 이해하기
터치로 만드는 3D 겨냥도	5학년 2학기 5. 직육면체	• 터치로 임의의 사각형을 만든 후 이를 밑면으로 삼아 입체도형을 만든 뒤 겨냥도 확인하기
선대칭 도형과 점대칭 도형	5학년 2학기 3. 합동과 대칭	• 선대칭 도형과 점대칭 도형을 직접 그려서 접어볼 수 있고 친구가 그린 도형을 QR코드로 공유할 수 있음
선생님과 함께하는 척척박사! 원의 넓이	6학년 2학기 5. 원의 넓이	• 교과서 활동인 모눈종이로 원 넓이 어림하기 및 원을 수없이 잘라서 사각형이 되는 과정을 시각화하기 • 실제 원형 물건을 사진으로 찍어 넓이 어림해보기

[표 10-2 스마트수학 활용 단원 추천]

이 중 학생들과 함께 수업에 활용해보았던 앱은 [척척박사! 원의 넓이]입니다. 원의 넓이를 구하는 방법을 이해하려면 다른 여러 다각형들의 넓이를 구하는 방법에 대한 충분한 이해가 필요합니다. 그래서인지 단원 자체도 초등학교의 마지막 과정인 6학년 2학기에 편성되어 있습니다. 단순히 공식을 외우는 것은 쉬울 수 있지만, 정사각형 모눈으로 원의 넓이를 어림하고 원을 쪼개 직사각형으로 재조립하는 등 공식이 도출되는 과정을 이해하기 위해서는 시각화된 자료를 이용하는 것이 큰 도움이 됩니다. 학생들은 교과서의 지면으로는 표현하기 힘든 움직임을 앱을 통해 직접 관찰하면서 공부에 많은 도움을 받았습니다.

1. 앱을 실행하고 가운데의 [시작]을 누르면 사용 가능 메뉴가 나옵니다.

[그림 10-3 '척척박사!
원의 넓이' 시작 화면]

3)

모눈! 넓이 어림하기	6학년 2학기 수학 교과서 99쪽 활동을 해볼 수 있습니다.
찰칵! 물체 어림하기	실제 원형 물건을 사진으로 찍어 가상의 모눈종이로 넓이를 어림합니다.
원의 넓이 원리 탐구	6학년 2학기 수학 100-101쪽 활동입니다. 원을 자르고 재결합하여 직사각형으로 만드는 과정을 확인합니다.
도움말	사용 방법을 확인합니다.
문제 풀기	지원하지 않는 기능입니다.

[표 10-3 '척척박사 원의 넓이' 기능 설명]

2. 먼저 [모눈! 넓이 어림하기]를 실시합니다. 모눈종이 위에 원 하나가 그려져 있습니다. 다음 표의 [A]-[D] 순서대로 원을 만들고 모눈을 터치하여 교과서 활동을 해볼 수 있습니다.

---

3) [그림 10-4]~[그림 10-7] 이미지와 아이콘 캡처 출처는 모두 '척척박사! 원의 넓이' 앱

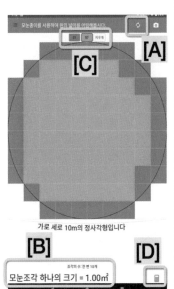

가로 세로 10m의 정사각형입니다

[B]

조각의 수: 한 변 10개

모눈조각 하나의 크기 = 1.00㎡

[D]

[그림 10-4 모눈 넓이 어림하기]

[A]	원의 크기를 설정합니다. 초기 설정은 지름 20m의 원에 한 줄 20칸의 모눈종이입니다. 조금 쉽게 진행하기 위해 원의 지름을 10m로 설정합니다.
[B]	모눈종이 한 변의 조각 수를 설정합니다. 계산의 편의를 위해 학습 초기에는 1.00으로 맞추는 것이 좋으므로 지름 10m 원을 설정 후 모눈 수도 10개로 설정합니다.
[C]	색깔을 터치한 뒤 색칠합니다. 원의 경계 부분과 원 내부를 다른 색으로 칠합니다. 색깔별로 칠해진 사각형의 개수가 각각 표시됩니다. 경계 부분에서는 돋보기 기능이 제공됩니다.
[D]	색칠을 마친 뒤 계산기 아이콘을 누르면 어림한 넓이의 계산 결과가 나옵니다.

[표 10-4 '모눈! 어림하기' 사용 방법]

3. [찰칵! 물체 어림하기]에서는 카메라를 이용합니다. 카메라 사용 권한 설정을 해주면 카메라로 주변 물체를 촬영할 수 있습니다.

◈ 찰칵! 물체 어림하기 (1)   **◈ 찰칵! 물체 어림하기 (2)**

준비물: 수학책, 원 모양 물체
유의사항: 수학책과 원 물체를 같은 거리에 두세요!
**(수학이 원 물체와 같은 거리에 있지 않으면 원 물체의 크기가
정확히 측정되지 않습니다!)**

1. 측정할 원 물체를 수학책과 같은 위치에 두세요
2. 화면 하단의 스크롤을 움직여 빨간 선의 크기를
   조절한 뒤 수학책 크기에 맞춰주세요
   (빨간 사각형은 터치로 이동 가능합니다)
3. 사진 촬영을 해주세요!

[그림 10-5 찰칵! 물체 어림하기 설명 화면]

처음 실행하면 도움말을 보라는 문구가 나옵니다. 위 그림은 도움말 화면입니다. 빨간 선 안에 수학책을 맞추고 그 옆에 물체를 놓아야 합니다. 수학책의 크기와 물체의 크기를 비교해서 지름을 알려주기 위함입니다. 사진을 찍은 뒤에는 하얀 선으로 물체의 둘레를 감싼 뒤 확인을 누릅니다. 촬영한 물체는 저장이 가능하고 다시 불러와서 사용할 수 있습니다. 물체 촬영을 마치면 물체의 지름을 보여주고 우측 사진과 같이 촬영한 사진 위에 [모눈! 넓이 어림하기] 활동을 해볼 수 있습니다.

4. [원의 넓이 원리 탐구]에서는 원을 원하는 만큼 쪼개어 직사각형 모양으로 재조립해보는 작업을 시각적으로 보여줍니다.
① 화면 우측 상단의 ⊟, ⊞ 아이콘을 클릭하면 원을 몇 등분으로 나눌 것

인지 조절할 수 있습니다. 이렇게 원을 원하는 만큼 쪼갠 후 화면 하단의 빨간색 가로 바에 있는 하얀 점을 오른쪽으로 당겨주면 원들이 펼쳐지면서 아래 [그림 10-6]과 같이 여러 개의 부채꼴로 배치됩니다. 부채꼴을 다 펼친 뒤 화면 우측의 세로 바를 위로 당겨주면 위쪽 부채꼴과 아래쪽 부채꼴이 합쳐지며 원이 직사각형 모양으로 합쳐집니다.

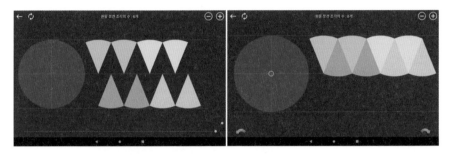

[그림 10-6 원을 쪼개 부채꼴로 나눠 합쳐보는 시뮬레이션]

② 첫 번째 활동을 역순으로 해볼 수도 있습니다. 화면 왼쪽 위의 활동 변경 버튼 🔁을 누르면 원은 텅 비게 되고 직사각형 모양으로 모여 있는 부채꼴들이 나옵니다. 배치된 부채꼴들을 다시 원의 제자리에 갖다 두면 됩니다. 화면 아래쪽 좌우에 보이는 녹색 화살표(⌒ ⌒)를 누르면 부채꼴의 각도가 바뀌어 알맞은 모양으로 맞출 수 있습니다.

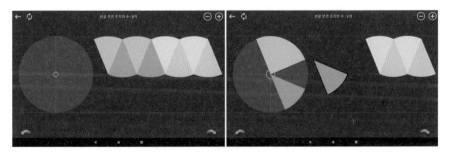

[그림 10-7 배치된 부채꼴을 터치하여 옮긴 뒤 각도를 돌려 원에 맞춰 넣기]

우리 주변 원들의 넓이 어림하기							
학년-학기	6-2	**과목**	수학	**단원**	5단원	**차시**	5
학습 목표	원 모양 물건들의 넓이를 어림할 수 있다.						
단계	교수·학습 활동						
도입	• 직사각형의 넓이 구하는 방법 되짚어보기 • 학습 목표 제시						
활동1	• 단위 넓이를 이용하여 넓이를 재는 방법 되짚어보기 • 척척박사! 원의 넓이 중 [모눈! 넓이 어림하기]를 이용하여 원의 넓이 어림하는 방법 알아보기 　- 원의 외곽선 쪽과 안쪽 다른 색으로 구별하기 　- 계산기를 눌러 나오는 결과를 보고 원의 넓이를 부등호를 이용하여 범위로 계산하기(10 〈 원 〈 15)						
활동2	• 교실 주변 원형 물건들 찾아보기 • 척척박사! 원의 넓이 중 [찰칵! 물체 어림하기]를 이용하여 물체의 넓이 어림하기 　- 동전, 원형 지우개, 컵, 팔찌 등 　- 모눈의 크기를 바꿔가며 최대한 정확하게 어림하기 • '어림 왕' 랭킹 게임하기 　- 모둠별로 가장 정확하게 어림한 물건과 넓이 값 제출 　- 교사가 직접 넓이를 계산한 후 오차가 적은 순서대로 칠판에 랭킹 쓰기 　- 새로운 물건으로 오차를 더 줄인 경우 끼어들기 식으로 랭킹을 새로 획득하기. 제한 시간 종료 후 1위 선정						
정리	• 어림하여 구하는 넓이의 한계점 말해보기 • 차시 예고: "넓이를 구하는 정확한 방법을 알려주겠다!" 　☞ 평가: 단위 넓이로 원의 넓이를 어림하는 방식을 활용하여 주변 원형 물체의 넓이를 어림할 수 있다.						

[표 10-5 '척척박사! 원의 넓이' 수업 지도안]

4 수업 후기

도형 단원은 고학년 수학 교과에서 그나마 학생들이 좋아하는 단원입니다. 수와 연산 영역의 공부로 지친 머리를 도형으로 식힐 수 있다고 생각하는 모양입니다. 실제로 수와 연산이 조금 부족하더라도 도형 문제는 다 맞힐 수 있다는 당당한 학생들이 많습니다. 하지만 6학년 1학기 6단원인 직육면체의 겉넓이와 부피를 공부하면서 이런 기대감마저 무너집니다. 복잡한 도형을 활동적 표상으로 지도하려면 시간도 많이 걸립니다.

아무리 좋은 수업 활동을 준비하더라도 학교 일과에는 정해진 시간이 있기 때문에 결국 교사의 속도에 맞춰 진행되는 경우가 많습니다. 에듀테크의 목적은 이러한 부분을 보완해주는 것이라 생각합니다. 학생 본인의 속도에 맞춰 이해가 될 때까지 몇 번이고 다시 해볼 수 있다는 점에서 척척박사! 원의 넓이는 학생들의 원에 대한 이해를 높여주는 좋은 보조강사 역할을 해주었습니다.

칸아카데미

칸아카데미로 수학 스스로 공부하기	
1)	• https://ko.khanacademy.org/ • 세계적 수준의 교육을 무료로 누구에게나 어디에서든지 제공한다는 미션을 가진 비영리기관 • 수준별 강의를 통해 개별 맞춤형 학습 가능
활용 목표	칸아카데미 강의를 통해 자신의 부족한 부분을 스스로 공부할 수 있다.

사용 환경 추천 순서	① 윈도우		② 구글 플레이스토어		③ 애플 앱스토어	
	2)	인터넷 접속		플레이 스토어 다운로드		앱스토어 다운로드

인터넷 사용	강의 청취를 위해 인터넷 지속 사용 필요
공유 방법	결과물 공유 없음

---

1) [그림 11-1] https://ko.khanacademy.org/

2) [그림 11-2]~[그림 11-4] QR코드는 크롬 브라우저 QR 생성 기능 사용

[표 11-1 칸아카데미 개요]

칸아카데미 설립자인 '살만 칸'은 멀리 떨어진 곳에 사는 조카에게 수학을 가르쳐주기 위해 유튜브에 동영상을 올리기 시작했다고 합니다. 그는 "교육은 깨끗한 물처럼 누구나 누려야 할 권리"라는 마음으로 온라인 교육 서비스인 칸아카데미를 설립하여 수학·과학 교육 영상을 올리기 시작했고 현재에 이르렀습니다.

초기에 비해 훨씬 많은 강의들이 체계적으로 준비되어 있습니다. 특히 한국 교육과정에 필요한 강의를 학년-단원-차시별로 깔끔하게 정리하여 제시하는 것이 무척 인상적입니다. 이제 의지가 있는 학생들은 누구든 칸아카데미의 강의를 듣고 배움을 얻을 수 있습니다.

[그림 11-5 칸아카데미 코스 선택 화면과 학습 콘텐츠 화면]

    칸아카데미 강의들은 초등 1학년부터 고등 3학년까지 학년별로 정리되어 있습니다. 학년을 클릭하면 단원을 선택할 수 있고, 그 안에서 차시별 강의를 선택하여 들을 수 있습니다. 강의들은 대부분 길지 않게 핵심만을 짚어주는 내용으로 구성됩니다.

    한국 교육과정의 수학뿐 아니라 미국 학교 수학 강의도 제공하며 대수학, 미적분 등 다양한 분야의 수학도 배울 수 있습니다. 프로그래밍 강의도 있으므로 다방면에 걸쳐 지식을 넓히는 데 활용하기 좋습니다.

---

3) [그림 11-5] https://ko.khanacademy.org/math/kor-4th-2

1. 칸아카데미에 접속합니다. 학습자 회원 가입을 진행합니다. 학습자로 회원 가입 시 학부모나 보호자 이메일로 가입하게 됩니다.

[그림 11-6 학습자 회원 가입 화면]

    여기서 중요한 것은 학습자 계정의 경우 가입 시 입력한 학부모 이메일로 발송되는 승인 절차를 꼭 거쳐야 한다는 것입니다. 아래와 같이 발송된 이메일을 열어 칸아카데미 자녀 계정 승인하기 를 클릭해주지 않으면 만들어진 학습자 계정은 일주일 후 삭제되어버리므로 주의하시기 바랍니다.(다만, 진짜 학부모인지의 여부는 따로 확인하지 않으므로 교사가 승인하여 가입하실 수 있을 것 같습니다.)

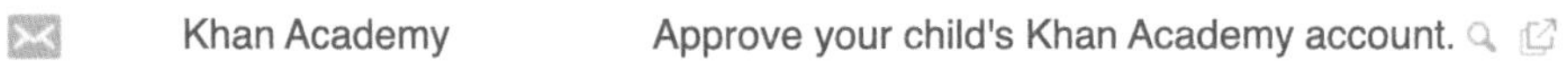

    ✉   Khan Academy   Approve your child's Khan Academy account. 🔍 ⬀

[그림 11-7 학습자 가입 승인 이메일 도착]

---

4) [그림 11-6] https://ko.khanacademy.org/signup?continue=%2Fmath%2Fkor-4th-2

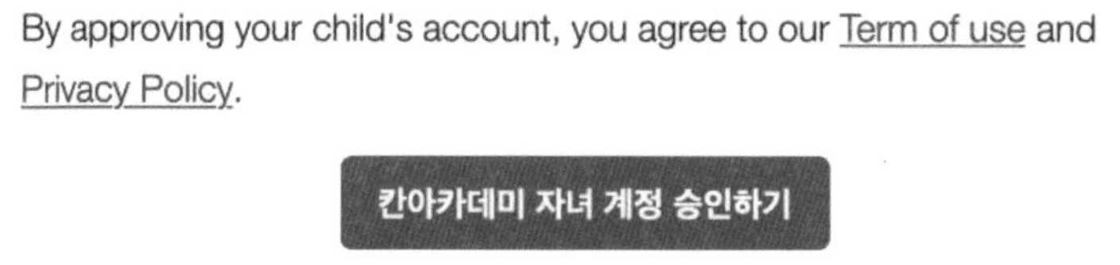

By approving your child's account, you agree to our <u>Term of use</u> and <u>Privacy Policy</u>.

칸아카데미 자녀 계정 승인하기

5)

[그림 11-8 이메일을 클릭하여 학습자 가입 계정 승인하기]

2. 가입을 완료한 후 배우고 싶은 코스를 고릅니다. 코스를 고르면 내가 고른 코스가 나의 학습 코스에 한눈에 정렬되어 보입니다. 시작 버튼을 누르거나 공부하고 싶은 단원을 클릭하여 각 단원의 차시별 강의를 들을 수 있습니다. 화면 우측 상단의 마이페이지(아이디 클릭) → 학습자 홈 → 나의 코스에서 학습 상황을 확인할 수 있습니다.

6)

[그림 11-9 학습할 코스를 고르면 '학습자 홈' → '나의 코스'에서 확인할 수 있음]

3. 단원과 차시를 선택하여 강의를 듣습니다. 연습 문제도 풀어볼 수 있습니다. 유튜브 플랫폼 영상이므로 동일한 단축키(shift + 〈, 〉키로 영상 속도 조절하기 등)를 사용하여 자신의 성향에 맞게 강의를 들을 수 있습니다. 각 영상은 군더더기 없이 차시의 요점만을 간결하게 설명해줍니다. 교과서의 정지된 그림으로 보는 것보다 선생님의 판서 과정을 보는 것이 이해가 빠르듯 칸아카데미의 강의 영상도 학생들에게 큰 도움이 될 것입니다.

---

5) [그림 11-7], [그림 11-8] https://mail.naver.com/ 개인 이메일

6) [그림 11-9] https://ko.khanacademy.org/profile/me/courses?learn=1

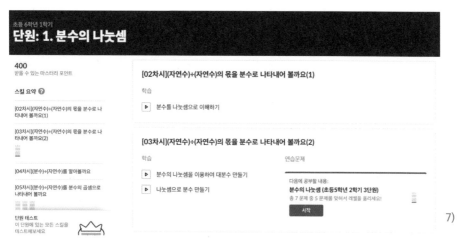

[그림 11-10 강의 선택 페이지. 재생 버튼 눌러 해당 강의 청취 가능]

4. 강의를 듣고 문제를 풀면서 포인트를 쌓을 수 있습니다. 배지, 쇼케이스 등의 마일스톤도 쌓을 수 있습니다. 학습의 진전을 확인할 수 있다는 것이 학습자들에게는 하나의 재미이자 동기 유발의 요소가 됩니다.

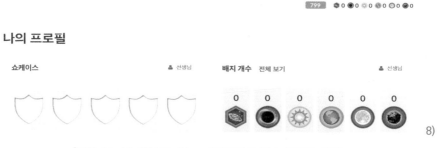

[그림 11-11 '학습자 홈' → '프로필'의 학습 포인트 화면]

7) [그림 11-10] https://ko.khanacademy.org/math/kor-6th-1/xa0452b66f17e9be2:6-1-1

8) [그림 11-11] https://ko.khanacademy.org/profile/kaid_827663868087407787781433/

5. 코스 챌린지를 이용하여 잘 아는 학년-학기는 빠르게 넘어갈 수도 있습니다. 일일수학(수학③)에서 1학년 문제부터 풀어봤던 것처럼 칸아카데미의 인공지능이 제공하는 문제를 풀어보면서 현재 수준을 진단하고 이에 맞는 학습 진도를 찾아낼 수도 있습니다. 코스 챌린지는 강의 목록 화면의 왼쪽 아래에서 시작할 수 있습니다. 30개의 문제가 제시되며 오답을 선택하면 관련 개념 영상을 추천해주는 등 단원을 종합하여 공부할 수 있도록 인공지능이 학습 관련 제안을 해줍니다.

9)

[그림 11-12 코스 요약 → 코스 챌린지로 인공지능 학습 문제 풀이]

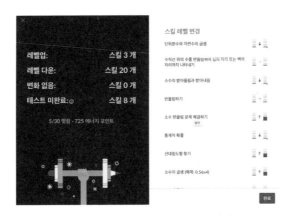

[그림 11-13 코스 챌린지 결과 화면]

---

9) [그림 11-12], [그림 11-13] https://ko.khanacademy.org/math/kor-1st-1/test/subject-challenge?modal=1

코스 챌린지를 모두 풀고 나면 그림과 같이 잘 푼 문제들의 스킬은 올라가고 오답인 문제의 스킬은 내려가는 것을 눈으로 확인할 수 있습니다. 마치 게임 캐릭터의 능력치가 오르고 내리듯 하는 장면을 통해 학생들은 자신의 부족한 부분을 재미있게 확인하고 더 공부할 수 있습니다.

6. **선생님** 으로 가입하면 [선생님 대시보드]를 이용할 수 있습니다. 홈페이지 우측 상단의 아이디를 클릭하여 선생님 대시보드에 들어가면 클래스를 만들거나 학생을 초대하는 등 다양한 교사용 기능을 통해 학습을 관리할 수 있습니다. 다만 아직까지 기능이 완전하지는 않은 것 같으므로 굳이 사용하실 필요는 없을 것 같습니다.

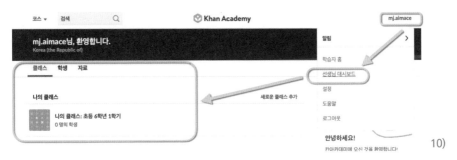

[그림 11-14 선생님 대시보드 사용 방법]

10) [그림 11-14] https://ko.khanacademy.org/teacher/dashboard

수포자? 난 스스로 공부하는 수학 도전자!					
학년-학기	전 학년	과목	수학	단원, 차시	칸아카데미에서 제공하는 단원과 차시에 적용 가능
학습 목표	칸아카데미의 사용 방법을 익혀 수학 학습에 이용할 수 있다. 수학에서 자신이 부족한 부분을 찾아 스스로 공부할 수 있다.				
단계	교수·학습 활동				
도입	• 칸아카데미 가입 및 코스 선택 - 학습자 아이디로 가입하여 이메일 승인 완료하기 - 첫 코스 선택에서 모든 코스 선택하기				
활동1	• 1학년 1학기 코스부터 [코스 챌린지] 실시하기 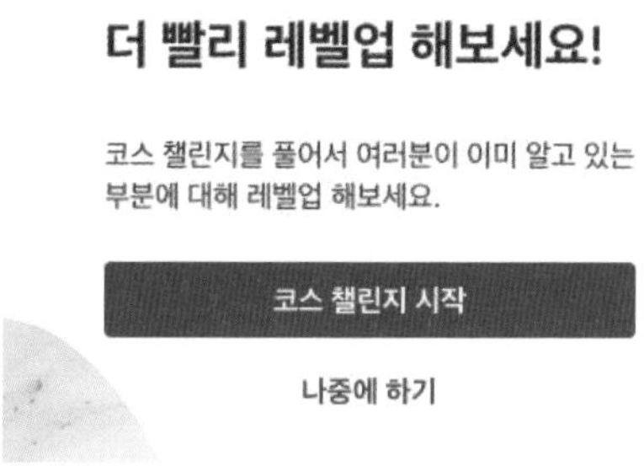 **더 빨리 레벨업 해보세요!** 코스 챌린지를 풀어서 여러분이 이미 알고 있는 부분에 대해 레벨업 해보세요. 코스 챌린지 시작 나중에 하기 11) [그림 11-15 코스 챌린지 시작] - 30개의 문제를 풀며 코스 챌린지 도전하기 - 첫 도전 중에는 힌트나 도움 강의 없이 문제만 풀기 (첫 답이 오답일 경우 '건너뛰기', '넘어가기' 선택) - 90% 미만일 경우 해당 코스의 강의 들으며 학습하기 - 일일수학(수학③)을 동시에 활용하며 연습 문제 많이 풀기				

수포자? 난 스스로 공부하는 수학 도전자!	
활동2	• [코스 챌린지] 재도전하기 – 두 번째 도전부터 문제의 힌트와 도움 강의 활용 가능 – 틀린 문제는 공책에 옮겨 적어 오답 노트 만들기 – 힌트와 도움 없이 정답률 90%가 될 때까지 도전하기
정리	• 현재의 학습 진도까지 복습 끝내기

[표 11-2 칸아카데미 수업 지도안]

4 ┃ 수업 후기

　반에서 수학을 잘하는 학생들은 대개 학원에서 선행 학습을 했거나 집에서 꾸준히 학습 관리를 받는 등 누적된 학습량이 풍부한 아이들인 경우가 많습니다. 그 반대의 경우로 대개 수학과는 별로 친하지 않은 학생들이 있기 마련입니다. 이들 중 가장 안타까운 경우는 본인이 하고자 하는 의지는 있는데 어디부터 어떻게 공부해야 할지 몰라 헤매기만 하며 힘들어하는 학생들이었습니다. 학원에 가도 학원 진도가 따로 있으니 정말 자신에게 필요한 맞춤형 학습 지원은 받기 힘들고, 그렇다고 1:1 과외를 하기도 힘든 학생들에게 칸아카데미는 좋은 대안이 될 수 있습니다. 실제로 수업을 진행했던 학생 일부는 일일수학(수학③), 포토매스(수학①)를 함께 활용하며 수학 실력을 많이 발전시킬 수 있었습니다. 잘하게 된 과목이라고 수학이 좋아졌다고 말하면서 더 노력하게 되는 모습을 보니 참 뿌듯했습니다.

　비단 칸아카데미뿐 아니라도 기나긴 코로나의 터널을 지나며 우리 선생님들께서 만들어주신 수업들이 유튜브에 많이 올라와 있습니다. 이제는 학생들이

---

11) [그림 11-15] https://ko.khanacademy.org/math/kor-1st-1/test/subject-challenge?modal=1

스스로 맞춤형 학습을 찾아서 하기 좋은 환경이 갖춰진 것 같습니다. 꼭 지금 당장이 아니라도 좋습니다. 학생들이 언젠가 수학 공부를 해야겠다고 굳은 결심을 했을 때, 예전 수업 때 배워둔 칸아카데미가 문득 떠올라서 수학 공부를 좀 더 수월하게 할 수 있게 된다면 그걸로 충분합니다. 우리 수포자 학생들이 수도자(수학 도전자)가 될 수 있기를 응원합니다.

06

수학, 과학 실험 시뮬레이션이 필요한 순간!

PHET

PHET, 다양한 시뮬레이션의 보물 창고					
PhET INTERACTIVE SIMULATIONS 1)	• https://phet.colorado.edu/ko/ • 콜로라도 대학에서 제작한 과학과 수학 실험을 위한 다양한 시뮬레이션을 해볼 수 있는 홈페이지 • 초등학교부터 대학교 수준까지의 실험 콘텐츠 구비				
활용 목표	컴퓨터 시뮬레이션을 이용해 다양한 교과 지식을 습득할 수 있다.				
사용 환경 추천 순서	① 윈도우		② 구글 플레이스토어		③ 애플 앱스토어
	[QR코드] 2)	인터넷 접속	[QR코드]	플레이 스토어 다운로드 (₩1,100)	[QR코드]
					앱스토어 다운로드 (₩1,200)
인터넷 사용	인터넷 연결 필요(유료로 앱 설치 시 오프라인 사용 가능)				
공유 방법	결과물 공유 없음				

---

1) [그림 12-1] https://phet.colorado.edu/ko/
2) [그림 12-2]~[그림 12-4] QR코드는 크롬 브라우저 QR 생성 기능 사용

[표 12-1 PHET 개요]

아이들에게는 실물을 이용한 교육이 꼭 필요한 순간이 있습니다. 특히 분수를 가르칠 때 많이 느꼈는데 분모와 분자의 개념을 알려줄 때는 칠판에 그림만 그려서 설명하는 것보다 학생들이 직접 동그란 종이를 오리고 색칠해가며 배우는 것이 효과가 좋았습니다. 여러 가지 과학 실험들은 말할 것도 없습니다. 하지만 실험·실습은 가끔 학습 목표보다 실험 준비에 더 많은 노력이 들어가는 난관에 부딪치기도 합니다.

PHET는 이럴 때 도움을 줄 수 있습니다. 많은 수학, 과학 시뮬레이션이 준비되어 있는데 특히 우리나라 초등학교 교육과정에서는 분수 관련 콘텐츠와 전기회로 실험 콘텐츠가 유용합니다. 수학 쪽 콘텐츠가 많아 수학으로 분류했지만, 다른 콘텐츠들도 필요에 따라 사용하실 수 있습니다. 상황과 환경의 영향을 많이 받는 실험·실습 수업에서 변수 없이 수업 목표에만 집중할 수 있게 도와주는 PHET를 소개합니다.

학년-학기	과목	단원	활용 시뮬레이션		활용 내용
3-2	수학	4. 분수		분수: 기초	분모와 분자의 숫자를 바꿀 때 변화하는 실물을 보며 분수의 개념 알아보기
3-2	수학	4. 분수		분수: 대분수	실물로 가분수를 만들고 이를 대분수로 변환하여 둘 사이의 관계 직접 확인하기
3-1	수학	1. 덧셈과 뺄셈		10 만들기	숫자를 자릿수 별로 쪼개고 합치며 10, 100을 만들며 가르기와 합치기 개념 익히기
5-1	수학	4. 약분과 통분		분수 : 등식	분모, 분자가 다르지만 크기는 같은 분수를 만들며 약분과 통분 이해하기
6-1	수학	4. 비와 비율		비율 놀이터	비의 전항과 후항을 바꿀 때 실물의 변화와 비율의 변화 확인하기
6-2	과학	1. 전기의 이용		회로제작 키트 DC	전기회로 시뮬레이션을 통해 불이 켜지는 회로 찾아보기

[표 12-2 PHET 활용 단원 추천]

2 사용 방법

1. 컴퓨터 인터넷 브라우저에서 PHET에 접속합니다. 화면을 가장 아래로 내려 언어를 [한국어]로 바꿔준 다음 홈페이지 상단에 보이는 [시뮬레이션]에서 아무 항목이나 클릭하면 시뮬레이션 목록으로 이동합니다.

4)

[그림 12-11 홈페이지를 가장 아래로 내려서 언어를 한국어로 선택합니다]

[그림 12-12 홈페이지 상단에 보이는 시뮬레이션을 눌러 과목을 골라 클릭합니다]

---

3) [그림 12-5]~[그림 12-10] 시뮬레이션 이미지
https://phet.colorado.edu/ko/simulations/filter?subjects=electricity-magnets-and-circuits,math&levels=elementary-school&type=prototype,html

4) [그림 12-11], [그림 12-12] https://phet.colorado.edu/ko/

2. 시뮬레이션 목록 화면입니다. 화면 좌측에 노란색 네모로 표시한 '필터'를 이용하여 [학년 수준]을 [초등학교]에 맞춰줍니다. [교과목] 필터를 이용하면 과목도 필터링하여 볼 수 있습니다.

5)

[그림 12-13 시뮬레이션으로 들어갑니다]

3. 화면에 보이는 시뮬레이션 중에 하고 싶은 것을 선택합니다. 여기서는 [분수: 대분수]로 예를 들어보겠습니다. 클릭하면 해당 시뮬레이션에 대한 간단한 소개가 나옵니다. 위쪽 미리보기의 재생 버튼▶을 누르면 시작하게 되는데, 시작 전에 시뮬레이션의 종류를 선택할 수 있습니다. [분수: 대분수] 시뮬레이션은 세 가지 학습 모드를 제공합니다. 간단히 기능을 알아볼 수 있는 [소개], 단계별 게임을 통해 학습을 할 수 있는 [게임하기], 자유롭게 시뮬레이션을 이용하며 공부해보는 [연습하기]입니다.

---

5) [그림 12-13] https://phet.colorado.edu/ko/simulations/filter?levels=elementary-school&type=html,prototype

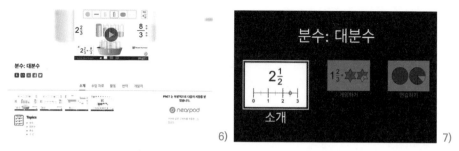

[그림 12-14 시뮬레이션에 대한 간단한 소개]　　　[그림 12-15 학습할 콘텐츠 선택하기]

4. [소개]를 선택한 화면입니다. 시뮬레이션을 해볼 수 있는 화면이 나옵니다.

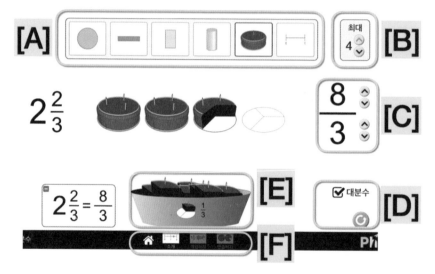

[그림 12-16 '분수:대분수' 시뮬레이션 → '소개' 콘텐츠로 분수 만들어보기]

---

6) [그림 12-14] https://phet.colorado.edu/ko/simulations/fractions-mixed-numbers

7) [그림 12-15], [그림 12-16]
   https://phet.colorado.edu/sims/html/fractions-mixed-numbers/latest/fractions-mixed-numbers_ko.html

[A]	어떤 물체로 시뮬레이션을 할지 고릅니다. 원, 사각형, 원통(물통), 케이크, 수직선을 선택할 수 있습니다. 예시 화면은 케이크를 선택한 화면입니다. 다른 모양들도 살펴보도록 안내합니다.
[B]	케이크의 개수를 정합니다. 최대 4개까지 가능합니다.
[C]	분수를 만듭니다. 노란색 상하 버튼(∧, ∨)을 통해 조작이 가능합니다. 분모를 올리면 케이크가 분모 숫자만큼 분할되는 것을 볼 수 있습니다. 분자를 올리면 [E]의 접시에서 케이크가 하나씩 위로 올라가며 분수를 표현해줍니다.
[D]	화면 좌측에 보이는 대분수를 표시합니다. 답을 숨긴 채 대분수로 바꿔보고 싶으면 체크를 해제합니다.
[E]	케이크가 담긴 접시입니다. 수동으로 드래그해서 케이크를 화면 위에 배치하여 분수를 조절할 수도 있습니다.
[F]	[소개], [게임하기], [연습하기] 모드를 편하게 넘나들 수 있는 메뉴입니다. 하나를 마치면 다른 것들도 모두 해보도록 안내합니다.

[표 12-3 PHET 분수:대분수 시뮬레이션 기능 설명]

5. 위와 같은 방식으로 각 시뮬레이션들이 진행됩니다. 구체적인 사용 설명이 화면에 나타나지는 않지만 이것저것 누르다 보면 어떤 시뮬레이션이든 금세 어렵지 않게 사용 방법을 익힐 수 있습니다. 이번에는 [회로제작 키트 DC]를 간단히 살펴봅시다.

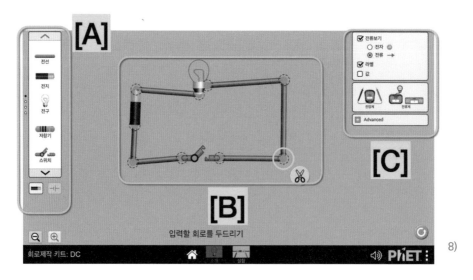

[그림 12-17 회로제작 키트 DC 시뮬레이션 구동 화면]

[A]	전기 회로를 구성할 물품들입니다. 드래그해서 화면 가운데로 끌어와 사용합니다. 전선, 전지, 전구뿐 아니라 화살표(∨)를 내리면 더 다양한 물건들을 사용해볼 수 있습니다. 예시 화면에서는 현재 전구에 불이 들어오지 않고 있습니다. 아래에 보이는 스위치를 눌러 회로가 연결되면 노란색 선으로 불이 들어오는 모습이 표현됩니다. 전구의 밝기에 따라 선의 굵기와 길이가 예시와 같이 달라지므로 직렬, 병렬 연결에 따른 전구의 밝기를 비교하는 실험도 해볼 수 있습니다.   [그림 12-18 전구의 밝기 비교]

8) [그림 12-17], [그림 12-18], [그림 12-25] 화면 및 [그림 12-19]~[그림 12-24] 아이콘
https://phet.colorado.edu/sims/html/circuit-construction-kit-dc/latest/circuit-construction-kit-dc_ko.html

8) [그림 12-17], [그림 12-18], [그림 12-25] 화면 및 [그림 12-19]~[그림 12-24] 아이콘
https://phet.colorado.edu/sims/html/circuit-construction-kit-dc/latest/circuit-construction-kit-dc_ko.html

8) [그림 12-17], [그림 12-18], [그림 12-25] 화면 및 [그림 12-19]~[그림 12-24] 아이콘
https://phet.colorado.edu/sims/html/circuit-construction-kit-dc/latest/circuit-construction-kit-dc_ko.html

8) [그림 12-17], [그림 12-18], [그림 12-25] 화면 및 [그림 12-19]~[그림 12-24] 아이콘
https://phet.colorado.edu/sims/html/circuit-construction-kit-dc/latest/circuit-construction-kit-dc_ko.html

8) [그림 12-17], [그림 12-18], [그림 12-25] 화면 및 [그림 12-19]~[그림 12-24] 아이콘
https://phet.colorado.edu/sims/html/circuit-construction-kit-dc/latest/circuit-construction-kit-dc_ko.html

[A]	하단의 회로도 아이콘(▬ ┤├)을 클릭하면 전지와 전구가 실물로 보이는 현재 화면이 회로도로 표현된 화면으로 바뀝니다. 전구, 전지 등의 회로도 기호를 공부할 때 유용합니다.
[B]	전기회로 부품들을 자유롭게 연결해볼 수 있습니다. 각 부품의 양쪽 끝에는 점선 동그라미(◉)가 붙어 있는데 이 부분을 드래그하여 다른 부품의 점선 동그라미와 연결함으로써 전기회로를 구성할 수 있습니다. 점선 동그라미를 클릭하면 [그림 12-17]과 같이 노란색 가위 모양(✂)이 생겨나는데 이걸 누르면 연결된 부위가 서로 끊어집니다. 전선의 경우 곡선으로 만드는 것은 불가하므로 예시 화면과 같이 만들기 위해서는 꺾이는 부분마다 새 전선을 연결해줘야 합니다. 점선 동그라미를 제외한 부품의 다른 부분을 선택하면 화면 아래에 부품의 세부 설정을 할 수 있는 작은 창이 나옵니다. 전지의 경우에는 극을 서로 바꾸거나(◉) 전압을 조절(◀ 전압 9.0 볼트 ▶)할 수 있습니다. 전구의 경우에는 저항값을 조절할 수 있는데, 사실 이 부분은 초등학교 수준에서는 사용하지 않는 옵션들이므로 굳이 알려줄 필요는 없습니다. 모든 부품 클릭 시 공통적으로 쓰레기통 아이콘(🗑)이 보이는데 이걸 누르면 해당 부품을 삭제할 수 있습니다.
[C]	세부 옵션입니다. [전류 보기] 옵션에서 기본적으로 전하의 이동을 알아볼 수 있도록 설정되어 있으므로 초등학교 수준인 [전류→]를 선택해주면 전지의 방향에 따른 전류의 이동방향을 쉽게 확인할 수 있습니다. 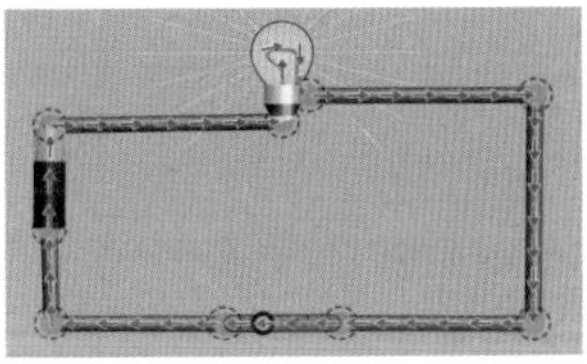 [그림 12-25 전류 흐름 보기]

[표 12-4 PHET 회로제작 키트 DC 시뮬레이션 기능 설명]

3 수업 지도안

PHET는 실물로 진행하던 수업을 디지털 도구를 이용한 시뮬레이션으로 대체하는 프로그램이므로 수업을 진행하며 특별히 본 프로그램을 위한 지도안 재구성은 필요하지 않다고 생각하였습니다. 일상적으로 진행하시는 수업 중 실제 실험·실습이 여의치 않은 상황에서 적합한 시뮬레이션을 이용하시기 바랍니다.

4 수업 후기

마인드맵을 이용해서 글감을 찾는 수업을 진행한 후, 학생들에게 오늘 무엇을 배웠냐고 물어보았더니 "마인드맵 배웠어요"라고 대답했다는 유명한 일화가 있습니다. 수업의 중심은 학습 목표이고, 학습 목표를 이루기 위해서 수업 활동이 존재하는 것이지만 저도 가끔씩 그걸 잊고 수업 활동을 하는 데 정신이 팔려버리기도 합니다. 색종이를 오려 붙이며 분수를 가르쳤는데 학생들이 집에 가서 부모님께 "오늘 수학 안 하고 색종이 놀이만 했어요"라고 대답한다면 얼마나 억울할까요?

저 역시 학생들과 직접 수업을 진행해본 결과 확실히 준비가 많이 번잡하고 수업 중 학생들의 노력이 지나치게 분산되는 실험·실습의 경우 차라리 시뮬레이션을 이용하는 것이 학습 목표 달성에 더 유리하다고 느꼈습니다. 물론 가장 좋은 것은 직접 해보는 것이라 믿어 의심치 않습니다. 하지만 정해진 시간 안에 정해진 진도를 나가야 하는 상황에서 대안으로 삼을 수 있는 PHET를 플랜 B로 준비해두는 것도 좋은 수업을 위한 하나의 방법이 될 것입니다.

07

가위랑 종이 없이 도형 마스터하기

비상교육 도형 길잡이

비상교육 도형 길잡이로 내 도형 공부 길 찾기		
 1)	• 5-6학년 수학 도형 단원에 나오는 과제들을 실행해볼 수 있는 디지털 학습 앱 • 애니메이션 효과를 적용하여 여러 가지 도형의 변환 모습을 눈으로 확인하며 공부할 수 있음	
활용 목표	디지털로 제공되는 시뮬레이션을 보고 도형 감각을 익힐 수 있다.	
사용 환경 추천 순서	① 구글 플레이스토어	① 애플 앱스토어	② 윈도우
	플레이 스토어 다운로드 2)	앱스토어 다운로드	'NOX', 'BLUESTACK' 등 안드로이드 가상머신을 설치하여 이용 가능
인터넷 사용	첫 다운로드 후 인터넷 연결 없이 사용 가능		
공유 방법	결과물 공유 없음		

---

1) [그림 13-1] https://play.google.com/store/apps/details?id=com.visang.mathshape&hl=ko&gl=US

2) [그림 13-2]~[그림 13-3] QR코드는 크롬 브라우저 QR 생성 기능 사용

[표 13-1 비상교육 도형 길잡이 개요]

수학을 잘하는 학생들 중에도 수와 연산에 강하고 도형에는 약한 학생들이 있습니다. 분명히 잘할 것 같은데도 유독 도형에 대한 감각이 떨어지는 경우입니다. 인지심리학자인 제롬 브루너는 수학 학습에 관한 E.I.S. 이론에서 아동의 인식 능력은 활동적 표상(Enactive Representation), 영상적 표상(Iconinc Representation), 상징적 표상(Symbolic Representation) 순서로 발달한다고 하였습니다. 1+1을 알기 위해 직접 연필 두 자루로 계산하다가 나중에는 연필 그림만 봐도 이해하게 되고, 마지막에는 1+1이라는 공식만 봐도 이해할 수 있다는 의미입니다. 도형 공부도 마찬가지입니다. 머릿속으로 입체도형의 전개도를 그리고 점대칭 도형을 자유자재로 돌려볼 수 있으면 참 좋겠지만, 그게 힘든 경우에는 눈앞에 실물을 이용하여 활동적 표상으로 공부를 해야 합니다. 종이로 도형을 만들고 오리고 하다 보면 어느새 시간은 흘러 있고 책상은 난장판이 되기 일쑤입니다. 디지털기기를 이용해 도형의 변환을 시뮬레이션해 볼 수 있다면 수업 목표에 훨씬 집중하기 편할 것입니다. 비상교육 도형 길잡이는 도형 수업에 도움을 받을 수 있는 콘텐츠가 단원별로 정리되어 있습니다. 학생들이 자기가 부족한 부분을 알아서 찾아보며 공부할 수 있는 도형 길잡이 앱을 소개합니다.

활용 단원 추천

학년-학기	과목	단원	주요 내용	차시	쪽수
5-1	수학	6. 다각형의 넓이	평행사변형, 삼각형, 마름모, 사다리꼴의 넓이 구하기	7-13	112-135
5-2	수학	5. 직육면체	직육면체와 정육면체의 구성 요소 알아보기	2-4	100-105
5-2	수학	5. 직육면체	직육면체와 정육면체의 전개도 알아보기	6-8	108-117
6-1	수학	2. 각기둥과 각뿔	각기둥과 각뿔의 구성 요소 알아보기	2-4 7-8	28-33 38-41
6-1	수학	2. 각기둥과 각뿔	여러 각기둥의 전개도 접고 펼쳐보기	5-6	34-37
6-2	수학	3. 공간과 입체	쌓기나무 쌓아보고 앞, 옆, 위에서 본 모양 그리기	3-6	54-61

[표 13-2 비상교육 도형 길잡이 활용 단원 추천]

2 사용 방법

1. 비상교육 도형 길잡이 앱을 설치하고 첫 화면에서 ▶ 일반 사용자 활동 시작 을
누르면 아래와 같이 학년, 학기, 단원명이 뜹니다. 오른쪽 위의 볼륨 버튼
으로 소리를 켜고 끌 수 있습니다.

3)

[그림 13-4 도형 길잡이 첫 화면에서 일반 사용자 선택 후 학습 콘텐츠 고르기]

2. 사용자 환경이 잘 갖춰져 있어 사용에 큰 설명은 필요 없습니다. 원하는
단원에 들어가 준비된 도형들을 이용해 공부할 수 있습니다. 콘텐츠는 크
게 네 가지 유형으로 분류할 수 있습니다.

다각형의 넓이	여러 도형의 넓이를 구하는 방법을 알려줍니다. 직사각형 넓이를 구하는 공식을 어떻게 다른 도형들에 적용할 수 있는지 눈으로 확인할 수 있습니다.
직육면체 각기둥, 각뿔	입체도형의 구성 요소인 밑면, 옆면, 꼭짓점, 모서리, 높이를 클릭해가며 확인할 수 있습니다.
직육면체의 전개도 각기둥의 전개도	전개도가 접히고 펴지는 과정을 볼 수 있습니다. 면을 클릭하면 한 면씩 접고 펼 수 있습니다. 도형을 360도로 돌려가며 확인해볼 수 있습니다.
쌓기나무	2×2, 3×3, 4×4, 5×5의 바닥판을 고른 뒤 판 위에 쌓기나무를 쌓아보고 위, 앞, 옆에서 관찰할 수 있습니다.

[표 13-3 비상교육 도형 길잡이의 학습 콘텐츠 구성]

---

3) [그림 13-4]~[그림 13-19] 이미지와 아이콘 캡처 출처는 모두 '비상교육 도형 길잡이' 앱

3. [다각형의 넓이]를 예로 학습 방법을 알아보겠습니다.

① 아이콘을 클릭하여 설명을 읽은 후 ▶ 활동 시작 을 터치합니다. 아래와 같이 넓이 구하는 공식을 알 수 있는 4개의 도형이 제시됩니다.

[그림 13-5 다각형의 넓이 활동 시작 → 다각형 4종 중 공부할 다각형 고르기]

② 마름모를 눌러보았습니다. 마름모의 넓이를 구하는 두 가지 방법을 화면 우측의 방법 ①, 방법 ②를 눌러 확인할 수 있습니다. 방법 ①로 삼각형 으로 잘라서 구하기를 해보겠습니다.

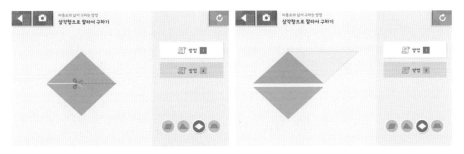

[그림 13-6 화면에 보이는 가위를 터치한 뒤 오른쪽으로 끌어 선을 따라 마름모 자르기]   [그림 13-7 자른 삼각형을 위에 보이는 파란색 틀로 이동시켜 평행사변형 만들기]

[그림 13-8 도형이 완성되며 평행사변형의 넓이로 마름모 넓이를 구하는 공식이
아래에 제시됨. 공식보기 ⊞를 눌러 구체적인 도출 방식도 확인할 수 있음]

③ 방법 ②로 마름모의 넓이를 구하는 공식을 알아보겠습니다.

[그림 13-9 연필을 터치하여 파란색   [그림 13-10 직사각형의 넓이의 절반이
선을 따라 직사각형 그리기]   마름모의 넓이가 된다는 공식 도출]

④ 화면 아래쪽에 보이는 ●▲◆● 를 터치하면 다른 도형들로 빠르
게 이동할 수 있습니다. 직사각형의 넓이를 이용해 다른 도형들의 넓이를
구하는 방식을 시각적으로 쉽게 이해할 수 있습니다.

4. [직육면체, 각기둥, 각뿔]의 학습 방법을 알아봅시다.

① 도형을 선택하고 화면 오른쪽에 보이는 밑면, 옆면, 모서리, 꼭짓점, 높이를 선택하거나 해제하면서 모양을 살펴볼 수 있습니다.

② ⬤⬤⬤⬤ 도형 모양을 오가며 빠르게 다른 도형도 관찰할 수 있습니다.

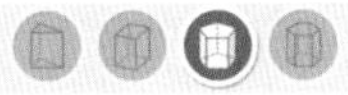

아래는 오각기둥의 밑면과 모서리 꼭짓점이 보이도록 선택해둔 예시입니다.

[그림 13-13 오각기둥의 모서리,
꼭짓점을 선택하여 모양 관찰하기]

[그림 13-14 밑면 추가하여 색깔로
밑면이 표시되는 모습 확인하기]

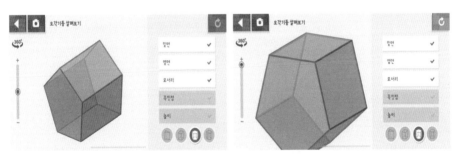

[그림 13-15 도형 돌려보기]

[그림 13-16 도형 확대·축소하기]

5. [전개도]의 학습 방법입니다.

① 각기둥을 선택하면 해당 입체도형의 전개도가 펼쳐진 모양으로 나옵니다.

② 면을 하나씩 터치하면 해당 면이 접힙니다. 한 번 더 클릭하면 다시 펼쳐
   집니다. 모든 면을 잘 터치하면 입체도형이 완성됩니다.

③ 오른쪽의 [접히는 과정 보기], [펼쳐지는 과정 보기]를 누르면 접히고 펴
   지는 진행과정을 한 번에 이어서 볼 수 있습니다.

[그림 13-17 면을 터치하여 한 칸씩 접거나 한 번에 접히는 과정 보기 가능]

④ 우측 아래의 전개도 선택을 통해 다른 모양으로 쉽게 넘어갈 수 있습니다.

⑤ 도형을 360도로 돌리거나 확대·축소하며 관찰할 수 있습니다.

6. [쌓기나무]의 학습 방법입니다.

① 쌓기나무를 쌓을 바닥 판을 선택하면 아래와 같은 화면이 나옵니다.

② 바닥판을 터치하고 우측의 [모양 만들기], [관찰하기]를 통해 다양한 활용
   을 할 수 있습니다.

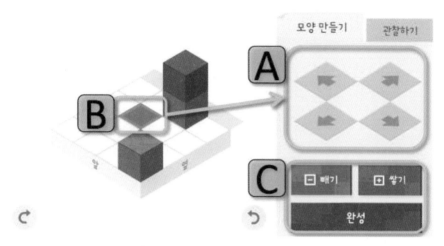

[그림 13-18 쌓기나무 학습 화면]

A	이동 컨트롤러입니다. 녹색 칸[B]를 바닥 판 위에서 한 칸씩 옮길 수 있습니다.
B	쌓기나무를 쌓거나 빼는 위치입니다. 컴퓨터의 커서라고 생각하시면 쉽습니다. 해당 위치에 [C]를 이용해 쌓기나무를 쌓거나 뺄 수 있습니다.
C	[B]의 녹색 칸에 쌓기나무를 한 개씩 쌓거나 한 개씩 뺍니다. [완성]을 누르면 관찰하기 탭으로 넘어가면서 쌓은 나무의 앞, 옆, 위를 볼 수 있습니다. [층별로 보기]가 가능하고, 터치를 이용해 쌓기나무를 360도 회전시켜가며 관찰할 수도 있습니다.

[표 13-4 쌓기나무 학습 콘텐츠 기능 설명]

3 수업 지도안

쌓기나무 문제 서로 출제하고 맞히기								
학년-학기	6-2	**과목**	수학	**단원**	3단원	**차시**		5-6
학습 목표	쌓기나무 문제를 다양하게 출제하고 서로 바꿔 풀 수 있다.							
단계	**교수·학습 활동**							
도입	• 쌓기나무 복습해보기 • 학습 목표 제시							
활동1	• 위, 앞, 옆 보여주고 쌓은 모양 맞히기 　- 출제자가 모양을 쌓고 위, 앞, 옆 보여주기 　- 위, 앞, 옆을 보고 똑같이 쌓아 맞히기 　- 난이도 조절을 위해 3×3 바닥 판, 3층 이하로 쌓기							
활동2	• 랜덤 주사위 쌓기 게임 　- 도형 길잡이 쌓기나무 실행 　- 3×3 바닥 판을 가정하고 주사위를 굴려 나온 숫자만큼 판에 　　쓰기(6은 0으로 바꿔 씀) 　- 위, 앞, 옆모습 그려서 맞히기(난이도 조절 가능) 　- 위, 앞, 옆모습으로 정답을 맞힐 수 없는 문제일 경우라도 게임 진행 　　가능(나올 수 있는 모든 결과를 찾아보도록 유도하여 정답을 맞힐 수 　　있게 함) 주사위 숫자 채워 넣기　　[그림 13-19 전체, 위, 앞, 옆에서 볼 때의 모습]							

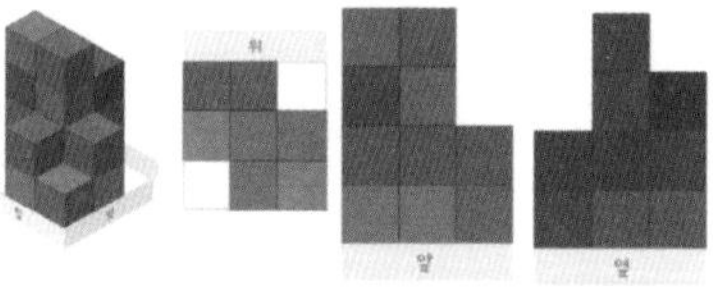

	쌓기나무 문제 서로 출제하고 맞히기
정리	• 점수 종합하기 ☞ 평가: 쌓기나무를 이용한 게임을 통해 공간 감각을 기를 수 있다. • 수업 소감 나누기

[표 13-5 비상교육 도형 길잡이 학습 지도안]

4 수업 후기

    수학 공부를 도와주는 많은 앱들이 출시되고 있습니다. 많은 경우 학습지 전문 출판사에서 학습을 도와주는 목적으로 함께 출시됩니다. 보통은 해당 출판사의 책이 있어야 이용 가능하지만 비상교육 도형 길잡이는 그럴 필요가 없어 유용했습니다. 특히 전개도를 접었다 펼 수 있는 기능 덕분에 수업시간을 효율적으로 사용할 수 있었습니다. 공교육에서도 좋은 학습용 앱 개발을 위해 많은 노력을 기울이고 있으니 언젠가 실감형 콘텐츠(사회1)처럼 수학에서도 많은 활동들을 디지털기기로 진행할 수 있을 것이라 기대해봅니다.

3교시

사회

01

실감 나는 가상현실 학습 꾸러미

실감형 콘텐츠

실감형 콘텐츠로 실감 나게 공부하기		
DiO AR VR 1)	• 에듀넷, KERIS에서 제공하는 사회, 과학 수업용 실감형 콘텐츠 모음 애플리케이션 • AR과 VR을 이용한 다양한 수업 콘텐츠 탑재	
활용 목표	AR, VR 콘텐츠 수업을 통해 학습 내용을 쉽게 이해할 수 있다.	
사용 환경 추천 순서	① 구글 플레이스토어	① 애플 앱스토어	② 윈도우
	[QR] 2) / 플레이 스토어 다운로드	[QR] / 앱스토어 다운로드	안드로이드 가상머신 사용 가능하나, 기능이 제한적
인터넷 사용	초기 다운로드 후 인터넷 연결 필요 없음 (모든 콘텐츠 다운로드 시 용량이 매우 큼)		
공유 방법	준비된 콘텐츠를 소비하는 앱으로 결과물 공유 없음		

---

1) [그림 14-1] https://play.google.com/store/apps/details?id=com.keris.contarvr&hl=ko&gl=US

2) [그림 14-2]~[그림 14-3] QR코드는 크롬 브라우저 QR 생성 기능 사용

사용 가이드 영상		
	• 경기도교육청교육연수원 마이크로콘텐츠 • 저자 제작 영상(9분 50초) • https://youtu.be/D9krSO2YEEw	

⚠ 실감형 콘텐츠 사용법 요약

❶ 실감형 콘텐츠 앱 설치하기
❷ 필요한 수업 콘텐츠 찾아 다운로드하기
❸ 콘텐츠 유형(VR, AR, 360도)에 맞게 활용하기
❹ 활용안내서 및 AR 마커 아래의 경로로 접속하여 다운로드하기

* 에듀넷 티클리어 접속 → 홈페이지 상단 수업 → 실감형 콘텐츠 활용자료

[표 14-1 실감형 콘텐츠 개요]

실감형 콘텐츠는 교육부와 한국과학창의재단이 공동으로 개발한 교육용 앱으로 사회와 과학의 실감 나는 VR·AR 학습 콘텐츠를 제공하고 있습니다. 수시로 콘텐츠가 계속 추가되고 있으므로 앞으로 활용도가 더 높아질 것이라 예상합니다. 개념을 잘 정리해서 알려주는 자료들이 많아 수업 내용을 잘 이해하지 못한 학생들이 스스로 공부하는 데 사용할 수도 있습니다.

영상 자료는 교사가 일방적으로 제시하는 일방향 매체라는 단점이 있는 반면, 실감형 콘텐츠는 학생 개인이 원하는 속도에 맞춰 들으며 이해를 도울 수 있고 시각만 사용하는 영상 자료에 비해 게임처럼 구성된 다양한 활동에 직접 참여해볼 수 있다는 점에서 학생의 반응 및 좋은 학습 성취도를 이끌어낼 수 있었습니다.

활용 단원 추천3)

학년-학기	단원	주요 내용	타입	쪽수
3학년 1학기	1. 우리 고장의 모습	우리 고장의 모습 그려보고, 서로 비교해보기	AR	13
		다양한 위치에서 찍은 고장의 모습	360	29
	2. 우리가 알아보는 고장 이야기	지명으로 알아보는 고장의 모습	360	55
		지명으로 알아보는 독도의 자연환경	360	59
		형태가 있는 문화유산	360	70
	3. 교통과 통신 수단의 변화	고장의 환경에 따라 사람들이 교통수단을 이용하는 모습	VR	108
		과거의 통신수단	AR	114
		우리 고장의 문화유산-오죽헌	360	–
3학년 2학기	1. 환경에 따라 다른 삶의 모습	땅의 생김새에 따른 생활 모습	360	14
		의식주가 무엇인지 알아보기	AR	32
		환경에 따른 세계 여러 고장의 의생활 모습	AR	35
		환경에 따른 세계 여러 고장의 주생활 모습	VR	41
	2. 시대마다 다른 삶의 모습	자연에서 얻은 도구를 이용하던 시대의 생활 모습	AR	54
		시대에 따라 변화된 주택의 모습	AR	66
		우리 조상의 지혜가 담긴 온돌	AR	69

[표 14-2 실감형 콘텐츠 3학년 사회 콘텐츠 목록]

---

3) [표 14-2]~[표 14-5] 출처: 실감형 콘텐츠 활용가이드, 교육부·KERIS(교과서에 따라 수업 내용은 같으나 쪽수에 차이가 있을 수 있습니다.)

학년-학기	단원	주요 내용	타입	쪽수
4학년 1학기	1. 지역의 위치와 특성	드론으로 땅의 모습 살펴보기	360	6
		옛날 사람들이 지도를 그렸던 방법	AR	10
		동서남북 알기	AR	17
		지도의 기호와 범례 알기	VR	21
		등고선 살펴보기	AR	27
	2. 우리가 알아보는 지역의 역사	문화유산 답사하기-선문사	360	67
		문화유산 답사하기-오죽헌	360	67
		우리 고장의 인물-장영실	360	87
	3. 지역의 공공 기관과 주민 참여	공공기관 견학하기	VR	110
		지역 문제를 해결하는 사례	360	121
4학년 2학기	1. 촌락과 도시의 생활 모습	촌락과 도시의 모습	360	22
		촌락과 도시의 문제 알아보기	VR	25
	2. 필요한 것의 생산과 교환	전단지의 상품들은 어디에서 왔을까	AR	72
	3. 사회 변화와 문화의 다양성	세계 각국의 특별한 문화	VR	116
		편견과 차별의 문제 가상체험(휠체어 체험)	VR	120

[표 14-3 실감형 콘텐츠 4학년 사회 콘텐츠 목록]

학년-학기	단원	주요 내용	타입	쪽수
5학년 1학기	1. 국토와 우리 생활	체험학습, 내가 계획하고 실행하기	VR	–
		지구본과 세계 지도로 국토 위치 알아보기	AR	10
		우리나라의 지형 살펴보기	360	26
		우리나라 산지의 특징 알아보기	AR	29
		아름다운 우리나라 국토 경관	360	–
		우리나라의 해안 살펴보기	360	–
		다양한 지형을 이용한 모습	AR	–
		자연재해 체험하기	VR	47
		시기별 우리나라 인구분포 특징 알아보기	AR	59
		교통 발달로 달라진 우리 생활	VR	73
	2. 인권 존중과 정의로운 사회	우리 생활 속의 법 지키기	VR	114
		우리의 권리를 지켜주는 법	VR	123
5학년 2학기	1. 옛사람들의 삶과 문화	백제의 문화유산 알아보기	VR	22
		신라의 경주 유적지	360	26
		석굴암 속의 과학 기술	VR	29
		팔만대장경을 통해 고려의 기술과 문화 알기	AR	48
		이순신의 해전	AR	69
		남한산성 탐방	360	74
	2. 사회의 새로운 변화와 오늘의 우리	화성성역의궤와 수원화성	AR	88
		대동여지도	AR	92

학년-학기	단원	주요 내용	타입	쪽수
5학년 2학기	2. 사회의 새로운 변화와 오늘의 우리	서대문 형무소	AR	123
		대한민국 임시정부 유적지 체험하기	360	129
		6.25 전쟁의 전개 과정 알아보기	AR	137

[표 14-4 실감형 콘텐츠 5학년 사회 콘텐츠 목록]

학년-학기	단원	주요 내용	타입	쪽수
6학년 1학기	1. 우리나라의 정치 발전	선거 과정 체험하기	VR	11
		국회에서 하는 일 알아보기	VR	
		경제 발전에 따른 전화기, 텔레비전, 자동차의 변천과정	VR	187
	2. 우리나라의 경제 발전	음식 속에 담긴 세계	AR	206
6학년 2학기	1. 세계 여러 나라의 자연과 문화	세계 지도와 지구본의 특성 이해하기	AR	11
		나라의 모양과 크기 비교하기	AR	24
		세계의 다양한 기후 분포 알아보기	AR	36
		얼음썰매로 극지방 탐험하기	VR	50
		세계 여러 나라의 다양한 의식주 문화 모습	AR	46
		이웃나라의 지리적 특성 알아보기	AR	59
	2. 통일 한국의 미래와 지구촌의 평화	통일 기원 전시관	VR	107
		UN 평화 유지군	VR	123
		지구촌 발전을 위한 비정부기구의 활동	AR	157

[표 14-5 실감형 콘텐츠 6학년 사회 콘텐츠 목록]

1. 플레이스토어에서 실감형 콘텐츠를 검색하여 다운로드합니다. 앱 자체의 용량이 600MB에 달하므로 데이터 사용에 주의하세요.
2. 실감형 콘텐츠를 실행합니다. 아래와 같이 콘텐츠의 목록이 나타납니다.

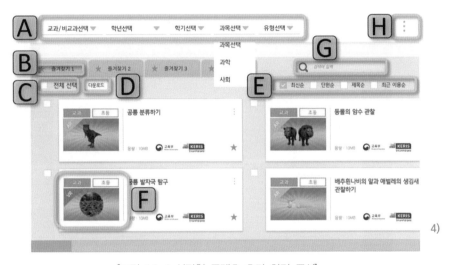

[그림 14-4 실감형 콘텐츠 초기 화면 구성]

	상단의 필터링 메뉴를 사용하여 콘텐츠를 검색할 수 있습니다.
A	① 교과/비교과선택▼: 교과, 비교과
	② 학년선택▼: 초등학교 3학년–중학교 3학년
	③ 학기선택▼: 1학기, 2학기
	④ 과목선택▼: 과학, 사회
	⑤ 유형선택▼: AR, VR, 360

---

4) [그림 14-4]~[그림 14-9] 이미지 전체 출처 안드로이드 '실감형 콘텐츠' 앱

B	자주 사용하는 콘텐츠를 즐겨찾기에 추가하여 모아둡니다.
C D	콘텐츠를 다운로드받기 위해 전체 선택을 누르고 다운로드를 클릭합니다. A 에서 아무것도 필터링하지 않은 상태로 선택하면 실감형 콘텐츠의 모든 콘텐츠를 한 번에 선택하여 다운로드할 수 있습니다. 이 경우 스마트 기기 내에 약 5GB 정도의 공간을 필요로 합니다.
E	콘텐츠들을 정렬하는 메뉴입니다. 최신 순, 단원 순, 제목 순, 최근 이용 순으로 정렬이 가능합니다.
F	콘텐츠 실행을 위해서는 각 콘텐츠의 사진 부분을 눌러야 합니다. 사진을 누르면 아래와 같이 실행 화면이 뜹니다.  [그림 14-5 콘텐츠 설치/실행 화면]

① 즐겨찾기 추가: B 의 즐겨찾기에 추가할 수 있는 버튼입니다.
② 활용안내서: 해당 콘텐츠의 수업 관련 내용과 수업 지도안, 콘텐츠 사용 방법 등이 설명된 안내서를 PDF 파일로 보실 수 있습니다.
③ AR 마커: 해당 콘텐츠가 AR일 경우, 마커를 다운받아 출력해서 사용하실 수 있습니다. 마커 없이 콘텐츠만 진행하는 것도 가능합니다. 마커는 활용안내서 안에도 함께 있으니 선생님께서 미리 다운받아 출력해두시는 것이 좋습니다.

F	④ 콘텐츠 설치/실행: 콘텐츠를 실행합니다. 앞서 모든 콘텐츠를 다운로드 받으셨다면 바로 실행이 가능합니다. 만약 기기의 저장 용량이 부족할 경우, 각각의 콘텐츠를 그때그때 활용하셔도 됩니다. 각 콘텐츠는 10MB 내외로 바로 실행하셔도 큰 기다림 없이 사용이 가능합니다.
G	검색어를 입력하여 콘텐츠의 제목으로 콘텐츠를 검색할 수 있습니다.
H	설정을 변경할 수 있습니다. ① 활용가이드: 실감형 콘텐츠의 활용을 위한 가이드 PDF 파일을 볼 수 있습니다. 이 메뉴에서 보는 활용 가이드는 전체적인 가이드이고, 각 콘텐츠별로 활용가이드를 보실 수도 있습니다. ② 설정: 앱 관련 설정을 변경할 수 있습니다. 기본 정보에서 학년, 학기 등을 선택하면 초기 실행 시 관련 콘텐츠를 보여주게 됩니다. 데이터 네트워크 허용 여부를 결정할 수도 있고 해상도 및 디바이스 센서 사용 여부도 여기서 결정합니다.

[표 14-6 실감형 콘텐츠 기능 설명]

3. VR 콘텐츠의 경우 아래의 두 가지 모드를 선택하실 수 있습니다.

어지럼증, 현기증을 느낄 경우 즉시 VR 체험을 중단하고 장비를 벗으세요.

VR 체험을 하기위해 여유공간을 확보하세요.

3D모드   VR모드

[그림 14-6 3D모드, VR모드 선택 화면]

3D 조작법

1. 휴대 장비를 위, 아래, 오른쪽, 왼쪽으로 돌려가며 체험하세요.
2. 휴대 장비를 움직여 아이콘에 중앙 포인트를 가져가면 이벤트가
   일어납니다.

[그림 14-7 3D 조작법]

① 3D모드: VR 헤드 마운트 디스플레이를 사용할 수 없는 경우 3D모드를
　　　　　선택합니다. 우측 조작법 사진과 같이 360도 사진을 보듯이 기
　　　　　기를 직접 들고 방향을 회전해가며 콘텐츠를 즐길 수 있습니다.
② VR모드: 화면의 예시와 같이 스마트폰과 헤드 마운트 디스플레이를 사용
　　　　　할 수 있는 경우에 선택합니다.

4. 선택한 모드로 VR 콘텐츠를 통해 학습을 시작합니다.
① VR 콘텐츠의 경우 화면을 직접 터치할 수 없습니다.(3D모드와 VR모드
　공통)
② 다음 화면으로 넘어가거나 개체를 선택하기 위해서는 가운데에 보이는 작
　은 표적 동그라미를 원하는 개체 위에 두고 잠시 기다리면 빨간색으로 변
　하는 것을 볼 수 있습니다. 완전히 빨간색이 될 때까지 기다리면 선택이
　됩니다.

[그림 14-8 A지역을 선택하기 위해
화면 가운데 원을 'A지역'에 맞추기]

[그림 14-9 동그라미를 맞춘 뒤 기다리면 빨간색 원이
시계방향으로 차오르고, 다 차면 선택이 완료됨]

5. 에듀넷에 접속하면 실감형 콘텐츠에 대한 다양한 정보를 얻을 수 있습니다. 콘텐츠 설치 방법, 사용 설명서, AR 학습 콘텐츠에 필요한 마커 다운로드 등 다양한 지원을 받을 수 있습니다. 아래와 같이 접속합니다.

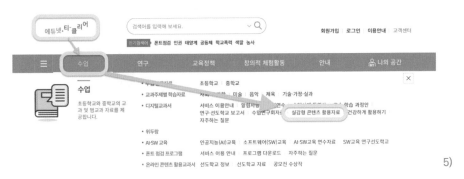

5)

[그림 14-10 에듀넷 티클리어 검색하여 접속 → 수업 → 실감형 콘텐츠 활용자료]

---

5) [그림 14-10] https://www.edunet.net/nedu/main/mainForm.do

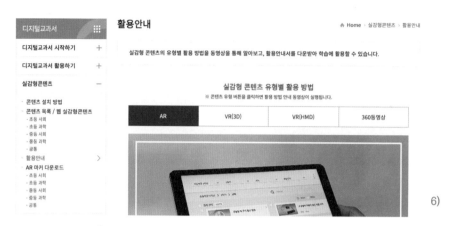

[그림 14-11 활용 안내서, AR 마커 등 다운 가능]

6)

3 수업 지도안

다른 나라와의 경제 교류 사례를 알 수 있다						
학년	6	**과목**	사회	**단원**	2단원	**차시**	16/22
학습 목표	다른 나라와의 경제 교류 사례를 알 수 있다.					
단계	교수·학습 활동					
도입	• 나라와 나라가 교류하는 모습 살펴보기 • 학습 목표 제시					
활동1	• 원산지와 생산지의 개념 알려주기 – 원료의 출처는 원산지, 만든 곳은 생산지 • 주변 물건의 원산지와 생산지 찾아보기(과자, 의류, 학용품 등)					

---

6) [그림 14-11] https://dtbook.edunet.net/viewCntl/ARMaker?in_div=nedu&pg=use
7) [그림 14-12]~[그림 14-14] 이미지 전체 출처 안드로이드 '실감형 콘텐츠' 앱

다른 나라와의 경제 교류 사례를 알 수 있다	
활동2	• 실감형 콘텐츠 [음식 속에 담긴 세계] 체험하기 　- AR 콘텐츠로 마커를 사용할 수 있음  [그림 14-12 '음식 속에 담긴 세계' 콘텐츠 일부]
활동3	• 경제 교류가 음식 문화에 미치는 영향 이야기해보기 • 음식 외 다른 나라와의 경제 교류 사례 더 찾아보기 　- 물건 제작, 의료 기술 교류, 게임 산업 등
정리	☞ 평가: 다른 나라와의 경제 교류 사례를 설명할 수 있다. • 개인별 실천 사항 및 수업 소감 발표하기

[표 14-7 실감형 콘텐츠 수업 지도안 ①]

국회에서 하는 일을 알아봅시다						
학년	6	**과목**	사회	**단원**	1단원	**차시**	16/22
학습 목표	국회가 하는 일을 알 수 있다.					
단계	**교수·학습 활동**					
도입	• 국회의 모습 함께 보기 – 국회 의사당 사진, 국회 입법 관련 기사 등 • 학습 목표 제시 – 국회가 하는 일을 알아봅시다.					
활동1	• 실감형 콘텐츠 [국회에서 하는 일을 알아봅시다] 체험하기 – 본회의장에서 법안 투표하기 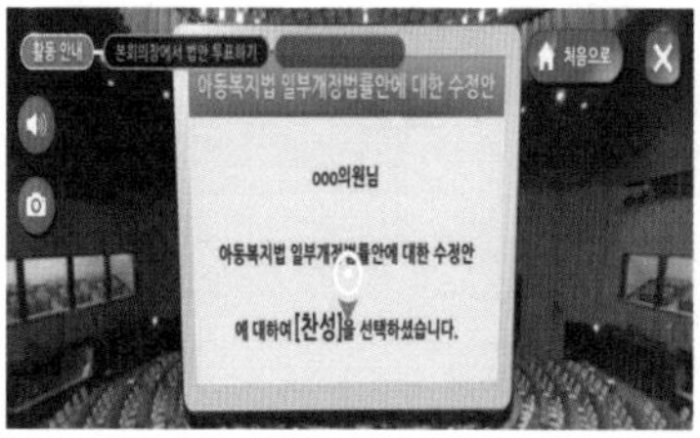  [그림 14-13 법안 투표 체험 화면] – 국회의원 인터뷰하기  [그림 14-14 국회의원 인터뷰 화면]					

	국회에서 하는 일을 알아봅시다

활동2	• 국회에서 하는 일 정리하기
	• 패들렛(발표와 평가②)으로 국회 관련 의견 나누기
	   – '내가 국회의원이라면?'
	   – 더 좋은 국회가 되기 위해서 필요한 것은?

정리	• 구글 설문(발표와 평가⑨)으로 국회 관련 퀴즈 풀어보기 ☞ 평가: 국회가 하는 일을 구체적으로 알고 설명할 수 있다. • 수업 소감 발표하기

[표 14-8 실감형 콘텐츠 수업 지도안 ②]

4 　수업 후기

　실감형 콘텐츠는 많은 자료를 포함하고 있으며 별도의 사용법을 오랫동안 익힐 필요 없이 그날의 수업에 필요한 콘텐츠를 즉각적으로 적용할 수 있다는 큰 장점이 있습니다. 각 콘텐츠의 용량도 크지 않아 수업 준비에 큰 시간이 소요되지도 않고 교과서 내용 위주로 구성되어 있어 콘텐츠 적용을 위한 수업 재구성이 딱히 필요하지 않다는 것도 큰 장점입니다.

　학생들이 직접 음식점의 이곳저곳을 둘러보며 나라 간의 교류로 인해 수입된 식품들을 찾아보거나 가상 국회에 방문해보는 활동을 통해 해당 수업에 대한 지식을 자기만의 속도로 학습할 수 있었기에 성취도와 만족도가 높아지는 것을 관찰할 수 있었습니다. 원격 수업 시에는 콘텐츠 학습을 미리 집에서 하게 한 뒤 학교에서 학생 간 상호작용을 통한 심화 활동을 해보는 거꾸로 수업을 진행해볼 수도 있었습니다. 거꾸로 수업에서 가장 부담스러운 부분이 디딤 영상 제작인데 이 부분을 실감형 콘텐츠로 해결할 수 있었습니다.

02

세계 모든 나라의 정보를 한눈에

세계 아틀라스 MxGeo

세계로 나가보자! 세계 아틀라스 MxGeo			
 1)	• 260여 국가 및 세계의 영토 지도 및 데이터 제공 • 국가 비교, 즐겨찾기 등록 및 거리 계산 가능 • 지리 퀴즈를 통한 재미있는 학습 가능		
활용 목표	국가 데이터를 이용하여 다른 나라들을 조사할 수 있다.		
사용 환경 추천 순서	① 구글 플레이스토어	① 애플 앱스토어	② 윈도우
	 2)	플레이 스토어 다운로드		앱스토어 다운로드	안드로이드 가상머신 사용 가능하나, 기능이 제한적
인터넷 사용	초기 다운로드 후 인터넷 연결 필요 없음		
공유 방법	준비된 콘텐츠를 소비하는 앱으로 결과물 공유 없음		

---

1) [그림 15-1] https://play.google.com/store/apps/details?id=de.mediaz.mxapp.hpbgeodefree&hl=ko&gl=US

2) [그림 15-2]~[그림 15-3] QR코드는 크롬 브라우저 QR 생성 기능 사용

- '세계지도' 등의 키워드로 검색하면 아래와 같이 유사한 앱들이 많이 검색됩니다. 학생들과 함께 탐색해보며 어떤 앱을 사용할지 대화해보셔도 좋습니다.

[그림 15-4 플레이스토어에서 '세계지도'를 검색한 결과] 3)

🛈 세계 아틀라스 MxGeo 사용법 요약

❶ 앱을 실행하여 ☰4)[국가, 영토 및 대륙] 선택하기
❷ 조사하고자 하는 국가를 선택하여 국가 정보 확인하기
❸ 🎮[세계 퀴즈], 🧊[작은 국가-큰 국가] 등 다양한 데이터 활용해보기

[표 15-1 세계 아틀라스 MxGeo 개요]

사회 과목에서 중요하게 배우는 것 중 하나가 세계 관련 단원들입니다. 여러 나라의 환경을 알아보고 환경에 따라 발전한 의식주 생활을 공부하거나 다양한 문화권의 문화들을 배우게 됩니다. 세계의 이모저모를 알려주는 세계 아틀라스로 학생들이 보다 생생하게 세계 관련 단원을 공부할 수 있도록 도와주었습니다.

---

3) [그림 15-4] https://play.google.com/store/search?q=세계%20지도&c=apps&hl=ko&gl=US
4) [그림 15-5]~[그림 15-28] 이미지와 아이콘 캡처 출처는 모두 '세계 아틀라스 MxGeo' 앱

1 활용 단원 추천

학년-학기	과목	단원	주요 내용	차시	쪽수
6-2	사회	1. 세계 여러 나라의 자연과 문화	나라의 모양과 크기 비교하기	1-2	24

[표 15-2 세계 아틀라스 MxGeo 활용 단원 추천]

2 사용 방법

1. 시작 화면에서 다양한 메뉴를 선택하실 수 있습니다. 왼쪽에 세로로 배치된 바에서도 같은 모양의 아이콘을 눌러 선택하실 수 있습니다.

[그림 15-8 세계 아틀라스 MxGeo 시작 화면]

2. 오른쪽 하단에 작게 표시되어 있는 [뒤로 가기] ❮ 를 못 찾는 경우가 꽤 많이 있었습니다. [뒤로 가기]를 누르면 이전 화면으로 넘어갑니다.

3. 왼쪽 하단의 ▦ 아이콘을 누르면 타일 모양의 처음 화면으로 돌아갑니다.

4. 메인 화면 가운데에 크게 나와 있는 주요 기능 아홉 가지에 대해 알아보겠습니다. 태블릿 화면을 기준으로 하였고, 스마트폰에서는 같은 화면이 세로로 길게 정렬되어 보이게 됩니다.

▤ **[국가] 국가, 영토 및 대륙**

① 여러 나라가 국가 이름순으로 정렬되어 표시됩니다.

[그림 15-11 국가 이름순 정렬]

② 각 나라를 선택하면 다음과 같이 정보를 볼 수 있습니다.

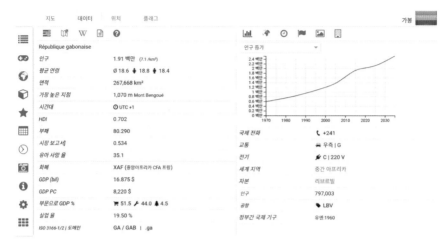

[그림 15-12 국가 정보 화면]

③ 좌측 상단의 [지도], [데이터], [위치], [플래그] 탭을 눌러 다양한 데이터
   를 확인할 수 있습니다.
- 지도: 국가의 행정구역이 구분된 지도를 볼 수 있습니다.
- 데이터: 인구, 평균연령, 면적에서 실업률까지 상세한 데이터가 제공됩니다.
- 위치: 지구본에서 해당 국가의 위치를 확인할 수 있습니다.
- 플래그: 국기를 보여줍니다.

④ 우측 상단의 📊 🌍 🕐 🏴 🖼️ 🏢   부분을 누르면 한 화
   면 내에서 다양한 정보를 바꿔가며 볼 수 있습니다.

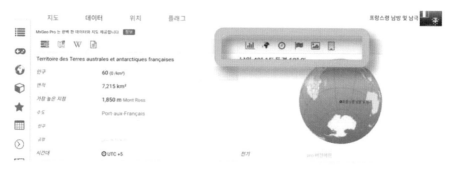

[그림 15-14 다른 탭을 눌러 지구 속 위치로 바꾼 모습]

🎮 [퀴즈] 세계 퀴즈 – 테스트 당신의 지식

세계 여러 나라에 대한 다양한 퀴즈를 풀어봅니다.

[그림 15-15 퀴즈 화면의 모습]

① 왼쪽 상단의 [퀴즈 지역]을 눌러 대륙 단위로 출제 범위를 정할 수 있습니다.

② 기본 버전에서는 객관식으로 제공되는 아래의 퀴즈들을 사용할 수 있습니다.

[글로브] 🌍 어떤 나라입니까: 국가의 위치로 국가를 맞힙니다.

[플래그 2] 🚩 당신은 국기로 나라를 알고 있습니까?: 국기로 국가를 맞힙니다.

[연방 주] 🉐 표시된 연방 주/도를 추측하십니까?: 국가 행정구역을 맞혀봅니다.

[도메인] @, [ISO 3166-1/2] 🏷️: 도메인 주소, ISO 코드를 맞힙니다.

🌍 [세계지도] 세계지도 대륙 지도

세계지도에서 여러 나라를 클릭하여 간략한 정보를 볼 수 있습니다. 우측 상단의 두 가지 아이콘으로 지도를 조정합니다. 지도의 형식을 바꾸거나 전체 화면으로 전환해 볼 수 있습니다.

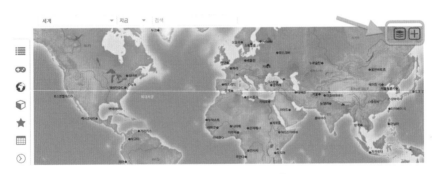

[그림 15-21 세계지도 화면]

① 상단의 탭을 선택하며 세계의 데이터를 테마별로 정렬하여 볼 수 있습니다. '세계에서 가장 인구가 많은 국가는?' 등의 질문을 해결할 때 유용합니다.

[그림 15-22 상단 탭의 데이터 분류 아이콘.
순서대로 국가, 도시, 강, 산, 그림지도, 워드 클라우드]

② 그림지도는 인구수, 면적 등 수치화할 수 있는 자료가 클수록 진한 색으로 나타내고 작을수록 연한 색으로 나타낸 그림지도입니다.

[그림 15-23 국가별로 면적이 클수록 진하게 나타나는 그림지도]

③ 워드 클라우드로 들어가면 여러 키워드가 제시됩니다. 궁금한 단어를 선택하면 해당 정보를 보여줍니다.(예: '유엔'을 클릭하면 유엔 가입국을 보여줌)

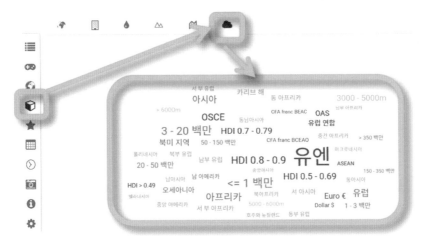

[그림 15-24 워드 클라우드 화면]

★ **[즐겨찾기] 즐겨찾기** 즐겨찾기로 등록한 국가를 볼 수 있습니다.

▦ **[비교] 국가 비교** 선택한 국가들의 정보를 한눈에 비교합니다.

⊘ **[세계 시간]** 세계의 시간을 보여줍니다.

📷 **[가상 세계 투어]** 세계 곳곳의 사진을 보여줍니다. 사진을 클릭하면 해당 국가의 데이터를 보여줍니다. 다만 특정한 명소를 지정해 사진을 볼 수는 없으므로 원하는 장소의 사진을 보는 수업을 원하신다면 구글 어스(사회⑤)를 함께 사용하시기 바랍니다.

내 손안의 월드 데이터! 세계 아틀라스						
학년-학기	6-2	**과목**	사회	**단원**	1단원	**차시**	1-2
학습 목표	나라의 모양과 크기를 비교할 수 있다.					
단계	**교수·학습 활동**					

도입	• 여러 나라의 수도 맞히기 퀴즈
	• 땅 모양을 보고 국가 맞히기 퀴즈
	  – 세계 아틀라스 실행 → [세계 퀴즈] → [어떤 나라입니까]
	  – 대륙과 국토의 모양을 보고 나라 이름 맞히는 퀴즈
	• 학습 목표 제시
	  – 나라의 모양과 크기를 비교할 수 있다.					

활동1	• [선택.1] 멘티미터(발표와 평가①)로 가고 싶은 나라 투표하기 • [선택.2] 패들렛(발표와 평가②)에 가고 싶은 나라 써보기 • 의견 나누기					
활동2	• 세계 아틀라스 앱으로 가고 싶은 나라 조사하기 – 인구, 면적, 국기 등 여러 가지 자료 탐색 가능 • 미리캔버스(국어①)로 국가 소개 카드뉴스 만들기					
정리	• 카드뉴스 학급 홈페이지에 업로드하고 의견 나누기 • 자신이 조사한 나라와 친구의 나라 간의 공통점과 차이점 찾아보기 ☞ 평가: 나라의 모양과 크기를 비교할 수 있다. • 개인별 실천 사항 및 수업 소감 발표하기					

[표 15-3 세계 아틀라스 MxGeo 수업 지도안]

4 수업 후기

　세계 여행은 예전부터 사람들의 로망이었습니다. 학생들 역시 우리나라와 전혀 다른 여러 나라의 모습에 호기심을 갖고 수업에 열심히 참여하였습니다. 세계 관련 단원에서는 학생 각자의 관심이 달라 서로 다른 나라를 알고 싶어 하는 경우가 많은데 이를 교사가 수업 중에 모두 알려주기는 어렵습니다. 세계 아틀라스를 통해 각자의 관심사를 반영하여 배움 활동을 진행할 수 있었고, 친구들과 결과물을 공유하면서 더 많은 국가들을 공부해보는 기회로 삼을 수 있었습니다.

03

퀴즈로 떠나는 앙증맞은 세계일주

브라운 아틀라스

아기자기한 퀴즈 풀어보기! 브라운 아틀라스		
1)	• 아기자기한 애니메이션으로 구성되어 학생들과 함께 퀴즈를 풀며 게임 활동을 하기에 적합함 • '서전지구'에서 만든 앱으로, 개발자 이름을 터치하여 같은 곳에서 만든 다양한 다른 앱 활용도 가능함	
활용 목표	재미있는 퀴즈를 통해 세계 문화 상식을 익힐 수 있다.	
사용 환경 추천 순서	① 애플 앱스토어	② 구글 플레이스토어	③ 윈도우
	2) 앱스토어 다운로드	플레이 스토어 다운로드	'NOX', 'BLUESTACK' 등 안드로이드 가상머신 사용 가능
인터넷 사용	초기 다운로드 후 인터넷 연결 필요 없음		
공유 방법	준비된 콘텐츠를 소비하는 앱으로 결과물 공유 없음		

---

1) [그림 16-1] https://play.google.com/store/apps/details?id=com.co.flycat.clickworld_atlas.brown&hl=ko&gl=US

2) [그림 16-2]~[그림 16-3] QR코드는 크롬 브라우저 QR 생성 기능 사용

⚠️ 브라운 아틀라스 사용법 요약
❶ 앱을 실행하여 대륙을 선택합니다.
❷ 대륙 지도 위에 그려져 있는 아이콘을 선택하여 정보를 볼 수 있습니다.
❸ 연두색 자물쇠가 그려진 아이콘을 선택하여 퀴즈를 풀어봅니다.

[표 16-1 브라운 아틀라스 개요]

브라운 아틀라스는 앞서 살펴본 세계 아틀라스 MxGeo(사회②)처럼 여러 나라의 다양한 정보를 알아볼 수 있지만 그 결이 다른 앱입니다. 인구, 지정학적 위치 등 구체적인 데이터를 제시하는 방식이 아니라 아기자기한 그림들과 간단한 퀴즈들로 대륙별 특징을 재미있게 알아볼 수 있습니다. 저학년 다문화 수업용으로 사용할 수도 있지만, 고학년들 사이에서 퀴즈 대결을 벌일 때도 유용하게 사용할 수 있었습니다. '서전지구'에서 만든 것으로 해당사의 지구본과 연동하여 사용할 수 있다고 합니다만 지구본이 없더라도 충분히 활용 가치가 높다고 생각합니다. 퀴즈로 재미있게 세계의 이모저모를 살펴볼 수 있는 브라운 아틀라스를 소개합니다.

학년-학기	과목	단원	활용 방법	차시	쪽수
6-2	사회	1. 세계 여러 나라의 자연과 문화	여러 나라의 특징에 대해 재미있게 퀴즈 풀어보기	1-2	24
저학년	창체	관련 단원 없음	다문화 관련 수업을 할 때 활용 가능		

[표 16-2 브라운 아틀라스 활용 단원 추천]

2 사용 방법

 화면의 구성이 단순하고 알아보기 쉬워 학생들이 편하게 이용할 수 있습니다. 직관적으로 대륙을 선택하고 자물쇠 아이콘을 눌러 퀴즈를 풀어볼 수 있습니다.

3)

| [그림 16-4 초기 화면] | [그림 16-5 북아메리카 선택] | [그림 16-6 퀴즈 선택] |

그림 16-4	첫 화면입니다. 화면을 쓸어 넘겨 다른 대륙으로 넘어갈 수 있습니다. 원하는 대륙을 선택하면 대륙의 큰 지도 위에서 해당 대륙의 다양한 문화적 요소들을 보거나 퀴즈를 풀 수 있습니다. 대륙 위에 보이는 '[total 145]- 65 북아메리카'는 북아메리카에 총 145개의 문화 요소가 있는데 이 중 65개의 항목이 공개되어 있고, 나머지 80개는 항목은 퀴즈를 풀어서 열 수 있다는 의미입니다. 퀴즈를 하나씩 풀 때마다 공개된 항목 수가 하나씩 올라갑니다. 이 숫자를 퀴즈 활동의 스코어로 활용할 수 있습니다. 상단에 보이는 동그란 아이콘들은 설정 창입니다. 언어를 변경하거나 즐겨찾기 한 항목을 찾아볼 수 있습니다. 돋보기를 눌러 원하는 곳을 검색해볼 수도 있습니다.
그림 16-5	북아메리카를 선택한 화면입니다. 하단의 대륙 모양 아이콘을 누르면 다른 대륙으로 바로 넘어갈 수 있습니다. 화면에 북미의 지도가 나오고 북아메리카를 대표하는 문화적 요소들이 아이콘으로 배치되어 있습니다.

---

3) [그림 16-4]~[그림 16-8] 이미지와 아이콘 캡처 출처는 모두 '브라운 아틀라스' 앱

[그림 16-5]를 확대한 화면입니다. 로데오를 하고 있는 아이콘 위에 연두색 자물쇠가 그려져 있습니다. 자물쇠가 그려진 아이콘은 퀴즈를 풀어볼 수 있는 아이콘으로, 클릭하면 오른쪽과 같이 문제가 나옵니다. 문제를 풀고 나서는 로데오에 관련된 정보와 사진을 볼 수 있습니다. 어떤 항목들은 빨간색 자물쇠로 채워져 있는데 이들 퀴즈는 별도의 앱이 필요하므로 확인해볼 수 없습니다.

그림 16-6

아치스 국립공원

미국 유타주에는 높은 사막에 위치한

아치스 국립공원

미국 유타주에는 높은 사막에 위치한

[그림 16-8 미국 아치스 국립공원 설명-사진 보기 화면]

자물쇠가 없는 아이콘은 누르면 바로 정보를 확인할 수 있습니다. 처음에는 그림과 설명이 나오는데 그림 우측 아래의 표시를 누르면 사진을 볼 수도 있습니다. 우측 위의 하트를 누르면 즐겨찾기에 추가됩니다.

[표 16-3 브라운 아틀라스 사용 방법]

퀴즈로 세계 상식 쌓기! 브라운 아틀라스						
학년-학기	6-2	**과목**	사회	**단원**	1단원	**차시**	1-2
학습 목표	여러 나라의 다양한 문화적 요소를 퀴즈로 재미있게 배울 수 있다.					
단계	**교수·학습 활동**					
도입	• 멘티미터(발표와 평가[1])로 각 나라의 문화적 요소 모아보기 • 재미있는 문화가 있으면 함께 더 알아보기 　- 유튜브, 구글 검색 등으로 조금 더 알아보기					
활동1	• 퀴즈 활동을 진행할 조 편성하기 • 대륙별 재미있는 문화적 요소 알아보기 　- 교사가 브라운 아틀라스의 키워드 몇 가지 알려주기(로데오, 판다, 　 헤밍웨이, 캐나다의 수도 등) 　- 학생들이 다양한 수단을 이용하여 대륙별 문화적 요소 공부해보기					
활동2	• 브라운 아틀라스 퀴즈 게임하기 　- 조별로 대륙별 문제 풀고 점수 계산하기 　- 검색 찬스 등 다양한 게임적 요소로 흥미 높이기					
정리	• 새로 알게 된 점과 흥미 있는 점 이야기해보기 　☞ 평가: 여러 나라의 문화적 요소를 알 수 있다. • 개인별 실천 사항 및 수업 소감 발표하기					

[표 16-4 브라운 아틀라스 수업 지도안]

4 | 수업 후기

　세계의 다양한 문화를 배워보는 것은 참 재미있는 일입니다. 하지만 이것도 너무 많이 배우다 보면 외워야 할 공부로 여겨져 흥미를 잃기 십상입니다. 브라운 아틀라스를 이용한 퀴즈 게임은 학생들이 재미있게 경쟁하며 공부할 수 있도록 해주었습니다. 학생들은 교과서 외의 다양한 지식들을 배우고 어렴풋이 들어본 것들을 확실하게 알면서 배움의 즐거움을 느껴보았습니다.

04

가상현실로 떠나는 방구석 세계 여행

SITES IN VR

방구석 여행가! SITES IN VR		
 1)	• 세계 다양한 나라의 유명 명소를 VR 기술을 이용하여 직접 방문한 것 같은 간접 체험 가능 • VR기기와 함께 사용하면 가장 효과적이나, 태블릿 등 3D모드 사용도 가능함	
활용 목표	VR을 이용해 세계 명소를 생생하게 둘러볼 수 있다.	

사용 환경 추천 순서	① 구글 플레이스토어		① 애플 앱스토어		② 윈도우
	 2)	플레이 스토어 다운로드		앱스토어 다운로드	안드로이드 가상머신 사용 가능하나, 기능이 제한적

인터넷 사용	초기 다운로드 후 인터넷 연결 필요 없음
공유 방법	준비된 콘텐츠를 소비하는 앱으로 결과물 공유 없음

유사한 프로그램				
				세계 여러 곳을 VR로 둘러볼 수 있는 재미있는 앱들이 많이 나와 있으므로 학생 관심사에 맞게 살펴보도록 안내해줍니다.
[그림 17-4] 3) London VR	[그림 17-5] 4) NewYork VR	[그림 17-6] 5) VR 세계탐험	[그림 17-7] 6) Paris VR	

함께 사용하면 좋은 앱		
 [그림 17-8] 7)	[세계의 모든 국가의 수도] • 세계 여러 나라의 수도를 퀴즈로 알아볼 수 있는 재미있는 앱으로 각 나라 문화의 중심지라 할 수 있는 중요 도시들을 배울 수 있음	

⚠ SITES IN VR 3줄 요약

❶ VR HMD(Head Mount Display)를 준비하고 앱을 설치합니다.
❷ 앱을 실행하고 궁금한 곳을 둘러봅니다.(영어 사전을 함께 사용합니다.)
❸ 둘러본 곳들 중 관심이 가는 곳을 구글 어스(사회⑤) 등으로 자세히 조사합니다.
❹ 같은 지역의 장소들을 모아 여행 안내 템플릿을 제작합니다.

[표 17-1 SITES IN VR 개요]

---

3) [그림 17-4] https://play.google.com/store/apps/details?id=com.london.vr.app&hl=ko&gl=US

4) [그림 17-5] https://play.google.com/store/apps/details?id=com.cardboard360images.nyvr&hl=ko&gl=US

5) [그림 17-6] https://play.google.com/store/apps/details?id=com.travel.vrworld&hl=ko&gl=US

6) [그림 17-7] https://play.google.com/store/apps/details?id=com.cardboard360images.parisvr&hl=ko&gl=US

7) [그림 17-8] https://play.google.com/store/apps/details?id=com.asmolgam.capitals

우리 학생들은 지구촌의 일원으로 살아가는 세계시민으로 자라나기 위해 여러 나라의 환경과 문화를 배우게 됩니다. 저는 여행을 좋아해서 그 나라 환경과 문화의 집약체라고 할 수 있는 멋진 명소들에 관해 알려주는 수업 활동을 자주 사용하는데 꽤 효과적이라고 생각합니다. 이때 교과서로만 배우는 것보다는 세계의 이모저모를 알려주는 각종 앱이나 프로그램을 사용하는 것이 학습 효과가 더 좋았습니다. 학생들이 보다 생생하게 세계의 명소를 공부할 수 있도록 도움을 줄 수 있는 SITE IN VR을 소개합니다.

1 활용 단원 추천

학년-학기	과목	단원	주요 내용	차시	쪽수
6-2	사회	1. 세계 여러 나라의 자연과 문화	세계의 다양한 모습 살펴보기	8	31-35
창의적 체험활동		세계 여행 관련 프로젝트 학습(앞서 안내한 아틀라스 앱들과 함께 3-4차시 분량 추천) 편성			

[표 17-2 SITES IN VR 활용 단원 추천]

1. SITES IN VR 앱을 실행합니다.[8]

[그림 17-10 SITES IN VR 실행 화면]

① Mosque, Tomb 등 콘텐츠들이 테마별로 묶여 있습니다. 위쪽 메뉴에서 Country와 City를 선택해 원하는 국가나 도시를 바로 볼 수도 있습니다.
② 영어로 되어 있으므로 학생들에게 영어 사전이나 파파고(업무 도우미④)를 함께 활용하도록 안내하거나 배울 장소에 대한 안내 학습지를 미리 준비하여 설명해주면 좋습니다.

2. 테마 → 명소 → 명소의 내부를 선택하면 360도 VR 감상이 가능합니다. 박물관을 선택하고 터키 이스탄불의 명소인 아야소피아(Hagia Sophia)를 선택한 후 내부의 한 장소를 선택해봅니다.

---

8) [그림 17-10]~[그림 17-] 이미지와 아이콘 캡처 출처는 모두 'Sites in VR' 앱

[그림 17-11 Museum → Hagia Sophia → Muezzin's pew 선택]

3. 선택을 마치면 다운로드 후 VR로 내부 감상이 가능합니다.

① VR기기 없이 3D 모드로 볼 경우 손가락으로 확대 축소도 가능합니다.

② 어떤 장소들에서는 전시된 유물의 상세한 모습을 감상하거나 시점을 바꿔 장소를 감상할 수 있습니다. 아래와 같이 아이트래킹을 통해 선택할 수 있는 ◎마크가 뜹니다. 마크를 응시하면 해당 위치를 더욱 자세하게 볼 수 있습니다.

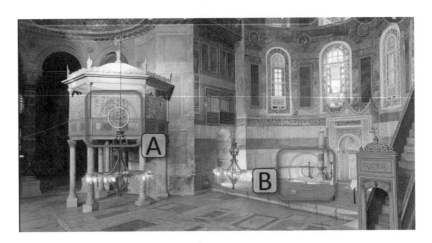

[그림 17-12 Museum → Hagia Sophia → Muezzin's pew
[A], [B] 안에 보이는 원형 모양을 클릭할 수 있음]

4. 같은 방식으로 다른 장소도 감상합니다.
- 터키, 이집트, 사우디아라비아, 시리아, 모로코, 쿠웨이트, 예멘, 마케도니아, 네덜란드, 벨기에, 프랑스, 이탈리아 등 수많은 장소를 사용할 수 있습니다.
- 이슬람 국가의 자료가 많은 편입니다. 개요에서 소개해드린 유사한 프로그램을 이용해 다른 곳도 감상할 수 있도록 지도하시면 좋습니다.

3 수업 지도안

방구석 여행가! SITES IN VR							
학년	6	**과목**	창의적 체험활동	**단원**	해당 없음	**차시**	3-4
학습 목표	디지털기기를 이용하여 세계 여러 문화권의 명소를 간접체험 할 수 있다.						
단계	**교수·학습 활동**						

도입	• 세계 여행 관련 영상 감상
	  – 유튜브에서 '세계에서 가장 인기 있는 여행지 Top 10' 등 검색
	  – 경험상 교사가 직접 여행한 영상을 보여주면 가장 효과가 좋음
	• 다른 나라에 대해 아는 것을 키워드로 모아보기
	  – 멘티미터(발표와 평가①) 워드 클라우드 사용하기
	  – 미국, 중국 등 다양한 나라에 대해 조사하기
	  – 친구들끼리 정보를 공유하지 않고 사전에 알고 있는 단어들만 응답하도록 하기
	• 비슷한 단어끼리 묶어 그 나라에 대해 아는 것 정리하기
	• 학습 목표 제시						

방구석 여행가! SITES IN VR	
활동1	• 자신이 탐방하고 싶은 장소와 이유 생각해보기 • SITES IN VR을 이용해 세계의 명소 간접 방문하기 − 친구와 동시에 같은 장소를 방문해서 대화하며 진행 가능

활동2	• 패들렛(발표와 평가②)을 이용하여 명소 소개하기
	  − 장소와 방문 이유, 좋은 점 등
	  − 가는 방법, 상세 사진 등
	• 자료를 모아 대륙별 여행 안내서 제작하기
	  − 여행사 홍보 자료 느낌의 발표 자료 만들기
	  − 미리캔버스(국어①), 캔바(발표와 평가④) 이용하기

정리	• 세계 아틀라스(사회②) 앱의 퀴즈 기능으로 수도 맞히기 퀴즈하기
	  ☞ 평가: VR 기술을 이용하여 세계 여러 문화의 명소를 간접
	       탐방하고 다른 사람에게 소개해줄 수 있다.
	• 개인별 실천 사항 및 수업 소감 발표하기

[표 17-3 SITES IN VR 수업 지도안]

[그림 17-13 학생 VR 수업 장면]

 VR 기술은 실생활에서는 아직 잘 활용되지 않고 있습니다. Sites in VR 덕분에 학생들은 한정된 수업시간 속에서 교과서에 제시된 장소가 아닌, 자신이 원하는 장소를 탐색해보는 개별 활동을 해볼 수 있었습니다. 관심과 궁금증만큼 강력한 동기 유발 요소는 없습니다. 본인이 원하는 장소를 알아보고 소개해보는 활동을 통해 교사보다 더 가까운 친구들의 입을 타고 즐거운 세계 여행을 해본 시간이었습니다.

05

지구 어디든 갈 수 있어!

구글 어스

지구를 둘러보자! 구글 어스 Google Earth		
1)	• https://www.google.co.kr/intl/ko/earth/ • 전 지구의 위성 이미지와 3D 지형, 수백 개 도시의 3D 빌딩으로 하늘에서 내려다보는 지구 감상 가능 • 구글 스트리트뷰와 연동, 생생한 도시 모습 확인	
활용 목표	구글 어스를 이용하여 지구의 지형과 명소들을 둘러볼 수 있다.	
사용 환경 추천 순서	**① 윈도우**	**② 구글 플레이스토어**	**③ 애플 앱스토어**
	인터넷 브라우저로 접속 2)	플레이 스토어 다운로드	한국 앱스토어에서는 구글어스 다운로드 불가 (허가되지 않음)
인터넷 사용	설치 및 사용에 인터넷 연결 필요	
공유 방법	결과물 공유 없음	

---

1) [그림 18-1] 로고 https://play.google.com/store/apps/details?id=com.google.earth&hl=ko&gl=US

2) [그림 18-2]~[그림 18-3] QR코드는 크롬 브라우저 QR 생성 기능 사용

⚠ 구글 어스 3줄 요약		
❶ 구글어스 ☰메뉴 → ⬤ 사진 을 활성화하여 지구의 명소를 둘러봅니다.		
❷ 🧭 Voyager에서 추천되는 콘텐츠들을 통해 지구의 다양한 모습을 재미있게 배워봅니다.		
❸ ◎ 프로젝트 기능을 이용하여 나만의 테마 세계지도를 제작해봅니다.		

[표 18-1 구글 어스 개요]

구글은 참 많은 서비스를 제공합니다. 구글 포토, 유튜브, 클래스룸 등 구글만 잘 이용해도 똑똑한 디지털 라이프를 즐길 수 있을 정도입니다. 이번에 소개해드릴 구글 어스 역시 구글에서 제공하는 서비스로 위성, 비행기 등으로 수집한 지구의 모든 지리 정보를 찾아볼 수 있는 프로그램입니다. 나만의 여행 장소를 저장해둘 수도 있고 로드뷰를 통해 세계의 거리를 돌아볼 수도 있습니다. 재미있는 게임 기능도 하나 숨어 있습니다. 세계 어딘가의 로드뷰에서 시작해서 공항까지 이동하면 성공하는 게임으로 탈출과 여행이라는 상반된 재미를 동시에 느낄 수 있어 은근히 인기가 있습니다. 얼마 전에는 구글 어스를 이용하여 잃어버린 고향을 찾아가는 실화를 그린 영화 <라이언>이 개봉하기도 했습니다. 화려한 기능부터 감동적인 스토리까지 갖고 있는 구글 어스를 소개합니다.

학년-학기	과목	단원	주요 내용	차시	쪽수
6-2	사회	1. 세계 여러 나라의 자연과 문화	세계 여러 대륙 대양 알아보기	4	17-20쪽
			대륙에 속한 나라 살펴보기	5	21-23쪽
			나라의 면적, 모양 살펴보기	6-7	24-30쪽
			환경에 따라 달라지는 세계의 생활 모습 조사하기	13-14	50-54쪽

[표 18-2 구글 어스 활용 단원 추천]

이 외에도 세계와 지리 관련 모든 단원 및 활동에서 이용이 가능합니다. 세계 유명 건축물을 찾아보거나 자신만의 여행을 구상해보는 등 응용 활동도 추천합니다.

2 사용 방법

1. 구글 어스에 접속합니다. 아래 화면은 컴퓨터로 접속했을 때의 화면입니다. 스마트폰이나 태블릿으로 접속해도 인터페이스는 거의 같습니다.

[그림 18-4 구글 어스 실행 화면]

첫 화면에서 스크롤을 내리면 구글 어스로 할 수 있는 다양한 일들에 대한 소개를 볼 수 있습니다. 천천히 내려 보시면서 구글 어스로 어떤 일들을 할 수 있는지 한번 훑어보시는 것이 좋습니다. [그림 18-5]와 같이 구글 어스를 이용하면 지도에 위치를 표시하고 표시한 위치에 내가 직접 찍은 사진을 추가하는 등 나만의 지도를 만들 수도 있고, 좋아하는 장소에 대한 스토리를 만들어 전 세계 사람들과 공유할 수도 있습니다.

---

3) [그림 18-4]~[그림 18-5] https://www.google.co.kr/intl/ko/earth/

[그림 18-5 위치 표시, 사진·영상 추가, 좋아하는 장소 찾기 등의 기능 제공]

2. 첫 화면의 어스 실행 을 누르면 인터넷 브라우저에 새 탭이 생성되면서 우주 속의 지구가 나타납니다. 화면 왼쪽의 메뉴들로 세부 조작이 가능합니다. 다양한 기능을 이용하여 나만의 지도를 만들고 랜선 세계 여행을 해봅시다.

4)

[그림 18-6 구글어스 실행 화면]

[A]	≡ 메뉴	● 사진 을 누르면 지구 위에 세계 명소의 사진들이 포스트잇을 붙인 것처럼 드러납니다. 사진을 클릭하면 여러 장의 명소 사진을 볼 수 있습니다. 설정⚙️을 통해서는 측정 단위, 비행 애니메이션 사용 등을 변경할 수 있습니다.
	🔍 검색	장소를 검색합니다. 아래에서는 추천하는 장소를 제안합니다.
	⚙️ Voyager	구글 어스를 기반으로 제작된 추천 콘텐츠를 즐길 수 있습니다. 영어로 제공되는 정보이므로 크롬에서는 마우스 오른쪽 버튼을 눌러 [한국어로 번역]을 적용하기를 권장합니다. 콘텐츠의 종류는 아래와 같습니다.

구글 어스를 기반으로 제작된 추천 콘텐츠를 즐길 수 있습니다.
영어로 제공되는 정보이므로 크롬에서는 마우스 오른쪽 버튼을 눌러
[한국어로 번역]을 적용하기를 권장합니다. 콘텐츠의 종류는 아래와
같습니다.

자연	자연에 관한 정보를 테마별로 묶어 제공해줍니다. 보고 싶은 테마를 선택하면 해당 지역으로 지도를 이동시켜 카드뉴스와 같은 설명을 읽어볼 수 있습니다.
게임	지구의 자연, 문화에 대한 퀴즈를 즐깁니다.
레이어	다른 사람들이 만든 지도 위 자료를 볼 수 있습니다. (세계의 화산 지도, 이번 허리케인 이동 경로 등)
스트리트뷰	구글에서 제안하는 세계 명소의 거리뷰를 봅니다.
문화	문화를 주제로 한 지도 탐색을 시작합니다.(다빈치의 일생–투스카니 출생, 피렌체에서 활동 등)
여행	유명한 여행지를 소개합니다. 해당 지역의 관광지 여러 곳을 묶어서 보여줍니다.(라스베가스, 시드니 등)
교육	교육을 주제로 한 다양한 장소를 탐색합니다.(대항해시대 탐험가들의 항해 여정, 세계 각국의 민담 등)

흥미로운 이야기들이 지구촌의 어디에서 일어난 일인지 알아보고 최근
모습까지 볼 수 있어 학습 효과가 뛰어납니다.

---

4) [그림 18-6]~[그림 18-22] https://earth.google.com/web/@0,0,0a,22251752.77375655d,35y,0h,0t,0r

[A]	⊡ 추천 장소	클릭할 때마다 구글 어스에서 추천하는 랜덤 명소로 이동합니다. 관련 정보와 사진을 감상할 수 있습니다.	
	◉ 프로젝트	내가 주제별로 추가한 장소들을 볼 수 있습니다. 여행지 소개하기 등 학생들이 자신만의 멋진 지도를 만들 수 있습니다. 수업 과제로 사용하기도 유용합니다. 아래의 위치 표시 추가◉, 선 또는 도형 그리기✦✦와 함께 이용합니다.	
	◈ 지도 스타일	구름 표시, 지도 위 정보 표시 등 지도의 스타일을 다양하게 설정할 수 있습니다.	
	▦ 거리 및 면적 측정	지도 위에 도형을 그리며 지도상의 거리·면적을 측정합니다.	
	◉ 위치 표시 추가	지도 위에 위치를 표시합니다. 프로젝트◉와 함께 사용하며, 위치 표시를 추가한 지점들은 제목, 설명 등을 추가하여 나의 프로젝트에 저장할 수 있습니다.	
	✦✦ 선 또는 도형 그리기	지도 위에 선이나 도형을 그린 뒤 위치 표시 추가◉와 같이 설명 등을 추가하여 나의 프로젝트에 저장합니다.	
[B]	◉ 내 위치	현재 나의 위치를 파악하여 내 위치로 이동합니다.	
	🧍 스트리트뷰	현재 지도에서 사용할 수 있는 스트리트뷰가 표시됩니다.	

[B]	**3D** 2D-3D 전환	지도의 형태를 변경합니다. 지형을 볼 때 유리합니다.
	방위	방위를 나타내줍니다. 클릭하면 정북향으로 고정됩니다.
[C]	축척, 위도, 경도 등을 나타내주는 상태 창입니다.	

[표 18-3 구글 어스 기능 설명]

3. 학생들에게 자유롭게 탐색해보도록 안내합니다. 마우스나 터치로 지구를 이리저리 돌려가며 감상할 수 있습니다. 대륙과 대양의 모습을 전체적으로 관찰해보도록 합니다. 마우스 스크롤이나 두 손가락 확대 동작을 이용하여 화면을 확대하면 도시의 건물들을 항공뷰로 내려다보는 수준까지 확대가 가능합니다.

그 상태에서 화면 우측 아래에 보이는 [스트리트뷰] 아이콘🚶을 누르면 지도 상에서 이용할 수 있는 스트리트뷰가 하늘색 길 모양으로 표시됩니다. 해당 위치를 누르면 거리의 자세한 모습까지 볼 수 있으므로 사실상 지구 전체의 수준에서 가로수 하나의 수준까지 확대해서 볼 수 있는 셈입니다. 학생들에게 이 기능을 통해 우리 학교, 본인의 집을 찾아보게 하면 자연스럽게 기초적인 기능을 익힐 수 있습니다. 열심히 찾는 학생들 앞에서 내 위치⊙를 클릭하여 한 번에 학교를 찾아버리면 반응이 꽤 재미있습니다. 스트리트뷰에서 화면 우측 아래의 커다란 지구 아이콘🌍을 누르면 다시 지구 수준으로 돌아갑니다.

[그림 18-23 광명역 항공뷰에 스트리트뷰 표시]   [그림 18-24 광명역 스트리트뷰 화면]

3 수업 지도안

어서 오세요. 구글 어스 여행사입니다!							
학년	6	과목	창체	단원	해당 없음	차시	3
학습 목표	구글 어스를 이용하여 여행 자료를 만들 수 있다.						
단계	교수·학습 활동						
도입	앞서 소개한 세계 아틀라스, SITES IN VR 등을 함께 사용하여 '디지털 세계여행' 느낌의 프로젝트 학습을 구성해보시기를 추천해드립니다. • 세계의 멋진 장소 영상으로 감상하기 • 학습 목표 제시						

---

5) [그림 18-23]
   https://earth.google.com/web/@37.41519235,126.88469794,20.80938182a,595.16376011d,35y,62.2779848h,49.02151694t,0r

6) [그림 18-24]
   https://earth.google.com/web/@37.41700462,126.88626083,24.50828743a,0d,60y,241.65685028h,97.52181503t,0r/data
   =IhoKFmEwNkhTU2lrS3VDUFlJU2IxOVFwelEQAg

어서 오세요. 구글 어스 여행사입니다!	

활동1	• 개별/조별 진행 선택하기
	• 여행사들의 여행 상품 팸플릿 둘러보기
	  – 국내 유명 여행사들의 홈페이지에서 여행 상품 살펴보기
	  – 여행 일정, 코스, 동선 등 팸플릿 구성 요소 살피기
	• 여행의 주제 정하기(역사, 자연, 휴양, 도시 등)
	• 주제에 맞는 목적지 정하기

활동2	• GOOGLE EARTH를 이용해 여행 정보 수집하기
	  – 세부 메뉴(문화, 자연 등)를 이용한 정보 탐색 가능
	  – 지도 위에 도형을 그리며 동선 표시 가능
	• 여행 상품 소개 자료 만들기
	  – 파워포인트, 미리캔버스(국어①), 키네마스터(국어④)등 이용하기
	  – 장소와 방문 이유, 좋은 점, 여행 동선 등

정리	• 여행 상품 발표하기
	• 학급 홈페이지에 자료 올리고 피드백하기
	  ☞ 평가: 세계의 멋진 여행지를 탐색하고 여행 상품을 개발하여 카드뉴스
	    등으로 다른 사람에게 소개해줄 수 있다.
	• 개인별 실천 사항 및 수업 소감 발표하기

[표 18-4 구글 어스 수업 지도안]

4 | 수업 후기

여행은 듣기만 해도 설레는 단어입니다. 특히 코로나19로 해외여행이 제한된 지금 아이들도 어른들처럼 여행에 대해 갈증을 느끼고 있었는지 정말 열심히 활동에 참여하는 모습을 보여주었습니다. 평소 취미로 게임을 즐기는 학생들은 게임에서 본 국가나 장소를 찾아 여행지로 소개하기도 하였습니다. 게임에서만 보던 곳을 더 생생하게 볼 수 있어서 좋았다는 평가가 많았습니다.

'국어' 챕터에서 알려드렸던 미리캔버스(국어①) 등의 자료 제작 프로그램 사용법을 잘 배워두었다면 이번 시간에도 매우 유용하게 사용할 수 있습니다. 구글 어스 덕분에 세계의 여러 곳을 알아보고, 가보고 싶어 하는 뜨거운 열망을 가진 학생들이 언젠가 발을 디딜 지구의 명소들에 대해 미리 알아볼 수 있는 의미 깊은 수업을 만들어 갈 수 있었습니다.

06

내 곁의 역사 유적지 가이드

나만의 문화유산 해설사

나만의 가이드, 나만의 문화유산 해설사		
 나만의 문화유산 해설사 1)	• 문화재청에서 만든 국내 문화유산 공식 해설 앱 • 문화유산 관련 행사, 관람안내, 방문인증, 해설 등 각종 자료를 쉽게 이용할 수 있음	
활용 목표	• 국내 유명 문화유산의 정보를 한눈에 찾아볼 수 있다. • 내 주변 문화유산의 정보를 보고 현장학습 계획을 세울 수 있다.	
사용 환경 추천 순서	① 구글 플레이스토어	① 애플 앱스토어	③ 윈도우
	▦ QR ▦ 2)	플레이 스토어 다운로드	▦ QR 	앱스토어 다운로드	안드로이드 가상머신 사용 가능하나, 기능이 제한적
인터넷 사용	초기 다운로드 후 인터넷 연결 필요 없음	
공유 방법	준비된 콘텐츠를 소비하는 앱으로 결과물 공유 없음	

사용 가이드 영상	
GPS로 우리나라 문화유산 탐험하기! 나만의 문화유산 해설사	• 경기도교육청교육연수원 마이크로콘텐츠 • 저자 제작 영상(3분 18초) • https://youtu.be/QJ7MpuzFxTk	

---

1) [그림 19-1] 로고 https://play.google.com/store/apps/details?id=kr.go.cha.a.heritageinfo&hl=ko&gl=US

2) [그림 19-2]~[그림 19-3] QR코드는 크롬 브라우저 QR 생성 기능 사용

나만의 문화유산 해설사 요약
❶ 국내의 수많은 문화유산들을 종목별, 지역별로 검색할 수 있습니다.
❷ 문화유산에 관련된 설명, 사진, 다큐멘터리 영상 등 다양한 정보를 얻을 수 있습니다. 평소 궁금했거나 교과서에 나온 문화유산을 조사해볼 수 있습니다.
❸ [내 주변 찾기], [지역별 검색]으로 우리 동네의 문화유산을 조사해봅니다.

[표 19-1 나만의 문화유산 해설사 개요]

나만의 문화유산 해설사는 문화재청에서 만든 앱으로 전국의 문화재에 대한 상세한 정보와 사진·영상 및 다국어 오디오 가이드까지 제공합니다. 스탬프 기능을 이용한 방문 인증 견문록도 있습니다. 학생들은 특히 우리 지역 주변의 문화재를 알려주는 기능을 좋아하였습니다. 각 지역의 문화유산 관련 행사와 관람 안내도 확인하실 수 있으니 꼭 수업이 아니더라도 여행에 활용하시기 좋을 것입니다.

1 활용 단원 추천

학년-학기	과목	단원	활용 내용	차시	쪽수
4-1	사회	2. 우리가 알아보는 지역의 역사	우리 지역의 문화유산 소개 및 답사하기	2-6	58-71
5-2	사회	1. 옛사람들의 삶과 문화	우리나라의 여러 문화유산 둘러보기	전체	22-74
	사회	2. 사회의 새로운 변화와 오늘의 우리	조선 후기 문화재 조사에 사용 가능	1-2	88

[표 19-2 나만의 문화유산 해설사 활용 단원 추천]

2 | 사용 방법

1. 첫 화면에 보이는 메뉴들은 아래와 같습니다.

[그림 19-4 문화재 통합검색창] 3)

문화재를 이름으로 검색하거나 행사 정보를 검색할 수 있습니다.

[그림 19-5]

- 문화유산을 방문 인증하여 스탬프를 모으고, 후기를 통해 추억을 공유하는 서비스입니다.
- 로그인 및 위치정보 동의가 필요한 서비스입니다.

[그림 19-6]

- 문화유산에서 열리는 각종 행사들이 정리되어 표시됩니다.
- 이름순, 기간순 정렬 및 지역별, 유형별 정렬이 가능합니다.
- 관련 사이트, 문의처, 주관단체, 입장료 등 행사에 대한 구체적인 정보를 확인할 수 있습니다.
- 행사에 관련된 문화유산이 하단에 표시되어 설명을 들을 수 있습니다.

[그림 19-7]

- 문화유산 관람을 위해 필요한 정보를 제공합니다.
- ☰ 소개: 해당 문화유산 설명 페이지로 이동합니다.
- ① 관람안내: 월별 관람 시간, 요금, 가는 길 등의 정보를 제공합니다.
- 🏛 문화유산: 문화유산 내의 볼거리에 대한 구체적 정보를 보여줍니다. 경복궁 내의 광화문, 경회루 등에 대한 정보를 제공하며 지도로 보기 기능을 통해 지도 위에서 위치를 확인할 수도 있습니다.

[그림 19-8]

- 문화유산의 기본정보, 사진, 영상, 해설을 제공합니다. 우리나라의 문화유산들을 종목별, 지역별로 검색하여 일목요연하게 정리하여 볼 수 있고 위치정보 서비스를 이용하여 현재 내 위치 주변에 있는 문화유산들을 찾아볼 수도 있습니다.

[표 19-3 나만의 문화유산 해설사 초기 메뉴 설명]

---

3) [그림 19-4]~[그림 19-12] 이미지와 아이콘 캡처 출처는 모두 '나만의 문화유산 해설사' 앱

2. [문화유산 관람안내]로 들어가봅니다.

[그림 19-10] 경복궁 문화유산 관람 안내 화면 진행(①→②→③→④)]

① 경복궁, 창덕궁 등 국내 유명 문화유산의 목록이 보입니다. 각 문화유산의 하단에 보이는 [소개], [관람안내], [문화유산]을 눌러 볼 수 있습니다.

② [☰소개]에 들어온 모습입니다. 사진을 좌우로 넘겨가며 경복궁의 다양한 모습을 감상해보고 설명을 읽어볼 수 있습니다. 왼쪽 아래에 보이는 [뒤로가기] 나 [홈버튼]을 눌러 돌아갈 수 있습니다.

③ [ⓘ 관람안내]입니다. 관람 시간이나 정기휴일, 요금 등이 정리되어 있습니다.

④ [🏛 문화유산]에서는 경복궁 내에 있는 광화문, 경회루 등의 여러 문화유산에 대한 설명을 하나씩 눌러 확인해볼 수 있습니다. 구체적인 설명과 상세한 사진도 포함합니다. 광화문의 경우에는 해태상, 석수, 홍예 등 세부 부위의 사진들과 수문장 교대식 영상도 감상해볼 수 있습니다.

3. [문화유산 해설]에서는 다음과 같은 기능을 사용하실 수 있습니다.

[그림 19-11 '문화유산 해설'의 세 가지 기능(①→②→③)]

① 종목별 검색: 문화유산을 종류별로 검색할 수 있습니다.
② 지역별 검색: 시, 군, 구 지역까지 구체적인 지역을 검색하여 해당 지역의
　　　　　　　문화유산을 찾아볼 수 있습니다.
③ 내주변 검색: 20m-5km까지 내 주변 문화재 검색이 가능합니다. 우리 동
　　　　　　　네의 문화유산을 찾아볼 때 유용하여 학생들이 매우 흥미 있
　　　　　　　어 합니다. 위치정보 동의가 필요합니다.

문화유산 해설에서 문화재를 검색하여 선택하면 다음과 같은 화면이 나옵니다. 문화재 사진, 오디오 가이드, 영상, 설명을 볼 수 있고 찾아가는 길도 알아볼 수 있습니다.

[그림 19-12 문화유산 해설 화면]

[A]	해당 유적지로 가는 길을 안내받습니다. 티맵 등의 내비게이션과 연동되어 즉시 길 안내를 받을 수 있습니다.
[B]	문화유산의 사진을 봅니다. 사진을 터치하면 더 많은 사진을 볼 수 있습니다.
[C]	문화유산의 오디오 가이드를 들을 수 있습니다. 윗부분의 국기를 통해 언어를 선택하고 아래에 보이는 재생 바의 재생 버튼을 누르면 오디오 가이드가 재생됩니다.
[D]	문화유산에 관련된 사진이나 다큐멘터리 영상들을 감상할 수 있습니다. 모든 문화유산에서 제공되는 서비스는 아니지만 단순히 사진과 설명에만 그치는 것이 아니라 관련 영상 자료까지 볼 수 있다는 점이 인상적입니다.
[E]	문화유산에 대한 구체적인 설명이 나옵니다. 설명 최하단부에서는 위치가 표시된 지도를 확인할 수 있습니다.

[표 19-4 문화유산 해설 화면 기능 설명]

우리 동네 문화유산 찾기, 나만의 문화유산 해설사							
학년-학기	4-1	과목	사회	단원	2단원	차시	3-6
학습 목표	우리 지역의 문화유산 답사 계획 세워보기(3차시) 우리 지역의 문화유산 답사해보기(4차시) 우리 지역의 문화유산 소개 자료 만들어보기(5-6차시)						
단계	교수·학습 활동						

도입	• 우리 지역의 유명한 것들 떠올려보기
	  – 특산물, 음식, 장소 등 생각나는 대로 의견 나누기
	• 우리 지역의 문화유산을 방문해본 경험 나누기
	  – 현장학습, 가족여행 등 경험 간단히 나누기						

활동1	• 나만의 문화유산 해설사 앱 사용법 알아보기
	  – 검색 방법, 자료 확인 방법 등
	• 나만의 문화유산 해설사 앱의 [내 주변 검색] 이용하기
	  – 학교에서부터 반경을 넓혀가며 주변의 문화재 찾아보기
	• [지역별 검색]에서 우리 지역의 문화재 찾아보기
	  – [내 주변 검색]으로 문화유산이 나오지 않는 경우 이용해보기						

활동2	• 우리 지역의 문화유산 답사 계획 세우기
	  – 우리 지역 문화유산을 선택하고 상단의 [길찾기] 이용해보기
	  – 설명 창 하단에 보이는 지도를 확인해보고, 우리 지역 지도 학습지에 문화재 위치 표시해보기
	  – 디지털 지도 앱(네이버, 카카오 등)을 이용하여 갈 수 있는 방법 찾아보기(대중교통, 자동차 등)						

우리 동네 문화유산 찾기, 나만의 문화유산 해설사	
활동3	• 문화유산 소개 자료 제작 　- 개별/조별 진행 선택하기 • 우리 지역 문화재들 중 설명할 문화유산 선택하기 • 미리캔버스(국어①), 키네마스터(국어④) 등으로 자료 제작하기 　- 시대적 배경, 가는 길 등 다양한 정보 수록하기
정리	• 발표 및 학급 홈페이지를 통한 피드백 　☞ 평가: 우리 지역 문화유산을 소개하는 자료를 제작·발표할 수 　　있다. • 개인별 실천 사항 및 수업 소감 발표하기

[표 19-5 나만의 문화유산 해설사 수업 지도안 ①]

나만의 가이드, 나만의 문화유산 해설사							
학년-학기	5-1	과목	사회	단원	1단원	차시	8
학습 목표	• 불국사와 석굴암의 우수성을 설명할 수 있다. • 불국사와 석굴암을 소개하는 자료를 만들 수 있다.						
단계	교수·학습 활동						
도입	• 세계 3대 종교와 관련된 문화유산 영상 보기 　- 기독교, 불교, 이슬람교의 사원 감상 　- 각 사원의 특징 이야기해보기 　- 국내 불교 유적의 가치 설명하기 • 학습 목표 제시						
활동1	• 나만의 문화유산 해설사 앱 사용법 알아보기 　- 검색 방법, 자료 확인 방법 등 • 나만의 문화유산 해설사 앱으로 석굴암, 불국사 설명 보기 • 선생님과 퀴즈 풀어보기 　- 석굴암의 내진설계 등 다양한 요소의 퀴즈 준비						

	나만의 가이드, 나만의 문화유산 해설사
활동2	• 문화유산 소개 자료 제작 　– 개별/조별 진행 선택하기 • 석굴암, 불국사 중 설명할 문화유산 선택하기 　– 조별 구성에 따라 다른 신라 유적지도 선택 가능 　– 서대문 형무소 등 본 차시 이외의 수업에도 활용 가능 • 미리캔버스(국어①), 키네마스터(국어④) 등으로 자료 제작하기 　– 자료 콘셉트 정하기(외국인 대상 설명 자료, 내국인 대상 여행 자료) 　– 문화유산의 특징, 시대적 배경 등 이론적 설명 추가 　– 찾아가는 길, 주변 관광지 등의 여행 정보도 넣기
정리	• 발표 및 학급 홈페이지를 통한 피드백 　☞ 평가: 불국사, 석굴암 등 신라 유적지의 특징을 잘 표현하는 　　　자료를 만들어 발표할 수 있다. • 개인별 실천 사항 및 수업 소감 발표하기

[표 19-5 나만의 문화유산 해설사 수업 지도안 ②]

4　수업 후기

　나만의 문화유산 해설사는 조사하고자 하는 문화유산에 대한 정보를 찾아보고, 관련된 문화유산이나 같은 지역에 있는 문화유산들을 함께 찾아보며 그 연관성을 생각해보는 데 무척 유용했습니다.

　또한 학생들이 매우 흥미 있어 했던 것은 자기 지역에 있는 문화유산을 찾아보는 일이었습니다. 무심코 지나치던 곳이 교과서에서 들어본 사람의 묘지였거나, 예전에 소풍으로 가보았던 장소가 어떤 가치를 갖고 있는지 알아보게 되면서 지역에 대한 이해를 높일 수 있었습니다. 주말을 이용해 방문 인증을 해보는 학생들도 있었습니다.

　유명한 문화유산에 대해 구체적인 설명을 해주기도 하고, 일부러 찾아보지 않으면 잘 모르는 유적지들을 지역별로 모아서 알려주는 나만의 문화유산 해설사 앱을 즐겁게 이용해보시기 바랍니다.

07

버스 없이 떠나는 현장체험학습

네이버 뮤지엄뷰

박물관을 내 방으로, 네이버 뮤지엄뷰		
N 1)	• 인터넷 웹브라우저의 네이버 지도나 네이버 지도 앱에서 사용 • 거리뷰와 같은 방식으로 이동하면서 국립중앙박물관 내부 유물을 층별, 전시실별로 관람 가능	
활용 목표	인터넷 지도를 이용해 국립중앙박물관 내부를 견학할 수 있다.	
사용 환경 추천 순서	① 윈도우	② 구글 플레이스토어	② 애플 앱스토어
	[QR코드] 2) 네이버 지도 인터넷으로 접속, 이용	[QR코드] 플레이 스토어 다운로드	[QR코드] 앱스토어 다운로드
인터넷 사용	초기 다운로드 후 인터넷 연결 필요 없음	
공유 방법	준비된 콘텐츠를 소비하는 앱으로 결과물 공유 없음	

---

1) [그림 20-1] https://play.google.com/store/apps/details?id=com.nhn.android.nmap&hl=ko&gl=US

2) [그림 20-2]~[그림 20-4] QR코드는 크롬 브라우저 QR생성기능 사용

함께 사용하면 좋은 앱		
National Museum of Korea 3)	**[국립박물관 전시 안내]** • 증강현실(AR), 체험형 애니메이션, 동영상 전시 콘텐츠 이용 가능 • 박물관 관람 중 전시물 자동 오디오 가이드북 기능 제공	
MUSEUM 4)	**[전쟁, 군사 박물관 전시 안내]** • 전쟁기념관, 유엔평화기념관, 육군박물관 추천코스 및 증강현실(AR), 체험형 애니메이션, 동영상 등을 이용한 전시 콘텐츠 제공	
5)	**[국립 해양박물관]** • 국립 해양박물관의 전시 유물 및 실내 안내 가능 • 'AR 국립 해양박물관' 앱도 동시에 이용하면서 관람 가능	

⚠ 네이버 뮤지엄뷰 사용법 요약

❶ 네이버 지도 앱을 열고 서울 용산에 있는 '국립중앙박물관'을 찾습니다.
❷ 지도 앱의 거리뷰를 누르고 박물관 입구를 찾아가 입장합니다.
❸ 박물관 내부를 거리뷰로 자유롭게 돌아다니며 각종 유물들을 관람합니다.
❹ 거리뷰를 이용하면 '독도'의 모습을 산책하듯 감상할 수도 있습니다.

[표 20-1 네이버 뮤지엄뷰 개요]

박물관은 역사적 가치를 지닌 문화유산을 가장 쉽게 접할 수 있는 장소입니다. 네이버 뮤지엄뷰를 이용하면 우리나라 대표 박물관들을 마치 실제로 박물관 안에 있는 것처럼 관람할 수 있습니다. 규모가 큰 박물관 체험학습을 앞둔 상황에서 미리 어떤 유물을 관람할 것인지 동선을 계획할 수도 있습니다. 수업

---

3) [그림 20-5]~[그림 20-6] play.google.com/store/apps/details?id=or.kr.nationalmuseum&hl=ko&gl=US

4) [그림 20-7]~[그림 20-8] play.google.com/store/apps/details?id=kr.or.warmemo&hl=ko&gl=US

5) [그림 20-9]~[그림 20-10] play.google.com/store/apps/details?id=kr.go.knmm.android&hl=ko&gl=US

뿐 아니라 역사에 관심이 많은 학생들이 스스로 공부하는 데에도 활용도가 높을 것이라 생각합니다.

1　활용 단원 추천

학년-학기	과목	단원	주요 내용	차시	쪽수
5-2	사회	1. 옛사람들의 삶과 문화	우리나라의 여러 문화유산 둘러보기	전체	22-74
	사회	2. 사회의 새로운 변화와 오늘의 우리	조선 후기 문화재에 사용 가능	1-2	88

[표 20-2 네이버 뮤지엄뷰 활용 단원 추천]

2　사용 방법

1. 인터넷 브라우저에서 네이버 지도에 접속합니다.
① 네이버 뮤지엄뷰는 컴퓨터 환경에서 사용하시는 것이 좋습니다.
② 큰 화면으로 유물을 자세히 볼 수 있고, 하단의 버튼을 이용하면 다른 층이나 보고 싶은 전시관으로 즉시 이동이 가능해 편리합니다.
③ 여기서는 윈도우 컴퓨터 사용 화면을 기준으로 설명하였습니다. 스마트폰이나 태블릿에서도 큰 차이 없이 이용이 가능합니다.

2. 네이버 지도에서 '국립중앙박물관'을 검색합니다.

[그림 20-11 [A] 목록에서 국립중앙박물관 선택 뒤 [B] 거리뷰 클릭]

3. '거리뷰'를 누르면 바로 박물관 내부의 전경이 펼쳐집니다. 국립중앙박물
관 입구에서 실제로 보이는 모습이 그대로 펼쳐집니다. 이제 화면 속 몇
가지 버튼을 이용하여 박물관 내부를 실제와 같이 돌아볼 수 있습니다.

[그림 20-12] 거리뷰를 눌러 국립 중앙박물관 입구로 바로 들어온 모습]

6) [그림 20-11]
   https://map.naver.com/v5/search/%EA%B5%AD%EB%A6%BD%EC%A4%91%EC%95%99%EB%B0%95%EB%AC%BC%EA%B4%80/place/11620570?c=14134926.3498789,4512411.6672652,15,0,0,0,dh&placePath=%3Fentry%253Dbmp
7) [그림 20-12]
   https://map.naver.com/v5/search/%EA%B5%AD%EB%A6%BD%EC%A4%91%EC%95%99%EB%B0%95%EB%AC%BC

① [A] 화면 중앙의 하얀색 화살표를 클릭하여 이동할 수 있습니다. 키보드의 화살표 키를 눌러서 이동할 수도 있습니다.
② [B] 화면 아래쪽에는 층별, 전시실별로 바로 이동할 수 있는 옵션이 있습니다.
③ [C] 화면 왼쪽 하단의 미니맵을 통해 하늘색으로 표시된 박물관 주변의 거리뷰도 함께 볼 수 있습니다.

4. 마우스 휠을 이용하여 확대하면 유물을 자세히 볼 수 있습니다.

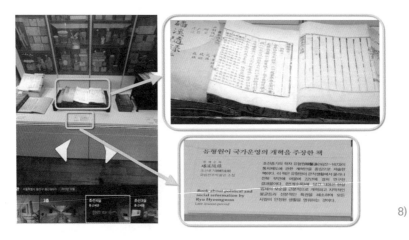

8)

[그림 20-13 유물을 확대하여 본 모습]

%BC%EA%B4%80/place/11620570?c=14134926.3498789,4512411.6672652,15,0,0,0,dh&placePath=%3Fentry%253D
bmp&p=S1yENSAX_he5ylJyV-juDQ,101.18,7.65,80,Float

8) [그림 20-13]
https://map.naver.com/v5/search/%EA%B5%AD%EB%A6%BD%EC%A4%91%EC%95%99%EB%B0%95%EB%AC
%BC%EA%B4%80/place/11620570?c=14134926.3498789,4512411.6672652,15,0,0,0,dh&placePath=%3Fentry%253D
bmp&p=gTLflK2b77EWElnll2V2Tw,95.4,-42.06,11,Float

① 확대 시 화질 저하가 거의 없이 깔끔하게 확대되어 유물의 구체적인 모습을 잘 볼 수 있습니다. 확대 후 드래그하며 원하는 곳을 둘러볼 수 있습니다.
② 유물에 대한 설명을 읽을 수 있을 수도 있어 많은 정보를 얻을 수 있습니다.

5. 스마트폰에서 이용하실 때는 아래와 같이 거리뷰를 켠 상태에서 박물관 입구를 찾아 화살표를 눌러 들어가시면 됩니다.

[그림 20-14 네이버 지도 앱으로 뮤지엄뷰 들어가기]

① 네이버 지도 앱을 구동시킵니다.
② 국립중앙박물관 검색하여 근처로 이동합니다.
③ 거리뷰 ◉ 아이콘을 누른 뒤, 하늘색으로 표시된 길 중 국립중앙박물관의 입구와 가까운 쪽을 터치하여 이동합니다.
④ 국립중앙박물관 건물 외부에서 거리뷰를 시작하게 됩니다. 박물관 입구로 찾아가서 박물관 정문 안으로 들어가도록 이동하면 입장합니다.

---

9) [그림 20-14]~[그림 20-15] 이미지와 아이콘 캡처 출처는 모두 '네이버 지도' 앱

⑤ 스마트폰에서는 컴퓨터와 다르게 층별, 전시관별 바로 이동할 수 있는 하단 메뉴가 없습니다. 층별 이동 시에는 계단을 찾아 화살표를 눌러가며 직접 오르내려야 하는 불편함이 있습니다.

6. 거리뷰 🔵를 이용하면 우리나라의 영토인 '독도'를 둘러볼 수 있습니다.
① 독도를 검색하여 독도를 클릭합니다.
② 거리뷰 기능을 눌러 독도 선착장을 클릭합니다.
③ 선착장에서 길을 따라 올라가며 독도를 탐색합니다.
④ 동도, 서도 모두 둘러보며 전망대에서 주변 경치도 감상할 수 있습니다.

7. 수중뷰 🔵 기능을 이용해 아름다운 독도의 바닷속을 탐험해봅시다.
① 독도에서 거리뷰를 누르면 바다 위에 해저뷰 아이콘이 생깁니다.
② 수중뷰 아이콘을 눌러 바다를 탐색합니다. 이동할 수도 있습니다.

독도는 우리나라의 고유 영토로 6학년 2학기 사회 2단원에서 독도의 자연환경과 역사에 대해 따로 배울 만큼 중요한 가치를 지닌 곳입니다. 독도의 자연환경에 관련된 수업을 하며 사진과 영상을 보여줄 때마다 직접 체험해보면 얼마나 좋을까 하는 생각을 하곤 합니다. 그러나 시간도 비용도 만만치 않을뿐더러 특정한 절차를 거쳐 허가를 받지 않는 한 멀리서 독도의 모습을 둘러보고 오는 해상투어밖에 할 수 없다고 합니다.

이런 독도를 직접 방문하는 것처럼 둘러볼 수 있다는 점에서 학생들은 많은 관심을 보였습니다. 거리뷰 기능을 사용하기에 앞서 독도 투어의 가격을 살펴보게 하고 원래는 섬에 들어갈 수도 없다는 정보도 알려주었습니다. 독도 거리뷰를 이용해 동도와 서도에서 볼 수 있는 절경들과 전망대에 오르면 보이는 풍경들을 캡처하여 독도 여행 지도를 만드는 활동을 해보았습니다.

[그림 20-16 독도 거리뷰에서 갈 수 있는 지점들과 독도 산책의 시작점인 나루터]

[그림 20-17 수중뷰 아이콘을 클릭하여 바닷속 탐험 진행]

박물관을 내 방으로, 네이버 뮤지엄뷰							
학년-학기	5-2	**과목**	사회	**단원**	1단원	**차시**	13
학습 목표	고려청자에 담긴 우수성과 당시 사람들의 생활 모습 알아보기						
단계	**교수·학습 활동**						

도입	• 세계 여러 나라의 도자기 감상해보기
	   – 고려청자, 당나라의 당삼채, 이슬람 문화권의 아라베스크 도자기 등
	   – 가장 마음에 드는 도자기를 이유를 들어 발표해보기						

활동1	• 고려청자 상세 사진 감상해보기
	   – 고려청자가 세계적으로 극찬을 받는 이유 알아보기
	   – 다른 나라 도자기들과 비교해보기						

활동2	• '고려청자를 찾아라!' 게임하기
	   – 네이버 뮤지엄뷰 실행하기
	   – 뮤지엄뷰를 이용해 박물관 안에서 고려청자 찾아내기
	   – 가장 빨리 찾거나 가장 상세하게 조사하는 조가 승리함 

	10)
	[그림 20-18 뮤지엄뷰 고려청자의 모습]						

박물관을 내 방으로, 네이버 뮤지엄뷰	

활동2	• 고려청자 소개 자료 만들기
	  – 외국인에게 가장 소개하고 싶은 고려청자를 골라보기
	  – 미리캔버스(국어①) 등을 이용해 소개 자료 만들기

정리	• 작품 발표하기
	  ☞ 평가: 네이버 뮤지엄뷰를 이용하여 박물관을 둘러볼 수 있으며
	      원하는 유물을 찾아 조사할 수 있다.
	• 학급 홈페이지를 통해 서로 피드백하기

[표 20-3 네이버 뮤지엄뷰 수업 지도안 ①]

네이버 거리뷰로 독도 방문하기							
학년-학기	6-2	과목	사회	단원	2단원	차시	2-3
학습 목표	우리 땅 독도를 알아보기						
단계	교수·학습 활동						

도입	• 해외 디지털 지도(구글맵 등)에서 독도 검색해보기
	  – Takesima, Japan sea 키워드 검색해보기
	  – 검색 결과를 보고 독도를 공부해야 하는 이유 발표해보기
	
	[그림 20-19 Takesima 검색 시 독도가 나오는 모습] 11)						

---

10) [그림 20-18]

https://map.naver.com/v5/search/%EA%B5%AD%EB%A6%BD%EC%A4%91%EC%95%99%EB%B0%95%EB%AC%BC%EA%B4%80/place/11620570?c=14134926.3498789,4512411.6672652,15,0,0,0,dh&placePath=%3Fentry%253Dbmp&p=lPc0SBoLjBRAkOgB8qUnQg,-84.66,-14.99,80,Float

11) [그림 20-19]

네이버 거리뷰로 독도 방문하기	
도입	• '독도는 우리땅' 노래 알아보고 퀴즈 풀어보기 - 가사에서 알 수 있는 독도 관련 정보 생각해보기 - 독도 관련 퀴즈 풀어보기
활동1	• 독도의 위치 확인하기 - 국내 디지털 지도 앱(네이버, 카카오 등)으로 독도 찾아보기 - 독도의 위도와 경도 알아보기
활동2	• 독도에 대한 옛 지도와 옛 기록 살펴보기 - 지도: 팔도총도, 대일본전도 - 기록: 세종실록지리지, 대한제국 칙령 제41호 제2조, 연합국 최고 사령관 각서 제677호

활동3	• 독도의 자연환경 살펴보기
	 - 네이버 거리뷰로 독도 방문하기
	 - 선착장에서부터 독도를 산책하듯 자유롭게 한 바퀴 둘러보기
	 - 멋진 경치 캡처하여 포토피아(미술4)로 독도 인증샷 합성하기
	• 독도 여행 소개 자료 만들기
	 - 코끼리 바위, 탕건봉, 삼형제굴 바위, 한반도 바위 등 교과서에
	   나오는 명소 찾아보기
	 - 사진, 설명, 방문 방법 등을 조사하여 미리캔버스(국어1),
	   캔바(발표와 평가4) 등으로 여행 소개 자료 제작하기
	 - 독도가 우리 땅인 이유를 꼭 추가하도록 유도하기

정리	• 독도 인증샷 홈페이지에 올리기 • 독도 여행 소개 자료 발표하기 ☞ 평가: 독도의 가치와 역사, 자연환경에 대해 이해하고 다양한 방법으로 표현할 수 있다. • 서로 피드백하기

[표 20-4 네이버 뮤지엄뷰 수업 지도안 ②]

---

https://www.google.co.kr/maps/place/%EB%8F%85%EB%8F%84/@37.2429362,131.8624647,16z/data=!3m1!4b1!4m
5!3m4!1s0x5fe1800808859329:0xd55b157e96f1a2ea!8m2!3d37.2429362!4d131.8668421?hl=ko

4 수업 후기

　국립중앙박물관은 5~6학년 사회의 역사 단원 관련 현장체험학습으로 아주 좋은 장소입니다. 생생한 실물을 통해 좋은 공부를 할 수 있는 기회이지만 처음 가보는 넓은 장소에서 제한된 시간 안에 원하는 공부를 알차게 하기란 쉽지 않은 것이 사실입니다.

　많은 현장학습을 다녀보면서 사전 활동을 제대로 구성했던 경우와 아닌 경우의 차이가 확연히 드러남을 느꼈습니다. 장소에 맞춰 프로젝트형 수업 재구성을 통해 현장학습의 목적과 의미를 알게 하고, 방문하여 직접 확인할 것들을 미션 방식으로 제시하였을 때 학생들은 훨씬 더 보람 있는 공부를 할 수 있었습니다.

　초보 운전자들이 내비게이션을 이용하듯 네이버 뮤지엄뷰를 잘 이용하면 드넓은 국립중앙박물관에서도 내가 보고 싶은 것들을 미리 알아보고 동선을 계획하여 밀도 있는 체험을 할 수 있습니다. 네이버 뮤지엄뷰뿐만 아니라 함께 추천해드린 다른 박물관 앱들 역시 비슷한 도움을 줄 수 있습니다.

　특히 코로나19로 현장학습을 떠나기 부담스러워진 이런 시국에는 현장학습을 어느 정도 대체할 수 있는 방안으로 사용할 수도 있습니다. 실제 현장학습을 갈 때와 마찬가지로 사전 활동을 한 뒤 컴퓨터실에서 뮤지엄뷰를 보며 실제로 현장학습을 하듯이 사이버 체험활동을 진행해보기도 하였습니다. 부담 없이 국립중앙박물관으로 떠날 수 있는 네이버 뮤지엄뷰를 꼭 한번 사용해보시기 바랍니다.

과학

01

과학 공부도 할 수 있어요!

실감형 콘텐츠

실감형 콘텐츠로 실감 나게 공부하기		
AR VR 010 1)	• 에듀넷, KERIS에서 제공하는 사회, 과학 수업용 실감형 콘텐츠 모음 애플리케이션 • AR과 VR을 이용한 다양한 수업 콘텐츠 탑재	
활용 목표	AR, VR 콘텐츠 수업을 통해 학습 내용을 쉽게 이해할 수 있다.	
사용 환경 추천 순서	① 구글 플레이스토어	① 애플 앱스토어	③ 윈도우
	[QR코드] 2)	플레이 스토어 다운로드	[QR코드]	앱스토어 다운로드	안드로이드 가상머신 사용 가능하나, 기능이 제한적
인터넷 사용	초기 다운로드 후 인터넷 연결 필요 없음 (모든 콘텐츠 다운로드 시 용량이 매우 큼)	
공유 방법	준비된 콘텐츠를 소비하는 앱으로 결과물 공유 없음	

---

1) [그림 21-1] https://play.google.com/store/apps/details?id=com.keris.contarvr&hl=ko&gl=US

2) [그림 21-2]~[그림 21-3] QR코드는 크롬 브라우저 QR 생성 기능 사용

[표 21-1 실감형 콘텐츠 개요]

앞서 사회 과목에서 이미 안내해드린 실감형 콘텐츠(사회①) 앱은 과학 과목에서도 큰 위력을 발휘합니다. 과학에서는 직접 관찰하기 어려운 자연현상이나 다양한 실험에 대한 시뮬레이션을 진행해볼 수 있어 수업 환경에 구애받지 않고 과학적 지식을 전달하는 데 유용하게 사용할 수 있습니다.

과학과 실감형 콘텐츠는 아래의 단원들을 학습할 수 있는 자료를 제공합니다. 하단에 학년별로 콘텐츠를 표로 정리해두었으니 확인해보시고 필요한 단원에 활용해보시기 바랍니다.

1 활용 단원 추천[3]

학년-학기	단원	주요 내용	타입	쪽수
3학년 1학기	1. 과학자는 어떻게 탐구할까요?	공룡 분류하기	AR	16
		공룡 발자국 탐구	VR	18
	3. 동물의 한살이	동물의 암수 관찰	AR	48

---

3) [표 21-2]~[표 21-5] 출처: 실감형 콘텐츠 활용가이드, 교육부·KERIS(교과서에 따라 수업 내용은 같으나 쪽수에 차이가 있을 수 있습니다.)

학년-학기	단원	주요 내용	타입	쪽수
3학년 1학기	3. 동물의 한살이	배추흰나비의 알과 애벌레의 생김새 관찰하기	AR	52
		배추흰나비의 번데기와 어른벌레 생김새 관찰하기	AR	54
		사슴벌레와 잠자리의 한살이	AR	56
	5. 지구의 모습	지구의 여러 가지 표면	360	98
		공기를 느껴보고 공기의 역할 알아보기	AR	102
		지구와 달의 모습 비교하기	VR	108
3학년 2학기	2. 동물의 생활	땅에 사는 동물	VR	28
		사막에 사는 동물	AR	30
		물에 사는 동물	VR	32
		날아다니는 동물	AR	34
		동물의 특징 활용하기	AR	36
	3. 지표의 변화	강 주변의 지형	VR	56
		바닷가 주변의 지형	360	58
	5. 소리의 성질	소리의 높낮이가 다른 악기	AR	98
		소음을 줄이는 방법	VR	106

[표 21-2 실감형 콘텐츠 3학년 과학 콘텐츠 목록]

학년-학기	단원	주요 내용	타입	쪽수
4학년 1학기	1. 과학자처럼 탐구해 볼까요?	핀치 생활환경 관찰	VR	16
		핀치의 부리 모양과 먹이	AR	16
	2. 지층과 화석	지층의 생성과정	AR	28
		퇴적암이 만들어지는 과정	VR	32
		화석이 만들어지는 과정	AR	36
		공룡 박물관 탐방	360	40
	3. 식물의 한 살이	강낭콩, 벼, 감의 한 살이	AR	64
	5. 혼합물의 분리	미션! 혼합물 분리	AR	116
4학년 2학기	1. 식물의 생활	강과 연못에 사는 식물	VR	16
		사막에 사는 식물	VR	20
		국립 생태원 살펴보기	360	–
		학교 화단에 사는 식물	VR	–
	2. 물의 상태 변화	물의 생태변화 이용	AR	46
	3. 그림자와 거울	빛의 반사를 이용하여 풍선 터트리기	AR	68
		거울의 방으로 들어가 볼까요	360	72
	4. 화산과 지진	화산 분출물	VR	84
	5. 물의 여행	물의 여행	AR	106

[표 21-3 실감형 콘텐츠 4학년 과학 콘텐츠 목록]

학년-학기	단원	주요 내용	타입	쪽수
5학년 1학기	2. 온도와 열	고체에서의 열의 이동	AR	34
		단열주택과 일반주택의 차이	VR	36
	3. 태양계와 별	태양계 행성의 크기와 거리	VR	56
		별자리로 떠나는 여행	VR	60
		밤하늘에서 방향 찾기	VR	62
	4. 용해와 용액	사해 체험	360	84
	5. 다양한 생물과 우리 생활	곰팡이와 버섯 찾기	VR	98
		우리 주변의 세균	AR	106
		첨단 생명 과학자가 하는 일	360	110
		광학 현미경과 짚신벌레 관찰	AR	102
5학년 2학기	2. 생물과 환경	숲의 먹이 그물	VR	30
		비생물요소와 콩나물의 자람	AR	34
	3. 날씨와 우리 생활	구름, 비, 눈이 만들어지는 과정	AR	54
		신기한 날씨 용품	AR	66
	4. 물체의 운동	놀이공원에서의 물체의 빠르기	VR	78
		자동차의 안전운행 체험	AR	86
	5. 산과 염기	원각사지 십층 석탑의 유리 보호 장치	AR	106
		천연지시약의 색깔 변화	AR	112

[표 21-4 실감형 콘텐츠 5학년 과학 콘텐츠 목록]

학년-학기	단원	주요 내용	타입	쪽수
6-1	2. 지구와 달의 운동	지구와 달의 공전과 자전	VR	26
		계절별 별자리 관찰	VR	34
		보현산 천문대 둘러보기	360	42
	3. 여러 가지 기체	압력과 기체의 부피 관계	VR	58
		산소와 이산화탄소의 발생 실험	AR	50
	4. 식물의 구조와 기능	세포 여행을 떠나요	AR	74
		식물 속 물의 여행 이야기(지도안 제안)	VR	82
		씨가 퍼지는 방법	VR	86
	5. 빛과 렌즈	프리즘을 통과한 및 관찰하기	AR	98
		물속에 있는 물체 맞히기	VR	102
		볼록렌즈 활용하기	AR	110
6-2	1. 전기의 이용	전지, 전구의 연결방법에 따른 전구의 밝기	AR	14
	2. 계절의 변화	계절 변화의 원인	VR	46
		조상들의 지혜가 담긴 천문기기	AR	48
	3. 연소와 소화	연소의 조건	AR	60
	4. 우리 몸의 구조와 기능	소화 기관의 생김새와 하는 일(지도안)	VR	82
		자극을 전달하라	AR	90
		운동할 때 우리 몸의 변화	AR	92
	5. 에너지와 생활	에너지를 모아라	VR	118

[표 21-5 실감형 콘텐츠 6학년 과학 콘텐츠 목록]

2 사용 방법

실감형 콘텐츠(사회1)을 참고하시기 바랍니다. 기본적인 이용 방법은 동일합니다. 과목-학년-학기-단원-차시 순서로 수업 자료를 골라 감상하시면 됩니다. 직접 실험을 준비하기 힘든 상황이거나 태양계 관련 단원 등 실제 실험이 어려운 단원일 때 유용하게 활용할 수 있습니다.

일부 콘텐츠는 다른 수업 방법을 선택하는 것이 더 좋아 보이는 것도 있지만 대다수의 콘텐츠들은 실물 실험이나 일방향 영상 자료를 대체할 만한 아주 좋은 자료들이므로 꼭 사용해보시길 권장합니다.

3 수업 지도안

실감형 콘텐츠 타고 식물 속 물로 변신해보기							
학년-학기	6-1	**과목**	과학	**단원**	4단원	**차시**	6
학습 목표	잎에 도달한 물은 어떻게 되는지 알 수 있다.(6차시) 물이 식물 내부에서 어떻게 이동하는지 알 수 있다.(3-6차시 내용 종합)						
단계	**교수·학습 활동**						

도입	• 배운 내용 복습하기
	  - 뿌리, 줄기, 잎이 하는 일 떠올려보기
	  - 세 부분이 공통적으로 하는 일이 물과 관련이 있음을 유도하기(물의 흡수, 이동, 증산작용)
	• 학습 문제 확인하기
	  - 식물 속 물의 이동을 알아봅시다.						

실감형 콘텐츠 타고 식물 속 물로 변신해보기	
활동1	• 실감형 콘텐츠 'VR 자료' 사용 방법 알아보기 　－ HDM(헤드 마운트 디스플레이)와 이어폰 준비하기 　－ 6학년 1학기 과학 [식물 속 물의 여행 이야기] 켜기
활동2	• 실감형 콘텐츠 활용하기 　① 시작하면 물방울 캐릭터의 안내에 따라 식물 속으로 이동(화단의 　　봉숭아 꽃 뿌리에 시선을 맞춰 선택하기) 　② 물방울 캐릭터의 시점에서 뿌리에서부터 물의 이동 경로와 식물의 　　각 부위가 하는 일을 알려줌 　③ 상단의 [활동 안내] 바를 통해 진행 상황 확인 가능 　　　 활동 안내 ┤ 뿌리 속 물의 여행 이야기 ├ 　　　 줄기 속 물의 여행 이야기 ┤ 잎 속 물의 여행 이야기 ├ 　④ 이어폰으로 설명을 들으며 진행 　⑤ 중간에 캐릭터와 가보고 싶은 방향을 고를 수도 있음(학습 내용은 　　같으므로 자유롭게 선택 가능) 　⑥ 마지막 잎에서 기공을 통해 증산작용이 되는 것으로 마무리됨
정리	• 식물 그림 학습지에 물의 이동 방법과 하는 일 정리하기 　－ 뿌리부터 잎까지 다 그려진 식물 그림 학습지 이용 　－ [실감형 콘텐츠 안내서] 89쪽 학습지 이용 가능 　☞ 평가: 식물 속 물의 이동 과정을 알고 증산작용에 대해 설명할 수 　　있다. • 개인별 실천 사항 및 수업 소감 발표하기

[표 21-6 실감형 콘텐츠 수업 지도안 ①]

실감형 콘텐츠로 실감 나게 우리 몸 알아보기						
학년-학기	6-2	과목	과학	단원	4단원	차시	3
학습 목표	우리가 먹은 음식물은 어떻게 될까요?					
단계	교수·학습 활동					

도입	• 배탈 났던 경험 이야기해보기
	   – 설사, 역류성 식도염, 급체, 위산으로 인한 속 쓰림 등 다양한 증상 나누기
	   – 어떤 증상이 어디가 아파서 생긴 증상인지 우리 몸의 소화기관과
	    연결해 추리해보기
	• 학습 문제 제시
	  – 우리가 먹은 음식물의 이동 과정을 알아봅시다.					

활동1	• 실감형 콘텐츠 'AR 자료' 사용 방법 확인
	  – 이어폰과 마커 준비하기
	    (실감형 콘텐츠 활용자료 128쪽)
	  – 6학년 2학기 과학 [소화기관의 생김새와
	    하는 일] 작동하기 

						[그림 21-4 마커]
						4)

활동2	• 실감형 콘텐츠 활용하기  [그림 21-5 소화기관 탐구 콘텐츠] ① 마커를 반드시 바닥에 둔 채 비춰 보기 ② 마커를 비추면 아래와 같이 마커 위에 소화기관이 겹쳐 보임					

– 입, 식도, 위 등을 터치해서 자세한 정보를 확인해볼 수 있음
– 우측의 [전체 보기]를 누르면 인체의 모양과 소화기관을 한눈에 볼 수 있음

[그림 21-6 AR 콘텐츠 실행 모습]

④ 입에서 음식물이 들어가는 순간부터 전체적인 소화 과정을 설명을 들으며 학습할 수 있음

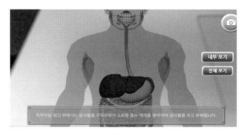

[그림 21-7 소화기관과 소화과정 설명 화면]

⑤ [내부보기]를 누르면 음식물의 이동 과정 확인 가능

[그림 21-8 음식물의 이동 과정 확인]

---

4) [그림 21-4]~[그림 21-9] 이미지와 아이콘 캡처 출처는 모두 '실감형 콘텐츠' 앱

	실감형 콘텐츠로 실감 나게 우리 몸 알아보기
정리	• 실험 관찰에 소화기관 관련 내용 정리하기 　– 학습지로 조금 더 구체적인 내용을 정리하도록 유도 　☞ 평가: 우리 몸속에서 음식물의 이동 과정을 알 수 있다. • 개인별 실천 사항 및 수업 소감 발표하기

[표 21-7 실감형 콘텐츠 수업 지도안 ②]

4 ┃ 수업 소감

　과학 실험 준비는 항상 부담스러운 작업입니다. 미리 이것저것 준비해두어야 하는 것도 그렇고 준비를 잘 해두더라도 언제 터질지 모르는 안전사고의 위험도 걱정해야 합니다. 또한 꼭 실험 결과가 원하는 대로 나오리라는 보장도 없습니다. 특히 '전기의 이용' 실험에서 전구가 안 켜질 때 참 난감했습니다. 대체 전구, 전선, 전지 중 어떤 것이 고장 났는지 몰라서 학생들도 헤매고 시간은 흐르고….

　게다가 어떤 실험들은 날씨의 영향도 받기 마련입니다. 6학년 1학기 5단원 '빛과 렌즈' 단원을 지도하면서 프리즘이나 볼록 렌즈 실험을 해야 하는데 1학기의 마지막쯤에는 보통 장마가 겹치기 일쑤라 돋보기만 들고 영상을 보던 일도 있었습니다.

　이런 불편함을 매우 깔끔하게 잘 해소해줄 수 있는 것이 실감형 콘텐츠였습니다. '전기의 이용'에서는 AR 콘텐츠를 이용하여 절대로 고장 나지 않는 전기 회로를 제작할 수 있었습니다. 전지의 상태 때문에 전구 밝기가 제각각인 경우도 예방할 수 있었습니다.(전기회로 구성 부분은 앞서 수학 챕터에서 소개해드린 PHET(수학⑥)도 함께 사용해보시면 좋습니다.) 또한 '빛과 렌즈'에서도 프리즘으로 무지개가 생기는 모습을 날씨에 관계없이 관찰하였습니다.

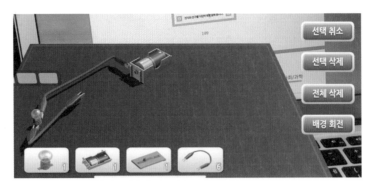

[그림 21-9 실감형 콘텐츠 내 '전기의 이용' 시뮬레이션]

그냥 영상으로 대체할 수도 있지만, 일방향으로 제시되는 영상과 자신이 직접 조작해보며 자신의 학습 속도에 맞춰 진행할 수 있는 실감형 콘텐츠의 효과는 분명한 차이가 있었습니다. 마치 게임처럼 콘텐츠를 즐긴 학생들이 자연스럽게 학습 내용을 기억하는 모습을 관찰할 수 있었습니다. 수많은 콘텐츠를 이용할 수 있는 과학 실감형 콘텐츠를 지금 바로 시작해보시기 바랍니다.

02

VR, AR로 배워보는 과학 지식

사이언스 레벨업

사이언스 레벨 업! 과학 수업도 레벨 업!			
[로고] 1)	• sciencelevelup.kofac.re.kr • 초등부터 중등까지 과학 수업에 활용할 수 있는 각종 영상, 퀴즈, 교육용 애플리케이션 등의 자료를 찾아 활용할 수 있는 홈페이지		
활용 목표	AR, VR 콘텐츠로 과학의 원리를 시뮬레이션하며 학습할 수 있다.		
사용 방법 (함께 사용)	① 윈도우	① 구글 플레이스토어	① 애플 앱스토어
	[QR코드] 2)	인터넷 접속	학습하고 싶은 앱을 다운로드하여 사용 앱에 따라 사용 가능 기기가 다르므로 확인
인터넷 사용	홈페이지 접속 및 사용을 위해 인터넷 연결 필요 애플리케이션 이용 시에는 설치 후 인터넷 연결 필요 없음		
공유 방법	준비된 콘텐츠를 소비하는 앱으로 결과물 공유 없음		

1) [그림 22-1] sciencelevelup.kofac.re.kr
2) [그림 22-2] QR코드는 크롬 브라우저 QR 생성 기능 사용

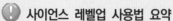

⚠️ 사이언스 레벨업 사용법 요약
❶ 홈페이지에 접속하여 과학 학습 관련 영상, 자료를 참고합니다.
❷ AR·VR 자료 활용을 위해서는 스마트폰의 앱을 다운받아 활용합니다. 　(콘텐츠 앱에 따라 구글, 애플에서의 사용 가능 여부가 다름)
❸ AR 애플리케이션 구동을 위해서는 마커 인쇄가 필요합니다.
❹ VR 앱 활용을 위해 HMD(헤드 마운트 디스플레이)가 필요합니다.

[표 22-1 사이언스 레벨업 개요]

사이언스 레벨업은 '과학을 게임처럼, 과학의 즐거움을 느껴보세요'라는 첫 화면의 문구처럼 과학을 재미있게 공부하기 위해 필요한 많은 자료들을 제공하고 있는 홈페이지입니다. 과학기술정보통신부와 한국과학창의재단이 함께 개발하여 과학 영상부터 퀴즈, AR·VR 학습 애플리케이션, 수업 자료 등 과학 수업을 업그레이드할 수 있는 양질의 자료들이 매우 많이 탑재되어 있습니다. 콘텐츠 이용을 위해서는 회원 가입이 필요합니다.

홈페이지를 간단하게 둘러보고, 사이언스 레벨업에서 초등 수업에 활용하기 좋은 애플리케이션을 AR, VR 각 1개씩 구체적으로 알아보도록 하겠습니다.

 홈페이지 활용

홈페이지 메뉴는 아래와 같이 크게 다섯 가지로 구성됩니다. 각 메뉴별로 세부 메뉴와 콘텐츠가 분류되어 있습니다.

[그림 22-3 사이언스 레벨업 홈페이지 메뉴 구성]

3)

과학상식 레벨업 에서는 과학영상, 과학퀴즈, 과학게임, 과학액티비티, 과학 워크시트를 이용할 수 있습니다. 여기서 제공하는 콘텐츠들은 별도의 설치 없이 홈페이지에서 즉시 사용이 가능합니다. 콘텐츠를 감상하면 SQ라는 포인트가 쌓이게 되고, 점수가 쌓일수록 과학 비기너에서 과학 마스터까지 등급이 올라갑니다. 게임 캐릭터처럼 과학 지식으로 레벨업을 해가며 재미있게 콘텐츠를 즐길 수 있습니다.

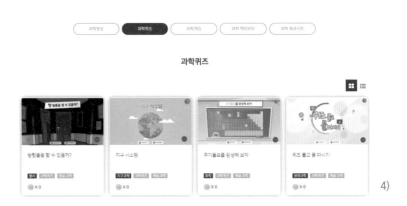

[그림 22-4 과학상식 레벨업 중 과학퀴즈 콘텐츠]

AR, VR 에서는 과학 학습에 이용할 수 있는 유용한 애플리케이션들을 소개합니다. 항목을 선택하여 들어가면 간단한 설명과 함께 설치 페이지로 바로 이동할 수 있는 아이콘이 있습니다. 만약 구글 플레이스토어 아이콘만 보인다면 안드로이드 스마트폰에서만 이용할 수 있고, 앱스토어 아이콘도 함께 보인다면 아이폰에서도 이용이 가능합니다. 애플리케이션의 AR 콘텐츠 이용을 위해 필요한 전용 마커도 다운로드 및 인쇄할 수 있습니다.

---

3) [그림 22-3] sciencelevelup.kofac.re.kr

4) [그림 22-4]
https://sciencelevelup.kofac.re.kr/contents/course/list?contents_type_cd=CT0004&pageIndex=1&contents_idx=

5)

[그림 22-5 AR, VR 학습 콘텐츠 목록을 클릭하여 앱·마커 다운로드 가능]

AR, VR 애플리케이션이 구별되어 있습니다. 초등 교육과정을 대상으로 한 앱은 아래와 같습니다.

이름	관련 내용	사용 환경	마커
달의 위상 변화	5-6학년 달의 위상 변화 관찰	안드로이드	불필요
온도에 따른 입자 확산 속도	5-6학년 물의 온도에 따라 용질의 녹는 양이 달라지는 실험	안드로이드	불필요
난 어디에서든 잘 살 수 있어	3-4학년 동물의 생김새·생활방식과 환경의 관계	안드로이드	불필요
AR 동물관찰	3-4학년 동물의 생김새, 먹이, 서식지 등	안드로이드 아이폰 iOS	필요
AR 과학문화유산	5-6학년 과학 해시계, 신기전 등 과학 문화유산의 원리 이해	안드로이드 아이폰 iOS	필요
AR 빛 실험실	6학년 빛과 렌즈로 빛의 성질(직진, 굴절 등) 실험	안드로이드 아이폰 iOS	필요

5) [그림 22-5] https://sciencelevelup.kofac.re.kr/virtualReality/list?course_cd=POS008&contents_idx=360

이름	관련 내용	사용 환경	마커
와그작 사이언스 AR	총 8개의 AR 학습 콘텐츠 제공 ① 와그작! 첫만남　　② 식물탐구생활 ③ 우리 몸의 카메라 눈 ④ 뼈와 근육의 상호작용 ⑤ 움직이는 지구　　⑥ 부글부글 화산분출 ⑦ 꿀꺽 물 이야기　　⑧ 내 손안의 전기 작용	안드로이드 아이폰 iOS	필요
와그작 사이언스 VR	총 3개의 VR 학습 콘텐츠 제공 ① 꿀렁꿀렁 뱃속 탐험(6학년 과학 우리 몸) ② 태양계로 떠나는 여행(5학년 과학 태양계) ③ 미션! 화재탈출(6학년 과학 소화와 연소)	안드로이드 아이폰 iOS	불필요

[표 22-2 사이언스 레벨업의 AR, VR 앱 목록]

과학 클립 에서는 일상생활 속에서 만날 수 있는 과학 원리들에 대한 카드뉴스나 인포그래픽, 동영상들을 볼 수 있습니다. 분야별로 분류되어 사용이 편리합니다.

O.D.I.Y 에는 아두이노, 라즈베리파이와 같은 피지컬 컴퓨팅 분야의 강의들이 수록되어 있습니다. 컴퓨터 사이언스의 분야로 초등에서는 실과에서 배우는 소프트웨어 교육과 가장 가깝습니다. 본서의 뒷부분에서 언급하겠지만 초등 소프트웨어 교육에서는 로봇을 다루는 분야까지는 배우지 않으므로 관심 있는 분들에게는 좋은 자료가 될 것이라 생각합니다.

교수 학습자료 에서는 100건에 이르는 교수학습 자료를 이용할 수 있습니다. 특히 아래와 같이 사이언스 레벨업에서 제공하는 VR, AR 애플리케이션 활용 수업 지도안들이 탑재되어 있으므로 참고해보시길 권해드립니다.

콘텐츠 활용 수업 우수지도안

전체 ▾ 검색어를 입력해주세요

번호	제목	등록일	조회수
1	AR 동물관찰 앱 활용 수업지도안 교육영상(5~6학년군)	2021-08-31	316
2	AR 동물관찰 앱 활용 수업지도안 교육영상(3~4학년군)	2021-08-31	398
3	AR 동물관찰 앱 활용 수업지도안 교육영상(1~2학년군)	2021-08-31	222

6)

[그림 22-6 교수 학습자료의 우수 지도안 게시판]

이제 **AR, VR** 메뉴에서 사용할 수 있는 사이언스 레벨업의 대표적인 학습 애플리케이션들 중 꿀렁꿀렁 뱃속 탐험과 AR과학문화유산의 이용 방법을 소개합니다. 대부분의 앱들은 사용 방법이 매우 직관적이라 학생들이 처음 접해도 크게 어렵지 않게 이용이 가능합니다.

---

6) [그림 22-6] https://sciencelevelup.kofac.re.kr/contents/list2

꿀렁꿀렁 뱃속 탐험! VR 소화기관 여행하기			
 와그작 VR 7)	• VR을 이용하여 소화기관을 탐험해보는 교육 앱 • 우주선을 타고 입으로 들어가 저학년들도 쉽게 이해할 수 있게 설명함		
활용 목표	소화기관의 종류와 하는 일을 알 수 있다.		
사용 환경 추천 순서	① 구글 플레이스토어	① 애플 앱스토어	② 윈도우
	 8) 플레이 스토어 다운로드	앱스토어 다운로드	사용 불가
인터넷 사용	설치 후 인터넷 연결 필요 없음		
공유 방법	결과물 공유 없음		

⚠️ 꿀렁꿀렁 뱃속 탐험 3줄 요약
❶ HMD(헤드 마운트 디스플레이)와 이어폰을 준비하고 앱을 실행합니다. ❷ 첫 화면에 보이는 우주선 조작패널의 빨간 레버를 3초간 응시합니다. ❸ 이후 진행되는 뱃속 탐험을 감상하며 학습합니다.

[표 22-3 꿀렁꿀렁 뱃속 탐험 개요]

　인체에 관련된 교육용 앱은 상당히 많습니다. 어린아이들을 대상으로 하는 것부터 성인이나 전문가가 사용하기에도 손색이 없는 해부학 앱들도 존재합니다. 초등학교 6학년의 인체 단원에서는 우리 몸을 운동기관, 소화기관, 호흡기

---

7) [그림 22-7] https://play.google.com/store/apps/details?id=com.circus.stomachVR2

8) [그림 22-8], [그림 22-9] QR코드는 크롬 브라우저 QR 생성 기능 사용

관, 순환기관, 배설기관, 신경계로 나누어 배우게 됩니다. 그중 가장 종류가 많고 학습 분량이 많은 곳이 바로 소화기관입니다. 사이언스 레벨업에서는 VR을 이용하여 소화기관을 여행할 수 있는 꿀렁꿀렁 뱃속 탐험을 제공합니다. 몸속을 여행해본다는 재미있는 콘셉트라 학생들이 즐겁게 사용해볼 수 있었습니다.

1 활용 단원 추천

학년-학기	과목	단원	주요 내용	차시	쪽수
6-2	과학	4. 우리 몸의 구조와 기능	소화기관의 종류와 하는 일 알아보기	3	82-83

[표 22-4 꿀렁꿀렁 뱃속 탐험 활용 단원]

2 사용 방법

1. 앱을 설치하여 실행합니다. 초기 화면은 아래와 같습니다. VR 콘텐츠라 몸을 돌려가며 좌우를 살펴보며 화면을 확인할 수 있습니다.

9)

[그림 22-10 꿀렁꿀렁 뱃속 탐험 VR 첫 실행 화면]

① 화면에 보이는 조종석 모니터들의 기능 설명을 읽어봅니다. 왼쪽 모니터
는 우리가 타고 갈 포포카의 위치를 표시합니다. 현재 위치가 입인지 식
도인지를 확인할 수 있습니다.

② 가운데 화면은 현재 위치한 소화기관에 대한 주요 정보를, 오른쪽 화면에
서는 상세 정보를 표시해줍니다.

③ 가운데 모니터 아래에는 시선 포인터에 대한 설명이 있습니다. VR 콘텐
츠이므로 모든 선택은 시선 포인터로 진행하게 됩니다. 하단에 보이는 빨
간색 레버에 시선을 맞추면 콘텐츠가 시작됩니다.

2. '입'으로 들어가며 콘텐츠가 시작됩니다. 음식물이 들어오는 모습과 함께
설명이 시작됩니다. 소화기관이 하는 일, 해당 기관에서 소화에 도움을
주는 소화도우미 등 구체적인 설명이 이어집니다. 설명을 듣고 주변을 감
상하며 학습을 진행합니다. 학습이 끝나면 조준레버에 시선을 맞춰 다음
으로 이동합니다.

---

9) [그림 22-10], [그림 22-11] 이미지와 아이콘 캡처 출처는 모두 '꿀렁꿀렁 뱃속 탐험 VR' 앱

[그림 22-11 입에서 일어나는 소화 작용에 대한 설명]

3 | 수업 지도안

오늘은 뱃속으로 떠나볼까? 꿀렁꿀렁 뱃속 탐험							
학년-학기	6-2	과목	과학	단원	4단원	차시	3
학습 목표	소화기관이 하는 일을 알 수 있다.						
단계	교수·학습 활동						
도입	• 영화 〈이너 스페이스〉의 한 장면 감상하기 　- 유튜브에 '이너 스페이스 리뷰' 검색하여 영화 소개 영상 보기 　　(예시: 유튜브 고고무비 https://youtu.be/inlF8woCcss[10] 등) • 영상을 보고 느낀 점 자유롭게 이야기해보기 • 학습 목표 제시						
활동1	• 꿀렁꿀렁 뱃속 탐험 실행하기 　- HDM(헤드 마운트 디스플레이)와 이어폰 준비하기 　- 앱을 실행하여 뱃속 탐험 따라가보기						

	오늘은 뱃속으로 떠나볼까? 꿀렁꿀렁 뱃속 탐험
활동2	• 소화기관 관련 학습지에 정리하기 - 학습을 진행하며 소화기관별로 하는 일 정리해보기 - 소화 순서, 해당 기관에서의 음식물의 상태, 소화 도우미 등 최대한 많은 정보를 정리해보기
정리	• 수업 정리 및 수업 소감 발표하기

[표 22-5 꿀렁꿀렁 뱃속 탐험 수업 지도안]

4 수업 후기

영화 〈이너 스페이스〉에서와 같이 인간의 몸속을 탐험하는 것은 호기심 가득한 학생들에게 무척 흥미 있는 주제일 것입니다. 제 경우에는 6학년 과학 수업의 인체 단원을 진행하면서 실감형 콘텐츠를 사용한 뒤 학생들에게 개별 과제로 꿀렁꿀렁 뱃속 탐험을 알려주었습니다. AR 콘텐츠 이용에 불편함을 느끼는 몇몇 학생들은 VR로 제작된 이 앱이 조작이 더 편하고 공부하기가 좋았다는 반응이 있었습니다.

디지털기기는 학생들의 개별적 특성을 반영하여 학습을 도와줄 수 있어야 합니다. 같은 학습 주제라도 자신에게 더 알맞은 학습 콘텐츠를 찾아 공부할 수 있도록 해준다는 점에서 꿀렁꿀렁 뱃속 탐험을 활용해볼 가치가 있는 것 같습니다.

---

10) 유튜브 GoGoMvie 고고무비, 인간의 몸 속을 탐험하는 영화

AR 과학문화유산으로 선조들의 지혜 체험하기			
11)	• 과학문화유산을 AR로 체험해볼 수 있는 앱 • 사이언스 레벨업 홈페이지(sciencelevelup.kofac.re.kr)에서 마커 출력하여 함께 사용		
활용 목표	AR 기술을 이용하여 우리 조상들의 과학 문화유산을 체험해볼 수 있다.		
사용 환경 추천 순서	① 구글 플레이스토어	① 애플 앱스토어	② 윈도우
	12) 플레이 스토어 다운로드	앱스토어 다운로드	사용 불가
인터넷 사용	설치 후 인터넷 연결 필요 없음		
공유 방법	결과물 공유 없음		

⚠ AR 과학문화유산 3줄 요약

❶ [사이언스 레벨업]에서 마커를 다운로드, 인쇄하여 학생들에게 배부합니다.
❷ 앱을 설치하고 마커의 위치를 설정(벽, 바닥)한 뒤 시작하기 를 누릅니다.
❸ 마커를 비춰 설명을 들으며 관찰하고 직접 조작도 해보며 학습합니다.

[표 22-6 AR 과학문화유산 개요]

    저만 그런 것인지 모르겠지만 박물관에서 문화유산을 보다 보면 그냥 보기만
하는 것보다 직접 만지고 체험해보며 그 원리를 알아보고 싶다는 생각을 하곤

---

11) [그림 22-12] https://play.google.com/store/apps/details?id=kr.coin7.KOFAC.AR.Culture
12) [그림 22-13]~[그림 22-14] QR코드는 크롬 브라우저 QR 생성 기능 사용

합니다. 구조가 특이한 조선시대 주전자를 보면 물을 담아서 부어보고 싶고, 어촌 박물관의 옛날 어구들도 직접 만져보고 싶습니다. 학생들 중에서도 비슷한 마음을 가진 친구들이 꽤 있는 것 같습니다.

이럴 때 AR 과학문화유산을 사용해보길 추천해드립니다. 물론 직접 실물을 만져보는 것은 아니지만 그래도 AR 기술을 이용하여 과학문화유산들의 자세한 모습과 작동 원리를 관찰할 수 있습니다.

1 활용 단원 추천

학년-학기	과목	단원	활용 내용	차시	쪽수
6-2	과학	2. 계절의 변화	해시계 앙부일구 알아보기	10	50–51
5-2	사회	1. 옛사람들의 삶과 문화	임진왜란, 병자호란 관련 조선의 무기 알아보기	21–23	69–77

[표 22-7 AR 과학문화유산 활용 단원 추천]

AR 과학문화유산에서 볼 수 있는 AR 과학유산 콘텐츠는 크게 시계류와 무기류로 나눌 수 있습니다. 추천한 활용 단원 외에도 사회에서 조선 사람들의 생활 모습을 배울 때 선비들의 휴대용 해시계인 '선추해시계' 콘텐츠를 활용하거나 과학의 날 행사에서 '장영실' 콘텐츠를 이용해보는 것도 가능합니다.

[그림 22-15 안전 경고문 → 마커 위치 선택(바닥, 벽) → 메인 화면]

1. AR 과학문화유산 실행 시 안전을 위한 보호자의 지도·관리 필요 및 주변 사물과의 충돌 주의 경고문이 나옵니다. 학생들에게 안내해주고 학습을 시작합니다.

2. 마커가 바닥에 있는지 벽에 있는지 선택합니다. 화면의 사진 중 왼쪽은 바닥 마커, 오른쪽은 벽면 마커입니다. 사용할 마커의 위치에 따라 해당하는 사진을 터치합니다. 나중에 설정에서 다시 바꿀 수 있습니다.

3. 메인 화면이 보입니다. 왼쪽 위에 보이는 톱니바퀴 모양의 설정 아이콘을 누르면 마커 위치를 바꿀 수 있습니다. **시작하기** 를 누르면 카메라가 켜지면서 마커를 비추고 콘텐츠를 시작할 준비가 완료됩니다.

4. [사이언스 레벨업] 홈페이지에 접속하여 마커를 다운로드합니다. 아래와 같이 메인 화면에서 [AR, VR]을 클릭하고, 증강현실 AR 애플리케이션들 중 [AR 과학문화유산]을 선택합니다. 화면을 아래로 내려 [마커 다운로드]를 클릭하면 학습에 사용할 마커가 PDF 파일로 저장됩니다.

---

13) [그림 22-15], [그림 22-17]~[그림 22-21] 이미지 캡처 출처는 모두 'AR과학문화유산' 앱

자세한 사용법을 알고 싶으면 그 아래에 보이는 [사용법 영상 보기]를 눌러 봅니다. AR 콘텐츠 사용에 대한 상세한 안내를 볼 수 있습니다.

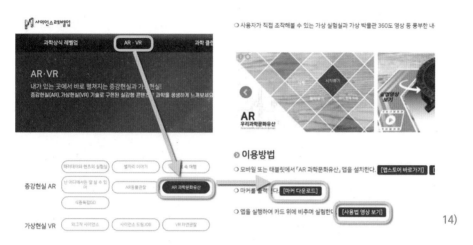

[그림 22-16 AR 과학문화유산 마커 다운로드 방법]

5. 마커는 총 16장으로 선조들이 이용했던 시계들과 화포 등의 무기류, 과학 문화유산에 대한 OX 퀴즈 콘텐츠로 이루어져 있습니다. 필요한 콘텐츠의 마커를 스마트폰으로 비추면 콘텐츠가 시작됩니다. 마커는 흑백으로 인쇄 해도 사용이 가능합니다. 혹은 컴퓨터나 태블릿 화면으로 마커를 띄워두 고 스마트폰으로 비춰도 콘텐츠를 시작할 수 있습니다. 콘텐츠가 시작되 면 문화유산에 대한 설명이 나오므로 이어폰을 미리 준비합니다.

---

14) [그림 22-16] https://sciencelevelup.kofac.re.kr/virtualReality/list?course_cd=POS008&contents_idx=284

[그림 22-17 앙부일구의 마커(왼쪽)와 마커를 비춰 AR 콘텐츠를 구동시킨 모습]

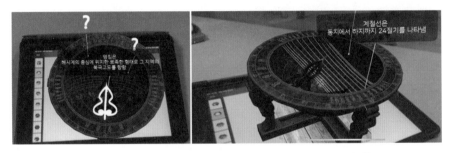

[그림 22-18 설명을 듣고 각도를 조절하며 조작 및 감상하기]

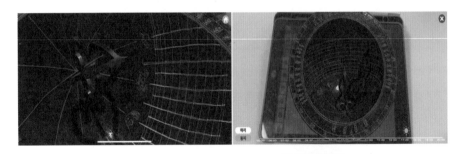

[그림 22-19 왼쪽 확대 화면 및 오른쪽 조작해보기 화면]

　　AR로 나타난 문화유산을 크게 확대해보면 적혀 있는 한자나 그림도 선명히 보일 정도로 화질이 좋습니다. 또한 마커를 비춘 뒤 나타나는 조작해보기 를 터치하면 절기별, 시간별로 앙부일구에 그림자가 어떻게 생기는지 조작해볼 수 있습니다. 하지와 동지를 선택하고 하단에 보이는 시간 바를 좌우로 옮기면 해당 시간에 생기는 앙부일구의 그림자를 보며 앙부일구가 시각을 어떻게 표현했는지 직접 확인해볼 수 있습니다.

6. '조선의 무기박물관'은 360도 화면을 활용하는 콘텐츠입니다. 마커 위에 생기는 아이콘을 클릭하면 여러 무기들이 설명과 함께 제시되는데 360도로 돌아볼 수 있습니다. 실감형 콘텐츠(사회⑪)의 3D 모드와 같은 것으로 직접 스마트폰을 들고 움직이며 볼 수도 있고, 손가락으로 화면을 밀어가며 각도를 바꿀 수도 있습니다.

[그림 22-20 조선의 무기박물관 마커와 실행 모습]

7. 퀴즈 콘텐츠도 즐길 수 있습니다. 360도 콘텐츠처럼 화면을 터치하면 퀴즈 화면으로 이동합니다. 터치를 통해 정답을 선택할 수 있습니다.

[그림 22-21 퀴즈의 마커와 실행 모습]

3 수업 지도안

AR 과학문화유산으로 문화유산 탐험하기							
학년-학기	6-2	**과목**	과학	**단원**	2단원	**차시**	10
학습 목표	AR 기술을 이용하여 앙부일구의 구조와 원리에 대해 알 수 있다.						
단계	**교수·학습 활동**						

도입	• 조선의 시간 단위 퀴즈 풀기
	  – 술시, 오경 등이 몇 시인지 맞혀보기
	  – 조선의 시간에 대한 영상 보기(https://youtu.be/r6TQeK90Hz4[15])
	• 조선의 시간 단위로 현재 시각을 말해보기
	  – "우리 반 점심시간은 오시 육각(12:30)이야"
	  – "나는 어제 해시 반각(22:00)에 잠들었어"
	  – "그래? 선생님은 자시 정각(23:00)에 잠들었는데" 등
	• 학습 문제 확인						

활동1	• 앙부일구에 대해 알아보기
	  – 교과서 속 태양고도 측정기의 원리 알아보기
	  – 태양의 위치와 그림자 길이의 관계 떠올리며 해시계의 원리 생각해보기
	  – 영상으로 앙부일구 알아보기(https://youtu.be/Vi-xfWUnQ3g[16])						

	AR 과학문화유산으로 문화유산 탐험하기

활동2	• AR 과학문화유산 사용하기
	  – [마커 바닥] 설정하고 앱 시작하기. 교사는 마커 출력하여 배부하기
	  – 앙부일구 설명을 들으며 자세히 관찰하기
	  – `조작해보기` 를 통해 시간별 그림자의 모습 관찰하기

정리	• 수업 정리 및 수업 소감 발표하기

[표 22-8 AR 과학문화유산 수업 지도안]

4 수업 후기

  잘 몰랐던 과학문화유산에 대한 설명을 들으며 세세한 부분까지 관찰할 수 있었고 조작도 해볼 수 있어 즐거운 수업을 진행할 수 있었습니다. 듣기만 해서는 이해가 힘들었던 부분들도 직접 해보면 다르기 마련입니다. AR 과학문화유산이 학생들의 공부에 도움이 되기를 바랍니다.

---

15) 유튜브 MBCentertainment, [선을 넘는 녀석들-리턴즈] 조선시대의 시간 개념! '시'와 '각'이 뭐지?! 20200209

16) 유튜브 MBCentertainment, [선을 넘는 녀석들-리턴즈] 하늘을 바라보는 가마솥 앙부일구! 백성들에게 시간을 선물하다

03

밤하늘을 마음대로 조종하며 관찰해요

스텔라리움

스텔라리움으로 밤하늘 바라보기					
 1)	• https://stellarium-web.org • 모든 천체의 이동을 쉽게 관측할 수 있음 • 바라보고 있는 별이나 별자리, 행성 정보 확인이 가능한 다기능 플라네타륨 앱				
활용 목표	시뮬레이션 기술을 이용한 천체 프로그램의 사용법을 익히고 활용할 수 있다. 태양계와 지구의 다양한 변화를 관찰하고 설명할 수 있다.				
사용 환경 추천 순서	① 윈도우		② 구글 플레이스토어		③ 애플 앱스토어
	 2)	인터넷 웹 버전 접속, 이용		플레이 스토어 다운로드 Stellarium Mobile		앱스토어 다운로드
인터넷 사용	초기 설치 후 인터넷 필요 없음(PC 웹 버전 제외)				
공유 방법	AR 구동 화면에서 화면을 캡처하여 사용할 수 있음				

---

1) [그림 23-1] 로고 https://play.google.com/store/apps/details?id=com.noctuasoftware.stellarium_free&hl=ko&gl=US

2) [그림 23-2]~[그림 23-4] QR코드는 크롬 브라우저 QR 생성 기능 사용

사용 가이드 영상		
	• 경기도교육청교육연수원 마이크로콘텐츠 • 저자 제작 영상(11분 27초) • https://youtu.be/cokFAefGX7M	

<table>
<tr><td colspan="2">⚠ 스텔라리움 3줄 요약</td></tr>
<tr><td>❶</td><td>'스텔라리움' 홈페이지 접속 뒤 화면 상단의 Stellarium-web으로 들어갑니다.</td></tr>
<tr><td>❷</td><td>시간, 방위 등을 바꿔가며 하늘의 여러 변화를 관찰할 수 있습니다.</td></tr>
<tr><td>❸</td><td>하단 중앙의 각종 메뉴를 이용하여 별자리를 관찰합니다. 상단 중앙의 검색 메뉴를 통해 다양한 천체를 직접 검색해볼 수 있습니다.</td></tr>
</table>

[표 23-1 스텔라리움 개요]

스텔라리움은 이미 많은 선생님들께서 활용 중이신 프로그램입니다. 6학년 과학 지도서에도 활용하기 좋은 프로그램으로 소개가 되고 있습니다. 이제는 스텔라리움 앱이 출시되고 웹 버전도 나오면서 수월한 개별화 수업이 가능해졌습니다. 학생 개개인의 스마트폰으로 더 쉬워진 인터페이스를 이용하여 쉽게 밤하늘을 관찰할 수 있는 스텔라리움 모바일을 알아봅시다.

학년-학기	과목	단원	활용 내용	차시	쪽수
5-1	과학	3. 태양계와 별	행성, 별, 별자리의 모양과 변화 관찰	6-7	60-63
6-1	과학	2. 지구와 달의 운동	행성의 자전과 공전, 달과 별자리의 변화 확인	전체	전체
6-2	과학	2. 계절의 변화	계절별 같은 시각, 같은 장소에서 태양의 남중고도 확인 가능	4	42-43

[표 23-2 스텔라리움 활용 단원 추천]

2 사용 방법

1. 스텔라리움을 설치합니다.

컴퓨터와 태블릿, 스마트폰 모두에서 사용 가능합니다. 그러나 사용 방법이 약간 다르므로 모두 태블릿을 사용하거나 모두 컴퓨터실에서 하는 등 교사와 학생이 같은 버전으로 사용하는 것이 수업에 좋습니다.

2. 스텔라리움 홈페이지에 접속합니다.

여기서는 웹 버전을 기준으로 설명합니다. 웹 버전은 컴퓨터의 크롬, 엣지와 같은 웹브라우저에서 바로 접속하여 사용이 가능합니다. 태블릿이나 스마트폰에서도 앱 설치 없이 웹 버전에 접속하여 사용할 수도 있으므로 웹 버전의 사용 방법을 익혀두는 것이 활용도가 높습니다. 특히 아이폰을 이용하는 학생들의 경우 앱스토어의 스텔라리움(Stellarium Plus)은 유료이므로 웹 버전을 이용해야 했습니다.

　사용 방법은 대동소이하므로 나중에 앱을 이용하더라도 크게 다르지 않습니다. 계절별 태양의 남중고도를 확인하는 활동 등은 스마트폰의 작은 화면으로도 원활하게 관측이 가능하지만, 별자리의 이름이나 달의 모양 변화를 관찰하고자 할 때에는 아무래도 화면이 큰 컴퓨터나 태블릿을 이용하는 것이 유리합니다.

　3. 홈 화면 상단의 [Stellarium Web]을 선택합니다.

[그림 23-5 Stellarium Web 접속하기]　　3)

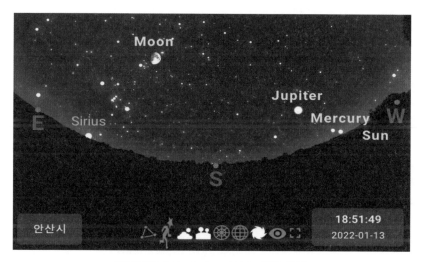

[그림 23-6 Stellarium Web 초기 화면]

---

3) [그림 23-5]~[그림 23-23] 이미지 캡처 및 아이콘 출처 https://stellarium-web.org/

① 초기 화면에서는 현재 위치와 시간을 반영한 현재의 밤하늘을 보여줍니다.
② E, W, S, N 방위가 나타납니다. 마우스 휠을 이용하여 보이는 화면을 확대, 축소하거나 드래그하여 이동해볼 수 있습니다.
③ 달, 목성 등 천체를 향해 계속 확대하면 해당 천체의 모양을 크게 볼 수 있습니다. 달의 모습이나 토성의 고리 등도 확인할 수 있습니다.

4. 화면 왼쪽 위 ☰ 아이콘을 클릭하면 메뉴 창을 닫아 최대한 넓게 화면을 볼 수 있습니다.

5. 스텔라리움의 여러 기능을 이용하여 다양한 것들을 관찰해봅니다.
스텔라리움은 기능이 다양하여 순차적으로 모든 기능을 소개하기보다는 지도안을 통해 수업 활동 기준으로 각 기능을 알아보겠습니다. 스텔라리움으로 해볼 수 있는 우주 관측 활동은 아래와 같습니다.

학년	학기	단원	차시	스텔라리움 활용 방안
5	1	3	6	밤하늘에서 여러 행성과 별자리 찾아보기
5	1	3	7	북극성을 찾는 방법을 이용하여 북극성 찾아보기
6	1	2	4	시간 설정에서 시간은 정오에 고정해두고 월을 바꿔가며 계절별 태양 남중고도 알아보고 계절별 낮의 길이를 측정하기
6	1	2	6	계절별로 밤하늘에 뜨는 별자리 조사하기
6	1	2	7	날짜를 바꿔가며 달의 모양 변화 기록하기
6	1	2	8	시간을 고정해두고 날짜를 바꿔가며 매일 밤 밤하늘에 달이 뜨는 위치의 변화 살펴보기

[표 23-3 차시별 스텔라리움 활용 방안]

별과 별자리, 북극성 찾아보기[차시 통합]							
학년-학기	5-1	**과목**	과학	**단원**	3단원	**차시**	6-7
학습 목표	별과 별자리가 무엇인지 설명할 수 있다. 북쪽 밤하늘의 대표적인 별자리를 찾을 수 있다. 북두칠성이나 카시오페이아자리를 이용해 북극성을 찾을 수 있다.						
단계	**교수·학습 활동**						
도입	• 자신의 탄생일 별자리 알아보기 – 우리 반 생일별 별자리 알아보기 – 수업 당일의 별자리 운세 읽어보며 대화 나누기 • 학습 문제 확인						
활동1	• 별자리 이어 말하기 게임 진행하기 – "밤하늘을 보면~ 물고기자리 있고~ 천칭자리 있고~" • 별자리 전설 알아보기 – 잘 아는 친구가 발표하거나 관련 영상 함께 보기 – 조별로 별자리를 정해 알아보기 등						
활동2	• 스텔라리움으로 별과 별자리 찾아보기 1. 우측 아래 시간 설정을 눌러 밤으로 시간을 맞춥니다. 아래쪽의 바를 이용하면 현시점 기준으로 전후 24시간을 편하게 조절할 수 있습니다. 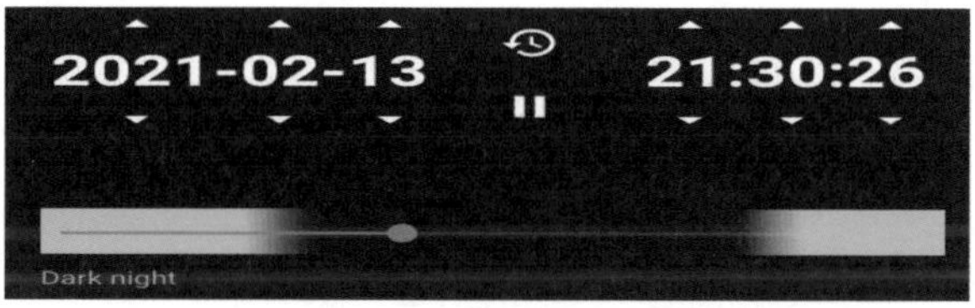 [그림 23-7 날짜 및 시간 조절 기능]						

활동2	2. 별을 감상합니다. 크게 보이는 몇몇 별을 소개해줍니다. ① 달, 목성, 토성 등의 행성은 크게 확대하면 표면의 디테일을 관찰할 수 있습니다. 왼쪽 상단에 행성에 대한 자세한 설명도 볼 수 있습니다. ② 화면 상단의 검색창에 영어로 행성을 검색하면 행성이 고정되어 확대하기 편합니다.  [그림 23-8 행성을 확대한 모습] 3. 하단 메뉴 중 별자리(Constellations) ▲를 눌러 선으로 연결된 별자리를 봅니다. 별자리 예술(Constellations arts) 아이콘도 누릅니다. 이때 학생들이 대부분 깜짝 놀라며 좋아합니다. 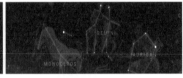 [그림 23-11 '별자리'와와 '별자리 예술' 기능을 켠 모습] 5. [활동1]에서 이야기를 나눴던 별자리들을 찾아봅니다. 6. 대기(Atmosphere), 지표면(Landscape) 아이콘을 눌러 낮·밤과 지표면 없이 관찰할 수 있는 상태로 만듭니다. 시간의 흐름을 조절하며 다양한 별자리들과 별자리의 움직임을 관찰합니다.
활동3	• 스텔라리움으로 북극성 찾는 방법 실습해보기 1. 대기와 지표면을 없앤 상태에서 북극성을 그냥 찾아봅니다. - 앱에서는 영어로 검색해야 하므로 대다수 잘 못 찾습니다.

	별과 별자리, 북극성 찾아보기[차시 통합]
활동3	2. 북두칠성과 카시오페이아자리로 찾는 방법 알려주기 　- 검색은 영어로 해야 합니다. 북두칠성이 포함되어 있는 큰곰자리는 　　URSA MAJOR, 카시오페이아는 CASSIOPEIA로 검색합니다. 3. 실감형 콘텐츠(과학①)에서 북극성 찾는 방법을 알려주는 콘텐츠를 　보고 스텔라리움에서 북극성을 찾아봅니다. 4. 북극성, 북두칠성, 카시오페이아 자리가 모두 나오게 캡처한 뒤 　북극성 찾는 방법을 이비스 페인트(미술⑤)를 이용하여 아래와 같이 　표시합니다. 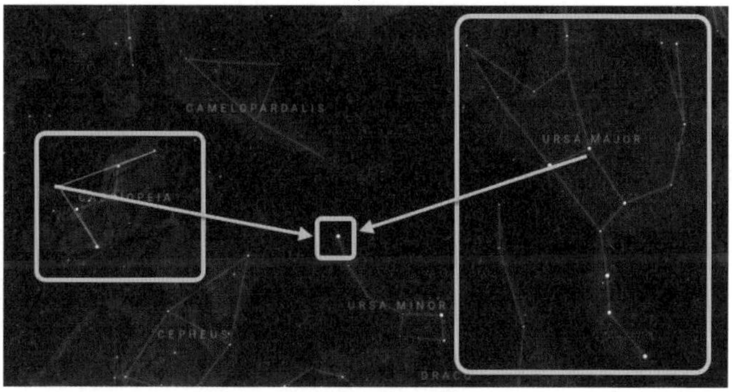 [그림 23-13 북극성 찾는 방법]
활동4	• 자신만의 별자리 만들어보기 　- 스텔라리움 안에서 별들을 찾아 연결해보기 　- 화면을 캡처하고 이비스 페인트(미술⑤)를 이용하여 별자리 연결 선과 　그림 그리기 　- 나만의 별자리 전설 만들어 설명 쓰기
정리	• 나만의 별자리 학급 홈페이지에 올리기 　- 서로의 별자리를 하늘에서 찾아보기 • 정리하기 　☞ 평가: 별과 별자리의 개념을 설명할 수 있다.

[표 23-4 스텔라리움 수업 지도안 ①]

여러 날 동안 같은 시간에 달이 뜨는 위치 찾기							
학년-학기	6-1	**과목**	과학	**단원**	2단원	**차시**	8
학습 목표	여러 날 동안 같은 시각에 달의 위치를 관측할 수 있다.						
단계	**교수·학습 활동**						

도입	• 달의 모양 변화 퀴즈
	• 달의 위치 변화 퀴즈
	  - 오늘 조사할 내용을 미리 학습 퀴즈로 준비하기
	  - Q: 오늘 밤 7시, 우리 동네에서는 어떤 달이 어디에 떠 있을까?
	• 학습 문제 확인						

활동1	• 스텔라리움으로 매일 같은 시각 달의 위치 확인하기 　1. 초기 화면에서 동E-남S-서W가 한눈에 들어오도록 맞춥니다.  [그림 23-14 동-남-서 정렬 화면] 　2. 우측 아래 시간 설정을 눌러 관찰할 시간을 맞춥니다. 　　- 교과서에는 매일 19시로 나와 있으나, 수업 시점에 따라 　　　초승달부터 보름달까지 모든 달을 관찰할 수 있는 시각이 다를 수 　　　있으니 미리 확인하시는 것이 좋습니다.  [그림 23-15 21.5.17. '20시' 초승달 위치] 　[그림 23-16 21.5.24. '20시' 보름달 위치]						

활동1	3. 시간을 설정해두면 날짜만 바꿔가면서 매일 같은 시간 달이 드는 위치를 확인할 수 있습니다. 4. 보름달 이후 달이 변해가는 상황을 관찰하기 위해서는 시점을 위에서 아래로 내려다보게 만들면 지표면 아래에 반투명으로 뜨지 않은 상태의 달을 볼 수 있습니다. 이 상태에서 지표면 Landscape을 없애면 더 선명한 모양의 달을 관찰할 수 있습니다. 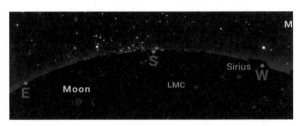 [그림 23-17 시점을 위로 옮기자 지표면 아래에 있는 달(Moon)의 모습]  [그림 23-18 같은 상황에서 지표면(Landscape)을 없애고 찾은 달의 모습]

활동2	• 실험 관찰에 정리하기
	• 달 관측 미션 주고 스텔라리움으로 해결해보기
	  – 아침에 하늘에서 보름달을 볼 수 있는 시간 찾기
	  – 사진 한 장으로 해와 달을 한꺼번에 찍을 수 있는 날짜 찾기
	  – 정월대보름의 달 찾아보고 왜 가장 크게 보이는지 알아보기
	• 달 관측 미션 해결 과정 학급 홈페이지에 공유하기

정리	• 수업 소감 발표 상호 피드백하기
	• 수업 내용 정리하기
	☞ 평가: 여러 날 동안 달의 위치 변화를 관측하여 자료로 표현하고 이를 설명할 수 있다.

[표 23-5 스텔라리움 수업 지도안 ②]

계절별 별자리 찾기							
학년-학기	6-1	과목	과학	단원	2단원	차시	6
학습 목표	계절에 따라 다르게 보이는 별자리가 달라지는 까닭을 설명할 수 있다. 계절별 대표적인 별자리를 설명할 수 있다.						
단계	교수·학습 활동						
도입	• 5학년 과학에서 배운 별자리 관련 내용 복습하기 • 자신의 탄생일 별자리 알아보기 – 우리 반 생일별 별자리 알아보기 – 수업 당일의 별자리 운세 읽어보며 대화 나누기 • 학습 문제 확인						
활동1	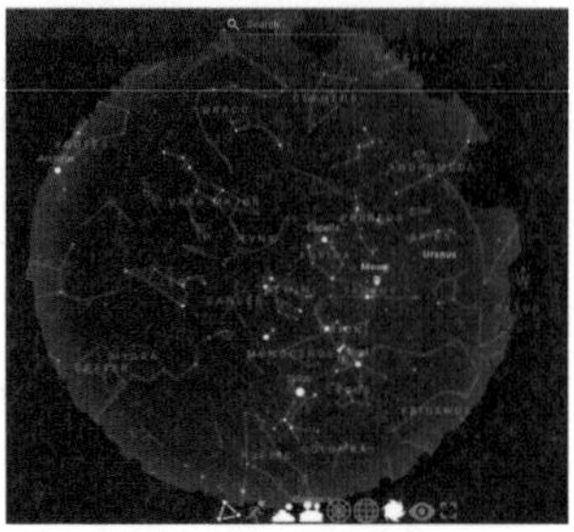 [그림 23-19 하늘 전체 보기] • 스텔라리움으로 계절별 주요 별자리 확인해보기 – 화면을 최소로 축소하고 하늘 위를 보도록 설정하면 그림처럼 동그랗게 하늘이 보입니다.						

	계절별 별자리 찾기
활동1	– 북쪽이 위로 가도록 방위를 맞춥니다. 동쪽은 왼쪽, 서쪽은 오른쪽이 됩니다. • 날짜 창에서 시간을 0시로 설정하기 • 별자리 아이콘  과 별자리 예술 아이콘  켜기 – 별자리는 영어로 제시되지만, 별자리를 클릭하면 나오는 설명 창은 크롬 브라우저를 이용 시 한글로 번역할 수 있습니다. 설명 창에서 마우스 오른쪽 버튼을 클릭하여 [한국어로 번역]을 선택합니다. – 별자리 그림만 봐도 대다수 별자리 유추가 가능하여 학습에는 큰 지장이 없었습니다. [그림 23-20 독수리자리 설명을 크롬에서 한국어로 번역] • 날짜 창의 연월일 중 월을 바꿔가며 계절별 대표 별자리 관찰하기 – 대표 별자리는 하늘에 가장 잘 보이는 별자리이므로 0시 기준으로 하늘 중앙이나 남쪽 하늘에서 가장 잘 보이는 별자리를 알아보라고 힌트를 주었습니다. [그림 23-21 계절별 대표 별자리 관찰하기] – 여름 밤하늘의 한가운데에서 대표 별자리인 백조자리(CYGNUS), 거문고자리(LYRA), 독수리자리(AQUILA)를 찾아볼 수 있습니다.

계절별 별자리 찾기

활동1	– 1년 내내 잘 보이는 별자리도 있고 워낙 하늘에 별자리가 많아 대표 별자리를 고르는 것이 쉽지 않습니다. 학생들에게 자유탐색을 시킨 후 교과서에서 알려주는 대표 별자리로 수렴하는 것이 좋습니다. – 교과서에서 제시하는 계절별 대표 별자리는 다음과 같습니다.

계절	일시❶	대표적 별자리 이름	계절	일시	대표적 별자리 이름
봄	4월 10일 0시	목동자리 BOOTES❷	여름	8월 1일 0시	백조자리 CYGNUS
		처녀자리 VIRGO			거문고자리 LYRA
		사자자리 LEO			독수리자리 AQUILA
가을	10월 12일 0시	안드로메다 ANDROMEDA	겨울	1월 6일 0시	쌍둥이자리 GEMINI
		물고기자리 PISCES			큰개자리 CANIS MAJOR❸
		페가수스자리 PEGASUS			오리온자리 ORION

비고	❶ 관측일시는 주관적인 예시입니다. ❷ 봄의 목동자리는 클릭해도 '부팅'이라고 번역됩니다. 낫을 들고 있는 사람 등의 힌트를 주시는 것이 좋습니다. ❸ 큰개자리는 이름이 작아 더 확대해야 합니다. 오리온자리의 남쪽이라고 알려주시거나, 검색해보게 하면 좋습니다.

활동2	• 계절에 따라 보이는 별자리가 달라지는 까닭 실험해보기

	계절별 별자리 찾기
활동2	– 교과서에는 별자리 그림과 전등, 관측자 모형을 이용한 실험이 제시됩니다. 학생들이 즐거워했던 응용 활동을 소개합니다.  [그림 23-22 게임 시 교실 속 자리 배치] 1. 위 그림과 같이 교실을 크게 4개의 구획으로 나누어 봄, 여름, 가을, 겨울 영역을 정해줍니다. 2. 별자리 그림 대신 각 반의 재미있는 학생들을 교실 벽마다 세워놓고 별자리로 변신(그림의 ☆모양)시킵니다. 3. 교실 가운데에 큰 전등을 두고 켭니다. 4. 자리에 앉아 있는 학생들은 모두 각각의 지구(☺)입니다. 5. 제자리에서 서에서 동으로 자전(⌣)을 시키면서 전등을 등지는 밤 시간에 어떤 별자리가 보이는지 말해봅니다. 6. 이동이 가능한 조건이라면 학생(지구)들이 계절별 다른 영역으로 옮겨가며 실험을 반복할 수 있습니다. • 계절에 따라 보이는 별자리가 달라지는 까닭 정리하기
정리	• 수업 소감 발표 상호 피드백하기 • 수업 내용 정리하기 ☞ 평가: 계절에 따라 달라지는 별자리의 위치를 관측하여 자료로 표현하고 이를 설명할 수 있다.

[표 23-6 스텔라리움 수업 지도안 ③]

계절별 태양의 남중고도와 낮의 길이							
학년-학기	6-2	과목	과학	단원	2단원	차시	4
학습 목표	계절에 따라 태양의 남중 고도와 낮의 길이가 어떻게 달라지는지 설명할 수 있다. 계절별 태양의 남중 고도와 낮의 길이의 관계를 설명할 수 있다.						
단계	교수·학습 활동						
도입	• 계절별 낮의 길이 변화에 대한 경험 대화 나누기 • 24절기 중 밤과 낮 길이에 관련된 절기 알아보기 • 외국에서 '서머타임'을 실시하는 이유 알려주기 • 학습 문제 확인						
활동1	• 스텔라리움으로 계절별 태양의 남중고도 확인하기 　1. 화면에 동E-남S-서W가 한눈에 들어오도록 맞춥니다. 　2. 우측 아래 시간 설정을 눌러 시간을 변경하며 태양이 남중하는 시간을 찾습니다.(보통 정오-13시입니다.) 　3. 날짜를 바꿔가면서 태양의 남중고도 위치를 확인합니다. 　　– '월'을 바꾸면 계절별 변화를 즉시 확인할 수 있습니다. 　　– '일'을 계속 누르고 있으면 부드럽게 남중고도가 변화합니다. 　4. 올해 중 가장 남중고도가 높은 날과 가장 낮은 날을 찾아봅니다. 　　– 이날이 절기 중 동지, 하지와 일치하는지 살펴봅니다.  [그림 23-23 계절별 남중고도 찾기]						

계절별 태양의 남중고도와 낮의 길이	

활동2	• 스텔라리움으로 계절별 낮의 길이 확인하기
	  – 스텔라리움의 시간을 바꿔가면서 일출과 일몰 시각을 구합니다.
	  – 날짜 아래의 바를 이동시키면 낮·밤 전환이 가능합니다.
	  – 낮의 길이를 계산하여 표에 씁니다.
	• 남중고도와 낮의 길이 데이터를 그래프로 만들기

정리	• 남중고도와 낮의 길이의 관계 정리하기
	• 수업 내용 정리하기
	  ☞ 평가: 계절에 따른 태양의 남중고도, 낮의 길이 데이터를
	      그래프로 만들고 설명할 수 있는가?

[표 23-7 스텔라리움 수업 지도안 ④]

4 | 수업 후기

스텔라리움은 오래전부터 사용해왔고 지도서에도 안내가 되어 있는 유명한 천체관측 프로그램입니다. 웹 버전의 출시 이후 수업에 적용하기 한결 편리해졌으며 지도안을 통해 안내해드린 것과 같이 우주와 천체에 관련된 여러 수업에 두루 적용이 가능합니다.

밤하늘에서 별을 찾아보기 힘든 요즘 우리 아이들이 스텔라리움을 접하면서 천체와 우주에 관심을 갖고 개인적으로 공부를 더 해보기도 했습니다. 어떤 학생들은 스텔라리움을 매일 켜보며 오늘 어떤 달이 뜰지를 살펴보기도 하였습니다. 별과 밤하늘, 우주는 세대를 막론하고 모두에게 어떤 동경을 일으키나 봅니다. 직접 관찰하기 힘든 하늘의 모든 것을 시뮬레이션하며 학습할 수 있는 스텔라리움을 꼭 활용해보시기 바랍니다.

04

달의 모양 변화 관찰

우주에서 보면 달의 위상이 쉬워져요!

달의 모양 변화 관찰 for Cardboard	
1)	• 2016 교육자료전 출품작 • VR(Virtual Reality) 기술을 활용하여 우주의 한가운데에서 달의 모양 변화를 360도로 돌아보며 관찰할 수 있도록 제작된 앱
활용 목표	• VR 기술이 이용될 수 있는 분야를 생각해보고 우주 관련 VR 콘텐츠를 체험한다. • 여러 날 동안 달의 모양 변화를 알 수 있다.
설치 방법	2) • 플레이스토어 다운로드(윈도우, 애플 사용 불가) • 검색창에 앱 이름 검색(띄어쓰기 확인)

	• 앱퓨어(https://apkpure.com/kr/)에서 APK 파일을 직접 다운로드하여 설치 가능
	   – 교사가 먼저 APK 파일을 다운받은 뒤, 패들렛 등을 통해 학생 기기에 APK 파일을 설치하도록 배부
	   – 다운로드한 APK 파일로 직접 앱 설치하여 사용 가능

인터넷 사용	첫 다운로드 후 인터넷 연결 필요 없음
공유 방법	결과물 공유 없음

1) [그림 24-1] https://play.google.com/store/apps/details?id=com.bosco0131.PhaseOfTheMoon&hl=ko

사용 가이드 영상		
	• 유튜브 '교과서 속 모양 AR 탐험'(1분 10초) • https://youtu.be/XlcKOW6Jiik?si=zRyyt9WMzYuFG4yn	

함께 사용하면 좋은 앱		
 3)	**[달의 위상]** • 내 위치에서 실시간으로 갱신되는 달의 모습 관찰 가능. 날짜별 달 모양을 확인할 수 있는 '달 달력' 기능과 특정 달 이벤트를 알려주는 알람 기능 가능	

⚠ 달의 모양 변화 관찰 3줄 요약

❶ VR HMD(헤드 마운트 디스플레이)와 이어폰을 준비하고 앱을 실행합니다.
❷ 달의 위상에 관련된 여러 콘텐츠를 선택하여 제공되는 설명을 듣습니다.
❸ 달의 위상 변화에 대한 내용을 정리해봅니다.

[표 24-1 달의 모양 변화 관찰 for cardboard 개요]

  다년간의 6학년 담임 경력 중 과학 2단원인 '지구와 달의 운동'에서 가장 많은 학생들이 어려워하는 부분은 달의 모양이 변하는 이유를 설명하는 부분이었습니다. 우주에서 달이 빛을 반사하는 모습은 일정한데 왜 지구에서 관측할 때는 모양과 방향이 달라 보이는지 이해시키기 쉽지 않았습니다.

  이럴 때 VR 기술을 활용하여 달의 변화를 다양한 시점에서 관찰할 수 있는 '달의 모양 변화 관찰 for Cardboard'가 큰 도움이 되었습니다. 설명을 들으며 우주 시점과 지구 시점을 번갈아 확인할 수 있어 학습 효과가 확실했습니다. 가장 많은 학생들이 어려워하는 부분을 속 시원히 긁어줄 수 있는 '달의 모양 변화 관찰 for Cardboard'를 소개합니다.

---

2) [그림 24-2], [그림 24-4] QR코드는 크롬 브라우저 QR 생성 기능 사용

3) [그림 23-3] https://play.google.com/store/apps/details?id=com.universetoday.moon.free&hl=ko&gl=US

1 활용 단원 추천

학년-학기	과목	단원	활용 내용	차시	쪽수
6-1	과학	2. 지구와 달의 운동	관측되는 달의 모양이 변하는 이유를 알 수 있다.	7	36-37

[표 24-2 달의 모양 변화 관찰 for Cardboard 활용 단원 추천]

2 사용 방법

1. 이 콘텐츠는 VR 기술을 이용하는 것으로 VR 재생기기인 HMD(Head Mount Display)와 이어폰 착용 후 사용하셔야 합니다. 사용 방법 설명 영상을 학생들에게 보여주면 빠르게 이해시킬 수 있습니다.(영상 링크: https://youtu.be/XlcKOW6Jiik[4])

2. 첫 화면에서 사용 방법을 읽어봅니다.

3. 콘텐츠의 시작부터 끝까지 조작 방법과 학습 내용을 상세하게 설명해줍니다.
- 초반부에는 마치 우주 영화를 보듯이 설명을 들으며 달의 모양 변화를 관찰할 수 있습니다.

4. 첫 설명이 끝나면 우주에 보이는 지구를 선택합니다.
- 지구 시점에서 보이는 달의 모양을 관찰할 수 있습니다. 나 자신이 지구가 되어 360도를 돌다 보면 달의 모양이 왜 태양의 위치와 관련이 있는지 이해할 수 있습니다.

---

4) 유튜브 박지웅 '3) 달의 모양 변화 관찰 for Cardboard 사용법'

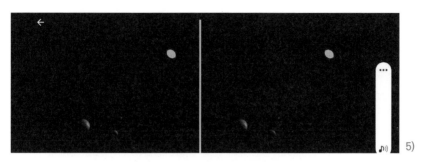

[그림 24-5 빨간 점으로 지구를 응시해 선택하기]]

5. 시선을 바닥으로 향하면 준비된 콘텐츠를 골라 사용하실 수 있습니다.

우주에서 바라보기	우주 공간에서 태양, 지구, 달의 움직임을 지켜봅니다. 위에서 내려다보는 시점으로 전체적인 움직임을 볼 수 있습니다. 여기서 지구를 선택하면 [달의 공전 관찰] 콘텐츠로 자연스럽게 이어집니다.
달의 공전 관찰	달이 지구 주변을 한 바퀴 공전하는 애니메이션을 통해 어떤 위치에서 어떤 달이 보이는지 알려줍니다. 달의 공전에 대한 설명이 끝나면 위에서 내려다보는 시점으로 달이 공전하며 여덟 가지 달의 모양을 도장 찍듯 하나씩 만들어줍니다. 음력 날짜별로 모든 위치에서의 달 모양을 한눈에 볼 수 있습니다. 태양 빛의 방향이 달의 빛나는 부분과 어떤 관련이 있는지 쉽게 확인할 수 있습니다. 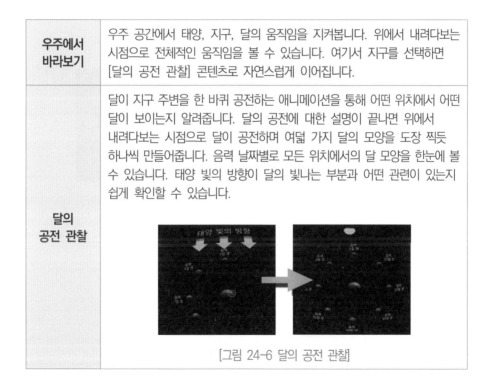 [그림 24-6 달의 공전 관찰]

5) [그림 23-5]~[그림 23-10] 이미지 캡처 출처는 모두 '달의 모양 변화 관찰 for Cardboard' 앱

달의 모양 변화 관찰	지구의 시점에서 관측되는 달을 360로 돌며 관찰할 수 있습니다. VR기기를 착용한 채로 고개를 좌우로 돌리며 관찰하다 보면 태양 빛을 반사한 모양만큼 지구에서 보이는 것이라는 원리를 이해할 수 있습니다. 각각의 달을 선택하면 우측 그림처럼 상세한 설명도 볼 수 있습니다. 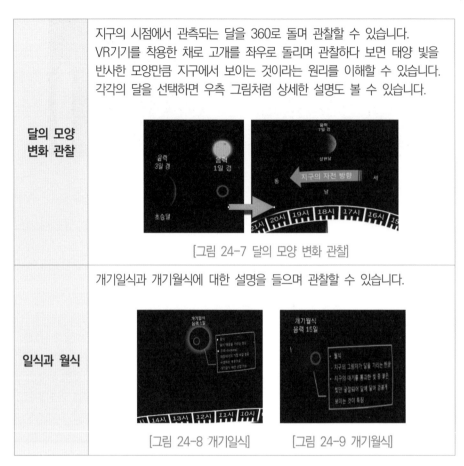 [그림 24-7 달의 모양 변화 관찰]
일식과 월식	개기일식과 개기월식에 대한 설명을 들으며 관찰할 수 있습니다. [그림 24-8 개기일식]　　　[그림 24-9 개기월식]

[표 24-3 달의 모양 변화 관찰 for Cardboard 기능 설명]

여러 날 동안 달의 모양은 어떻게 달라질까?							
학년-학기	6-1	과목	과학	단원	2단원	차시	7
학습 목표	여러 날 동안 달의 모양을 관찰하고 달의 모양 변화가 일어나는 이유를 알 수 있다.						
단계	교수·학습 활동						

도입	• 달에 관련된 노래 찾아보기
	   – 달의 모양이 변한다는 부분의 가사 찾아내기
	   – 직접 관찰해본 달의 모양에 대해 이야기 나눠보기
	• 학습 문제 확인						

활동1	• 달을 보았던 경험 떠올리기
	   – 달의 모양이 매일 바뀐다는 사실 이해하기
	• 달의 종류와 이름을 맞혀보는 퀴즈
	• 달의 위상 앱 활용하기
	   – 우리 동네에는 오늘 밤 어떤 달이 뜰지 확인해보기
	   – 언제 어떤 달이 뜨는지 '달 달력'으로 확인해보기						

활동2	• 달의 모양이 변하는 이유 추측해보기 • 달의 모양 변화 관찰 for Cardboard 체험하기 • 여러 날 동안 달의 모양이 변하는 이유 정리하기						

정리	• 실험 관찰을 통해 배운 내용 정리하기
	   ☞ 평가: 달의 모양과 달의 이름을 연결 지어보고 달의 모양이
	        변하는 이유를 설명하기						

[표 24-4 달의 모양 변화 관찰 for Cardboard 수업 지도안

달의 모양 변화는 학생들에게 꽤 어려운 단원입니다. 달의 변한다는 것은 대부분 알고 있으나 이를 태양, 지구, 달의 위치와 연관 지어 생각하는 것을 어려워합니다. 기존에는 어두운 곳에서 플래시와 탁구공을 이용하는 실험을 했으나 낮 시간에 교실을 암실로 만들기 쉽지 않다는 어려움이 있었습니다. VR 콘텐츠로 제작된 달의 모양 변화 관찰 앱은 실험 준비 없이도 360도로 돌아가며 달을 확인할 수 있기 때문에 지구의 관찰자 시점에서 달이 어떻게 보이는지 쉽게 알 수 있습니다.

우주에 관해 배울 때는 직접 관찰할 수 없는 현상들을 시뮬레이션으로 알아봐야 하는 경우가 많습니다. 디지털 교과서 덕분에 학생들은 앱을 통한 생생한 시뮬레이션을 경험해볼 수 있었습니다. 스텔라리움(과학③)이나 달의 모양 관찰 변화 앱을 통해 선생님들의 학급에도 우주를 가져와보시기 바랍니다.

05

태양계는 우주에서 봐야 제맛!
VR SPACE ADVENTURE

VR SPACE ADVENTURE 우주로 떠나자!		
 1)	• 우주 공간에서 태양계의 여러 행성들을 둘러볼 수 있는 VR 시뮬레이션 학습 앱입니다. • 설치 및 이용이 쉽고 한글 지원이 잘 되어 있어 학생들이 쉽게 이용할 수 있습니다.	
활용 목표	시뮬레이션 기술을 이용한 우주 체험 프로그램의 사용법을 익히고 활용할 수 있다.	
사용 환경 추천 순서	① 구글 플레이스토어	② 윈도우	② 애플 앱스토어
	 2) 플레이 스토어 다운로드	사용 불가	
인터넷 사용	초기 설치 후 인터넷 필요 없음	
공유 방법	설치된 콘텐츠만 감상 가능. 결과물 공유 없음	

---

1) [그림 25-1] https://play.google.com/store/apps/details?id=kr.IllusicSoft.VRSpaceAdventure&hl=ko&gl=US

2) [그림 25-2], [그림 25-4], [그림 25-6] QR코드는 크롬 브라우저 QR 생성 기능 사용

함께 소개해드리는 앱		
3)	**[SPACE WORLD VR]** • 우주를 유영하는 우주인이 되어 태양계 행성들을 하나씩 둘러볼 수 있는 VR 체험 앱입니다. • 현재는 apkpure를 거쳐 설치해야 하므로 과정이 약간 복잡합니다.(플레이스토어에 다시 나올 예정입니다.)	
4)	**[Carlsen Weltraum VR]** • 한글 지원이 되지 않는 점이 아쉽지만, 실제 우주선 내부와 우주인들의 모습을 VR로 감상할 수 있어 보조 자료로 활용하기 좋습니다.	

⚠ VR SPACE ADVERTURE 우주여행 3종 요약

❶ HDM(헤드 마운트 디스플레이)와 이어폰을 준비하고 앱을 실행합니다.
❷ [자동탐사] 기능으로 전체를 훑어보거나 각각의 행성을 VR로 감상합니다.
　(수성, 화성의 경우 [탐사하기]를 이용해 행성 표면을 살펴볼 수 있습니다.)
❸ 행성들의 특징, 태양에서 가까운 순서, 크기 등을 학습합니다.

[표 25-1 VR SPACE ADVENTURE 개요]

　최근 버진갤럭틱, 아마존, 스페이스엑스 등의 회사에서 민간인을 대상으로 한 우주여행 사업에 박차를 가하고 있습니다. 누구나 한 번쯤은 꿈꿔보았을 로망인 우주여행은 상상만으로도 사람들의 마음을 설레게 합니다.

　우주세상 VR은 간접적으로나마 우주인이 되어볼 수 있는 경험을 하게 해줍니다. 5학년 1학기 과학 3단원 '태양계와 별' 학습의 도입부에서 학생들의 흥미를 유발하기 좋습니다. 사진과 영상을 통해 우주를 배울 수도 있지만 VR 기술을 이용하여 직접 행성 간 이동을 하는 우주인이 되어보는 재미를 느껴볼 수

---

3) [그림 25-3] https://m.apkpure.com/space-world-vr/com.einpictures.SpaceWorldVR

4) [그림 25-5] https://play.google.com/store/apps/details?id=de.carlsen.weltraum&hl=ko&gl=US

있습니다.

우주여행 시뮬레이션 VR 앱은 검색해보면 참 많이 있지만 여기서는 학생들과 직접 활용해본 세 가지 앱을 소개하고자 합니다. VR SPACE ADVERTURE와 SPACE WORLD VR 두 앱 모두 한글 지원이 잘 되어 있고 우주여행을 직접 해보는 것 같은 멋진 콘텐츠들이 수록되어 있습니다. Carlsen weltraum은 한글을 지원하지는 않지만 우주선 내부를 VR로 둘러보는 등 학생들이 좋아했던 콘텐츠들이 있어 함께 소개해봅니다. 모든 앱의 이용법은 대동소이하여 VR 앱을 이용해본 적이 있다면 어렵지 않게 체험할 수 있습니다.

1 활용 단원 추천

학년-학기	과목	단원	활용 내용	차시	쪽수
5-1	과학	3. 태양계와 별	태양계 행성들의 종류와 크기, 특성을 탐구합니다.	3-4	54-57

[표 25-2 VR SPACE ADVENTURE 활용 단원 추천]

[VR SPACE ADVENTURE]

1. VR SPACE ADVENTURE 앱을 설치합니다.
- 구글 플레이스토어에서 설치 가능하며 회원 가입 등의 과정 없이 바로 이용이 가능합니다.

2. 닉네임을 입력하고 도움말을 읽어봅니다.
- 초기 설정 방법과 VR 콘텐츠의 특징인 아이 트래킹에 대한 설명이 나옵니다.

3. 자동탐사 기능을 사용해봅니다.
- 화면의 [자동탐사] 설명 창의 [확인]을 누릅니다.
- 전체 행성을 빠르게 훑어볼 수 있습니다.

5)

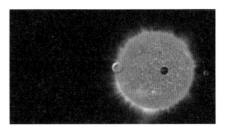

[그림 25-7 자동탐사 기능]   [그림 25-8 자동탐사 실행 화면]

5) [그림 25-7]~[그림 25-10] 이미지 캡처 출처는 모두 'VR SPACE ADVENTURE' 앱

4. 각 행성을 자세히 둘러봅니다.

- 정보를 확인하고 오른쪽 아래에 보이는 [행성버튼]을 응시하면 행성의 목록이 나타납니다. 보고 싶은 행성을 선택합니다.

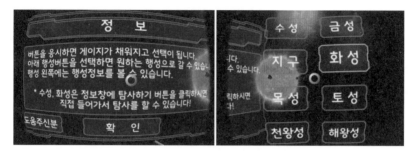

[그림 25-9 행성 정보 탐색 기능]

5. 수성, 화성의 표면 탐사 콘텐츠도 감상해봅니다.

- [탐사하기] 버튼을 눌러 이용할 수 있습니다.

[그림 25-10 수성, 화성 표면 탐사 콘텐츠]

 [SPACE WORLD VR]

1. SPACE WORLD VR 앱을 설치합니다.

Apkpure 홈페이지에서 apk 파일을 다운받아 설치할 수 있습니다. apk 파일을 이용하여 안드로이드 스마트폰에 앱을 설치하기 위해서는 [파일 관리자] 기능을 통해 다운받은 파일을 직접 실행하시면 됩니다. 설치 후에는 회원 가입 등의 과정 없이 바로 이용이 가능합니다.

2. 첫 화면에서 도움말을 볼 수 있습니다.
- 조작법이 간단하므로 한 화면에서 도움말을 모두 확인할 수 있습니다.
- 언어를 한글로 선택하고 [시작]을 누릅니다.

6)

[그림 25-11 시작 화면과 도움말]

3. 첫 시작은 우주선 안입니다. 정면의 [입장하기]를 바라보면 우주선이 태양계로 출발합니다. 행성 정보 패널을 보며 행성을 여행합니다.
- 화면 가운데 우주인의 모니터에는 행성의 크기와 태양으로부터의 거리가 나타납니다.
- 왼손의 [이동] 버튼을 바라보면 해당 행성 가까이로 이동합니다. 이동 중

---

6) [그림 25-11], [그림 25-12] 이미지 캡처 출처는 모두 'SPACE WORLD VR' 앱

다시 왼손을 보면 [정지] 버튼을 선택하여 멈출 수 있습니다. 오른손의 [순간이동]을 바라보면 태양에서 가까운 순서대로 다음 행성으로 이동합니다. 우주 공간에서 보이는 다른 행성을 바라보면 그 행성으로 바로 이동할 수 있습니다.

4. 지구의 달, 목성의 유로파, 이오와 같은 위성들도 함께 조사해봅니다.

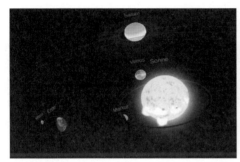

[그림 25-12 행성 조사 화면]

 [Carlsen Weltraum VR]

　한글 지원이 되지 않아 메인으로 사용하기에는 무리가 있지만, 우주선의 내부와 우주선 내부에서 생활하는 우주인들의 모습을 VR로 볼 수 있다는 점에서 학생들이 흥미로워한 앱입니다. 초기 설명을 들은 뒤 화면 왼편에 보이는 메뉴들을 아이 트래킹으로 선택하면 준비된 콘텐츠들을 즐길 수 있습니다.

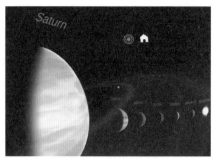

[그림 25-13 화면에 보이는 메뉴들]

[그림 25-14 태양계의 모습]

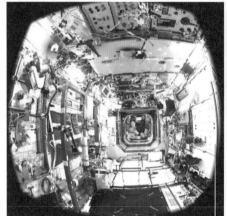

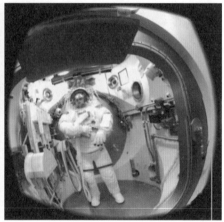

[그림 25-15 우주선 내부와 우주인들의 생활 모습]

---

7) [그림 25-13]~[그림 25-15] 이미지 캡처 출처는 모두 'Carlsen Weltraum VR' 앱

태양계를 만나러 우주로 떠나보자~!							
학년-학기	5-1	**과목**	과학	**단원**	3단원	**차시**	3
학습 목표	태양계에는 어떤 구성원이 있을까요?						
단계	교수·학습 활동						
도입	• 지난 시간에 배운 내용 생각해보기 – 태양에 대해 배운 것 떠올리고 이야기해보기 – 태양이 우리에게 미치는 영향 말해보기 • 태양계에 대해 각종 천체에 대하여 알고 있는 것 말해보기 – 행성의 종류나 특징 등 자유롭게 의견 나누기 • 학습 문제 확인						
활동1	• 우주여행 관련 영상 보기 – 우주비행사 훈련 장면, 우주 정거장에서 바라본 지구의 모습 등 • 우주여행 상상해보기 – 우주여행을 떠날 때 가져가고 싶은 것 말해보기 – 우주여행을 하며 들를 곳과 그 이유 생각해보기						
활동2	• VR SPACE ADVENTURE 사용하기 – HDM(헤드 마운트 디스플레이) 사용법 익히기 – VR로 우주여행 떠나보기 – 태양계 여러 행성들의 순서와 특징 살펴보기 • [선택 활동] Carlsen Weltraum VR 이용해보기 – 우주정거장 내부와 우주인의 활동 모습 살펴보기						

	태양계를 만나러 우주로 떠나보자~!

활동3	• 'SOLAR SYSTEM 21' 보드게임 해보기
	  – 블랙잭을 응용한 게임으로 행성의 순서를 즐겁게 외울 수 있음
	  – 행성 순서 외울 시간을 준 뒤 게임 시작
	
	[게임 방법]
	* 승리 조건: 행성 카드의 숫자 합이 21에 가장 가까운 사람이 승리
	* 탈락 조건: 행성 카드의 숫자 합이 21을 넘어간 경우 자동 탈락
	① 교과서 뒤편의 행성 그림 카드 8장 떼어내기(수성-해왕성까지)
	② 태양에 가까운 순서대로 행성에 숫자 부여하기(수성 1, 화성 4 등)
	③ 3-4인으로 한 조를 편성하여 조원들의 행성 카드 모두 모아 섞기
	④ 섞은 카드 모음을 가운데에 두고 각자 두 장씩 뽑기
	⑤ 순서대로 돌아가며 카드를 한 장씩 뽑아 추가하기. 원하지 않을 경우, 추가하지 않고 차례를 넘길 수 있음
	⑥ 모두 추가를 끝내면 서로의 카드를 공개하기
	
	  – 행성 카드는 다음 시간에도 사용하므로 잘 챙겨두기

정리	• 실험 관찰을 통해 배운 내용 정리하기 ☞ 평가: 태양계 구성원들을 알고 그 순서를 외울 수 있다.

[표 25-3 VR SPACE ADVENTURE 수업 지도안 ①]

태양계 행성들의 크기 살펴보기						
학년-학기	5-1	과목	과학	단원	3단원	차시	4
학습 목표	태양계 행성의 크기를 비교해볼까요?					
단계	교수·학습 활동					

도입	• 지난 시간에 배운 내용 생각해보기
	  – 태양계에 있는 8개의 행성들
	  – 태양에서 가까운 순서대로 함께 나열해보기
	• 학습 문제 확인					

	태양계 행성들의 크기 살펴보기

활동1	• 행성 크기 예상해보기
	   – 가장 큰 행성과 가장 작은 행성 예상해보기
	   – 예상되는 크기의 차이를 종이에 그려보기
	• 행성의 크기를 비교하는 영상 함께 보기
	   – 유튜브에서 '행성 크기 비교' 등의 키워드 검색

활동2	• VR SPACE ADVENTURE 사용하기
	   – VR로 우주여행 떠나보기
	   – 태양계 행성들의 크기 확인하여 학습지에 써보기
	• 행성간 크기의 차이를 반영하여 종이에 그려보기
	   – 실험 관찰 28쪽 [생각해볼까요]와 같이 지구를 지름 1cm로 가정
	   – 계산기를 이용하여 다른 행성들의 크기를 구해 그려보기

활동3	• 'BIGGER IS WINNER' 보드게임 해보기
	   – 행성을 크기순으로 외울 시간을 주고 게임 시작하기
	
	  * 승리 조건: 모든 차례가 끝났을 때 행성 카드를 가장 많이 가져온
	                사람이 승리
	  ① 지난 시간에 사용한 행성 카드 8장 준비하기
	  ② 2-4인까지 한 조를 편성하고 자신의 카드 안 보이게 갖고 있기
	  ③ 자신이 가진 카드들 중 하나를 골라 동시에 바닥에 놓아 보여주기
	  ④ 바닥에 놓인 카드들 중 가장 큰 행성 카드를 낸 사람이 나머지 카드
	     가져가기. 같은 카드를 냈으면 가위바위보로 승자 정하기
	  ⑤ 여덟 번 반복하여 가장 많은 카드를 가져간 사람이 승리

정리	• 실험 관찰을 통해 배운 내용 정리하기 ☞ 평가: 태양계 구성원들을 크기순으로 배치할 수 있다.

[표 25-4 VR SPACE ADVENTURE 수업 지도안 ②]

학생들을 대상으로 한 사전 조사에서 VR은 학생들에게 어쩌다 지나가며 체험해보는 신기한 오락의 한 종류로 여겨지는 경우가 많았습니다. 하지만 VR은 잘 이용하면 직접 보기 어려운 많은 것들을 보여줄 수 있는 좋은 학습 콘텐츠의 재료가 될 수 있습니다. 많은 학생들이 책이나 영상을 통한 학습보다 VR 앱들을 사용하며 살펴본 우주 학습에 흥미를 더 느꼈다고 답하였습니다. 게임처럼 자신의 선택을 통해 진행하는 것이 더 재미있기 때문이라고 합니다. 비록 그래픽이나 멀미 등 해결해야 될 과제들이 남아 있지만 VR 콘텐츠를 이용한 학습은 분명 앞으로도 더 많이 나올 것이고, 더 일상적이고 평범한 학습의 방법이 될 것입니다.

06

스마트폰을 하늘에 비추면 별자리가 나타나요

스카이 가이드

스카이 가이드 AR 별자리를 관찰하자		
 1)	• AR 기술을 이용하여 스마트폰을 밤하늘에 비추면 하늘에 있는 별자리를 찾아 보여주는 천체 애플리케이션 • 별자리 검색, 천체 이벤트 알림 등을 제공	
활용 목표	AR 기술을 이용한 천체 프로그램의 사용법을 익히고 활용할 수 있다.	
사용 환경 추천 순서	① 애플 앱스토어	② 구글 플레이스토어	③ 윈도우
	 2)	앱스토어 다운로드	아래의 SKY WALK2 대체 사용	사용 불가
인터넷 사용	초기 설치 후 인터넷 필요 없음(별도 기능 사용 시 필요)	
공유 방법	AR 구동 화면에서 화면을 캡처하여 사용할 수 있음	

1) [그림 26-1] https://apps.apple.com/kr/app/스카이_가이드/id576588894
2) [그림 26-2], [그림 26-3] QR코드는 크롬 브라우저 QR 생성 기능 사용

유사한 프로그램	
 3)	**[SKY WALK2]** • 안드로이드, 아이폰 모두에서 사용 가능한 천체 관측 앱으로 스카이 가이드와 거의 같은 기능을 제공합니다.

⚠️ 스카이 가이드 AR 3줄 요약

❶ 설치·실행 후 〔 자동으로 위치 설정 〕을 선택합니다.

❷ 나침반 켬 🧭4) → AR모드 ✦를 켠 뒤 카메라로 밤하늘을 비추면 현재 위치에서 보이는 별자리가 AR 그래픽으로 화면에 나타납니다.

❸ 알림, 캘린더, 검색을 활용하여 천체, 우주정거장, 이벤트 등을 살펴봅니다.

[표 26-1 스카이 가이드 개요]

밤하늘을 바라보고 별을 관찰하는 것은 정말 멋진 일입니다. 학생들은 교과서에서 여러 천체의 특징과 이동, 별자리들의 모습과 이야기들을 배우지만 백문이 불여일견이라고 직접 관찰하는 것보다 더 좋은 학습 방법은 없을 것입니다. 스카이 가이드는 AR 기술을 사용하여 지금 내가 바라보고 있는 밤하늘의 별자리를 보여줍니다. 가끔 캠핑 등 별이 많이 보이는 장소에 가는 날이면 반짝이는 밤하늘을 친구로 삼을 수 있게 해주는 천체 애플리케이션입니다.

---

3) [그림 26-4] https://play.google.com/store/apps/details?id=com.vitotechnology.StarWalk2Free&hl=ko&gl=US

4) [그림 26-5]~[그림 26-21] 이미지와 아이콘 캡처 출처는 모두 '스카이 가이드' 앱

1 활용 단원 추천

학년-학기	과목	단원	활용 내용	차시	쪽수
5-1	과학	3. 태양계와 별	성, 별, 별자리의 모양과 변화를 관찰할 수 있음	6-7	60-63

[표 26-2 스카이 가이드 활용 단원 추천]

2 사용 방법

1. 스카이 가이드 앱을 실행합니다. 설치 후 첫 실행 시 화면과 같이 위치 설정을 물어봅니다. `자동으로 위치 설정` 을 하면 현재 사용자의 위치에서 보이는 밤하늘을 자동으로 찾아 보여줄 수 있습니다. 다른 지역의 하늘을 보고 싶을 때에는 설정에서 바꿀 수 있으므로 우선은 자동 설정을 하시는 것을 추천합니다. 설정을 마치면 현재 위치의 밤하늘이 스마트폰 화면에 펼쳐집니다. 손가락으로 터치 및 슬라이드 하여 방향을 바꾸며 밤하늘 이 곳저곳을 살펴볼 수 있습니다. 주요 별자리의 이름이 나옵니다.

[그림 26-7]
첫 화면에서 위치 설정

[그림 26-8]
현 위치의 밤하늘 화면]

[그림 26-9]
나침반 켬]

2. 보시는 바와 같이 화면의 구성은 매우 단순합니다. 먼저 화면 우측 위에
   보이는 나침반 아이콘 █ 을 누르면 위의 세 번째 화면과 같이 [나침반 켬]
   이라는 메시지가 나오면서 손가락으로 방향을 돌리는 대신 스마트폰을
   직접 움직이며 방향을 바꿀 수 있습니다.

나침반이 있던 자리에는 다른 아이콘들이 보이게 되는데 이 중 AR 아이콘
█ 을 누르면 스카이 가이드의 핵심 기능인 밤하늘 별자리 AR 탐색 기능이 켜
지면서 카메라가 작동됩니다. 이 상태에서 밤하늘을 카메라로 비추면 스카이
가이드가 하늘의 별자리를 찾아 안내해줍니다. 별이 잘 보이지 않는 날이라면
AR 기능을 끄고 나침반만 켠 채로 지금 하늘에 별자리가 어디쯤 있는지 알아
볼 수도 있습니다.

3. 별자리의 이름을 터치하면 이름 옆에 작은 ⓘ 아이콘이 생깁니다. 다시
   한 번 터치하면 별자리에 대한 자세한 설명을 볼 수 있습니다. 특징과 관
   련 신화 등 별자리에 대한 많은 정보를 알 수 있습니다.

[그림 26-10
별자리의 ⓘ 아이콘 누르기]   [그림 26-11
별자리 상세 정보 보기]

4. [그림 26-8]의 화면 하단에 보이는 4개의 아이콘을 이용하여 환경설정을
   하거나 천체 이벤트 알림을 받는 등 스카이 가이드의 여러 기능을 이용할
   수 있습니다.

⚙	설정	이용에 필요한 각종 설정을 조정합니다. 별자리 선이나 위성, 오로라의 표시 여부 등을 정할 수 있습니다. 또한 시간, 날짜, 위치를 변경하여 다른 곳의 밤하늘도 관찰할 수 있습니다. '알림 ' 기능을 이용하면 각종 천문 이벤트의 일정을 알려줍니다.

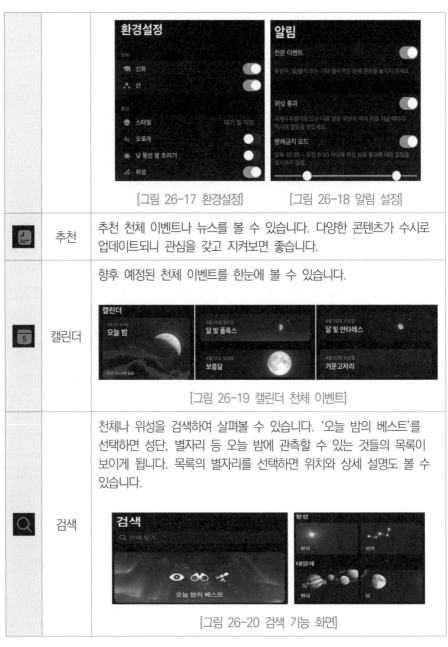

[그림 26-17 환경설정]　　　　　[그림 26-18 알림 설정]

	추천	추천 천체 이벤트나 뉴스를 볼 수 있습니다. 다양한 콘텐츠가 수시로 업데이트되니 관심을 갖고 지켜보면 좋습니다.
	캘린더	향후 예정된 천체 이벤트를 한눈에 볼 수 있습니다. [그림 26-19 캘린더 천체 이벤트]
	검색	천체나 위성을 검색하여 살펴볼 수 있습니다. '오늘 밤의 베스트'를 선택하면 성단, 별자리 등 오늘 밤에 관측할 수 있는 것들의 목록이 보이게 됩니다. 목록의 별자리를 선택하면 위치와 상세 설명도 볼 수 있습니다. [그림 26-20 검색 기능 화면]

[표 26-3 스카이 가이드 기능 설명]

오늘 밤 하늘에 나타날 별자리 관측하기							
학년-학기	5-1	**과목**	과학	**단원**	3단원	**차시**	6-7
학습 목표	별과 별자리가 무엇인지 설명할 수 있다. 스카이 가이드를 이용하여 별과 별자리를 관측하기 위한 계획을 세울 수 있다.						
단계	**교수·학습 활동**						
도입	• 알고 있는 별자리에 대해 말해보기 – 별자리에 관련된 신화 등 자유롭게 대화하기 • 학습 문제 확인						
활동1	• 별과 별자리의 의미 배우기 – 별: 스스로 빛을 내는 천체로 지구에서는 태양 빛이 없는 밤하늘에 보인다. – 별자리: 여러 개의 별을 하나의 별자리로 묶어 캐릭터나 스토리를 부여한 것으로 옛날 사람들에게 나침반 역할을 해주었다.						
활동2	• 스카이 가이드 활용 방법 알아보기 – [나침반 켬] 상태에서 AR모드 작동 방법 익히기 – [설정], [캘린더], [추천] 등 기타 다양한 활용법 알아보기 • 별자리 관측 계획 세우기 – [캘린더]에서 오늘 밤하늘 달의 모습과 관측 가능한 행성 미리 알아보기 – [검색] → [오늘 밤의 베스트]에서 관측 가능한 별자리 알아보기 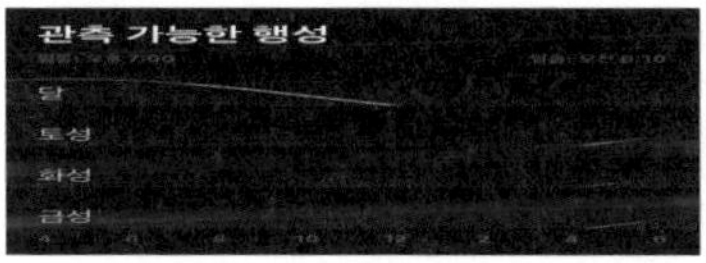  [그림 26-21 시간별 관측 가능한 행성과 오늘 밤의 베스트]						

	오늘 밤 하늘에 나타날 별자리 관측하기
정리	• 수업 정리하기 ☞ 평가: 별과 별자리의 개념을 알고 관측 계획을 세울 수 있다.

[표 26-4 스카이 가이드 수업 지도안]

4 수업 후기

수업 중에 별과 별자리 공부를 할 때는 스텔라리움(과학④)을 이용하는 것이 달의 위상 변화까지 한 번에 공부할 수 있다는 점에서 수월하였습니다. 과학 수업의 목표가 여러 애플리케이션의 사용법을 익히는 것이 아니기 때문에 하나의 앱으로 많은 수업 내용을 커버할 수 있다면 학생들의 에너지 소모를 줄이기 위해 그렇게 하는 것이 낫다고 생각합니다.

밤하늘을 비추는 AR기능이 핵심인 스카이 가이드를 수업 중에 활용할 수는 없었습니다. 하지만 사용법이 간단하여 수업 후 가볍게 사용법을 알려주며 활용을 권해보았습니다. 학생들은 처음에는 시큰둥했지만 몇몇 학생들이 가족 캠핑을 갔다가 써봤더니 진짜 되더라, 좋았다는 등의 반응이 하나씩 나오기 시작하자 많은 관심을 보였습니다.

시뮬레이션 프로그램들을 이용하여 날씨와 장소에 구애받지 않고 천체를 관찰해보는 것도 좋은 공부가 될 수 있지만 역시 직접 광활한 밤하늘의 아름다움을 느껴보는 것에는 못 미칠 것이라 생각합니다. 무료 버전으로는 이용에 한계가 있지만 간단한 체험에는 넘치는 기능입니다. 학생들의 우주에 대한 관심을 한층 깊게 만들어주시길 바랍니다.

척 보면 척 아는 식물 박사

픽쳐디스

픽쳐디스로 식물 박사가 되어보자!		
1)	• 꽃이나 잎을 카메라로 찍으면 A.I.가 빅데이터를 이용하여 식물을 즉시 판별해주는 애플리케이션 • 식물을 키울 때 필요한 정보도 함께 얻을 수 있음	
활용 목표	A.I. 기술이 사용된 식물 인식 앱을 이용하여 다양한 식물에 대해 알아볼 수 있다.	
사용 환경 추천 순서	① 구글 플레이스토어	② 애플 앱스토어	③ 윈도우
	2) 플레이 스토어 다운로드	앱스토어 다운로드	사용 불가
인터넷 사용	사용 시 인터넷 연결 필요	
공유 방법	식물 정보를 링크로 공유하거나 카드 이미지로 만들어 공유 가능	

---

1) [그림 27-1] 로고 https://play.google.com/store/apps/details?id=cn.danatech.xingseus&hl=ko&gl=US

2) [그림 27-2]~[그림 27-5] QR코드는 크롬 브라우저 QR 생성 기능 사용

유사한 프로그램		
3)	**[플랜트 스냅 PLANT SNAP]** • 사진을 찍어 식물을 즉시 판별하는 기능을 제공함 • 픽쳐디스에 비해 한글화가 아쉽지만 무료 기능은 좋은 편	
4)	**[모야모]** • 사진을 찍어 올리면 모야모에서 활동하는 사람들이 실시간 댓글로 식물을 알려주는 애플리케이션 • 병충해 등 쉽게 알기 어려운 정보도 알 수 있음	

⚠ 픽쳐디스 3줄 요약

❶ 📷5) 식별 기능을 이용하여 식물을 잘 보이게 촬영합니다.

❷ 식물의 이름, 생장, 기르기 좋은 환경, 비료 등 여러 가지 정보를 확인합니다.

❸ 찾아본 식물은 🌱 내 정원에 저장되어 언제든 다시 볼 수 있습니다.

[표 27-1 픽쳐디스 개요]

회색빛 정글인 도심 속에서 자라는 요즘 학생들은 식물에 자연스럽게 관심을 갖기가 쉽지 않습니다. 그렇다고 식물의 아름다움을 아예 모르고 사는 것은 아닙니다. 예쁜 꽃들이 피어나는 봄이면 꽃 사진을 찍어 오며 이름을 묻는 학생들이 종종 있는데 사실 저도 잘 몰라서 난감하곤 합니다.

픽쳐디스는 이럴 때 학생들에게 추천해줄 만한 앱입니다. 사진을 찍으면 즉시 사진 속 식물을 식별하여 이름과 정보를 알려줍니다. 길에서 시선이 머무는 아름다운 꽃들을 눈으로만 보지 않고 제대로 기억할 수 있게 도움을 주는 픽쳐디스를 알아봅시다.

---

3) [그림 27-6] https://play.google.com/store/apps/details?id=com.fws.plantsnap2&hl=ko&gl=US

4) [그림 27-7] https://play.google.com/store/apps/details?id=com.atlas.moyamo&hl=ko&gl=US

5) [그림 27-8]~[그림 27-00] 이미지와 아이콘 캡처 출처는 모두 '픽쳐디스' 앱

1 활용 단원 추천

학년-학기	과목	단원	활용 내용	차시	쪽수
4-1	과학	3. 식물의 한살이	꽃과 열매 관찰하기	8	62-63
4-2	과학	1. 식물의 생활	나는야 식물 명탐정	1	10-11
6-1	과학	4. 식물의 구조와 기능	꽃의 생김새와 하는 일	7	84-85

[표 27-2 픽쳐디스 활용 단원 추천]

2 사용 방법

1. 픽쳐디스를 처음 실행하면 다음과 같이 홈 화면이 보입니다. 가장 위쪽에 보이는 [식물 검색]을 이용하면 원하는 식물을 바로 검색해서 알아볼 수 있습니다. 그 아래에 집 안 장소별로 어떤 식물이 가장 좋은지 추천해주는 콘텐츠가 보입니다. 가운데에 있는 아이콘들로 픽쳐디스의 기능을 사용할 수 있습니다.

 진단	식물 사진으로 식물의 이상을 진단합니다. 하단의 [진단하기 🔒]와 동일합니다.
 식별	사진을 찍어 식물을 식별하고 이름과 정보를 봅니다. 하단 📷 아이콘과 동일합니다.
 전문가	전문가 상담을 요청합니다. 유료 회원만 사용 가능한 기능입니다.
 내 정원	찾아본 식물들을 즐겨찾기 해둡니다.
 책	식물 관련 책 모음입니다. 유료입니다.
 360식별	사진 3장으로 식물을 더 자세히 식별합니다. 여러 각도에서 찍는 것이 좋습니다.
 알림	관심 식물의 물 주는 시기 등 알림 설정이 가능합니다.

[그림 29-10 메인 화면]　　　　[표 27-3 픽쳐디스 메인 화면 기능 설명]

그 아래로는 픽쳐디스의 기능을 안내해주는 [시작하기], 식물 서적을 구매하여 볼 수 있는 [인기 있는 책], 인기 있는 식물을 분야별로 묶어둔 [인기 식물]도 볼 수 있습니다.

2. 우선 가장 핵심 기능인 [식별 📷] 기능을 사용해보겠습니다. 카메라를 이용해 식물을 찍으면 픽쳐디스가 해당 식물을 찾아 이름과 정보를 보여줍니다. 직접 찍을 수도 있고, 셔터 버튼 옆에 보이는 [사진첩]에 들어가 예

전에 찍어둔 사진 속의 꽃 이
름을 찾아볼 수도 있습니다.
촬영 팁도 친절하게 안내해주
므로 편하게 찍으실 수 있습
니다. [식별] 옆의 [360 식별]
을 누르면 간단하게 사진 세

[그림 29-16 식별 화면]

장을 찍어 식물을 식별할 수 있습니다. 아래에 예시로 찍은 식물은 디시
디아인데 화면과 같이 금세 식물의 이름을 찾아줍니다.

[그림 29-17 식물을 촬영하고 식별을 거쳐 디시디아 식별 완료.
화면을 아래로 내리면 디시디아의 생장, 최적 환경 조건 등 정보 확인 가능]

[그림 29-18 식물 사진카드]

[그림 29-19 내 정원에 추가]

3. 식별한 식물을 멋진 사진 카드로 만들어 친구와 공유할 수도 있습니다. 오른쪽 화면과 같이 꽤나 멋진 카드를 자동으로 만들어주므로 촬영한 사진을 공유해보는 것도 재미있습니다.

4. 한번 식별한 식물은 [내 식물 🌱]에서 다시 볼 수 있습니다. 홈 화면 하단에서 [내 식물]을 터치하여 이미 찍어서 식별한 식물들의 [사진 기록]을 볼 수도 있고, 내가 마음에 드는 식물을 즐겨찾기로 만들어놓은 [내 정원]을 볼 수도 있습니다.

5. [진단하기 ➕]에서는 사진을 통해 식물의 이상을 진단할 수 있습니다. 실제로 [그림 29-20]의 식물을 찍어보았더니 수분 부족이라는 증상과 함께 해결책이 함께 나왔습니다. 전문가에게 문제 상담을 요청할 수 있는 [전문가 👤] 메뉴도 함께 제안합니다. 식물의 진단부터 문제 해결까지 매우 유용하게 활용할 수 있습니다.

[그림 29-20 진단하기]

6. [더 보기 ▤]에서는 아래와 같이 식물 관리를 위한 알림 설정이나 풀, 유독식물, 나무, 곤충, 새를 식별할 수 있는 추가 서비스 안내를 받을 수 있습니다. 필요에 따라 활용해보실 수 있습니다.

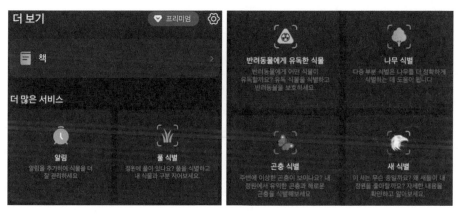

[그림 29-22 더 보기의 추가 서비스]

식물이 궁금할 때는 픽쳐디스!					
학년-학기	6-1	**과목**	과학	**단원**	4단원	**차시**	7
학습 목표	픽쳐디스 앱을 이용하여 궁금한 식물의 정보를 찾아볼 수 있다. 꽃의 생김새와 하는 일을 알 수 있다.				
단계	**교수·학습 활동**				
도입	본 수업은 단원 순서를 바꿔 학교 주변 공원에 꽃이 많이 피는 계절에 진행한 야외 수업입니다. 공원에서 자유롭게 식물들을 탐색해볼 수 있도록 학교 밖 수업을 구성해보시거나, 학생들에게 미리 꽃을 촬영해 오게 하여 찍어둔 사진으로 식물을 식별해보는 활동을 해보는 것도 좋습니다. • (공원에 나와 있는 상황) 주변의 식물 둘러보기 　- 알고 있는 꽃이나 식물에 대해 이야기해보기 • 학습 문제 확인				
활동1	• 픽쳐디스로 주변 식물 식별하기 　- 주변의 꽃 사진을 찍어 어떤 식물인지 알아보기 　- [친구에게 공유하기] 기능으로 학급 홈페이지에 조사한 식물 올리기				
활동2	• 조사한 꽃 사진에서 공통점 찾기 　- 학급 홈페이지에 올라온 꽃들의 공통점 찾아보기 　- 교과서 84-85쪽의 그림과 조사한 꽃의 구조 비교하며 살펴보기 　- 꽃의 구조와 기능을 실험 관찰에 정리하기				
정리	• 수업 정리하기 　☞ 평가: 꽃의 구조와 기능을 설명할 수 있다.				

[표 27-4 픽쳐디스 수업 지도안]

4 수업 후기

A.I.(인공지능) 기술은 우리 생활 속에 이미 깊이 들어와 있습니다. 생활 속에서 인공지능이 더 많이 사용될수록 축적되는 데이터의 양도 늘어나 더 정확한 판단을 내릴 수 있게 됩니다. 알파고가 이세돌 9단을 꺾은 소식에 놀란 것이 얼마 전 같은데 최근의 인공지능은 당시 알파고의 2,500배 성능을 갖고 있다고 합니다.

미래를 살아갈 학생들에게 인공지능에 대한 지식은 필수라고 생각합니다. 픽쳐디스 자체는 식물 식별 앱이지만 인공지능의 원리, 현주소와 활용 분야 등을 함께 설명해주며 수업을 진행하였습니다. 학생들은 픽쳐디스를 통해 예쁜 꽃의 이름과 특징도 배워보고 인공지능이 세상을 보는 방식도 함께 알아볼 수 있었습니다.

음악

01

실제로 연주하며 배우는 스마트폰 리코더 선생님

리코더 온 교실

리코더가 궁금해? 리코더 온 교실!			
리코더 교실 1)	• 리코더의 역사 등 이론부터 운지법, 연습곡 등 실기까지 차근차근 따라 할 수 있게 안내함 • 다양한 수준별 연주곡 및 연주 녹음 기능 제공		
활용 목표	리코더 운지법을 익히고 연습곡을 따라 하며 연주 실력을 향상시킬 수 있다.		
사용 환경 추천 순서	① 구글 플레이스토어	① 애플 앱스토어	② 윈도우
	[QR코드] 2) 플레이 스토어 다운로드	[QR코드] 앱스토어 다운로드 (유료)	사용 불가
인터넷 사용	첫 다운로드 후 인터넷 연결 없이 사용 가능		
공유 방법	결과물 공유 없음		

---

1) [그림 28-1] https://play.google.com/store/apps/details?id=kr.kofac.recorderonclass&hl=ko&gl=US

2) [그림 28-2]~[그림 28-4] QR코드는 크롬 브라우저 QR 생성 기능 사용

함께 사용하면 좋은 앱		
3)	**[단소 온 교실]** • 혼자서는 쉽게 연주하기 힘든 단소를 알려주는 앱 • 리코더 온 교실과 같이 이론부터 실기, 연습곡 등을 제공함	

⚠ 리코더 온 교실 3줄 요약

❶ [운지법 익히기]에서 리코더의 음계별 운지법을 연습합니다.
❷ [연주곡 익히기]의 단계별 연주곡에 도전합니다. 즐겨 찾는 연주곡은 하트를 터치하여 마이페이지 → 관심목록에 추가할 수 있습니다.
❸ 리코더 연습 시 녹음과 녹화를 할 수 있으며 마이페이지에서 확인 가능합니다.

[표 28-1 리코더 온 교실 개요]

초등학교에서 배운 악기로 어떤 것들이 떠오르시나요? 멜로디언, 트라이앵글, 캐스터네츠, 탬버린 등 초등학교를 대표하는 다양한 악기들이 있지만 아무래도 그중 가장 상징성이 강한 것은 리코더가 아닐까 싶습니다. 리코더는 쉽게 소리를 낼 수 있고 비교적 연주 방법도 어렵지 않은 데 비해 많은 곡을 꽤 느낌 있게 연주할 수 있어 기악 활동의 대표주자로 활약하고 있습니다.

하지만 모든 학생이 리코더를 쉽게 마스터할 수 있는 것은 아닙니다. 리코더 온 교실은 리코더 연주 실력 향상에 큰 도움을 줄 수 있습니다. 앱을 실행하고 실제로 리코더를 불면 스마트폰의 마이크가 이를 인식하고 연주에 대한 피드백을 제공합니다. 연습곡을 녹음·녹화해서 다시 들어볼 수도 있습니다. 리코더를 잘 불고 싶은데 음악 수업시간만으로는 충분한 연습을 하지 못하는 학생들에게 리코더 온 교실을 권해봅니다.

---

3) [그림 28-5] https://play.google.com/store/apps/details?id=com.mct.projectDansol

활용 단원 추천

음악 교과서에서 리코더로 기악 활동을 하는 모든 단원에 활용이 가능합니다. 혹은 학급 특색 사업으로 리코더 연주를 지정하여 리코더 온 교실 앱을 활용한 연간 활동(연습곡 순차적으로 클리어하기) 구성도 가능합니다.

사용 방법

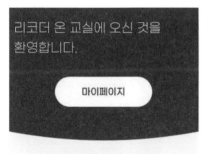

리코더 온 교실에 오신 것을
환영합니다.

마이페이지

리코더 알아보기
리코더의 역사, 종류, 연주 자세, 텅잉
방법을 알아볼까요?

운지법 익히기
독일식, 바로크식 리코더의 기초적인
운지법 연습을 해봐요.

연주곡 익히기
각 단계별 연습곡에 도전하고
실시간 피드백을 받으세요.

[그림 28-6 메인 화면]

1. 리코더 온 교실 앱을 설치합니다. 회원 가입 없이 바로 이용이 가능합니다. 총 네 가지의 학습 메뉴를 제공합니다.

❶ 마이페이지: 자신의 연주를 돌아볼 수 있는 기능입니다. 활동 기록인 내 기록, 연습곡 즐겨찾기인 관심목록, 연주 녹음, 녹화 기록을 보는 내 연주 듣기, 내 연주 보기가 있습니다.

❷ 리코더 알아보기: 이론적인 내용을 알려 줍니다. 연주의 기본인 연주 자세 및 텅 잉 기법은 꼭 읽어볼 필요가 있습니다.

❸ 운지법 익히기: 리코더 운지법을 왼손, 오른손으로 나누어 단계별로 상세히 연

습할 수 있습니다. 처음 운지법 익히기에 들어가면 [단계별 학습 내용]과 [단계별 연습] 중 하나를 선택할 수 있습니다.

[단계별 학습 내용]은 리코더 운지법을 모두 정리해놓은 표라고 보시면 됩니다. 왼손만 사용하는 단계부터 왼손+오른손, 사이음 연습, 높은음 연습 등 수준별로 운지법을 총 7단계로 나누어 보여줍니다. 잘 모르는 음이 있을 때 바로 찾아서 연주하기 용이합니다.

[단계별 연습]에서는 화면에 표시된 음을 실제로 연주하며 연습할 수 있습니다. 표시된 음을 제대로 연주하고 있는지 스마트폰 마이크가 인식하고 피드백 해줍니다.

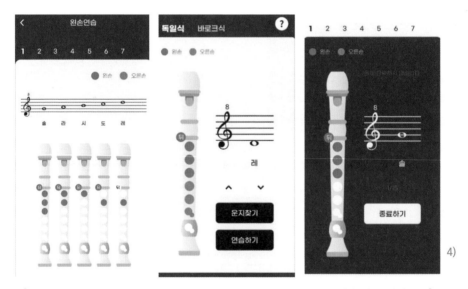

[그림 28-7 왼쪽부터 단계별 학습 내용, 단계별 연습 시작 화면, 단계별 연습 진행 화면]

4) [그림 28-6]~[그림 28-10] 이미지 캡처 출처는 모두 '리코더 온 교실' 앱

[단계별 연습 시작 화면]에서 연습하기를 누르면 [단계별 연습 진행 화면]으로 넘어갑니다. 화면에 나오는 음을 제대로 불지 않으면 빨간 글씨로 '음이 정확하지 않습니다'라는 문구가 나오며 다음 단계로 넘어가지 않게 됩니다.

❹ 연주곡 익히기: 총 50개의 연주곡이 9단계의 수준별로 분류되어 있습니다. 연주 녹음, 녹화가 가능하여 학생들이 자신의 연주를 다시 들어보기 좋습니다. 기록된 연주는 홈 화면의 [마이페이지]에서 다시 확인이 가능합니다.

[그림 28-8 연습하기-도전하기 중 선택]   [그림 28-9 연습 중 녹화, 녹음 가능]

[그림 28-10 연습곡 목록]

연습곡 목록 옆에 보이는 하트를 누르면 마이페이지의 관심목록에서 빠르게 확인할 수 있습니다. 도전에 성공하면 마이페이지의 내 기록에서 진행 상황을 확인할 수 있습니다.

리코더 온 교실! 리코더로 하나 되는 우리 반			
학년	4-6	**수업 방식**	학급 특색 활동으로 연중 수시 활용
단계	**교수·학습 활동**		

**3월
[도입]**
	• 학급 특색 활동으로 리코더 지정
	  – 2월 교육과정 편성 시 학급 특색 활동으로 지정
	  – 리코더 구입 예산 편성 등 연간 활동 준비
	• 리코더 온 교실 사용법 지도
	  – 이론, 운지법, 연습곡 사용 방법 지도
	  – 연습곡 도전하기를 통해 현재 자신의 연주 수준 진단해보기		

**4-6월
[활동1]**
	• 학급 특색 활동 운영하기
	  – 여러 가지 방법으로 학생의 성취를 확인하고 독려해주기
	  – 리코더 인증제, 스티커, 통장, 나무 오름판 등		

**7월
[활동2]**
	• 학급 리코더 연주회 준비하기
	  – 일정 및 운영 방법 정하기
	  – 개인 연주곡, 전체 연주곡 등 프로그램 편성하기
	  – 리코더 연주가 힘든 친구들을 위한 참여 방법 구상하기		

**9월
[정리
및
결과
발표]**
	• 리코더 연주회
	  – 창의적 체험활동 시간을 활용한 연주회 진행하기
	  – 모두 함께 참여하는 즐거운 행사 만들기
	• 연간 활동 소감 발표하기		

[표 28-2 리코더 온 교실 수업 지도안]

　학생들은 혼자 연습할 때도 상당히 큰 도움을 받을 수 있게 설계된 리코더 온 교실이 꽤 유용하다고 말해주었습니다. 하지만 아쉽게도 코로나19의 영향으로 학교에서 부는 악기의 이용이 불가능한 상황이라 학생들과 직접 리코더를 연주해볼 수는 없었습니다. 언젠가 이 험난한 시기가 지나면 모두가 참여하는 리코더 연주회를 꼭 운영해보고 싶습니다.

02

크롬 뮤직랩

크롬 뮤직랩을 이용하면 나도 작곡가!	
1)	• musiclab.chromeexperiments.com/ • 다양한 프로그램으로 음악을 즐겁게 배울 수 있음 • 회원 가입이나 설치와 같은 사전 작업 필요 없음 • 서로의 음악을 공유하거나 공동 작업도 할 수 있음

활용 목표	음악 공부를 위한 디지털 도구를 활용하여 작곡에 도전할 수 있다. 박자 표현, 화음 적용 방법을 익혀 생각을 음악으로 표현할 수 있다.		
사용 환경 추천 순서	**① 윈도우**		**② 구글 플레이스토어** / **② 애플 앱스토어**
	2)	인터넷 접속	애플리케이션이 없으므로 스마트기기의 인터넷 브라우저로 접속해 사용 가능 (크롬 추천)
인터넷 사용	사용을 위한 지속적 인터넷 연결 필요		
공유 방법	인터넷 링크로 공유 및 공동 참여 가능		

1) [그림 29-1] https://musiclab.chromeexperiments.com/
2) [그림 29-2] QR코드는 크롬 브라우저 QR 생성 기능 사용

[표 29-1 크롬 뮤직랩 개요]

초등학교 음악 시간에 학생들은 가창, 기악, 창작, 감상의 네 가지를 배우게
됩니다. 즐겁게 노래를 불러보는 가창이나 악기를 다루는 기악, 음악을 들어보
고 느껴보는 감상 활동에 비해 창작 활동은 상대적으로 매우 어렵게 느껴집니
다. 음악 교육의 목표 중 하나인 창의성 증진을 위해 없어서는 안 될 창작 활동
은 어쩌면 가창, 기악, 감상 능력이 모두 필요한 음악적 산출물의 총아라고 볼
수 있는 것 같습니다.

크롬 뮤직랩은 어려운 창작 활동에 쉽게 접근할 수 있도록 도와주는 도구입
니다. 여러 가지 기능을 제공해주는 크롬 뮤직랩을 통해 학생들은 음악을 좀
더 재미있고 친근하게 배울 수 있습니다. 특히 간단하게 블록을 채우는 방식으
로 작곡에 도전해볼 수 있는 [SONG MAKER]를 활용하여 창작의 어려움을 어
느 정도 해소할 수 있었습니다. 복잡하고 난해한 작곡 기술을 몰라도, 심지어
높은음자리표나 음표·마디의 개념을 모르는 상황에서도 재미있게 곡을 만들어
친구들과 함께 공유할 수도 있습니다. 가볍고 편안하게 음악의 즐거움을 느낄
수 있는 크롬 뮤직랩을 소개합니다.

　　대부분의 음악 수업에서 짧은 리듬꼴이나 간단한 멜로디를 만들어보는 창작 활동이 함께 제시되는 관계로 모든 교과서의 모든 활용 단원을 찾아 적는 것은 큰 의미가 없다고 생각하였습니다. 리듬이나 멜로디를 만드는 활동에 활용하시는 것을 추천합니다. 아래는 예시를 들기 위해 가져온 몇 개의 차시입니다.

출판사	학년	단원	주요 내용	활용 기능
비상	6	5. 음악, 아름다운 도전 (2) 만파식적 (68-69쪽)	'만파식적' 이야기를 듣고 각 장면에 어울리는 리듬, 멜로디 만들기(용을 만나는 장면, 폭풍이 치는 장면, 세상이 평화로워지는 장면 등)	SONG MAKER
동아	5	1. 꿈과 희망을 주는 음악 (3) 새싹들이다 (12-13쪽)	$\frac{4}{4}$박자 리듬을 만들고 노래에 맞춰 악기로 연주해보기	RHYTHM
지학사	6	2. 즐거운 노래 만들기 (2) 가락놀이(56-57쪽)	화음과 리듬에 맞추어 가락 만들고 리코더로 연주해보기	SONG MAKER

[표 29-2 크롬 뮤직랩 활용 단원 추천]

1. 크롬 뮤직랩은 구글에서 제공하는 음악 관련 콘텐츠입니다. 전문적인 작업을 위한 프로그램이라기보다는 음악을 주제로 갖고 놀 수 있는 재미있는 활동 모음에 가깝습니다.
2. 크롬 뮤직랩을 검색해서 접속합니다. 모든 기능을 원활하게 사용하기 위해 구글 크롬으로 접속할 것을 권장합니다.

[그림 29-3 크롬 뮤직랩 시작 화면에 타일형으로 배치된 콘텐츠들]

3. 뮤직랩에서는 다양한 기능을 통해 음악을 즐길 수 있습니다. 구체적인 사용법을 다루는 책이나 영상이 많이 있으므로, 여기서는 수업에서 사용한 기능들만 간단하게 소개하고자 합니다.

---

3) [그림 29-3]~[그림 29-8] https://musiclab.chromeexperiments.com/

SHARED PIANO 다 함께 참여하는 공유 피아노 연주

[그림 29-9]

사용법 영상

- 공유 피아노 연주입니다. 화면 하단의 링크 복사(Room:Copy link)를 통해 주소를 공유한 사용자들과 함께 연주를 할 수 있습니다. 추가된 사용자는 왼쪽 아래에 동물 아이콘 모양으로 표시됩니다. 동시 접속이 너무 많으면 연주가 원활하지 않습니다. 네트워크 상황에 맞게 인원을 조정하시기 바랍니다.
- 마우스 클릭, 터치, 키보드로 피아노 건반을 누를 수 있습니다.
- 키보드 사용 시 배열상 A, S, D, F 순서로 도레미파가 연주됩니다. W, E는 검은 건반을 누를 수 있습니다. 옥타브 이동은 Z, X 키를 이용합니다.
- 화면 하단에서 악기 종류를 변경할 수 있고 우측 하단의 [Settings✱]에서 여러 설정을 변경할 수 있습니다.
- 사용법 영상을 하나 추천해드립니다. 수업을 하며 학생들과 함께 보셔도 좋습니다.(출처: Siren Music 사이렌 뮤직)4)

 SONG MAKER 비트와 멜로디를 이용한 손쉬운 작곡하기

- 비트와 간단한 멜로디로 자유 작곡 활동을 해볼 수 있습니다. 다양한 악기 소리와 비트를 조합하여 곡을 만들고 링크로 공유할 수 있습니다.

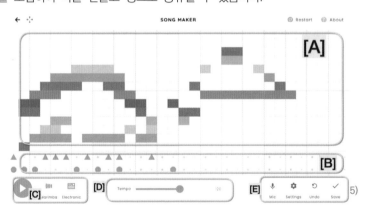

[그림 29-10 SONG MAKER 제작 화면]

- [B] 로 묶은 하단의 두 줄은 비트를 만드는 라인입니다. [E] 에 보이는 [Settings ✷]에 들어가면 [Beats per bar], [Split beats into] 메뉴가 있는데 이를 이용하여 한 마디당 비트의 숫자 등을 조절할 수 있습니다.

- [A] 영역의 블록들은 멜로디 라인입니다. 클릭하여 블록을 채우는 방식으로 입력합니다. [Settings ✷]에서 길이(Length)와 옥타브(Range), 음계(Start on)를 조절할 수 있습니다.

- [C] 에서 클릭만으로 간단히 연주할 악기를 바꿀 수 있습니다. [D] 의 Tempo를 바꾸면 재생 속도가 바뀝니다.

- [E] 에서 [Mic]를 누르면 녹음을 이용한 작곡이 가능합니다. 또한 [Save] 버튼을 누르면 공유 링크가 나옵니다. 학급 홈페이지를 통한 공유가 가능합니다.
- 악보 형태가 아니기 때문에 정확한 음 길이 조절을 위해 몇 번의 연습이 필요합니다. 익숙해지면 학생들도 잘합니다.

 RHYTHM 리듬을 만들며 리듬의 종류와 구성 익혀보기

- 리듬을 만들어보며 리듬의 종류와 구성을 익히는 활동입니다.
- 3박자부터 6박자까지 제공됩니다. 3개의 가로줄 위를 클릭하여 점을 생성함으로써 리듬에 다양한 변주를 해볼 수 있습니다. 재생을 누르면 연속으로 재생됩니다.
- 리듬을 연주해주는 재미있는 동물 애니메이션이 함께 제공됩니다. 어떤 점이 어떻게 연주되는지 관찰해볼 수 있습니다.

---

4) 유튜브 Siren Music 사이렌 뮤직, 구글 크롬 뮤직랩 [쉐어드 피아노]로 연주하기 Chrome Music Lab Shared Piano https://youtu.be/FIpvByKyP6k

5) [그림 29-10] https://musiclab.chromeexperiments.com/Song-Maker/

	KANDINSKY 그림을 통해 소리를 만들며 음악과 친해지기

[그림 29-11 칸딘스키 화면]

- 그림을 통해 소리를 만드는 놀이입니다.
- 화면에 그림을 그리고 플레이를 누르면 그림마다 소리를 내면서 음악이 완성됩니다. 하단 재생 버튼 옆의 원형 아이콘을 눌러 악기를 바꿀 수 있습니다.
- 닫힌 도형과 열린 선분이 각각 다른 소리를 냅니다. 너무 많이 그리면 처음 그린 선부터 지워집니다.

	ARPEGGIOS 다양한 패턴의 화음 들어보기

- 아르페지오는 한 번에 하나의 음만 연주되는 코드입니다.
- 다양한 패턴으로 아르페지오의 연주를 들어볼 수 있는 프로그램입니다. 화음의 개념을 설명할 때 사용하기 좋았습니다.

[표 29-3 크롬 뮤직랩 주요 기능 설명]

---

6) [그림 29-11] https://musiclab.chromeexperiments.com/Kandinsky/

교과서 차시별 창작 활동에서 크롬 뮤직랩을 도구로 이용하시는 경우에는 별도의 지도안이 필요 없습니다. 여기서는 크롬 뮤직랩을 중점적으로 활용하여 학생들과 진행해보았던 4차시의 프로젝트형 작곡 수업의 흐름을 소개합니다.

1차시- 박자 표현						
학년	6	**과목**	음악	**단원**	-	**차시**	1/4

학습 목표	음악 공부를 위한 디지털 도구를 활용하여 작곡 활동에 도전할 수 있다. 박자를 쪼개 표현하는 방법을 익히고, 화음을 적용하여 생각을 음악으로 표현할 수 있다.
단계	**교수·학습 활동**
도입	• 학습 동기 유발하기 - 동영상을 보고 느낀 점 이야기하기 (유튜브에 비트 메이킹, 비트 쌓기, 비트 만들기 등 검색) • 차시 학습 목표 제시 - 크롬 뮤직랩을 활용하여 박자를 표현할 수 있다.
활동1	• 크롬 뮤직랩 소개하기 - 선생님과 SHARED PIANO 해보기 - KANDINSKY 체험해보기 - 기타 여러 기능 자유롭게 탐색해보기
활동2	• 교과서 노래의 박자 알아보기 - 교과서 노래의 박자를 알아보기 - 손뼉과 발로 다양하게 박자 표현해보기 • 크롬 뮤직랩 RHYTHM으로 박자의 흐름 익혀보기 - RHYTHM의 박자 비트 들어보기 - 교과서 노래의 박자 찾아보기

1차시- 박자 표현	
활동2	– 원하는 비트를 3줄로 편성하여 바꿔가며 들어보기 – 정해진 비트를 다시 그 안에서 쪼개 다양화해보기 – 다른 박자의 비트도 만들어보기

정리	• 친구들과 비트 공유하기
	  – 만든 비트 작품을 친구들과 공유하고 감상 말해주기
	  – 자신이 만든 비트에 맞춰 좋아하는 노래 불러보기
	     ☞ 평가: 원하는 박자를 골라 멋진 비트를 만들어 공유할 수 있다.
	• 개인별 실천 사항 및 수업 소감 발표하기
	• 차시 예고
	  – 화음 반주 만드는 법 익히기

[표 29-4 크롬 뮤직랩 수업 지도안 ①]

2차시- 화음 표현							
학년	6	과목	음악	단원	–	차시	2/4
학습 목표	화음의 개념을 익히고 화음을 이용한 악곡의 전개방식을 이해하여 표현할 수 있다.						
단계	교수·학습 활동						
도입	• 학습 동기 유발하기 	동기 유발 영상 ①	동기 유발 영상 ② | 즉석에서 화음을 보태는 방송 영상[7] 한 구절의 노래를 풍성하게 만드는 과정[8] • 학습 목표 제시						

---

7) [그림 29-12] 유튜브, JTBC entertainment, 역시 갓비치(Davicihi)♬ 어떤 노래에도 완벽 화음 가능♡_♡

	2차시- 화음 표현

활동1	• 크롬 뮤직랩 ARPEGGIOS 체험해보기
	  - 음계를 영어로 나타내는 법 알려주기
	  - 화음과 코드의 개념 알려주기
	• 교과서 노래에 적용해보기
	  - 선생님이 교과서 노래의 코드 진행 알려주기
	  - ARPEGGIOS로 알맞은 코드를 눌러가며 노래 불러보기

활동2	• 유명한 노래들의 코드 알아보기
	
	1초 음악 맞히기 게임
	
	• 학생들이 모두 알 만한 노래들을 여러 곡 준비합니다.
	• 문제를 시작할 때 곡의 길이를 알려주고, 어떤 지점을 들어볼 것인지 학생이 선택합니다.(1분 26초 들려주세요 등)
	• 해당 구간을 딱 1초만 들려줍니다. 못 맞히면 다른 구간을 선택해서 1초씩 들어볼 수 있습니다.
	
	  - 문제를 맞히면서 좋아하는 노래가 나오면 코드 검색해보기
	  - 좋아하는 노래들의 코드 진행을 ARPEGGIOS로 들어보기
	• 간단한 멜로디 만들어보기
	  - 좋아하는 노래의 한 부분을 SONG MAKER로 만들어보기
	  - 만든 음계에 화음 쌓아서 들어보기

정리	☞ 평가: 간단한 멜로디를 제작하여 공유할 수 있다. • 차시 예고 - 주제를 정해 짧은 곡 작곡해보기

[표 29-5 크롬 뮤직랩 수업 지도안 ②]

https://youtu.be/40DfBytKPjE

8) [그림 29-13] 유튜브, sion dimen, 아름다운 화음 탄생과정 [sion] https://youtu.be/tJyrZUCgA9Y

3~4차시- 작곡하기						
학년	6	과목	음악(비상)	단원	3단원	차시	3-4/4
학습 목표	박자와 화음을 활용하여 간단한 작곡을 할 수 있다.					
단계	교수·학습 활동					
도입	• 학습 동기 유발하기 	동기 유발 영상 ①		동기 유발 영상 ②	
---	---	---	---
[QR]	루프 스테이션 음악 제작 영상9)	[QR]	루프 스테이션 음악 제작 영상10) | • 학습 목표 제시					
활동1	• 교과서 감상곡 들어보기(비상교육 감상 차시 44-45쪽 기준) 　－ 작곡가인 쇼팽과 슈트라우스에 대해 알아보기 　－ 쇼팽의 '빗방울 전주곡' 들어보기 　　＊ 음악에서 빗방울을 어떻게 표현한 것 같은지 생각해보기 　－ 슈트라우스의 '천둥과 번개' 들어보기 　　＊ 천둥과 번개를 음악으로 어떻게 음악으로 표현했는지 생각해보기 　－ 자연이나 특정 상황을 표현한 기악곡들 살펴보기 　　＊ 비발디의 사계 등 들어보고 느껴보기 • SONG MAKER 활용하여 날씨를 주제로 짧은 표현하기 　－ 비 오는 날, 햇볕이 따뜻한 날 등(다음 페이지 학생 작품 참조)					
활동2	• SONG MAKER로 나만의 노래 구상해보기 　－ 표현하고 싶은 나만의 감정, 나의 이야기 등을 떠올려보기 　－ 이야기를 기승전결로 나누어 각 부분별 분위기 구상하기 • SONG MAKER로 나만의 노래 만들기 　－ ARPDGGIOS로 다양한 화음 들어보기 　－ 화음을 통해 코드 진행 순서 작성하기					

	3~4차시- 작곡하기
활동2	– 박자와 화음에 맞는 멜로디 만들기 – 가사 붙이기

정리	• 학급 홈페이지에 곡 설명과 함께 링크 공유하기
	  – 만든 작품을 친구들과 공유하고 감상 말해주기
	  – 우리 반 노래 발표회 진행하기
	    ☞ 평가: 박자와 멜로디가 어우러진 자신만의 곡을 만들 수 있다.
	• 개인별 실천 사항 및 수업 소감 발표하기

[표 29-6 크롬 뮤직랩 수업 지도안 ③]

4 | 수업 후기

　작곡은 쉬운 일이 아닙니다. 음악을 잘 아는 사람들도 곡 하나를 쓰기 위해서 많은 노력을 기울이는데 우리 학생들이 완성도 높은 곡을 완성하기란 매우 어려운 일입니다. 크롬 뮤직랩은 작곡에 대한 부담을 덜어주고 간단한 클릭 몇 번으로 자신의 곡을 만드는 경험을 제공하기 때문에 학생들이 매우 즐거워했습니다. 곡의 구조와 완성도보다는 그저 생각나는 대로 클릭하며 어떤 느낌을 음악으로 표현하는 데 중점을 두고 활동을 진행하였습니다. 어떤 학생들은 SONG MAKER의 악보 위에 그림을 그리듯이 블록을 채웠고, 꽤 멋진 음악을 만들어 친구들의 좋은 반응을 이끌어내기도 했습니다. 자연스러운 활동 속에서 음악에 대한 관심과 지식을 넓힐 수 있는 뮤직랩의 장점을 체험해볼 수 있는 시간이었습니다.

---

9) [그림 29-14] 유튜브, MBCentertainment, [나 혼자 산다] 역시 믿.듣 헨라+음악 조합! 세상 신기한 'Uptown Funk' 커버 연습 w(° o °)w https://youtu.be/e8MV7pXA5e0

10) [그림 29-15] 유튜브, MBCentertainment, [나 혼자 산다] 헨리의 <Bad Guy> ♬ 젓가락으로 완성하는 감동적인 하모니! 20200828 https://youtu.be/9BS4t1sfJhk

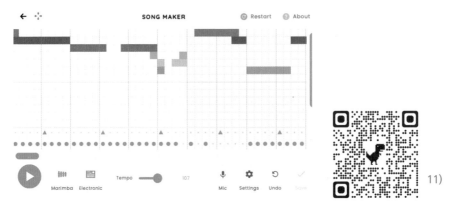

[그림 29-16, 그림 29-17 학생 작품 '비 오는 날']

11)

---

11) [그림 29-16], [그림 29-17] https://musiclab.chromeexperiments.com/Song-Maker/song/6659055630680064

03

가장 압도적인 자동 뮤직비디오 제조기

퀵 QUIK

퀵 QUIK으로 자동 뮤직비디오 제작하기		
Quik 1)	• 사진과 영상을 선택하면 자동으로 음악을 입혀 뮤직비디오를 만들어주는 프로그램 • 음악의 비트에 맞춰 화면이 전환되고 여러 템플릿을 적용하여 멋진 영상을 쉽게 제작할 수 있음	
활용 목표	자동 영상 편집 프로그램을 체험하고 활용할 수 있다. 표현하려는 주제에 적합한 음악과 영상으로 뮤직비디오를 제작할 수 있다.	
사용 환경 추천 순서	① 애플 앱스토어	② 구글 플레이스토어	③ 윈도우
	2) 앱스토어 다운로드	플레이 스토어 다운로드	사용 불가
인터넷 사용	첫 다운로드 후 인터넷 연결 없이 사용 가능		
공유 방법	동영상 파일을 내보낸 뒤 자유롭게 활용 가능		

---

1) [그림 30-1] 로고 https://play.google.com/store/apps/details?id=com.gopro.smarty
2) [그림 30-2]~[그림 30-4] QR코드는 크롬 브라우저 QR 생성 기능 사용

비슷한 기능을 가진 앱		
3)	**[펠리컷 Pelicut]** • 음악에 맞춘 자동 영상 생성 기능을 제공합니다. • 사진, 영상을 선택하여 자동으로 영상을 생성합니다.	

⚠ **퀵 QUIK 3줄 요약**

❶ ➕ Mural에 추가 4) → 사용할 사진·영상 선택 → 📽 Mural에 추가 → 영상 초안 제작됨

❷ 초안에서 연필 ✏ 아이콘을 눌러 편집 화면 진입

❸ 테마 🎞, 음악 🎵, 길이 ⏱로 간단하게 뮤직비디오 완성 가능

❹ 필요시 타임라인 🖼에서 상세 편집 후 [저장]하여 영상 내보내기

[표 30-1 퀵 개요]

우리 아이들은 영상으로 검색하고 영상으로 대화하는 세대입니다. 정보 검색을 할 때 구글보다 유튜브를 사용하고 틱톡과 같은 짧은 동영상 플랫폼을 보며 여가 시간을 보냅니다. 영상을 소비함과 동시에 영상 제작에 대한 의지도 강한 세대이므로 아이들에게 영상 제작을 위한 다양한 도구를 알려주는 것은 꽤 의미 있는 수업이라고 생각합니다. 이번 수업에서는 A.I.를 이용한 자동 영상 제작 프로그램인 퀵을 소개합니다.

---

3) [그림 30-5] 로고 https://play.google.com/store/apps/details?id=songs.music.images.videomaker
4) [그림 30-6]~[그림 30-28] 이미지와 아이콘 캡처 출처는 모두 'QUIK' 앱

1 활용 단원 추천

학년-학기	교과서	단원	주요 내용	쪽수
6-1	비상교육 음악	2. 음악 나누는 마음	가족 사랑을 전하는 음악 영상 만들기	32~33

[표 30-2 퀵 활용 단원 추천]

2 사용 방법

1. 퀵은 고프로라는 액션캠과 연동되는 앱으로 멋진 영상을 짧은 시간 안에 제작할 수 있습니다. 태블릿과 스마트폰에서 사용이 가능합니다. 기존에는 완전 무료였으나 업데이트 후 구독제 유료로 전환되었습니다. 하지만 일주일 체험 기간이 있어 수업에 활용하기에는 지장이 없었습니다. 비슷한 무료 프로그램을 찾으려 했으나 영상 제작 과정의 간편함이나 기능 면에서 퀵을 대체하기가 어려웠습니다. 학교 예산 활용이 가능하신 경우, 학생들이 사용하기 위한 한 달 결제도 괜찮을 것 같습니다.

2. 첫 화면에서 ＋ Mural에 추가 를 터치합니다.

[그림 30-13 첫 화면 열기]　　　　　[그림 30-14 사진, 영상 추가]

　　스마트폰 안에 있는 사진과 영상들 중 사용할 것을 선택하여 화면 하단에 보이는 를 누르면 영상의 초안이 생성됩니다. 선택한 순서대로 영상 속에 배치되므로 처음에 순서를 잘 생각하며 선택하면 편집 과정이 훨씬 간편해집니다.

3. Mural 탭에 방금 선택한 영상·사진 묶음이 보입니다. 터치하여 제목을 정해줍니다. 묶음을 선택하면 자동으로 제작된 영상의 초안이 재생됩니다. 하단의 연필 ✏ 아이콘을 눌러 편집 화면으로 넘어갑니다.

[그림 30-15 영상 초안의 모습]　　[그림 30-16 이름 지정]　[그림 30-17 연필✏ 터치하여 편집

4. 아래는 편집 화면의 모습입니다. 상단에 화면 미리보기가 나오고 중간에 미리보기 영상의 타임라인 바가 있습니다. 하단에는 다섯 가지 편집 메뉴가 있습니다.

[그림 30-18 편집 화면]

타임라인	추가된 사진과 영상들의 순서 변경, 삭제를 할 수 있고 개별 사진·영상 조각들을 정밀하게 편집할 수 있습니다
테마	영상에 전체적으로 적용될 테마를 정합니다. 테마에 따라 화면 효과 등이 다릅니다.
음악	영상에 적용할 음악을 선택합니다.
길이	적용된 음악에 맞춰 최적의 영상 길이를 선택합니다.
형식	영상의 비율을 정합니다.

[표 30-3 퀵 편집 화면 기능]

다양한 편집 기능 중 [테마] → [음악] → [길이] 이 세 가지만 선택하고 저장해도 멋진 뮤직비디오가 완성됩니다. 우선 이 주요 세 가지 기능부터 알아보겠습니다.

5. [테마]에 따라 영상의 화면 전환 효과나 글꼴 등이 다르게 적용됩니다. 영상의 표현 의도에 따라 적절한 테마를 고르면 됩니다. 영상 미리보기를 통해 가장 어울리는 테마를 선택할 수 있습니다. 테마(템플릿)를 먼저 정하고 틀 안에 영상을 끼워 넣는 다른 앱들과 반대로 영상 소스를 먼저 선택할 수 있어 제작이 훨씬 수월합니다. 테마 아이콘 위에 나타나는 파란색 연필을 터치하면 테마에 적용할 글꼴과 그래픽을 바꿀 수 있습니다.

[그림 30-19 원하는 테마를 적용합니다. 오른쪽과 같이 글꼴, 그래픽 설정이 가능합니다]

6. [음악]을 선택합니다. 퀵에서 자체적으로 제공하는 배경음악을 쓰거나 기기에 있는 자신의 음악을 사용할 수도 있습니다.

7. [길이]에서 영상의 길이를 선택합니다. 선택한 음악에 맞는 최적의 영상 길이를 자동으로 추천해줍니다. 간단하게 사진과 영상들을 배치하는 뮤직비디오를 만들 경우 여기까지만 해도 충분히 좋은 영상을 만들 수 있습니다.

[그림 30-20 음악 선택]　　　　　[그림 30-21 사용할 음악 길이 설정]

8. [타임라인]을 이용해 더 세밀한 편집이 가능합니다. [타임라인]에서 추가한 사진·영상들을 길게 눌러 드래그하면 순서를 바꿀 수 있습니다. 빨간색 휴지통 아이콘 위로 영상 조각을 올리면 삭제도 가능합니다.

[그림 30-22 영상 조각 선택]   [그림 30-23 터치 드래그로 영상 이동·삭제]

9. 영상 조각 위에 보이는 파란색 연필 아이콘을 터치하면 해당 사진·영상을 정밀하게 편집할 수 있는 메뉴들이 하단에 나타납니다. 선택한 조각의 좌우에 보이는 [추가 ➕] 아이콘을 누르면 앞, 뒤로 새로운 사진·영상 조각을 추가할 수 있습니다.

[그림 30-25 영상 조각 좌우의 추가 아이콘]   [그림 30-26 다양한 편집 기능]

타임라인에서 사용할 수 있는 편집 메뉴의 기능들 중 중요한 몇 가지 기능을 다음 표로 설명합니다.

트림	해당 영상 조각에서 뮤직비디오에 나오게 하고 싶은 구간을 정합니다. 초안 제작 시 자동으로 선택된 부분을 바꾸고 싶을 때 사용할 수 있습니다. 여러 구간을 하이라이트로 설정할 수도 있습니다.
프레임	전체 영상 중 일부만 화면에 나오게 하고 싶을 때 프레임으로 원하는 부분을 지정해주거나 좌우·상하 반전 등을 할 수 있습니다.
필터	영상에 각종 필터 효과를 적용합니다.
속도	해당 영상의 재생 속도를 조절합니다.
볼륨	영상의 볼륨을 조절합니다. 볼륨을 끄고 배경음악만 들을 수도 있고 영상의 소리가 크게 들리도록 정할 수도 있습니다.
텍스트	텍스트를 넣습니다. 인트로에 활용하기 좋습니다.
조정	채도, 노출, 음영, 하이라이트 등을 조절합니다.

[표 30-4 퀵 타임라인 편집 기능 설명]

10. 모든 작업이 완료되면 상단의 [저장]을 눌러 영상을 저장합니다. 파일 크기를 지정하여 [계속]을 누르면 영상이 저장됩니다.

[그림 30-29 내보내기 선택과 미디어 저장 중인 화면]

마음을 표현하는 뮤직비디오 만들기						
학년	6	**과목**	음악(비상교육)	**단원**	2단원	**차시**	6

학습 목표	표현하고자 하는 주제에 어울리는 음악과 이미지를 이용하여 영상을 제작할 수 있다.
단계	**교수·학습 활동**
도입	• 가족에 대한 사랑을 표현한 노래의 뮤직비디오 감상하기 • 학습 목표 제시

활동1	• 영상 제작 준비하기
	   − X MIND(발표와 평가③)를 이용하여 영상에 필요한 요소 생각하기
	   − 스토리라인과 영상의 길이 정하기
	   − 영상에 넣을 사진이나 재료 영상 준비하기

활동2	• 퀵을 이용하여 가족 사랑 뮤직비디오 만들기
	   − 어울리는 음악 찾아 영상 제작하기
	   − 다양한 버전으로 제작해보기
	   − 만든 뮤직비디오 학급 홈페이지에 올리기
	• 서로의 영상 감상하며 피드백하기

정리	• 가족들에게 영상 보여주고 학급 홈페이지에 후기 남기기
	   ☞ 평가: 주제에 어울리는 음악을 사용하여 가족 사랑을 표현하는
	          뮤직비디오를 제작할 수 있다.
	• 개인별 실천 사항 및 수업 소감 발표하기

[표 30-5 퀵 수업 지도안]

영상 하나를 만들기 위해서는 많은 노력이 필요합니다. 재료로 쓸 영상들이 많을수록 손이 많이 가는 작업입니다. 특히 뮤직비디오와 같이 음악의 박자에 맞춰 화면이 넘어가는 효과에는 더욱 손이 많이 갑니다.

손수 작품 영상을 만드는 것도 의미가 있지만, 여러 영상을 편집해야 하는 경우나 빠르게 영상을 제작해야 하는 경우, 혹은 영상 편집에 대해 아직 잘 모를 경우에는 인공지능을 이용한 자동 영상 제작 프로그램인 퀵이 큰 도움이 됩니다. 학생들은 빠르고 편하게 질이 높은 영상을 제작할 수 있다는 것에 큰 만족감을 표현했습니다. 수업 이후에 다른 주제로 여러 영상을 제작하는 학생들도 꽤 있었습니다. 이번 수업을 계기로 영상 제작을 제대로 배워보고 싶다는 소감도 많았습니다.

04

허밍으로 만드는 나만의 노래

험온 HumOn

갑자기 떠오르는 멜로디가 노래가 된다? 험온!		
1)	• 허밍을 하면 인공지능이 멜로디를 인식하고 이를 이용해 간단하게 작곡을 해볼 수 있는 애플리케이션 • 만든 곡에 가사를 붙이고 악보를 자동으로 제작 가능 • 사용 방법 영상: https://youtu.be/LriiLM5Ru3Y	**2)**
활용 목표	인공지능 작곡 프로그램을 이용하여 노래를 만들 수 있다. KEY, BPM 등 작곡에 필요한 음악적 요소들을 이해하고 활용할 수 있다.	

사용 환경 추천 순서	① 애플 앱스토어		② 구글 플레이스토어		③ 윈도우
	3)	앱스토어 다운로드		apkpure에서 다운로드 후 파일 관리자에서 설치	사용 불가

인터넷 사용	첫 다운로드 후 인터넷 연결 없이 사용 가능
공유 방법	만든 곡은 음악 파일로, 악보는 PDF 파일로 내보내기 가능

---

1) [그림 31-1] 로고 https://apps.apple.com/kr/app/humon-험온-허밍으로-작곡하기/id1267211986

2) 유튜브, Siren Music 사이렌 뮤직, 인공지능 작곡 앱 '험온' 사용법 How to use 'HumOn'(A.I. composer app)

3) [그림 31-2]~[그림 31-4] QR코드는 크롬 브라우저 QR 생성 기능 사용

[표 31-1 험온 개요]

　누구나 한 번쯤 나만의 노래를 만들어보는 상상을 합니다만 작곡은 그리 쉬운 일이 아닙니다. 하지만 그냥 흥얼거리기만 해도 노래를 만들 수 있다면 어떨까요? 험온은 인공지능을 이용하여 내가 흥얼거린 멜로디에 살을 붙여 곡을 만들어주는 작곡 애플리케이션입니다. 크롬 뮤직랩(음악②)과는 다르게 인식한 멜로디에 속도, 음정 등 이런저런 음악적 요소를 조율해가며 곡을 완성해가는 작업으로 조금 더 직관적으로 소리를 만들 수 있다는 것이 특징입니다. 모두가 재미있게 작곡을 해볼 수 있게 도와주는 인공지능 기술인 험온에 대해 알아봅시다.

---

4) [그림 31-5]~[그림 31-24] 이미지와 아이콘 캡처 출처는 모두 '험온' 앱

1 활용 단원 추천

초등 음악에서는 짧은 작곡을 해보는 활동이 종종 나옵니다. 크롬 뮤직랩에서 추천한 활용 단원처럼 간단한 작곡 활동을 하는 데 이용해볼 수 있습니다.

출판사	학년	단원	주요 수업 활동 → 앱 활용 방법
비상	6	5. 음악, 아름다운 도전 (2) 만파식적(68-69쪽)	'만파식적' 이야기를 듣고 각 장면에 어울리는 리듬, 멜로디 만들기 → 허밍으로 작곡하기
지학사	6	2.즐거운 노래 만들기 (2) 가락놀이(56-57쪽)	화음과 리듬에 맞추어 가락 만들고 리코더로 연주 → 악보로 내보내 연주하기

[표 31-2 험온 활용 단원 추천]

2 사용 방법

1. 험온을 설치합니다. 예전에는 구글 플레이스토어에서도 자유롭게 이용이 가능했는데 현재는 중단된 상황입니다. 아마 기능 업데이트 이후 다시 사용이 가능할 것으로 예상합니다. 현재 상황에서는 'apkpure' 홈페이지에서 예전 버전의 앱 파일을 다운받아 스마트폰에 직접 설치하는 방법을 사용해야 합니다. 애플 아이폰은 앱스토어에서 바로 다운로드할 수 있습니다.

[A]	설정 메뉴입니다. 녹음 모드, 노이즈 감소, 음계, 분박 단위 등 곡을 인식하고 만드는 데 필요한 각종 설정을 변경할 수 있습니다.
[B]	만든 곡을 분류하여 넣어둘 수 있는 앨범입니다. 현재 '내 앨범 1'에는 3곡이 들어 있음을 확인할 수 있습니다. 화면을 오른쪽으로 스와이프하면 새 앨범을 추가할 수 있습니다. 앨범의 표지나 이름을 바꾸는 것도 가능합니다.
[C]	새 곡을 바로 만듭니다. 버튼을 터치한 후 녹음 모드를 선택하면 즉시 허밍으로 녹음을 할 수 있습니다.

[그림 31-8 시작 화면]

[표 31-2 험온 시작 화면 기능]

2. 수업 중 험온을 사용하실 때는 대게 [A]설정 → [C]녹음 및 작곡 → [B]확인의 순서로 진행하시게 됩니다. 먼저 설정에서 확인해야 하는 사항들을 살펴보겠습니다.

[그림 31-9 녹음 설정 화면]

[노이즈 필터]를 이용하면 주변 소음을 분리하여 허밍을 더 깔끔하게 인식합니다. 그 아래의 [멜로디 정밀도]는 반드시 확인이 필요한 설정으로 우리가 보편적으로 사용하는 '온음계(7음)'을 선택하는 것을 권장합니다. 반음계를 사용할 경우 예상과는 다른 인식 결과가 나올 수 있습니다. 분박 단위는 원하는 설정을 보고 선택하실 수 있습니다. [녹음 시작]에서는 녹음 모드별 설정이 다릅니다. 험온의 녹음 모드는 두 가지로, 자유롭게 녹음이 가능한 모드와 박자를 알려주는 메트로놈 모드가 있습니다.

녹음 모드별로 설정이 조금 다른데, Tempo-free 모드와 달리 메트로놈 모드에서는 메트로놈의 속도, 메트로놈 소리 재생 여부, 시작 전 예비 마디 적용 여부를 추가로 설정할 수 있습니다. [녹음 튜토리얼]은 도움말을 항상 켜두는 기능으로 학생들은 이 도움말을 통해 훨씬 수월하게 험온을 이용할 수 있습니다.

3. 이제 험온의 주요 기능인 [C]녹음 및 작곡 기능을 알아봅시다. 첫 화면에서 ➕를 누르면 녹음 모드를 선택하는 화면으로 넘어갑니다. 녹음 모드는 아래의 두 가지로 원하는 모드를 선택하시면 녹음 화면으로 넘어갑니다.

[그림 31-10 Tempo-Free 모드]

[그림 31-11 메트로놈 모드]

4. 녹음을 진행합니다. Tempo-Free 모드의 경우에는 바로 하단의 빨간색
   원형 녹음 버튼◉을 눌러 허밍으로 멜로디를 입력할 수 있습니다. 멜로
   디가 인식됨에 따라 화면의 가운데에 음의 높낮이를 시각적으로 보여주
   는 선이 생겨납니다. 녹음이 끝나면 화면 아래의 체크 버튼을 눌러 정지
   합니다.

메트로놈 모드에서는 화면에 나타나는 것들이 좀 더 많습니다. 노이즈 필터,
메트로놈 속도, 메트로놈 소리 듣기 설정 확인 및 변경이 가능합니다. 녹음을
시작하면 메트로놈의 박자에 맞춰 허밍을 입력, 멜로디를 인식시킬 수 있습니다.
  녹음을 마치면 험온의 핵심 기능인 인공지능 작곡 기능을 이용할 수 있습니
다. [그림 31-13] 화면과 같이 방금 허밍으로 만든 멜로디에 장르를 선택하면
각 장르에 어울리는 다양한 악기들이 보태져 보다 풍성한 곡을 자동으로 만들
어냅니다. 원하는 장르를 선택하면 곡을 미리 들어볼 수 있습니다. 화면 상단
의 체크 아이콘을 누르면 [그림 31-14]의 곡 편집 화면으로 넘어갑니다.

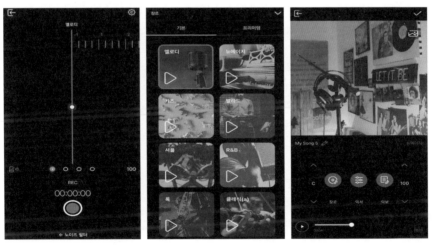

[그림 31-12 녹음 화면]　　[그림 31-13 장르 선택 화면]　　[그림 31-14 곡 편집 화면]

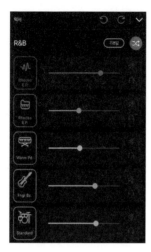

[그림 31-20 믹서 화면]

5. 곡 편집 화면에서는 장르 선택 후 만들어진 노래를 다양하게 변형할 수 있습니다. 화면 위쪽에 보이는 🖼 아이콘을 누르면 곡의 커버 사진을 설정할 수 있습니다. 화면 중간의 My Song 5 ✎ 에서 연필 모양 아이콘을 누르면 곡 이름 변경이 가능합니다.

화면 아래의 양옆에 보이는 'C'는 KEY, '100'은 BPM으로 각각 음정과 속도를 조절하는 기능입니다. 위아래에 보이는 화살표(∧∨)로 변경합니다. 장르 ⊚ 아이콘을 누르면 다른 장르로 바꿔 선택할 수 있습니다. 믹서 ⚏는 노래에 사용된 악기들을 세밀하게 설정할 수 있는 기능입니다. 악기는 장르별로 모두 다르게 설정되는데 믹서를 이용하여 악기의 종류를 바꿀 수도 있고 각 악기의 볼륨을 조절하여 내가 원하는 느낌을 만들어낼 수도 있습니다. 개별 설정이 어려우면 믹서 화면 상단의 랜덤 ⤬을 눌러 새로운 악기들을 자동으로 세팅해볼 수도 있습니다. 이러한 편집 과정을 거쳐 곡을 완성할 수 있습니다.

6. 악보 🎵 아이콘을 누르면 만들어진 노래의 악보가 자동으로 생성되어 화면에 나타납니다.

[그림 31-22
악보 모드 음표 선택]

[그림 31-23
악보 모드 가사 입력]

　　왼쪽 화면과 같이 음표를 선택하면 음표를 변경해 멜로디를 수정하거나 음을 쪼개고 합칠 수 있습니다. 여러 음표를 동시에 선택할 수도 있습니다. 음표를 선택하고 화면 왼쪽 아래의 [Aa 가사]를 선택하면 오른쪽 화면과 같이 노래에 가사를 입력할 수도 있습니다. 하단의 여러 메뉴를 이용해 악보 내에서 노래를 편집할 수 있습니다. 화면 오른쪽 위의 ⊕를 누르면 악보를 좀 더 크게 볼 수 있습니다.

7. 편집을 마치면 노래와 악보를 내보내기 하여 활용할 수 있습니다. 첫 화면에서 앨범을 선택하면 앨범에 들어 있는 곡의 목록이 나옵니다. 원하는 곡을 선택하고 [내보내기]를 누릅니다. 노래는 오디오 파일이나 미디 파일로 내보낼 수 있고 악보는 PDF 파일 형태로 활용이 가능합니다.

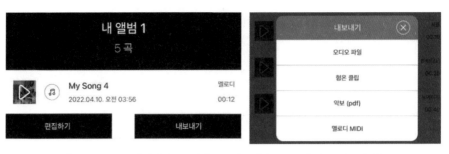

[그림 31-24 앨범에서 곡 선택 → 내보내기 → 노래·악보 내보내기]

3 수업 지도안

험온으로 내 친구 테마곡 만들어주기						
학년-학기	6-1	**출판사**	지학사	**단원**	2. 즐거운 노래 만들기-가락놀이	**쪽수** 56-57

학습 목표	인공지능 작곡 앱을 이용해 주제에 맞는 간단한 곡을 작곡할 수 있다.
단계	**교수·학습 활동**

도입	• 만화 캐릭터들의 테마곡 알아보기
	   - 알고 있는 캐릭터 테마곡 말해보기(주제가와는 다름)
	   - 유명한 짱구 테마곡:
	     https://youtu.be/qN_XU9dlpNY
	 • 학습 목표 확인 [그림 31-25] 5)

활동1	• 교과서 56쪽-57쪽 활동하기
	   - '가락놀이' 리코더로 연주하기
	   - 사다리 타기로 가락을 바꿔 연주하기
	   - 주요 3화음의 계이름 알아보고 가락 만들어 연주해보기

---

5) [그림 31-25] 유튜브, Hunny.S 짱구가 엉뚱한 생각할 때(브금)

험온으로 내 친구 테마곡 만들어주기	
활동2	• 친구의 테마곡 만들어주기 (본인·선생님·부모님 테마곡 등 다양하게 변경 가능) 　– 2인 모둠 편성하기(인원 변경 가능) 　– 서로의 평소 이미지에 대해 대화 나누기 　– 이미지에 어울릴 것 같은 느낌으로 허밍해보기 　– 험온을 이용하여 짧은 곡 만들기(10–20초 분량) 　– 가사 붙여보기 • 노래·악보 공유하기 　– 만든 곡 서로 공유하기 　– 학급 홈페이지에 올리기 　– 악보 내보내기를 통해 리코더로 서로의 테마곡 연주해보기
정리	• 감상 및 피드백 　– 학급 홈페이지를 통해 서로의 노래 들어보고 댓글 피드백하기 　– 가장 어울리는 테마곡을 골라 다 함께 리코더 연주해보기

[표 31-3 험온 수업 지도안]

4 | 수업 후기

　사실 험온은 학급 교육과정상 직접 사용해보지는 못하였습니다. 하지만 험온 수업을 통해 서로에 대해 대화를 나누며 이를 노래로 만들고 선물해주는 활동을 통해 좋은 추억을 만들 수 있을 것이라 생각합니다.

미술

스토리로 감상하는 명화의 모든 것
구글 아트 앤 컬처

구글 아트 앤 컬처! 디지털 미술관 탐험하기					
🏛️ 1)	• https://artsandculture.google.com/ • 80개국 2,000곳 이상의 문화 기관에서 보유하고 있는 미술작품을 작품별, 주제별로 감상 가능 • 확대, 비교 등 감상을 위한 다양한 도구 제공				
활용 목표	디지털 공간에서 예술 감상 활동을 위한 방법을 알고 생활에 활용할 수 있다. 제작시기, 화풍, 소장 박물관 등 다양한 기준에 따라 분류 및 재구성 가능한 세계의 명화들을 감상해보고 자신의 느낌을 이야기할 수 있다.				
사용 환경 추천 순서	① 윈도우		② 구글 플레이스토어		③ 애플 앱스토어	
	[QR코드] 2)	인터넷 웹 버전 접속, 이용	[QR코드]	플레이 스토어 다운로드	[QR코드]	앱스토어 다운로드
인터넷 사용	사용을 위한 지속적 인터넷 연결 필요				
공유 방법	인터넷 링크로 공유 및 공동 참여 가능				

1) [그림 32-1] https://artsandculture.google.com/
2) [그림 32-2]~[그림 32-5] QR코드는 크롬 브라우저 QR 생성 기능 사용

함께 사용하면 좋은 앱		
3)	[국립현대미술관] • 과천, 서울, 덕수궁 등 국내 여러 현대미술관에 전시된 작품들을 살펴보고 설명을 들어볼 수 있음 • 현장 관람 시 오디오 가이드로 활용 가능	

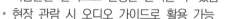

⚠️ 구글 아트 앤 컬처 사용법 요약

❶ 구글 아트 앤 컬처 앱을 설치합니다.
❷ [홈] 화면에 제안되는 다양한 주제별 스토리들을 감상하며 작품을 다각적으로 알아볼 수 있습니다.
❸ [카메라로 재생], [플레이] 기능 등을 이용하여 디지털 감상으로만 할 수 있는 재미있는 감상 활동들을 체험해봅니다. 나를 닮은 작품 찾기, 사진을 그림처럼 바꾸기 등을 해볼 수 있습니다.

[표 32-1 구글 아트 앤 컬처 개요]

1 활용 단원 추천

감상을 주제로 하는 모든 미술 단원에 적용할 수 있습니다. 미술 교과서는 출판사별로 다른 내용을 포함하고 있으므로 특정 단원을 꼽기보다는 감상 활동 전반에 걸쳐 사용해보시는 것을 권장합니다. 교육과정 재구성을 통해서 '내 인생 작품 찾기' 등 미술작품 감상을 위한 별도의 프로젝트 수업을 구성하는 것도 좋습니다.

---

3) [그림 32-6] https://play.google.com/store/apps/details?id=kr.go.mmca.guide

1. 구글 아트 앤 컬처 앱을 실행합니다. 초기 설정은 영어로 되어 있습니다. 화면 하단의 [Google 번역]을 눌러 한국어로 변경합니다. 번역은 초등학생들도 큰 무리 없이 내용을 이해할 수 있을 정로도 꽤 좋은 편이나 아직 가끔은 어색한 부분이 있는 것 같습니다. 지속적인 업데이트가 될 것으로 기대합니다.

2. 첫 화면은 다음과 같습니다.

[그림 32-7 초기 화면]

---

4) [그림 32-7]~[그림 32-16] 이미지와 아이콘 캡처 출처는 모두 '구글 아트 앤 컬처' 앱

[A]	키워드를 검색하여 작품을 감상하거나 구글에서 준비한 관련 콘텐츠들을 볼 수 있습니다.
[B]	아트 앤 컬처의 기능을 사용할 수 있습니다. 아래에서 하나하나 더 자세히 다루겠습니다. ⌂ [홈] 추천 콘텐츠들을 확인합니다. ⌖ [찾아보기] 다양한 기준으로 작품들을 분류하고 찾아낼 수 있는 탐색 기능입니다. ⊙ [카메라로 재생] 사진을 이용하여 작품에 적용해볼 수 있는 재미있는 활동들을 제공합니다. 내 셀카와 닮은 작품 찾기 등 학생들이 좋아하는 활동들이 많이 있습니다. ♡ [즐겨 찾는 장소] 직접 추가한 즐겨 찾는 장소를 보거나 자신만의 갤러리를 만들 수 있습니다. 🎮 [플레이] 게임이나 채색놀이 등 작품에 관련된 재미있는 감상 활동을 해봅니다.

[표 32-2 구글 아트 앤 컬처 초기 화면 기능 설명]

3. ⌂ [홈] 화면을 살펴봅시다. 아트 앤 컬처가 제공하는 다양한 추천 콘텐츠들이 나타납니다. 이들 중 [오늘의 최고 추천 *today's top pick*]은 주제별로 여러 작품들을 묶어 [스토리] 형식으로 제작하여 보여줍니다. 아트 앤 컬처의 가장 강력한 기능이 바로 이 [스토리]라고 생각합니다. 세상에 흩어져 있는 여러 작품들을 하나의 주제로 엮어 [스토리] 형식으로 제공하는 기능입니다. 한 작품을 디테일하게 알아보는 스토리도 있고, '반 고흐'라는 주제로 그의 인생을 다룬 스토리나 화풍을 보여주는 스토리도 있습니다. 관심이 있는 주제가 보인다면 클릭하여 확인하실 수 있습니다. 홈 화면에 추천되는 콘텐츠들은 주기적으로 변경되므로 종종 앱을 열어보는 것만으로도 상당히 훌륭한 감상 공부가 될 것입니다. 흔히 접할 수 있는 고

대부터 중세 유럽의 미술작품뿐 아니라 아프리카, 중남미 등의 미술작품과 관련된 이야기들도 찾아볼 수 있습니다. 또한 미술관 주변을 구글 스트리트뷰로 볼 수 있는 등 더욱 생생한 감상 활동을 진행할 수 있습니다. 아래에서는 [오늘의 최고 추천] 중 '나이로비 갤러리'를 선택해보았습니다.

[그림 32-13 추천 스토리를 선택하여 다양한 정보 확인하기]

[좌측 화면] 오늘의 최고 추천 스토리들이 카드 형식으로 쌓여 있는 것을 볼 수 있습니다. 각 카드를 옆으로 넘겨가며 다른 스토리를 확인할 수도 있습니다, 나이로비 갤러리를 눌러봅니다.

[중간 화면] 나이로비 갤러리에 대한 스토리를 볼 수 있습니다. 갤러리에 대한 자세한 정보를 글로 읽어볼 수 있습니다. 아래로 화면을 내려 다음 장으로 넘겨볼 수 있습니다.

[우측 화면] 중간 화면의 가운데에 보이는 [탭하여 살펴보기]를 누르면 [구글 지도]와 연동된 스트리트뷰를 볼 수 있습니다.

홈 화면에서는 [오늘의 최고 추천]뿐 아니라 아트 앤 컬처에서 제공하는 다

양한 기능들을 소개받을 수 있습니다. 해외 유명 박물관을 둘러보거나 작가별·
작품별 분류, 오늘 날짜에 관련된 예술사적 사건들 등 다양한 테마별로 제공되
는 [스토리]들을 한눈에 확인해볼 수도 있습니다.

4. ◎ [찾아보기] 기능을 살펴봅시
다. 아티스트, 시대, 색상, 재료,
예술사조, 역사적 인물 등 주제
별로 작품을 탐색할 수 있습니
다, 문화 유적지나 명소 둘러보
기를 사용할 수도 있습니다. 작
품 감상 시에는 오른쪽 그림과

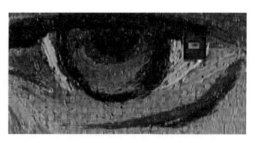

[그림 32-14 그림 확대하기]

같이 캔버스의 질감까지 상세하게 확인이 가능할 정도로 확대가 가능합
니다. 학생들에게 확대 기능을 이용하여 그림을 세세하게 뜯어보며 감상
해볼 것을 추천해주시길 바랍니다.

5. ◉ [카메라로 재생]
카메라를 이용해 할 수 있는 재미있는 작품 감상 활동들을 제공합니다.
컴퓨터로는 사용할 수 없으며 스마트폰의 앱으로만 이용이 가능합니다.
계속해서 새로운 활동들이 추가되고 있으며 현 시점에서는 아래와 같은
기능들을 제공합니다.

Art Projector	예술작품을 실제 크기로 감상할 수 있습니다.
Color Palette	사진 속 색상을 선택하여 그 색상이 사용된 예술작품을 검색합니다.
Art Filter	예술작품을 바탕으로 한 필터를 이용해 사진을 찍어볼 수 있습니다. '명화 속 주인공 되어보기' 등과 같은 주제로 학생들의 창의력이 돋보이는 사진 찍기 수업을 해볼 수 있습니다.
Pet Portraits	사진 속 동물과 꼭 닮은 작품을 찾아줍니다. 아래 Art Selfie 기능과 함께 사용하면 좋습니다.
Art Transfer	사진을 찍은 후 고전 예술작품 스타일로 바꿔봅니다.
Art Selfie	나와 닮은 초상화를 찾아줍니다. 꼭 자신의 셀카가 아니더라도 인물 사진을 이용하여 닮은 작품 찾기를 할 수 있습니다.
Pocket Gallery	구글에서 제작한 몰입형 갤러리를 둘러볼 수 있습니다.

[표 32-3 '카메라로 재생'에서 이용할 수 있는 기능]

6. ♡ [즐겨 찾는 장소]

직접 추가한 즐겨 찾는 장소들을 한눈에 보거나 자신만의 갤러리를 만들어 작품을 주제별로 추가할 수 있습니다. 감상한 작품을 모아서 포트폴리오처럼 만들 수 있어 수업 정리 활동이나 평가 활동에 활용하기 좋습니다.

7. 🎮 [플레이]

예술작품들을 활용한 재미있는 놀이를 해보며 즐거운 감상 활동을 할 수 있습니다. 계속해서 새로운 놀이들이 추가되고 있습니다. 기존의 퍼즐 맞추기나 컬러링 북 말고도 그림과 음악을 접목시키는 [칸딘스키 연주]나 [어시스트 멜로디] 등 새롭고 신선한 시도가 계속 이어지고 있습니다.

Puzzle Party	원하는 그림을 선택하여 퍼즐 맞추기 게임을 할 수 있습니다. 알아서 쪼개진 조각들을 원래의 그림으로 맞춰보는 활동을 하며 즐겁게 감상 활동을 해볼 수 있습니다.
Art Coloring Book	명화를 선택하여 직접 채색해봅니다. 스케치만 남긴 명화에 원하는 색을 칠할 수 있습니다. 유명한 작품의 색감을 바꿔 신선한 느낌으로 감상해보는 활동 등이 가능합니다. 하단의 색 선택과 화면 터치를 통해 쉽게 채색해볼 수 있습니다.
Visual Crosswords	크로스워드 퍼즐 칸 안에 제시어에 맞는 작품 조각을 배치하는 게임입니다. 번역 없이 영어로만 제공되어 수업 활용은 어려웠습니다.
What Came First	미술사의 역사적 사건들을 시간 순서대로 맞춰보는 게임입니다. 학생들과 즐기기에는 난이도가 너무 높은 느낌입니다.
Cultural Crosswords	예술, 세계명소, 과학기술 등 주제별 십자말풀이를 즐길 수 있습니다. 현재는 영어로만 제공됩니다.

[표 32-4 '플레이'에서 이용할 수 있는 기능]

8. 특정한 조건을 만족하면 배지를 획득합니다. [업적]에서 이를 확인할 수 있습니다. 배지는 여러 종류가 있으며 수집한 배지를 링크로 공유하여 친구들과 서로의 진행 상태를 공유할 수도 있습니다.

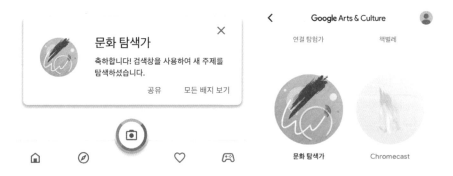

[그림 32-16 업적 성취와 배지 획득 확인]

3 ‖ 수업 지도안

구글 아트 앤 컬쳐! 디지털 미술관 탐험하기							
학년	6	**과목**	미술	**단원**	감상 단원	**차시**	4
학습 목표	디지털 미술 감상의 방법을 알고 생활에 활용할 수 있다. 미술작품을 감상한 경험을 이야기하고, 여러 가지 작품 감상 방법을 탐색할 수 있다.						
단계	**교수·학습 활동**						

도입	• 미술관이나 박물관에서 작품을 감상한 경험 나누기
	  – 가장 기억에 남는 작품과 이유 말하기
	  – 자신만의 작품 감상 방법 이야기하기
	• 학습 목표 제시						

활동1	• 여러 가지 감상 방법 알아보기
	  – 자신의 생각이나 느낌을 글로 표현하기
	  – 친구와 함께 감상하며 이야기 나누기
	  – 작품과 함께 재미있는 사진 찍기(작품 따라 하기 등)
	  – 체험할 수 있는 작품에 참여해보기
	  – 작품 따라 그려보기 등						

활동2	• 구글 아트 앤 컬쳐를 이용하여 자유롭게 작품 감상하기
	  – 여러 스토리 자유롭게 둘러보기
	  – Art Selfie를 통해 나와 닮은 초상화 찾아보는 등 디지털 감상으로만 할 수 있는 재미있고 특별한 감상 활동 체험해보기
	  – 탐색 중 마음에 드는 작품은 즐겨찾기에 추가하여 나만의 갤러리 만들기						

활동3	• 아트 앤 컬쳐 재생 PLAY에서 관련 작품 놀이 진행하기
	  – Puzzle Party
	    ① 좋아하는 작품을 퍼즐로 만들기
	    ② 친구들과 퍼즐 교환하여 풀어보기
	    ③ 서로의 퍼즐을 다 맞춘 후 작품에 대한 감상 나눠보기						

	구글 아트 앤 컬체! 디지털 미술관 탐험하기
활동3	- Art Coloring Book 　① 좋아하는 작품을 원래 작품대로 채색해보기 　② 색감을 완전히 바꿔서 채색해보고 느낌 비교해보기 • [선택 활동] 이비스 페인트(미술⑤)로 모작 활동 해보기
정리	• 활동2에서 만든 나만의 갤러리 친구들과 공유하기 　☞ 과정중심평가: 작품의 감상에는 다양한 방법이 있음을 알고, 　　　　　　　　　　 디지털로 예술작품을 감상할 수 있는 여러 방법을 　　　　　　　　　　 탐색할 수 있다.

[표 32-5 구글 아트 앤 컬처 수업 지도안 ①]

구글 아트 앤 컬처로 감상 포트폴리오 만들기							
학년	6	과목	미술	단원	감상 단원	차시	4
학습 목표	디지털 미술 감상도구를 이용하여 작품이나 작가에 대한 포트폴리오를 만들 수 있다.						
단계	교수·학습 활동						
도입	• 좋아하는 작가나 작품 찾아보기 　- 좋아하는 작가나 작품 말해보기 　- 학생들이 발표를 잘 하지 못하는 경우 멘티미터(발표와 평가①)를 　　이용하여 좋아하는 작품에 투표하도록 유도 　- 작가별, 예술사조별 작품들을 제시하여 학생들이 자기가 좋아하는 　　화풍이 어떤 것인지 생각해볼 수 있도록 유도하기 • 학습 목표 제시						
활동1	• 더 알아보고 싶은 작가나 작품 정하기 　- 미리 알고 있던 좋아하는 작가나 작품 선정 가능 　- 새로 알게 된 작가나 작품 중 더 알아보고 싶은 것을 정하기 • 조사할 주제 정하기 　- X MIND(발표와 평가③)로 중심 주제에 대한 보조 토픽 정하기						

구글 아트 앤 컬처로 감상 포트폴리오 만들기	
활동1	– 예를 들어 '반 고흐'에 대해 알아볼 경우, 고흐의 일생, 작품의 특색, 시대적 배경 등을 보조 토픽으로 정해 조사 계획 세우기
활동2	• 구글 아트 앤 컬처로 알아보고 싶은 작품 탐색하기 – 아트 앤 컬처의 검색 기능을 이용하여 원하는 주제 검색 – 예를 들어 '반 고흐' 검색 시 아트 앤 컬처에서 제안하는 고흐 관련 스토리나 작품으로 일생, 작품 특색 등 다양한 차원에서 감상 활동 진행하기 – 필요한 자료는 ♡[즐겨 찾는 장소]나 갤러리에 추가하기
활동3	• 미리캔버스(국어1)로 감상 자료 포트폴리오 제작하기 – 조사한 자료를 바탕으로 다른 사람들에게 작가나 작품을 소개할 수 있는 자료 제작하기 • 제작한 카드뉴스 공유하기
정리	• 감상 활동 후 느낀 점 패들렛(발표와 평가2)에 정리하기 ☞ 평가: 작품의 특징을 이해하고 의미와 주제를 생각하여 감상 결과를 자료로 정리할 수 있다. • 수업 소감 발표하기

[표 32-6 구글 아트 앤 컬처 수업 지도안 ②]

학생들이 음악, 체육, 미술 등의 과목을 좋아하는 이유는 국어, 수학 등에 비해 스스로 해보는 활동이 많기 때문이라는 조사 결과를 본 적이 있습니다. 그래서 미술 감상수업에 있어서도 정적인 환경에서 작품을 설명하는 것보다는 학생들이 스스로 탐색하고 정리하는 적극적 감상을 장려해야 할 필요가 있다고 느꼈습니다. 구글 아트 앤 컬처는 이러한 적극적 감상 활동을 교실 안에서 가능하게 해주는 좋은 도구입니다. 감상 활동이 지루하지 않을 수 있는 수업을 늘 생각해왔는데 이번 기회에 학생들이 즐겁게 참여하는 수업을 하게 되어 기뻤습니다. 학생들도 작품을 여러 방식으로 즐기면서 미술에 대한 관심을 한층 끌어올릴 수 있었습니다.

02 퀵드로우·오토드로우

인공지능과 함께 그림 그리기	
 1)	• 퀵드로우 https://quickdraw.withgoogle.com/ • 머신러닝 기술을 통해 낙서를 인식하는 게임 • 컴퓨팅 사고력의 중요한 요소인 추상화(대상의 주요 특징을 빠르게 추출·인식·적용) 능력을 기를 수 있음
AutoDraw 2)	• 오토드로우 https://www.autodraw.com/ • 머신러닝 기술을 통해 그림을 바꿔주는 프로그램 • 대상의 특징을 표현하면 인공지능이 인식하여 완성도 높은 그림을 제안함
활용 목표	인공지능을 이용한 그림 그리기를 통해 머신러닝의 개념을 파악하고 실생활에서 머신러닝이 활용되는 분야를 생각해볼 수 있다.

사용 환경 추천 순서	① 윈도우				② 구글 플레이스토어 ② 애플 앱스토어
	퀵드로우		오토드로우		
	3)	인터넷 접속		인터넷 접속	애플리케이션이 없으므로 인터넷으로 접속(태블릿 추천)

인터넷 사용	사용을 위한 지속적 인터넷 연결 필요

---

1) [그림 33-1] https://quickdraw.withgoogle.com/
2) [그림 33-2] https://www.autodraw.com/

공유 방법	결과물을 그림 파일로 다운로드하여 활용 가능	
함께 사용하면 좋은 홈페이지		
 4)	**[페탈리카 페인트 Petalica paint]** · https://petalica-paint.pixiv.dev/index_en.html · A.I. 기술을 이용하여 스케치한 그림에 자동으로 채색 적용 · 첫 화면의 ⇧Upload sketch image 를 눌러 빠른 이용이 가능하고 결과물을 즉시 다운로드하여 활용 가능	
5)	**[리무브 Remove]** · https://www.remove.bg/ko · 인공지능이 이미지에서 배경을 자동으로 제거해주는 무료 홈페이지 · 첫 화면의 ⇧이미지 업로드 를 눌러 배경을 제거할 이미지를 추가하면 자동으로 실행됨	
⚠ **퀵드로우, 오토드로우 사용법 요약**		
퀵드로우	❶ 퀵드로우에 접속합니다. 6개의 제시어를 각 20초 안에 그립니다. ❷ 정답 확인 시 문제에 관련된 머신러닝 데이터들을 확인해봅니다.	
오토드로우	❶ 오토드로우 아이콘 ✏을 선택하고 원하는 그림을 대충 그립니다. ❷ 인공지능이 제안하는 그림들 중 적당한 것을 고릅니다. 채색, 텍스트 등을 가미하며 그림을 완성한 뒤 다운로드하여 활용합니다.	

[표 33-1 퀵드로우, 오토드로우 개요]

  인공지능 기술은 우리 생활 곳곳에 깊게 스며들어 있습니다. 인공지능은 머
신러닝을 통해 데이터를 모아 세상을 인식하는 능력을 키워갑니다. 구글 로그

---

3) [그림 33-3]~[그림 33-6] QR코드는 크롬 브라우저 QR 생성 기능 사용

4) [그림 33-7] https://petalica-paint.pixiv.dev/index_en.html

5) [그림 33-8] https://www.remove.bg/ko

인을 할 때 '로봇이 아닙니다'를 선택하신 적이 종종 있을 것입니다. 그 뒤에 따라오는 '다음 그림에서 자전거를 고르시오' 등의 그림 고르기도 인공지능 기술의 일종입니다.

이렇게 머신러닝을 거친 인공지능들은 우리 생활 속에서 쉽게 만날 수 있습니다. 마트에 갈 때 무인 주차장에서 차량 번호판의 숫자를 인식하거나, 영상 통화 중 사람의 눈·코·입을 인식하여 적당한 위치에 토끼 귀를 달아주기도 합니다. 이제는 실시간으로 교통 상황을 확인하며 자연스러운 자율주행을 하는 단계에 이르렀습니다.

우리 학생들이 살아갈 미래에는 인공지능이 더 많은 일을 해줄 것 같습니다. 학생들에게 인공지능을 재미있게 가르쳐주기 위해 영상도 찾아보고 설명도 해줬지만 역시 아이들은 스스로 뭔가 하는 수업을 가장 좋아하는 것 같았습니다. 미술작품을 만드는 수업을 통해 자연스럽게 인공지능의 메커니즘을 익힐 수 있는 퀵드로우·오토드로우 수업 활동을 소개합니다.

1 활용 단원 추천

작품 제작 관련 단원 전반에 활용이 가능합니다. 미술 교과서의 경우 출판사마다 다른 검인정교과서를 사용하고 있으므로 사용하시는 교과서의 내용에 따라 적용해보시길 바랍니다.(본서의 지도안에서는 천재교육 미술 교과서를 반영하였습니다.)

혹은 6학년 실과의 소프트웨어 단원 도입 부분의 우리 생활 속에서 소프트웨어가 사용되는 모습을 알아보는 차시와 연계하여 수업을 재구성할 수도 있고, 별도의 인공지능 수업으로 편성하실 수도 있습니다. 4학년 2학기 국어 2단원 7-8차시의 '마음을 담은 붙임쪽지 쓰기' 등 예쁜 편지 제작을 할 때에도 오토드로우의 도움을 받을 수 있습니다.

[퀵드로우]

2 사용 방법

1. 먼저 퀵드로우의 사용법입니다. 퀵드로우는 단어 뜻 그대로 빠르게 그림을 그리면 그림을 컴퓨터가 인식하여 어떤 물체인지 맞히는 프로그램입니다. 태블릿과 펜을 사용하는 것을 권장하지만 손으로도 충분히 그릴 수 있습니다.

2. 퀵드로우에 접속합니다. 딱 하나의 기능만 가진 단순한 홈페이지입니다. 첫 화면에서 시작하기 를 누르면 바로 시작됩니다.

[그림 33-9 퀵드로우 제시어 그리기]

총 6개의 제시어가 순서대로 나오며, 제시어 하나당 20초 안에 그림을 그려내야 합니다. **[A]**와 같이 그림을 완성하면 인공지능이 정답을 맞히고 다음 문제로 넘어갑니다. 그림을 덜 완성하였더라도 인공지능이 가진 데이터가 많아 정답을 바로 맞힐 수 있으면 **[B]** 처럼 중간에 답을 말하고

---

6) [그림 33-9], [그림 33-10] https://quickdraw.withgoogle.com/

다음 문제로 바로 넘어가기도 합니다. 그림의 진행 상황에 따라 계속 변하는 인공지능의 답변을 보는 소소한 재미도 있습니다. [C]는 틀린 경우입니다. 하단에 인공지능이 생각하는 오답이 적혀 있습니다. 틀려도 주어진 여섯 문제를 끝까지 열심히 풀어야 합니다.

3. 여섯 문제를 모두 다 풀면 결과를 보여줍니다. 아래 그림과 같이 오답인 '대포'를 클릭하면 인공지능이 내가 그린 그림을 어떤 것으로 인식했는지, 다른 사람들은 어떻게 그렸는지 보여줍니다. 인공지능의 인식 능력이 여러 사람의 데이터를 참고하여 쌓여가는 과정을 확인할 수 있습니다.

[그림 33-10 6개의 제시어를 그린 뒤 결과 화면]

7)

[그림 33-11 오답에 대해 인공지능이 생각한 결과]

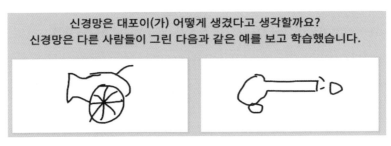

[그림 33-12 인공지능이 대포라고 인지하는 이미지 예시]

4. 결과 창을 캡처한 뒤 서로의 작품을 비교해보면 재미있습니다. 반복 플레이가 가능하므로 만점 만들기에 도전할 수 있습니다. 인공지능이 무엇을 어떻게 인식했는지 보면서 대상의 특징을 표현하기 위한 방법을 생각할 수 있습니다. 컴퓨팅 사고력에서는 이렇게 대상의 특징을 추출해 단순화할 수 있는 능력을 추상화(Abstraction)라고 명명하며 중요한 사고력 중 하나로 생각합니다.

퀵드로우를 통해서 학생들은 인공지능이 어떻게 머신러닝을 진행하는지 배울 수 있었습니다. 인공지능의 물체 인식 능력이 사용되는 실생활 기술들을 알려주며 "오늘 너희들은 전 세계의 인공지능을 한 단계 더 발전시켜주었다!"라고 수업을 정리하니 학생들의 눈이 반짝였습니다.

---

7) [그림 33-11], [그림 33-12] https://quickdraw.withgoogle.com/#details

[오토드로우]

1. 오토드로우 홈페이지에 접속합니다. 첫 화면에서 Start Drawing 을 선택하면 그림을 그릴 수 있는 빈 화면이 나옵니다. Fast how-to 를 이용하여 간단하게 사용법을 알아볼 수도 있습니다만 영어로 되어 있고 그렇게 복잡하지도 않아서 확인하지 않아도 무방합니다.

2. 빈 화면이 보이고 좌측에 보이는 기능 아이콘들을 이용하여 그림을 그릴 수 있습니다. 각 기능은 아래와 같습니다.

≡ 8)	작업물의 시작과 끝을 담당하는 기능입니다. 그림을 그릴 캔버스의 크기를 조절하거나 다 그린 결과물을 저장, 공유하는 기능들이 이곳에 있습니다. [Start over] 캔버스의 비율을 선택할 수 있습니다. [Download] 완성한 작품을 그림 파일로 다운로드합니다. [Share] 작품을 트위터나 구글, 링크로 공유할 수 있습니다. [How-to] 간단한 사용 설명을 볼 수 있습니다. [Shortcuts] 단축키를 알려줍니다. [Artists], [About] 참여 디자이너 및 홈페이지 정보입니다.
✛	[SELECT] 개체를 선택합니다. 한 번 입력한 선이나 점 단위로 선택이 가능합니다.

---

8) [그림 33-13]~[그림 33-24] https://www.autodraw.com/

$+\ell+$	[Auto Draw] 이 프로그램의 핵심인 [오토드로우] 기능입니다. 이 아이콘을 선택하시고 그림을 그리면 화면 상단에 인공지능이 추천해주는 클립아트가 보입니다. 그림을 그리신 후 제안되는 클립아트를 선택하시면 그림이 바뀝니다. [33-16 사용자가 그린 그림을 인공지능이 추천하는 그림으로 변경] 선택 중에는 바꾸는 것도 가능합니다. 다만 선택을 완료한 이후에 다시 바꾸시려면 아래의 [UNDO] ↺ 버튼으로 되돌려야 합니다. 작업을 많이 진행한 이후 한참 전의 그림을 바꾸려면 현재까지의 작업을 취소해야 하므로 새로 그리는 것이 편합니다.
ℓ	[Draw] 인공지능의 추천을 받지 않는 일반 그리기 도구입니다. 펜의 굵기를 설정하여 자유롭게 그릴 수 있습니다.
T	[Type] 텍스트 상자입니다. 글씨를 쓸 때 이용할 수 있습니다. 한글 글꼴은 지원하지 않으므로 저장 후 파워포인트 등으로 글씨를 따로 쓰는 것이 좋습니다.
◈	[Fill] 채우기 도구입니다. 선택한 색상으로 칸을 채웁니다.
◱	[Shape] 원, 사각형, 삼각형의 세 가지 도형 개체를 그려 넣을 수 있습니다.
●	사용할 색상을 선택합니다. 여러 색을 선택할 수 있습니다.

●	사용할 색상을 선택합니다. 여러 색을 선택할 수 있습니다.
⊕	[Zoom] 캔버스를 확대합니다.

↺	[UNDO] 방금 한 동작을 취소합니다. 여러 번 눌러 이전의 동작들을 순서대로 취소할 수 있습니다. 단축키 Ctrl + Z로 이용하실 수 있으며 취소한 동작을 다시 되살리려면 Ctrl + Shift + Z를 누르시면 됩니다.
🗑	[Delete] 개체를 삭제합니다. 개체 선택 Select ✛ 를 눌러 삭제하려는 선이나 그림을 선택한 후 이 버튼을 누르면 삭제됩니다. 그냥 선택 후 Delete 키를 누르셔도 됩니다.

[표 33-2 오토드로우의 기능]

3. 그림을 완성한 후 [Download]를 눌러 저장합니다. 자유롭게 2차 활용이 가능합니다. 그림을 잘 못 그리더라도 인공지능의 도움을 받아 원하는 그림을 배치한 다음, 파워포인트로 멋진 글씨를 넣어 완성하거나 글그램(국어⑤)의 배경 그림으로 활용하여 멋진 시화를 만들 수도 있습니다.

퀵드로우는 인공지능 머신러닝에 우리가 그린 그림 데이터를 축적해줬다면 오토드로우는 인공지능이 가진 그림 데이터들을 우리가 가져와서 이용할 수 있음을 알려줍니다. 인공지능은 인간에 의해 발전하고 인간을 돕는 도구로 활용될 수 있음을 학생들이 자연스럽게 배울 수 있는 수업이었습니다.

[페탈리카 페인트]

1. 색깔 톤을 선택하여 붓질을 하면 인공 지능이 스케치된 그림에 자동으로 채색을 해주는 기능을 제공하는 홈페이지입니다.

[그림 33-25 샘플이미지 채색]

첫 화면에서 `⬆Upload sketch image` 를 선택합니다. `🖼Colorize a sample image` 를 이용하여 오른쪽 그림과 같이 준비된 샘플 이미지를 활용해볼 수도 있습니다.

2. 자동으로 채색 과정이 진행되어 우측에 결과를 보여줍니다. 색상을 선택하여 펜🖌으로 줄을 몇 개 그려주면 그 부분은 사용자가 선택한 색상을 사용하여 다시 채색합니다.

[그림 22-27 왼쪽은 자동채색, 오른쪽은 펜으로 원하는 색상을 조금씩 적용한 후의 자동채색]

3. 결과물 아래에 있는 `⬇Download` 버튼을 눌러 저장할 수 있습니다. 결과물은 카드뉴스나 프레젠테이션 등 다양한 곳에 자유롭게 활용할 수 있습니다.

4. 채색 인공지능은 생각처럼 완성도가 높지는 않았습니다. 하지만 수업의 목적이 완벽한 인공지능 채색 서비스를 받는 것은 아닙니다. 학생들로 하여금 자기 작품의 채색에 활용이 필요한 경우에만 사용하도록 지도하고, 퀵드로우나 오토드로우에 비해서 왜 인공지능 채색이 우리가 생각하는 그림처럼 잘 나오지 않는 것 같은지 유익한 문답을 나눠보며 인공지능 드로잉에 대해 깊게 생각해보는 시간을 가져보시면 좋을 것 같습니다.

3 수업 지도안

1~2차시- 그림으로 쓰는 편지							
학년	6	**과목**	미술(천재)	**단원**	2단원	**차시**	1-2/4
학습 목표	생각과 느낌을 전달하는 이미지의 특징을 알고 활용할 수 있다. 인공지능 드로잉 기술을 활용하여 이미지를 이용한 카드를 만들 수 있다.						
단계	**교수·학습 활동**						

도입	• 광고를 보고 가상인간 구별하기(https://youtu.be/WKXUfyfCQsI9))
	  – 유튜브에 가상인간 로지, 가상인간 루이 검색
	  – 인공지능 기술의 발전에 대해 이야기하기						

활동1	• 인공지능이 그린 그림 구별 퀴즈
	  – https://youtu.be/U7BHt8lx9N810)(구별 퀴즈 3:33까지)
	  – https://youtu.be/3VKHRPgIPh011)(인공지능이 그린 렘브란트)
	• 인공지능이 그림을 그리는 방법 생각해보기
	• 캐치마인드 게임
	  – 제시어를 그림으로 그려 맞히는 게임
	  – "인공지능이 여러분이 그린 그림을 인식할 수 있을까요?"						

---

9) 유튜브 신한라이프, [신한라이프] 라이프에 놀라움을 더하다(본편 30초)

10) 유튜브 미래채널 MyF, AI의 작품 vs 인간의 작품 + AI가 못 흉내 낼 현대예술가들의 오묘한 작품들 소개

1~2차시- 그림으로 쓰는 편지	
활동2	• 퀵드로우 체험하기 • 퀵드로우를 이용한 조별 스피드 게임 　- 그림을 잘 그리는 친구들이 고루 배분되도록 조 편성 　- 활동 뒤 인공지능이 학생들의 그림을 학습했음을 강조
활동3	• 오토드로우 체험하기 　- 퀵드로우와는 반대로 인공지능이 가진 그림 데이터를 인간이 활용할 수 　　있음을 알려줌 • 학습 목표 제시 　- 오토드로우를 활용하여 크리스마스카드 제작하기 　　(어버이날, 생일 초대장 등 다양한 주제 선택 가능) • 만들고 싶은 카드 제작하기 　- 오토드로우와 파워포인트, 글그램(국어⑤) 등 활용
정리	• 만든 카드 학급 홈페이지에 올리고 서로 피드백하기 　☞ 평가: 인공지능의 머신러닝 방법을 이해하고 인공지능 드로잉 　　　기술을 활용하여 카드를 제작할 수 있다. • 만든 카드를 주고싶은 사람에게 직접 전달하기

[표 33-3 퀵드로우, 오토드로우 수업 지도안 ①]

---

11) 유튜브 미래채널 MyF, 인공지능이 그린 렘브란트풍의 그림-넥스트 렘브란트

3~4차시- 각 나라의 휘장 만들기						
학년	6	과목	미술(천재)	단원	2단원	차시	3-4/4
학습 목표	전달하고자 하는 의미와 느낌을 살려 각 나라의 휘장을 만들 수 있다. [기념품 마그넷 만들기 등으로 대체 가능]					
단계	교수·학습 활동					

도입	• 우리나라 국장12) 살펴보기
	  – 어떤 요소가 반영되었는지 알아보기
	  – '대한민국', '태극기', '무궁화 잎'
	• 스포츠 구단이나 게임의 휘장 살펴보기
	• 학습 목표 제시
	
	[그림 33-28] 국장					

활동1	• 교과서 속의 이미지 살펴보기(천재교육 미술교과서 37쪽)
	  – '독도' 그림 글자 안에 들어간 요소 확인
	• 멘티미터(발표와 평가1)로 각 나라의 키워드 모아보기
	
	[그림 33-29 수업 중 멘티미터로 모은 키워드]
	
	• 각 나라의 상징적인 것들에 대해 이야기 나누기
	  – 방문 경험, 다문화 학생의 이야기 등
	• 자신이 휘장을 제작할 국가 정하기
	  – 국가의 상징물 중 표현할 것 정하기					

12) [그림 33-28] https://www.mois.go.kr/chd/sub/a05/mascot/screen.do

13) [그림 33-29] 한국 www.menti.com/51x22s5prk 미국 www.menti.com/xukmvdbody

	3~4차시- 각 나라의 휘장 만들기

활동2	• 오토드로우로 국가의 휘장 제작하기
	  – 대표적 상징물을 오토드로우의 도움을 받아 그리기
	  – 각 상징물을 휘장의 모양에 알맞게 배치하기
	• 페타리카 페인트로 인공지능 채색하기
	  – 페타리카 페인트는 선명하고 뚜렷한 색상이 나오지는 않으므로 그림판,
	    포토피아(미술④) 등 다른 도구도 활용 가능함
	  – 출력 후 직접 채색도 가능하다고 안내

정리	• 만든 휘장을 학급 홈페이지에 설명과 함께 올리기 ☞ 평가: 상징물 이미지를 활용하여 국가의 휘장을 만들 수 있다. • 상호 피드백하기

[표 33-4 퀵드로우, 오토드로우 수업 지도안 ②]

4 수업 후기

인공지능은 우리 생활 곳곳에 활용되고 있지만 이를 이용하여 그림을 그릴 수 있다는 것에 흥미를 느끼는 학생들이 많았습니다. 특히 게임 요소를 여럿 반영할 수 있는 수업이기에 시종 즐거운 분위기에서 수업을 진행할 수 있었습니다. 그림 실력이 부족한 학생들도 자신감 있게 자신이 원하는 것을 표현할 수 있음에 기뻐했으며, 활동을 마친 후에도 계속 다른 그림을 그려보는 경우가 많았습니다.

오토드로우를 활용한 휘장 그리기 활동에서는 본교 다문화 학생들의 활약이 두드러졌습니다. 다문화 학생들은 부모님의 국가에 대한 많은 정보를 알고 있었으며 부모님과 함께 방문한 경험을 가진 학생들도 많았습니다. 이런 경험을 바탕으로 다른 친구들과 생생한 정보를 교환하였고 국가에 대한 오해를 바로잡아주기도 하였습니다. 이 친구들과의 대화가 좋은 재료가 되어 아래와 같이 학생들의 좋은 작품을 만들 수 있었다고 생각합니다.

미국 (전○○)	 14)	멘티미터로 수합한 미국에 대한 키워드들인 햄버거, 자유의 여신상을 하나의 원 안에 잘 배치하였습니다. 미국 사람들이 야구를 좋아한다고 알려주자 햄버거 위에 야구선수를 추가하였습니다. 빨강과 파랑의 미국 국기 색상을 넣어보았다고 합니다.
브라질 (신○○)		브라질에 관심이 많은 학생의 작품입니다. 유명한 거대 예수상을 가운데에 두고 브라질 사람들이 좋아하는 축구와 전통무술인 카포에라를 넣었습니다.(딱 맞는 그림이 없어 발레 그림을 넣었답니다.) 노랑과 녹색의 브라질 국기 색상을 잘 적용하였습니다.
베트남 (이○○)		베트남 다문화 학생입니다. 얼마 전 모친과 외할머니를 만나러 다녀온 뒤라 생생한 그림을 그렸습니다. 쌀국수, 전통 모자인 논라, 주된 교통수단인 오토바이, 국기의 별과 붉은색을 이용하여 휘장을 제작하였습니다.
중국 (김○○)		중국 휘장입니다. 왼쪽의 만리장성, 가운데의 판다와 국수가 눈에 띕니다. 중국에는 면 요리가 많아서 넣었다고 합니다. 국기의 별과 빨강, 노랑 색상도 중국의 분위기를 한껏 보여주고 있습니다.

[표 33-5 퀵드로우, 오토드로우 학생 작품 및 해설]

꼭 국가가 아니더라도 그림 실력에 상관없이 표현하고자 하는 것을 그려낼 때 큰 도움을 받을 수 있습니다. 실제로 미술 시간 외에 국어 단원의 뉴스 만들기 발표 자료를 위해 오토드로우를 활용하는 모습을 관찰할 수 있었습니다. 한 번 배운 좋은 기능은 분야를 막론하고 창의적으로 활용할 수 있는 것이 우리 아이들입니다. 퀵드로우와 오토드로우를 이용한 수업을 꼭 해보시길 바랍니다.

---

14) [그림 33-30]~[그림 33-33] 학생 작품

03

내 최애를 홀로그램으로 공유하기

홀라펙스

Holapex로 홀로그램 만들기		
 1)	• 투명 필름으로 홀로그램 재생기를 만들어 홀로그램 화면을 볼 수 있게 해주는 앱 • 기능이 간단하고 무료로 충분히 활용 가능함	
활용 목표	홀로그램 제작을 통해 홀로그램의 작동 방식을 이해하고, 미래의 미술작품이 나아갈 방향을 생각해볼 수 있다.	
사용 환경 추천 순서	① 구글 플레이스토어	① 애플 앱스토어	② 윈도우
	 2)	플레이 스토어 다운로드		앱스토어 다운로드 (유료)	사용 불가
인터넷 사용	처음 설치 후 인터넷 연결 필요 없음	
공유 방법	결과물 내보내기 없음	

---

1) [그림 34-1] https://play.google.com/store/apps/details?id=com.holaplex.app&hl=ko&gl=US

2) [그림 34-2]~[그림 34-3] QR코드는 크롬 브라우저 QR 생성 기능 사용

유사한 기능을 제공하는 앱

[그림 34-4   홀로그램메이커] 3)   [그림 34-5   Hologram Pyramid] 4)
• 홀로그램 앱은 유사한 앱이 상당히 많습니다.   • 홀로그램 메이커는 '스마트수학'에서 제작한 앱으로 한글이 잘 지원되어 있다는 장점이 있으나 아이폰에서 지원되지 않아 홀라펙스를 소개합니다.

ⓘ 홀라펙스 3줄 요약
❶ OHP 필름을 이용하여 홀로그램 재생기를 제작합니다.   ❷ 홀라펙스를 실행한 뒤 홀로그램으로 보고 싶은 사진이나 영상을 띄웁니다.   ❸ 어두운 곳에서 화면에 맞춰 재생기를 올려둔 뒤 홀로그램을 감상합니다.

[표 34-1 홀라펙스 개요]

홀로그램을 아시나요? 박물관이나 전시관 등에서도 이용 중인 홀로그램은 3차원 영상으로 된 입체 사진입니다. 2차원 평면이 아닌 3차원 공간에서 실제로 대상을 보고 있는 것 같은 장면을 구현합니다. 준비된 홀로그램을 보는 것을 뛰어넘어 자신이 홀로그램을 만들 수 있는 활동을 소개하고자 합니다.

---

3) [그림 34-4] https://play.google.com/store/apps/details?id=nahunhee.hologram_maker&hl=ko&gl=US

4) [그림 34-5] https://play.google.com/store/apps/details?id=com.holapex.hologram.app&hl=ko&gl=US

1 | 활용 단원 추천

　미술이나 창의적 체험활동 시간 중 별도의 시간을 만드는 것을 추천합니다. 사용하시는 미술 교과서의 단원 중 '다양한 방법으로 표현하기' 등의 단원이 있을 때 활용해볼 수도 있습니다.

2 | 사용 방법

[그림 34-6]

1. 우선 홀로그램을 3차원 공간에 띄워줄 재생기를 만들어야 합니다. 투명하고 빳빳한 OHP필름이나 코팅지를 활용하실 수 있습니다. 유튜브에서 가장 많은 조회 수를 기록한 재생기 제작 영상을 함께 보며 제작해볼 수 있습니다. (https://youtu.be/7YWTtCsvgvg[5])

2. 학생들이 의외로 사다리꼴 도형을 그리기 어려워할 수 있습니다. 제 경우에는 도형 예시를 종이에 출력하여 그 위에 필름을 대고 따라 그리도록 안내하였습니다. [그림 34-7]처럼 윗변 1cm, 아랫변 6cm, 높이 3.5cm의 사다리꼴 모양을 미리 인쇄해 주니 제작 시간을 대폭 줄일 수 있었습니다.

---

5) [그림 34-6] 유튜브 Mrwhosetheboss, Turn your Smartphone into a 3D Hologram | 4K

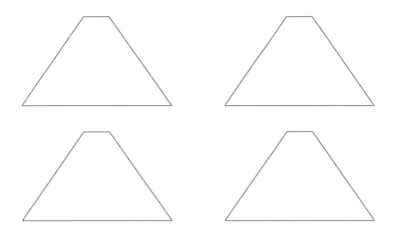

[그림 34-7 홀로그램 재생기 도안]

3. 사다리꼴 4개를 만들어 [그림 34-8]처럼 투명테이프로 이어 붙입니다. 홀로그램 재생기를 간단히 완성할 수 있습니다. 스마트폰으로 유튜브에 '홀로그램 영상'을 검색하여 직접 제작한 홀로그램 재생기로 재생해볼 수 있습니다. 단, 어두운 환경에서 하는 것이 좋으므로 교실을 모두 소등하셔야 합니다. 하지만 실질적으로는 교실을 암실로 만들기 힘든 경우가 많으므로 사물함 안에 스마트폰과 재생기를 놓고 보게 하거나, 책상 서랍을 비운 뒤 그 안에 넣고 자세를 낮춰서 보도록 안내하였습니다. 밝은 곳에서 보는 것보다 훨씬 생생한 홀로그램을 즐길 수 있어서 학생들이 좋아하였습니다. 특히 좋아하는 아이돌 그룹을 홀로그램으로 보는 학생들이 많았습니다.

4. 직접 홀로그램을 만들기 위해 홀라펙스를 실행합니다. 첫 화면에서 다음의 메뉴들을 볼 수 있습니다.

CREATE VIDEO	기기에 저장된 비디오를 이용하여 홀로그램 영상을 만듭니다. 본인이 나오는 영상을 제작하고 싶다면 어두운 곳에서 본인만 밝게 나오도록 세팅해두고 영상을 찍은 뒤 활용하는 것이 좋습니다.
CREATE PICTURE	기기에 저장된 사진을 이용하여 홀로그램 사진을 만듭니다. 영상 제작 시와 마찬가지로 배경을 검은색으로 하는 것이 좋습니다. 리무브 홈페이지(미술② 내용)를 이용하시면 도움을 받을 수 있습니다.
VIDEOS	샘플 홀로그램 비디오를 감상합니다. 학생의 관심사에 따라 유튜브에서 검색해 다른 것을 보는 것을 더 추천해드립니다.
BUY HOLAPEX	PRO 버전 구입입니다. 수업에서는 무료 기능으로도 충분합니다.

[표 34-2 홀라팩스의 기능]

5. 사진이나 영상을 이용하여 홀로그램을 만들고 실행합니다.

6)

[그림 34-8 홀로그램 재생 화면]

6) [그림 34-8] https://play.google.com/store/apps/details?id=com.vyom.hologramprojector&hl=ko&gl=US

홀로그램 만들기						
학년	4-6	**과목**	미술	**단원**	-	**차시** -
학습 목표	홀로그램 원리를 이용하여 자신만의 홀로그램 영상을 제작할 수 있다.					
단계	**교수·학습 활동**					

도입	• 홀로그램을 봤던 경험 이야기하기
	  – 박물관에서 원시인들의 삶을 보여주는 홀로그램
	  – 미술관에서 빛을 이용한 홀로그램 작품을 본 경험 등
	
	• 홀로그램 관련 영상 시청
	  – 영화나 실생활 속 홀로그램 활용 장면 살펴보기
	  – 영상 시청: https://youtu.be/smKU_b7HRLw
	• 학습 목표 제시 7)
	[그림 34-9]					

활동1	• 홀로그램 재생기 만들기
	  – OHP필름, 투명테이프, 가위 준비
	  – 만들기 영상을 참고하며 각자 하나씩 만들기
	  – 교사가 규격에 맞춘 4개의 사다리꼴 도안 종이를 미리 출력해서 나눠
	    주면 제작 시간을 훨씬 단축할 수 있음
	  – 간단한 제작이나 어려워하는 학생이 있으므로 서로 돕도록 유도
	• 홀로그램 영상 감상하기
	  – 유튜브에서 '홀로그램 영상' 검색하여 보고 싶은 영상 감상해보기					

활동2	• 홀라펙스로 자신만의 홀로그램 만들기 – 주제를 정해 사진이나 영상 제작하기 • 자신이 제작한 홀로그램이 재생되는 장면을 촬영하기					
정리	• 제작한 홀로그램 자료와 재생 장면 영상 학급 홈페이지에 올리기 – 작품의 의미와 제작 과정 등 간단한 코멘트 남기기					

	홀로그램 만들기
정리	- 홀로그램을 제작하며 느낀 점 쓰기 　☞ 평가: 홀로그램 앱을 이용하여 홀로그램을 제작할 수 있다. • 학급 홈페이지를 통해 상호 피드백하기

[표 34-3 홀라팩스 수업 지도안]

4　수업 후기

　홀로그램 수업에서 어려웠던 점은 밝은 교실 내에서 홀로그램으로 띄울 자신의 영상이나 사진을 촬영하기 힘들다는 것이었습니다. 학생들에게 홀로그램 제작에 대한 정보를 주지 않은 상태에서 어두운 곳에서 자신만 나오는 얼굴 사진이나 영상을 찍어 오라고 준비시켜주시면 더 원활한 수업을 할 수 있을 것 같습니다. 몸을 모두 촬영하기보다는 재미있는 표정으로 얼굴만 가까이서 밝게 찍는 것이 효과가 좋았습니다.

　홀로그램은 향후 영상 매체의 변화를 불러올 수 있는 기술로 학생들에게 의미 있는 수업 활동이라고 생각합니다. 새로운 표현 기법이 새로운 미술사조의 씨앗이 될 수 있듯이 우리 학생들의 창의력과 미래기술이 만나 누구도 예상치 못한 멋진 결과를 만들 수도 있습니다.

---

7) [그림 34-9] 유튜브 YTN 사이언스 투데이, [오늘의 과학실]-홀로그램/YTN 사이언스

04

포토샵 못지않은 무료 기능으로 즐기는 사진 놀이
포토피아

포토피아 Photopea로 포토툰 만들기		
1)	• https://www.photopea.com/ • 포토샵의 기능들을 거의 그대로 사용할 수 있는 프로그램. 픽셀유동화 등 고급 기능도 탑재 • 설치 없이 무료로 웹에서 이용할 수 있음	
활용 목표	사진을 다양하게 변형하는 디지털 기술을 활용할 수 있다. 여러 장의 사진을 이용하여 이야기가 담긴 포토툰을 제작할 수 있다.	
사용 환경 추천 순서	① 윈도우	② 구글 플레이스토어	② 애플 앱스토어
	2)	인터넷 웹 버전 접속, 이용	애플리케이션이 없으므로 스마트기기의 인터넷 브라우저로 접속 (화면 크기상 태블릿 추천)
인터넷 사용	접속 및 사용을 위해 지속적 인터넷 연결 필요	
공유 방법	여러 형태의 그림 파일로 결과물 내보내기 가능	

---

1) [그림 35-1] https://www.photopea.com/

2) [그림 35-2]~[그림 35-3] QR코드는 크롬 브라우저 QR 생성 기능 사용

유사한 기능을 제공하는 앱		
  3)	[픽슬러 X Pixlr X] • https://pixlr.com/kr/ • 인터넷 브라우저로 이용하거나 앱 다운로드 가능 • 대부분의 파일 형식(PSD, PXD, JPEG)을 지원하고 빠른 사진 편집 가능(원클릭 아티스틱 효과 등)	

⚠ 포토피아 3줄 요약
❶ 포토피아에 접속합니다. 빈 화면으로 시작하거나 준비된 템플릿을 이용합니다.   ❷ 왼쪽의 그리기 도구와 상단 메뉴를 자유롭게 탐색하며 기능을 익힙니다.   ❸ 도장 툴로 합성하기, 액체화로 얼굴 바꾸기 등 사진을 재미있게 바꿔봅니다.

[표 35-1 포토피아 개요]

　　재미있는 사진 한 장으로 하루아침에 인터넷 스타가 되기도 하는 시대입니다. 사진은 이제 순간의 기록이라는 가치를 넘어 우리 아이들 세대의 대화 수단이자 놀잇감으로 발전하였습니다. 이번 시간에는 사진을 이용하여 재미있는 작품 활동을 해볼 수 있는 포토피아를 소개합니다.

---

3) [그림 35-4] https://pixlr.com/kr/x/

1 활용 단원 추천

출판사 교과서	단원	주요 내용	쪽수
비상교육 미술 3	8. 찰칵! 순간을 담아	이야기를 담은 사진 찍어보기	48
비상교육 미술 4	8. 컴퓨터로 그린 그림	컴퓨터로 사진 파일 다뤄보기	42-44
지학사 미술 4	6. 사진으로 전하는 이야기	사진을 활용하여 다양하게 표현해보는 활동	32-33
지학사 미술 5	11. 사진으로 만나는 세상	사진으로 재미있는 작품 제작	66-69
교학사 미술 3-4	11. 사진으로	다양한 사진을 직접 찍어보기	102-105
동아 미술 5	11. 찰칵, 나도 사진가	사진을 이용한 작품	58

[표 35-2 포토피아 활용 단원 추천]

2 사용 방법

1. 포토피아에 접속합니다. 첫 화면에서 아래 메뉴를 선택할 수 있습니다.

새 프로젝트	캔버스 크기를 정해 빈 화면에서 포토피아를 시작하거나 포토피아의 다양한 템플릿을 열어 시작할 수 있습니다.
컴퓨터에서 파일 열기	기기에 있는 파일을 불러와 작업을 시작합니다.
PSD 템플릿	포토피아에서 제공하는 포토샵 디자인 파일을 이용할 수 있습니다. 네온사인, 유튜브 섬네일 등 여러 테마가 있습니다.

[표 35-3 포토피아 시작하기]

2. 상단에 메뉴, 왼쪽에 그리기 도구 모음, 가운데에 작업 창, 우측에 레이어와 작업 히스토리가 있습니다. 포토샵을 사용해보신 분들이라면 거의 비슷한 UI를 제공하므로 별 차이 없이 사용하실 수 있습니다.

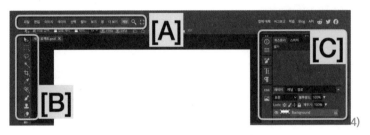

[그림 35-5 포토피아 작업 화면]

[A] [상단 메뉴 바]

다양한 기능들 중 수업을 위해 자주 사용한 메뉴들은 아래와 같습니다.

파일 → 내보내기 형식 → JPG	완성된 작품을 JPG 파일로 저장합니다.
이미지 → 조정 → 밝기/대비 등	이미지 전체에 적용되는 밝기 등을 조절합니다.
이미지 → 캔버스 크기	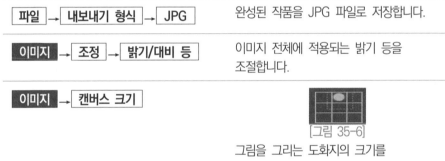 [그림 35-6] 그림을 그리는 도화지의 크기를 조절합니다. 작업 중 어느 부분을 더 추가할 것인지 기준점을 지정하여 크기를 키우면 기준점 이외의 부분이 커집니다.

4) [그림 35-5]~[그림 35-35] 이미지 및 아이콘 출처 https://www.photopea.com/

이미지 → 이미지 크기	작업 결과물의 사이즈를 정할 수 있습니다.
필터 → 액체화하다	사진의 형태를 변형합니다. 사진관에서 눈을 키우거나 턱을 깎을 때 주로 쓰이는 기능이 이것입니다. 오목하게, 볼록하게 등 다양한 방식으로 변형할 수 있습니다.
필터 → 흐리게 → 가우스 흐림 효과	사진을 흐리게 만듭니다. 인물을 제외한 배경 영역을 선택한 뒤 흐리게 만드는 데 사용했습니다.
필터 → 픽셀화 → 색 망판 등	만화적인 효과를 입힙니다. 역시 배경을 재미있게 표현하는 데 사용할 수 있습니다.
필터 → 렌더 → 렌즈 플레어	렌즈 플레어 효과를 추가합니다.

[표 35-4 포토피아 상단 메뉴 바 기능]

[B] [그리기 도구 모음]

포토샵과 같이 기능이 너무 많으므로 학생들과 수업에서 함께 활용한 기능을 위주로 설명하고자 합니다. 더 상세한 사용법은 유튜브의 강의나 관련 책들을 참고하시기를 권해드립니다. 아래 표를 통해 화면 왼쪽에 세로로 정렬되어 있는 그리기 도구의 기능을 간략히 설명합니다. 그리기 도구 각 아이콘 위에서 마우스 오른쪽 버튼을 누르면 유사한 기능의 다른 도구로 바꿔 선택할 수 있습니다. 각 그리기 도구의 세부 설정은 상단 메뉴 바에서 가능합니다.

	[이동 도구] 선택한 부분을 이동시킬 수 있습니다. 레이어를 통째로 옮기거나 잘라낸 부분을 옮길 때 유용합니다. 메뉴 바에서 선택 영역을 합치는 방식이나 가장자리 처리 방식을 설정할 수 있습니다.
	[선택 도구] 사각형이나 원형으로 일정 범위를 선택합니다. 선택한 부분을 이동시키거나 수정할 수 있습니다.
	[올가미 도구] 마우스의 움직임대로 자유롭게 선택이 됩니다. 마지막에 선택 범위를 닫힌 도형으로 마무리하면 그 안의 범위가 선택됩니다.
	[다각형 선택 도구] 선택 범위를 직선의 다각형으로 지정하고 싶을 때 사용합니다. 닫힌 도형을 만들어준 뒤 더블클릭을 하면 해당 범위가 선택됩니다.
	[자석 올가미 도구] 꽤 유용한 도구입니다. 사진에서 사람만 오려내고 싶을 때 인공지능이 자동으로 경계를 인식하여 선이 경계선에 달라붙기 때문에 깔끔한 잘라내기가 가능합니다.
	[마법지팡이] 유용한 선택 도구의 일종입니다. 색 차이를 인식하여 특정 개체를 한 번에 선택할 수 있습니다.
	[자르기 도구] 범위를 지정하여 그 부분을 남기고 나머지를 잘라냅니다. 사각형으로 지정한 뒤 엔터키를 치면 나머지 부분이 없어집니다.
	[원근 자르기 도구] 자르는 범위를 사각형이 아닌 다각형으로 선택할 수 있습니다. 끝부분을 조작하여 자를 범위를 자유롭게 선택합니다.
	[색상 추출] 작업 창 내에서 색을 선택하여 사용할 수 있습니다. 같은 색을 사용해야 하는 부분이 있을 때 유용합니다.
	[치유 브러시] 인물 사진에서 얼굴의 잡티를 없애는 기능으로 많이 사용합니다. 주변부를 인식하여 비슷하게 만들어줍니다.
	[붓 도구] 그림을 그릴 때 사용합니다. 작업 창 상단의 메뉴에서 붓의 모양, 굵기, 불투명도 등을 설정할 수 있습니다.

		[도장 도구] 자주 사용하는 도구입니다. 선택한 부분을 복사할 수 있습니다. 도장 툴을 선택한 후, Alt 키를 누르면 마우스 커서가 '+' 모양으로 바뀝니다. 복사하고 싶은 부분 위에 커서를 올리고 Alt 키 + 클릭을 하면 복사할 지점이 선택됩니다, 이후 그림의 다른 부분에서 클릭 + 드래그를 해주시면 도장 찍힌 부분을 복사할 수 있습니다. 참고로 학생들은 눈이 4개인 사람을 만드는 것을 가장 재미있어했습니다.
		[지우개 도구] 그림을 지울 수 있습니다. 메뉴 바에서 크기 설정이 가능합니다.
		[그라디언트 도구] 자연스럽게 색이 변화하는 그라디언트 효과를 입혀줍니다. 선택 도구로 선택한 뒤 적용하면 그 부분에만 그라디언트가 들어갑니다.
		[페인트 통 도구] 해당 부분을 한 가지 색상으로 채웁니다.
		[흐림 도구] 선택한 부분을 흐리게 처리합니다.
		[선명 도구] 선택한 부분을 선명하게 처리합니다.
		[닷지 도구] 선택한 부분을 조금씩 밝게 만듭니다.
		[번 도구] 선택한 부분을 조금씩 어둡게 만듭니다.
		[텍스트 도구] 글자를 넣을 수 있습니다.
		[세로 텍스트 도구] 글자를 세로로 넣을 수 있습니다.
		[사각형 도구] 사각형, 원, 다각형 등 다양한 도형 개체를 만듭니다.
		[손 도구] 캔버스 전체를 이동하거나 회전시킬 때 사용합니다.
		[돋보기 도구] 그림을 확대하거나 축소하여 볼 수 있습니다. 실제 캔버스 크기에 영향을 미치는 것은 아닙니다.
		[색상 선택] 사용할 색상을 선택합니다.

[표 35-5 포토피아 좌측 아이콘 기능]

[C] [히스토리, 레이어]

[히스토리] 창에는 작업을 하면서 거쳐온 과정이 모두 표시됩니다. 예를 들어 ①원 그리기 ②빨간색 칠하기 ③파란색 칠하기 ④노란색 칠하기의 순서로 작업을 했다면 작업 순서대로 히스토리 창에 표시됩니다. 만약 히스토리 창에서 ②빨간색 칠하기 히스토리를 삭제하면 ③, ④번 작업인 파란색과 노란색의 작업 과정도 한 번에 삭제되어 ①번 작업인 원만 남게 됩니다. 작업물의 전후 상황을 비교해보거나 한 번에 많은 작업을 삭제할 때 요긴하게 사용할 수 있습니다.

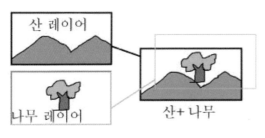

[그림 35-33 레이어의 이해]

[레이어]는 사진이나 영상 편집 도구를 사용함에 있어서 학생들에게 반드시 이해시켜야 할 개념으로, 단어 뜻 그대로 '층'이라는 의미입니다. 우리가 그림을 그릴 때 종이 위에 산을 그리고 나무를 그리면 그냥 한 장의 종이 위에서 작업을 마친 상태가 됩니다. 레이어는 산을 그린 그림을 '백그라운드' 층으로 두고, 나무는 투명한 필름에 그린 뒤 그 위에 겹쳐서 그림을 표현하는 것이라고 이해시키시면 좋습니다.

레이어를 사용하면 각 개체를 따로따로 관리할 수 있어서 수정이 훨씬 쉽습니다. 나무를 산의 오른쪽에서 왼쪽으로 옮기고 싶을 때는 나무를 지우고 다시 그릴 필요 없이 '나무 레이어'를 선택한 뒤 위치만 이동시켜주면 됩니다. 나무가 없는 것이 나을 것 같은데 애써 그린 나무를 지우기 아까운 경우에는 레이어 창 Background 에 보이는 눈 마크 를 눌러 나무 레이어를 잠시 꺼두실 수도 있습니다. 학생들에게는 나무를 수정하고 싶을 때는 나무 레이어를 선택해서 수정해야 된다고 강조해주시는 것이 좋습니다. 레이어 개념이 처음인 학생들은 초반에는 많이 혼란해하지만 여러 개체를 각각 수정하고 적용할 수 있다는 기능을 이내 이해하고 그 편리함을 능숙하게 사용하였습니다.

재미있는 사진 놀이						
학년	6	과목	미술(천재교육)	단원	4단원	차시	4
학습 목표	다양한 촬영 방법을 활용하여 주제를 재미있게 표현할 수 있다.						
단계	교수·학습 활동						
도입	• 재미있고 특이한 사진을 어떻게 촬영하였을지 생각해보기 　– 천재교육 미술 교과서 24쪽 등 • 또 다른 재치 있는 사진 감상(Google '원근법 착시 사진' 검색) • 학습 목표 제시						
활동1	• 찍을 사진 구상해보기						

활동1 세부 내용:

원근법을 이용해 거인 되기	거리를 조절하여 원근법을 활용하며 촬영한다. 손으로 사람 들어 올리기 등이 가능하다.
흑백 배경 속 나만 컬러로 찍기	포토피아를 활용, 선택 도구로 배경만 선택하고 흑백으로 처리하여 저장한다.
[그림 35-36 학생 작품]	[거울 속 나와 실제 내가 다른 사진] [방법.1] 파노라마 기능을 이용해 시간차를 두고 카메라가 거울 경계를 이동할 때 자세를 바꾼다. [방법.2] 카메라로 사진을 2번 찍어 가운데 부분을 잘 맞춰 합성한다.

	재미있는 사진 놀이	
활동1	 [그림 35-37 학생 작품]	**[분신술 사진]** [방법.1] 파노라마 기능을 이용해 시간차를 두고 카메라 뒤쪽으로 이동하며 다른 위치에 서 있는다. [방법.2] 카메라를 삼각대로 고정한 뒤 사진을 여러 번 찍어 합성한다.
	 5)	**[그림자 트릭 사진]** 파노라마 기능을 이용해 아래부터 위로 사진을 찍기 시작한다. 그림자와 사람의 경계를 지날 때 상체의 자세를 다르게 바꾼다.(영상 youtu.be/OxKtUaZx_j4?t=106[6]) 1:46 지점)
활동2	• 조별로 어떤 사진을 찍을지 결정하기 • 사진 찍고 편집 작업하기	
정리	• 사진을 학급 홈페이지에 설명과 함께 올리기 ☞ 평가: 다양한 촬영 방법을 활용하여 주제를 재미있게 표현하는 사진을 찍을 수 있다. • 상호 피드백하기	

[표 35-6 포토피아 수업 지도안 ①]

---

5) [그림 35-38]~[그림 35-40] QR코드는 크롬 브라우저 QR 생성 기능 사용

6) 유튜브 5분 Tricks 플레이 채널, 33가지 재밌고 창의적인 사진 아이디어 1분 46초 지점

사진으로 만드는 만화, 포토툰 제작하기							
학년	6	과목	미술(천재)	단원	4단원	차시	4
학습 목표	다양한 촬영 방법을 활용하여 주제를 재미있게 표현할 수 있다.						
단계	교수·학습 활동						

단계	교수·학습 활동
도입	• 포토툰 감상하며(예시 작품) 학습 목표 제시 **포토툰을 이용한 스토리 구성** 유튜브 이지수 (흥양초 동아리 수업) https://youtu.be/_Nh2aadIJsE **청원포토툰** 유튜브 이지수 (2012년 경기도 화성 청원초 실습 작품) https://youtu.be/u3TJtqKp9pY – '포토툰' 검색 시 불건전한 콘텐츠가 함께 검색되는 경우가 있으므로, 반드시 자료를 미리 찾아서 보여주시기 바랍니다.

활동1	• 활동 조 편성하기
	• 포토툰의 구성 요소 분류하기
	  – 사진, 말풍선, 상황을 표현하는 글자, 배경음악, 대사 등
	• 반영할 요소 선택하기
	  – 배경음악이나 대사 녹음, 화면 전환 등 제외 가능
	  – 대사를 제외하고 사진만으로 표현 가능
	• 주제 정하고 스토리보드 구성하기
	  – 학습지를 통해 분량을 정해 스토리보드 만들어보기
	
	주제: 학교폭력 

	괴롭히는 장면 울고있는 장면 친구들의 위로 화해하는 장면
	
	[그림 35-41 스토리보드 예시]

사진으로 만드는 만화, 포토툰 제작하기		
	• 역할 분담하기 – 촬영, 배우, 편집 등 역할 분담 – 편집 작업에 모두 참여해야 학습 목표 달성이 가능하므로 편집은 골고루 나눠서 작업하도록 안내		
활동2	• 사진 촬영하기(과제로 제시 가능) • 편집 작업하기		
정리	• 작업한 포토툰 함께 감상하기 ☞ 평가: 주제를 전달하는 포토툰을 제작할 수 있다. • 상호 피드백하기		

[표 35-7 포토피아 수업 지도안 ②]

4 수업 후기

사진으로 만화를 만드는 포토툰은 우리 학생들에게는 낯선 콘텐츠였습니다. 하지만 웹툰의 글로벌 유행 덕분인지 모두 포토툰 제작에 큰 어려움을 겪지는 않았습니다. 장면을 재연한 사진을 찍어 말풍선을 넣는 단순한 작업부터 감정을 강조하기 위해 여러 효과를 넣고 도장 툴로 얼굴을 복사하는 등 복잡한 작업까지 해내면서 꽤 재미있는 결과물을 만들어냈습니다.

스마트폰 카메라의 발전과 함께 사진 예술은 앞으로도 많이 발전할 취미라고 생각합니다. 꼭 사진을 업으로 삼지 않더라도 친구들끼리 재미있는 사진을 만들어 주고받으며 노는 즐거움을 느낄 수 있는 포토피아를 미리 배워보는 시간을 통해 즐거운 수업을 꾸려볼 수 있었습니다. 다만 수업 진행 중 수시로 초상권, 저작권 문제나 친구의 사진을 함부로 사용하는 사이버 폭력 예방을 위한 교육을 반드시 병행하셔야 합니다. 바른 마음가짐을 바탕으로 즐거운 사진 생활을 했으면 좋겠습니다.

05

창작에 날개를 달아줄 그림 프로그램

이비스 페인트 X

이비스 페인트 X로 화가가 되어보자!		
iP 1)	• 전문가용 프로그램으로 인앱 구매 및 광고 포함 • 무료 기능만으로도 충분한 고급 작품 제작 가능 • 픽셀 유동화, 그물망 변화, 누끼 따기, 레이어 겹치기 등 전문적 작품 활동을 위한 다양한 기능 제공		
활용 목표	페인터 툴을 이용한 표현 기법을 알고 작품 제작에 활용할 수 있다. 세계 명화들을 감상하는 방법으로서 모작의 가치를 알고 디지털 도구로 모작 활동을 할 수 있다.		
사용 환경 추천 순서	① 구글 플레이스토어	① 애플 앱스토어	② 윈도우
	[QR코드] 2)	플레이 스토어 다운로드	[QR코드]	앱스토어 다운로드	'NOX', 'BLUESTACK' 등 안드로이드 가상머신 설치하여 이용 가능
인터넷 사용	처음 앱 다운로드 후 인터넷 연결 필요 없음		
공유 방법	그림 파일로 결과물 내보내기 가능		

---

1) [그림 36-1] https://play.google.com/store/apps/details?id=jp.ne.ibis.ibispaintx.app

2) [그림 36-2]~[그림 36-4] QR코드는 크롬 브라우저 QR 생성 기능 사용

유사한 기능을 제공하는 앱		
3)	**[그림 그리기- 스케치]** • 간단한 기본 기능들에 충실한 페인터 툴 • 복잡한 기능 때문에 접근성이 떨어지는 전문가용 툴 이용 전에 페인터 툴의 기본 UI(User Interface)를 익히는 데 적합함	

⚠ 이비스 페인트 X 3줄 요약
❶ 4) [나의 갤러리] → ➕ [새 작품] 혹은 📷 [사진 가져오기]로 그림을 준비합니다.
❷ 브러시, 지우개, 페인트 통 등 각종 도구를 이용하며 그림을 그립니다.
❸ 편집 화면에서 ← 를 눌러 저장하거나 갤러리로 돌아가 ⬆ 를 선택하여 작품을 저장합니다. 갤러리에서 저장하면 더 다양한 타입으로 저장할 수 있습니다.

[표 36-1 이비스 페인트 X 개요]

미술 시간에 학생들이 가장 피곤해하는 작업 중 하나가 채색인 것 같습니다. 그리기 시간마다 꼭 한 번씩은 "선생님! 바탕까지 다 칠해야 돼요?"라는 질문을 듣게 됩니다. 구상과 스케치에 비해 상대적으로 지루한 과정인 채색이 힘들 것 같긴 합니다. 디지털 그림 그리기 도구를 이용하면 이러한 점을 해결함과 동시에 같은 스케치를 다양한 색으로 바꿔가며 작품을 변화시켜보는 등의 확장된 활동을 해볼 수 있습니다.

이번 시간에는 이비스 페인트를 이용하여 유명한 미술 기법 중 하나인 팝아트 초상화 그리기를 진행합니다. 또한 구글 아트 앤 컬쳐(미술[1])를 함께 사용한 명화 모작하기 수업도 소개해드리고자 합니다.

---

3) [그림 36-5] https://play.google.com/store/apps/details?id=com.yys.drawingboard
4) [그림 36-6]~[그림 36-41] 이미지와 아이콘 캡처 출처는 모두 '이비스 페인트 X' 앱

1 활용 단원 추천

출판사 교과서	단원	주요 내용	쪽수
교학사 미술 3,4	11. 영상 표현	컴퓨터로 그림 그리기	107-109
비상 미술 4	8. 컴퓨터로 그린 그림	컴퓨터로 그림 그리기	44-45
지학사 미술 6	9. 만화와 애니메이션	컴퓨터로 만화 그리기	52
천재 미술 6	13. 요리조리 작품감상	적극적 감상의 한 방법으로 모작 그려보기	70-71

[표 36-2 이비스 페인트 X 활용 단원 추천]

이비스 페인트 X는 스마트기기를 이용하여 그림을 그린다는 점만 다를 뿐, 종이 위에 그림을 그리는 수업 활동을 대체하는 데 이용할 수 있습니다. 위 표의 예시뿐 아니라 종이에 뭔가를 그리는 수업이라면 언제든지 활용이 가능합니다.

2 사용 방법

1. 이비스 페인트 X를 다운로드합니다.

	나의 갤러리	내가 그린 그림들을 모아둔 공간입니다. 새로 그림을 그리거나 그렸던 그림을 이어 그릴 수 있습니다.
	로컬 갤러리	아래의 온라인 갤러리에서 다운로드한 그림들을 볼 수 있습니다.
	온라인 갤러리	다른 사람들의 작품을 볼 수 있습니다. 사용을 위해서는 로그인이 필요합니다.

[표 36-3 이비스 페인트 X 갤러리 선택]

2. [나의 갤러리]로 들어갑니다. 지금까지 제작한 작품들을 볼 수 있습니다. 작품을 선택한 뒤 아래와 같은 기능을 이용하실 수 있습니다.

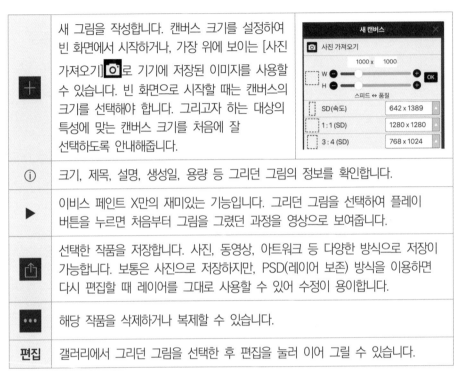

+	새 그림을 작성합니다. 캔버스 크기를 설정하여 빈 화면에서 시작하거나, 가장 위에 보이는 [사진 가져오기] 로 기기에 저장된 이미지를 사용할 수 있습니다. 빈 화면으로 시작할 때는 캔버스의 크기를 선택해야 합니다. 그리고자 하는 대상의 특성에 맞는 캔버스 크기를 처음에 잘 선택하도록 안내해줍니다.
ⓘ	크기, 제목, 설명, 생성일, 용량 등 그리던 그림의 정보를 확인합니다.
▶	이비스 페인트 X만의 재미있는 기능입니다. 그리던 그림을 선택하여 플레이 버튼을 누르면 처음부터 그림을 그렸던 과정을 영상으로 보여줍니다.
⬆	선택한 작품을 저장합니다. 사진, 동영상, 아트워크 등 다양한 방식으로 저장이 가능합니다. 보통은 사진으로 저장하지만, PSD(레이어 보존) 방식을 이용하면 다시 편집할 때 레이어를 그대로 사용할 수 있어 수정이 용이합니다.
⋯	해당 작품을 삭제하거나 복제할 수 있습니다.
편집	갤러리에서 그리던 그림을 선택한 후 편집을 눌러 이어 그릴 수 있습니다.

[표 36-4 이비스 페인트 X 갤러리 기능]

3. 새 파일을 열거나 사용하던 파일을 열어 작업 창으로 넘어가면 다음과 같은 그리기 도구를 이용하실 수 있습니다.

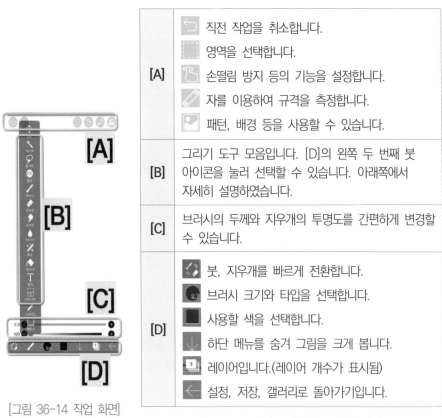

[A]	직전 작업을 취소합니다.
	영역을 선택합니다.
	손떨림 방지 등의 기능을 설정합니다.
	자를 이용하여 규격을 측정합니다.
	패턴, 배경 등을 사용할 수 있습니다.
[B]	그리기 도구 모음입니다. [D]의 왼쪽 두 번째 붓 아이콘을 눌러 선택할 수 있습니다. 아래쪽에서 자세히 설명하였습니다.
[C]	브러시의 두께와 지우개의 투명도를 간편하게 변경할 수 있습니다.
[D]	붓, 지우개를 빠르게 전환합니다.
	브러시 크기와 타입을 선택합니다.
	사용할 색을 선택합니다.
	하단 메뉴를 숨겨 그림을 크게 봅니다.
	레이어입니다.(레이어 개수가 표시됨)
	설정, 저장, 갤러리로 돌아가기입니다.

[그림 36-14 작업 화면]

[표 36-5 이비스 페인트 X 작업 기능]

위 화면은 스마트폰으로 구동한 화면이나 그림 그리기 앱인 만큼 태블릿과 펜 사용을 권장합니다. 화면 구성은 스마트폰과 같습니다.

4. [B]의 그리기 도구들은 아래 표와 같습니다. 그리기 도구를 클릭하면 화면 오른쪽 아래에서 도구에 대한 상세 조정을 할 수 있습니다. 포토피아(미술4)와 유사한 기능이 많으므로 비슷한 기능은 간략히 설명하였습니다. 각 기능을 한두 번만 사용해보시면 어떤 기능인지 쉽게 이해하실 수 있습니다.

	변형	선택된 영역을 옮기거나 원근법 양식, 그물망 양식으로 비틀 수 있습니다.
	자동선택	선택한 부분과 유사한 부분을 인식하여 함께 선택합니다. 아이콘을 한 번 더 클릭하면 더 상세한 설명을 할 수 있습니다.
	올가미	포토피아와 유사한 선택 도구입니다. 자석 올가미는 없습니다. 선택 영역 취소를 위해서는 █ 에서 [선택 영역 삭제]를 누릅니다.
	필터	그림 전체에 적용하는 필터 효과 모음입니다.
	브러시, 지우개	그림을 그리는 브러시와 지우는 지우개입니다. 그림 전문 앱인 만큼 브러시에서 다양한 타입의 펜을 사용할 수 있습니다.
	손가락	스케치북에 연필로 그린 후 손가락으로 문지른 것 같은 뭉개짐 효과를 줍니다.
	흐림 효과	흐리게 만듭니다. [손가락] 효과와는 다르게 경계가 무너지지 않습니다.
	특수	포토피아의 [액체화하다], 포토샵의 [픽셀 유동화] 기능과 동일합니다. 그림을 여러 형태로 변형시킬 수 있습니다.
	프레임 분할	만화책의 컷 분할 같은 프레임을 쉽게 만들 수 있습니다.
	캔버스	캔버스 사이즈나 회전, 뒤집기 등을 조절합니다.

◆	채색 도구입니다.	T	텍스트를 넣습니다.	✎	색깔 추출 도구입니다.

[표 36-6 이비스 페인트 X 그리기 도구 기능]

팝아트 초상화 그리기						
학년	6	**과목**	미술(천재)	**단원**	4단원	**차시**	4

학습 목표	현대미술 팝아트의 특징을 알고 이를 모사하여 초상화를 그릴 수 있다.
단계	**교수·학습 활동**

도입	• 팝아트 초상화 감상하기
	  – 유명한 팝아트 작품과 작가들 살펴보기
	  – 인터넷에서 유행하는 팝아트 초상화 검색해보기
	  – 팝아트의 특징에 대해 발표하기
	• 학습 목표 제시

활동1	• 스마트폰으로 얼굴 사진 찍기
	  – 자신, 친구, 가족, 연예인 등 그리고 싶은 사람의 얼굴 찍기
	  – 정면 사진으로 윤곽이 또렷이 드러나게 찍도록 안내
	• 여러 장의 사진들 중 그리고 싶은 사진 고르기

활동2	• 이비스 페인트 실행하고 사진 불러오기
	  – 그리고 싶은 사진 불러오기
	  – 레이어 버튼을 눌러 사진 위에 빈 레이어 생성하기
	  – 이는 사진 위에 투명 종이를 겹쳐 올려 그림을 그리는 느낌으로, 레이어
	    관련 설명은 포토피아(미술④) 참고 바랍니다.
	• 팝아트 초상화 그리기(강아지 사진 예시)

팝아트 초상화 그리기

① 사진 불러오기 → 빈 레이어 추가하기

[그림 36-39 레이어 1은 원본 사진, 레이어 2는 빈 레이어]

② 윤곽선 따라 그리기

활동2

[그림 36-40 레이어 2에 원본 사진의 윤곽선을 굵고 단순하게 따라 그리기]

③ 원본 사진 레이어 끄기(배경 레이어 따로 추가하는 것도 가능)

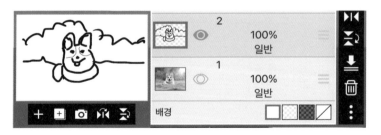

[그림 36-41 레이어 1의 눈 모양 아이콘을 눌러 안 보이게 하기]

팝아트 초상화 그리기	
활동2	④ 채색하고 필요시 텍스트 넣기 ⑤ 원본 사진 레이어 삭제하기 파일 저장하기  [그림 36-42 학생 작품 제작 과정] • 팝아트 초상화를 활용한 제품 디자인해보기 　- 카드, 편지지로 이용하여 편지 써보기 　- 라벨지에 인쇄 및 코팅하여 스티커로 사용해보기 등
정리	• 완성한 작품 학급 홈페이지에 올리고 상호 피드백하기 　☞ 평가: 레이어의 개념을 이해하고 디지털 드로잉 도구를 이용하여 　　　　 팝아트풍의 초상화를 그릴 수 있다. • 수업 소감 나누기

[표 36-7 이비스 페인트 X 수업 지도안 ①]

모작으로 디테일하게 명화 감상하기						
학년	6	과목	미술(천재)	단원	13단원	차시	4

학습 목표	작품을 더 깊게 감상하는 방법으로써 모작 활동을 할 수 있다.
단계	교수·학습 활동

도입	• 재미있는 명화 패러디 작품 살펴보기
	  – https://youtu.be/D1C-f1vPn10[5] 코로나19 명화 패러디 뉴스
	  – 뉴스의 패러디 작품을 본 소감 말해보기
	• 학습 목표 제시

활동1	• 명화 모작의 효과 알아보기
	  – 작품에 숨겨진 디테일한 요소들을 알 수 있다.
	  – 작품의 표현방법을 익힐 수 있다.
	  – 따라 그려보면서 그림 실력을 향상시킬 수 있다 등
	• 구글 아트 앤 컬처(미술[1])로 모작할 명화 고르기
	  – 알고 있는 작품 중 고르거나 유명한 화가의 작품 고르기
	  – 작품을 확대하며 그림에 사용된 기법 추리해보기
	  – 작품 관련 스토리를 통해 작품의 의미 이해하기
	  – 쉬운 난이도로는 잭슨 폴록, 바스키아, 칸딘스키의 추상 추천

활동2	• 이비스 페인트 X로 모작 그림 그리기 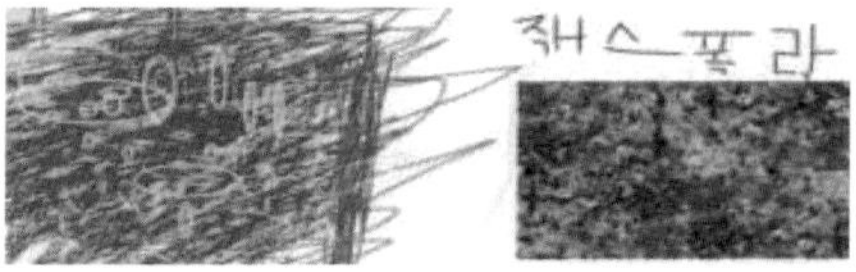 [그림 36-43 학생 작품 – 잭슨 폴록의 작품] 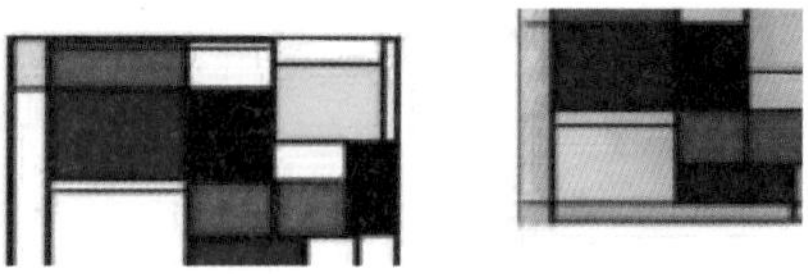 [그림 36-44 학생 작품 – 칸딘스키의 추상]

	모작으로 디테일하게 명화 감상하기

	• 자신의 아이디어로 패러디 해보기
	   – 레이어 기능을 활용하여 자신이 그린 작품 위에 재미있는 아이디어
	     추가하기(선글라스를 낀 모나리자 등)
	   – 여러 레이어를 이용하여 다양한 버전의 패러디 가능
	   – 모작 작품과 패러디 작품을 각각 따로 저장하기

정리	• 작품 설명과 함께 학급 홈페이지에 올리기
	   ☞ 평가: 모작과 패러디를 통해 미술작품의 적극적 감상 방법을
	         익히고 활용할 수 있다.
	• 상호 피드백하기

[표 36-8 이비스 페인트 X 수업 지도안 ②]

4 │ 수업 후기

   팝아트는 학생들도 어디선가 한 번쯤은 본 적 있는 익숙한 양식입니다. 자기가 그린 친구나 부모님의 얼굴을 선물로 전해주고, 그 초상화를 친구가 메신저 프로필 사진으로 사용하며 서로 뿌듯해하기도 했습니다.

   명화 모작하기 활동을 통해서 학생들이 가장 많이 알게 된 작가가 누구일까요? 바로 칸딘스키입니다. 어려운 그림을 따라 하기 부담스러운 학생에게 칸딘스키의 추상을 추천해줬더니 절반 가까운 아이들이 주제를 바꾸겠다고 나서기도 했습니다. 어떤 학생은 고흐의 '별이 빛나는 밤'을 모작하며 선의 흐름으로 그려낸 고흐만의 밤하늘 표현을 알아내기도 하고, 잭슨 폴록의 방식을 디지털로 모사하였으며 자기만의 느낌으로 뭉크의 '절규'를 재해석하기도 했습니다.

---

5) 유튜브 JTBC뉴스룸, 집으로 돌아간 명화 속 인물들...미술가가 본 코로나 / JTBC 뉴스룸

학생들의 성취를 종합적으로 평가하는 데 가장 좋은 방법은 포트폴리오가 아닐까 생각합니다. 시간에 구애받지 않고 갖고 있는 역량을 최대로 활용하여 작품을 만드는 것이 더 의미 있다고 생각하기 때문입니다. 자유도 높은 그림 그리기 앱인 이비스 페인트는 학생들의 숨겨진 능력을 마음껏 발휘하는 데 도움이 되는 좋은 도구였습니다.

[학생 작품 모음]

[그림 36-45 고흐의 별이 빛나는 밤]

[그림 36-46 앙리 마티스의 춤]

[그림 36-47 뭉크의 절규①]

[그림 36-48 뭉크의 절규②]

[그림 36-49 피카소의 꿈]

실과

우리 교실을 동물원으로 만들어요!

구글 AR

호랑이를 타고 찰칵? 구글 AR		
G 1)	• AR Core로 제작된 증강현실을 스마트폰 화면으로 경험할 수 있게 해주는 애플리케이션 • 현실 속 실물을 바탕으로 다양한 증강현실 자료를 참고할 수 있도록 하여 학습 효과를 높임	
활용 목표	AR 기술의 의미를 알고 생활 속에 적용되는 사례를 알아볼 수 있다.	
사용 환경 추천 순서	① 구글 플레이스토어	① 애플 앱스토어	② 윈도우
	2) 구글 앱에 동물 이름 검색	구글 앱에 동물 이름 검색	사용 불가
인터넷 사용	지속적인 인터넷 연결 필요	
공유 방법	AR 구동 화면에서 화면을 캡처하여 사용할 수 있음	

---

1) [그림 37-1] https://apps.apple.com/kr/app/google/id284815942

2) [그림 37-2]~[그림 37-4] QR코드는 크롬 브라우저 QR 생성 기능 사용

유사한 프로그램		
3)	**[서커스AR]** • 서커스AR에 등록된 사물 또는 이미지를 통해 다양한 증강현실을 체험해볼 수 있는 프로그램 • www.circuscompany.com에서 마커 예시를 다운받아 준비된 AR 콘텐츠를 이용한 학습을 할 수 있음	

🕐 구글 AR 3줄 요약
❶ 구글 앱에서 동물 이름을 검색합니다.(크롬 등 인터넷 브라우저 아님)
❷ [3D로 보기]를 터치합니다. 동물을 회전, 확대, 축소시키며 관찰합니다. 동물을 바꿔서 볼 수도 있습니다.
❸ [내 공간에서 보기]를 눌러 실제 공간에 나타나는 동물을 관찰합니다. 동물과 함께 재미있는 사진을 찍어봅니다.

[표 37-1 구글 AR 개요]

    구글 AR을 이용하기 위해서는 우선 카메라가 있는 스마트폰이 필요합니다. 태블릿으로도 가능합니다. 사용해본 결과, 대부분의 최신 스마트폰에서는 무리 없이 구동이 가능하였습니다. 다만 구형 기종 중 일부에서는 동물의 모습을 관찰하거나 울음소리를 듣는 등 일부 기능만 사용할 수 있었고 AR 기술의 핵심이라고 볼 수 있는 '3D로 보기' 기능이 지원되지 않는 것을 확인하였습니다. 학생들의 스마트폰 중 구글 AR을 사용할 수 있는 기기가 몇 대인지 확인 후, 조별 활동으로 진행할 수도 있습니다.

---

3) [그림 37-5] https://play.google.com/store/apps/details?id=com.circus.circusAR

1 활용 단원 추천

학년-학기	과목	단원	주요 내용	차시
6-1	실과	소프트웨어 관련 단원 (교과서별로 상이함)	소프트웨어가 실생활에 적용된 예 찾아보기	도입 자료로 사용
3-1	과학	3. 동물의 한 살이	동물의 특징 알아보기	흥미 유발 자료로 사용 가능

[표 37-2 구글 AR 활용 단원 추천]

2 사용 방법

1. 태블릿이나 스마트폰에서 구글 앱 G을 다운로드받습니다.
   크롬이나 엣지, 사파리 등 다른 인터넷 브라우저에서 구글을 사용하는 것이 아니라, 반드시 구글 애플리케이션을 사용해야 합니다.

2. '구글' 애플리케이션 실행 화면입니다.

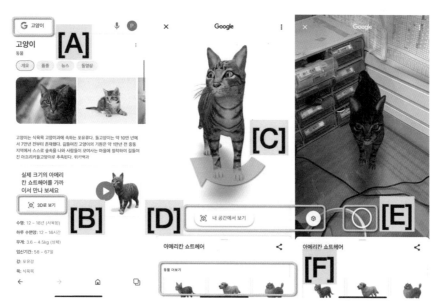

[그림 37-6 구글 AR로 동물 찾아보기]

[A]	검색창에서 '고양이'를 검색합니다.
[B]	고양이에 대한 설명과 사진들이 나옵니다. 수명, 무게 등 다양한 정보를 확인해본 뒤, 하단의 [3D로 보기]를 터치합니다.
[C]	화면에 커다랗게 고양이가 등장합니다. 손가락을 이용해 회전시켜보거나 크기를 변경할 수도 있습니다. 이리저리 돌려보며 고양이의 이모저모를 관찰해볼 수 있습니다. 귀여운 고양이는 화면 속에서 계속 얼굴을 긁는 등 움직임을 보여줍니다.
[D]	[내 공간에서 보기]를 터치하면 실제 배경 위에서 동물을 관찰할 수 있는 AR 서비스가 시작됩니다. 카메라로 화면이 변경되고, 고양이를 올려놓을 만한 적절한 위치에 스마트폰 카메라를 비추면 세 번째 화면처럼 고양이가 등장합니다. 적절한 면적과 공간이 나올 수 있는 곳을 찾아 카메라를 잘 비춰주어야 합니다. 책상 위에 올라온 작은 고양이 역시 터치를 이용하여 크기 및 위치 변경, 회전이 가능합니다. 세 번째 화면 왼쪽 하단에 보이는 하늘색 정육각형◇을 터치하면 다시 [3D로 보기]로 돌아옵니다.

[E]	하얀 동그라미를 누르면 현재 보이는 화면이 촬영됩니다. 고양이 옆에 서서 고양이를 쓰다듬는 사진을 연출할 수도 있습니다.
[F]	다른 동물들로 변경해볼 수 있습니다. 평소에 접하기 힘든 동물들을 구체적으로 관찰하고, 울음소리를 들어보며 동물에 대한 간접 경험을 할 수 있습니다. 또한 중요한 미래기술로 평가받고 있는 증강현실 AR 기술에 대한 이해를 넓힐 수 있습니다.

[표 37-3 구글 AR 기능 사용법]

3. 화면을 잘 조정하여 교무실에 백상아리와 검독수리를 날려볼 수 있습니다.

[그림 37-7 AR로 교실에 독수리와 상어를 띄운 모습]

학생들이 서로의 모습을 잘 연출하여 곰을 타고 있는 모습이나, 손바닥 위에 검독수리를 올린 모습 등 재치 있는 사진을 찍어보는 활동을 해보면서 동물에 대한 호기심을 증진시키고 미래 AR 기술을 체험하며 AR 기술이 실생활에 활용될 수 있는 분야를 토론해보는 활동을 진행할 수 있습니다.

SW는 우리 생활에 어떤 영향을 미칠까요?							
학년-학기	6-2	과목	실과	단원	소프트웨어 교육 단원 (출판사별로 상이함)	차시	1
학습 목표	소프트웨어가 적용된 사례를 찾을 수 있다. 소프트웨어가 우리 생활에 미치는 영향을 설명할 수 있다.						
단계	교수·학습 활동						
도입	• 생활 속에서 소프트웨어가 사용된 분야 자유 발표 • 자신의 스마트폰을 보며 생활 속 SW 활용 분야 찾아보기 • 학습 목표 제시						

활동1	• 생활 속에서 AR을 활용해본 경험 말해보기
	  – 게임이나 앱 등 실제로 활용해본 경험
	  – 미디어 등에서 접해본 경험
	• AR의 개념 알아보기
	  – 증강현실(增强現實, 영어: Augmented Reality, AR)은
	    가상현실(VR)의 한 분야로 실제로 존재하는 환경에 가상의 사물이나
	    정보를 합성하여 마치 원래의 환경에 존재하는 사물처럼 보이도록
	    하는 컴퓨터 그래픽 기법이다.[출처: 위키백과]
	• AR 관련 영상 시청하기 

	[그림 37-8 영화 〈아이언맨 1〉에서 자비스가 4)
	인공지능 AR을 이용해 적과 시민을 구별하는 모습]						

	[그림 37-9 포켓몬고 게임에서 가상의 5) 포켓몬이 나타난 모습]	[그림 37-10 구글 글래스로 다양한 가상 6) 정보를 표시하는 장면]

활동2	• 구글 AR 동물사전 이용 방법 알아보기
	• 구글 AR 동물사전을 이용해 관심 있는 동물의 생김새를 관찰하고
	  울음소리 들어보기
	  – 교사가 울음소리를 들려주고 동물을 맞히게 하는 퀴즈 진행
	• 구글 AR 동물사전
	  – 내 공간에서 보기 기능을 이용하여 친구들과 재미있는 동물 합성 사진
	    찍기	

정리	• 친구들과 사진 공유하고 피드백하기
	  – AR 동물들과 찍은 기발한 사진 학급 누리집에 올리기
	  – 서로 댓글을 달면서 재치있는 점 감상하고 칭찬해주기
	  ☞ 평가: AR 기술을 이용한 사진을 촬영할 수 있다.
	• AR 기술이 사용될 수 있는 다른 분야 이야기해보기
	  – 교과서 도형 단원에서 전개도 및 다양한 도형 시뮬레이션
	  – 자동차 운전, 비행기 조종 연습
	  – 의사들의 수술 연습 등	

[표 37-4 구글 AR 수업 지도안]

---

4) [그림 37-8] 유튜브 ONEview, 아이언맨 vs 굴미라 테러리스트 토벌 장면 | 아이언맨(Iron Man, 2008) [4K] 2분 48초
   지점 https://www.youtube.com/watch?v=b9neXn3Ok74&t=166

5) [그림 37-9] https://www.joongang.co.kr/article/20292130#home

6) [그림 37-10] https://kbench.com/?q=node/137354

외부 세계와 완전히 차단된 상태에서 콘텐츠를 소비하는 가상현실과 달리 증강현실은 실제 세계 속에서 디지털 보조 자료를 띄우는 형태입니다. 학생들은 익숙한 실제 세계인 교실 풍경이 생경해지는 모습에 무척 즐거워하며 활동에 적극적으로 참여하였습니다. 재미있는 사진도 찍어보고 궁금했던 동물의 모습도 관찰하면서 즐거운 수업시간을 만들 수 있는 구글 AR을 활용해보시기 바랍니다.

게임으로 배우는 코딩의 기본

라이트봇

코딩으로 불 좀 켜줘! 라이트봇		
1)	• 명령어 카드를 입력하여 목적지로 이동해서 불을 켜면 다음 스테이지로 넘어가는 게임 • 명령어 조합을 통해 목표 달성을 하는 과정에서 절차적 사고력을 키울 수 있음	
활용 목표	복잡한 문제를 절차적으로 해결하는 과정을 통해 컴퓨팅 사고력을 키울 수 있다.	
사용 환경 추천 순서	① 구글 플레이스토어	① 애플 앱스토어	② 윈도우
	[QR코드] 2) 플레이 스토어 다운로드	[QR코드] 앱스토어 다운로드	[QR코드] 인터넷 접속 (플러그인 지원 확인 필요)
인터넷 사용	설치 후 인터넷 연결 필요 없음	
공유 방법	결과물 공유 없음	

---

1) [그림 38-1] https://play.google.com/store/apps/details?id=com.lightbot.lightbothoc
2) [그림 38-2]~[그림 38-4] QR코드는 크롬 브라우저 QR 생성 기능 사용

[표 38-1 라이트봇 개요]

많은 선생님들께서 SW 교육은 학생들에게 프로그래머로서의 능력을 키워주는 교육이라고 생각하고 계십니다. 하지만 초등학교 수준에서 SW 교육의 가장 중요한 목표는 '복잡한 실생활 문제를 해결하기 위한 절차적 사고 향상'입니다. 컴퓨터를 사용하지 않더라도 절차적 사고를 통해 복잡한 문제를 해결 가능한 쉬운 단위로 쪼개어 단계별로 해결하는 사고력을 키울 수 있다면 목표를 달성했다고 볼 수 있습니다. 학생들은 SW 교육 시간에 컴퓨터로 프로그래밍을 하든, 재미있는 게임을 하든 자기도 모르는 사이에 문제를 다시 보는 능력을 키우게 됩니다. 이렇게 즐거운 활동 중에 은근히 절차적 사고를 키워줄 수 있는 좋은 앱인 라이트봇을 소개합니다.

1 활용 단원 추천

6학년 2학기 실과시간에 소프트웨어 교육에 대해 배우게 됩니다. 출판사별로 약간씩 차이는 있지만 모두 절차적 사고와 간단한 블록코딩을 배워본다는 점에서는 동일합니다. 라이트봇은 소프트웨어 단원 시작 전 단계에서 학생들에게 절차적 사고를 즐겁게 학습할 수 있는 기회를 제공하는 데 큰 역할을 할 수 있습니다.

---

3) [그림 38-5]~[그림 38-00] 이미지와 아이콘 캡처 출처는 모두 'Lightbot:Code Hour' 앱

* 라이트봇은 윈도우, 안드로이드, 아이폰 모든 환경에서 사용이 가능합니다.
* 다만 컴퓨터에서는 플러그인 지원 상황에 따라 실행이 되지 않을 수 있습니다. 학생들이 가정에서도 공부를 지속할 수 있도록 진행 상황을 바로바로 저장해주는 개인 스마트폰에서 사용하기를 권장합니다. 아래는 스마트폰 앱 기준으로 설명된 사용 방법입니다.

1. 라이트봇 앱을 설치하고 실행합니다. 첫 화면은 아래와 같습니다.

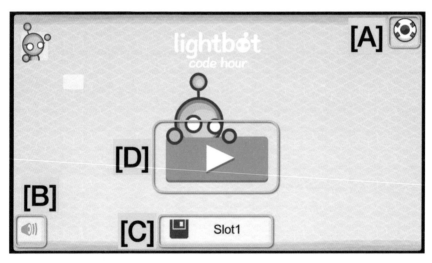

[그림 38-6 라이트봇 초기 화면]

[A]	언어 변경 기능입니다. 태극기를 선택하면 한국어로 변합니다.
[B]	사운드를 켜고 끌 수 있는 버튼입니다.
[C]	슬롯별로 따로 저장된 게임들을 불러와서 할 수 있습니다. 슬롯을 이용하면 여러 사람이 하나의 기기로 각각 자신의 게임을 플레이하는 것도 가능합니다.
[D]	게임을 시작하는 버튼입니다.

[표 38-2 라이트봇 초기 화면 설명]

2. 게임은 크게 세 단계로 나뉩니다. 소프트웨어 교육을 통해 배우게 되는 절차적 사고의 종류에는 크게 [순차], [반복], [선택]의 세 종류가 있습니다. 대개 단순한 명령어를 정확한 순서대로 배치하여 목적을 이루는 순차 과정을 먼저 연습하고, 그다음으로 반복되는 명령어들을 반복 명령으로 묶어보는 과정을 훈련합니다. 라이트봇에서는 아래의 각 단계를 통해 난이도를 높여가며 순차와 반복을 자연스레 공부할 수 있습니다.

[그림 38-7
단순 명령을 순서대로
배치하며 절차적 사고의
기본을 배웁니다]

[그림 38-8
반복되는 명령을
프로그램으로 묶어서
실행해보는 학습을 합니다]

[그림 38-9
명령어 묶음을 여러 번
활용해 더 어려운 반복
과제를 해결합니다]

3. 첫 단계부터 실행합니다. 각 단계별로 6-8개의 스테이지가 있습니다. 아 직 해결하지 않은 스테이지는 자물쇠로 잠겨 있는 것을 볼 수 있습니다. 아래와 같이 스테이지를 선택하고 사용 설명을 읽어봅니다. 사용 설명은 스테이지별로 새로운 명령문이나 과제가 추가될 때마다 나오므로 학생들 이 스스로 문제를 해결하는 데 큰 도움을 줄 수 있습니다.

[그림 38-10 스테이지 선택]

[그림 38-11 문제 해결 설명]

4. 게임 실행 화면에서의 아이콘들입니다.

◀ : 뒤로 가기 버튼입니다. 스테이지 선택으로 돌아갑니다.

🔄 : 다시 시작하기입니다. 진행 상황을 리셋하고 새로 시작합니다.

▶ : 명령어를 배치한 뒤 시작하는 버튼입니다.

❓ : 힌트를 보여줍니다.

⏩ : 라이트봇의 이동 속도를 조절합니다.

2-1: 현재 스테이지의 번호입니다.

⬆⬆🔄 명령 카드를 배치하는 공간입니다. 왼쪽의 명령부터 순서대로 실행 됩니다. 배치된 명령 카드를 터치하여 하나씩 제거할 수 있습니다. 가장 기본 이 되는 [MAIN]이 있고 단계가 진행됨에 따라 [PROC1], [PROC2]가 추가됩니다.

⬆💡🔄🔄 화면의 하단에는 가로 형태로 선택할 수 있는 명령 카드들이 모 여 있습니다. 하나씩 클릭하면 우측의 작업 표시줄에 순서대로 입력됩니다.

⬆️	직진 명령입니다. 한 번에 한 칸씩 직진합니다.
💡	불을 켜는 명령입니다. 같은 위치에서 반복하면 불을 켰다 껐다 합니다.
↩️↪️	왼쪽, 오른쪽으로 90도 돌기입니다. 라이트봇의 정면을 기준으로 돕니다.
🪙	점프하기입니다. 한 층씩만 뛸 수 있습니다.
P1	프로그램 명령입니다. 절차적 사고 중 반복의 개념을 익히는 데 중요한 명령어입니다. '행동 주머니'라고 생각하시면 좋습니다. • 2단계부터 [PROC1]이라는 새로운 공간이 생깁니다. • [MAIN]에서 P1을 사용하면 [PROC1] 안에 있는 명령어들이 실행되는 구조입니다. • 예를 들어 아래와 같이 명령어를 배치한 상황일 경우, [PROC1] 안의 명령어를 [MAIN]에서 3번 반복하도록 설정하였으므로 라이트봇은 5번의 행동이 묶인 'P1 행동주머니'를 3번 실행, 총 15회의 동작을 하게 됩니다.

실행 순서	P1 →	P1 →	P1
반복 내용	⬆️⬆️⬆️💡↪️	⬆️⬆️⬆️💡↪️	⬆️⬆️⬆️💡↪️

• 단계가 올라가면 P2를 사용할 수 있게 됩니다. P2를 만든 뒤 [PROC1]에 P2를 넣고 [MAIN]에 P1을 넣으면 수많은 반복 행동을 몇 개 안 되는 [MAIN] 명령어로 지시할 수 있습니다.

- 명령의 활용이야말로 이 게임의 백미라고 할 수 있지만, 학생들이 어려워하는 경우도 있으니 학생들이 서로 알려주도록 유도하시면 좋습니다. 평소에 게임만 즐기던 학생들이 이런 시간에는 반짝반짝 빛이 나는 것을 관찰할 수 있었습니다.

[표 38-3 라이트봇 게임 내 기능 설명]

5. 여러 명령어를 조합하여 모든 단계를 해결해봅니다. 모든 단계를 해결한 이후에는 아래의 메뉴를 통해 개인별 인증서를 받을 수도 있습니다. 단계 선택 화면 가장 우측의 CODE.ORG를 누르면 인증서 출력이 가능합니다.

[그림 38-27 인증서 화면]

3 수업 지도안

불 좀 켜줘! 라이트봇						
학년	6	과목	실과	단원	4단원	차시	자유
학습 목표	라이트봇을 이용하여 절차적 사고를 익힐 수 있다.					

불 좀 켜줘! 라이트봇	
단계	교수·학습 활동

도입	• 절차적 사고의 중요성을 알려주는 영상 보기
	  - 영상①: 지시 사항만으로 샌드위치 만들기 영상[4]
	  - 영상②: 한국에서 같은 활동을 해본 SBS스페셜 다큐멘터리 영상[5]

활동1	• 집안일의 절차를 단계별로 말해보기(설거지, 빨래 등) • 학교의 일상 행동을 단계별로 말해보기 - 급식을 준비하는 과정, 컴퓨터실 가는 법 등 • 일상의 행동은 절차적으로 이루어지는 것을 알려주기

활동2	• 라이트봇 실행하기
	  - 개인별 수행을 원칙으로 함
	  - 친구들끼리 서로 도와주되, 절대 정답은 알려주지 않기

활동3	• 교실에서 선생님을 이동시켜 선풍기를 켜도록 명령해보기
	  - 조별 경쟁 활동. 교사는 학생들의 명령어를 그대로 실행할 것
	  - 라이트봇에서 사용한 명령어로 구성(불 대신 선풍기 켜기)
	  - 다른 다양한 행동을 시키는 것으로 응용 가능

정리	• 학습 목표 제시
	  - SW 교육에서는 학습 목표를 마지막에 제시합니다.
	  - 학습이라고 생각하지 않고 자연스럽게 활동하는 과정에서 배움을
	    일으킨 뒤, 오늘의 활동이 어떤 의미를 갖는지 학습 목표를 제시하며
	    정리하는 것이 효과가 좋았습니다.
	    ☞ 평가: 단순한 명령들을 순차, 반복 구조로 표현하여 라이트봇의
	       어려운 스테이지를 모두 해결해보기

[표 38-4 라이트봇 수업 지도안]

---

4) 유튜브 Josh Darnit, Exact Instructions Challenge PB&J Classroom Friendly | Josh Darnit
   https://youtu.be/FN2RM-CHkuI(코딩교육에서 유명한 영상으로 재생 시 한국어 자동 번역 자막 설정 요망)

5) 유튜브 홈스쿨대디, [SBS스페셜] "내 아이가 살아갈 로봇 세상" 세 아들의 코딩교육
   https://youtu.be/DGhKIB6DpSM

4 ┃ 수업 후기

학생들의 놀이 방식은 시대별로 바뀌어왔습니다. 이제는 놀이터에서도 스마트폰 게임만 들여다보는 학생들이 늘어난 시대입니다. 게임에서 얻을 수 있는 경쟁과 성취라는 긍정적 요소를 잘 활용한다면 학습에도 분명 큰 도움을 줄 수 있습니다. 라이트봇 수업을 통해 학생들은 즐겁게 소프트웨어 교육에 참여하였고 서로의 상호작용도 향상되는 모습을 보였습니다. 게임을 너무 좋아해 학교 수업을 힘들어하던 학생들에게 자신감을 불어넣어줄 수 있는 계기가 되기도 하였습니다. 앞으로도 이런 종류의 게임형 교육 프로그램들이 많이 개발되어 필요한 상황에 잘 활용될 수 있으면 좋겠습니다.

03

친숙한 캐릭터들과 함께 배우는 블록코딩 기초

코드

블록을 쌓아서 프로그래머가 되자! 코드			
C O D E 1)	• https://code.org/ • 미국에서 대대적으로 제작한 코딩 학습 홈페이지 • 디즈니 캐릭터, 마인크래프트 등 학생들이 좋아하는 소재를 활용한 블록코딩 학습 콘텐츠 제공		
활용 목표	블록코딩을 통해 절차적 사고력과 컴퓨팅 사고력을 향상시킨다. 단순한 프로그램을 만들며 절차적 사고를 배울 수 있다.		
사용 환경 추천 순서	① 윈도우	② 구글 플레이스토어	② 애플 앱스토어
	[QR코드] 2)	인터넷 웹 버전 접속, 이용	애플리케이션이 없으므로 스마트기기 인터넷 브라우저로 접속 (화면 크기상 태블릿 추천)
인터넷 사용	지속적인 인터넷 연결 필요		
공유 방법	학습 결과를 링크로 공유하거나 학습 완료 뒤 인증서 출력 등 가능		

---

1) [그림 39-1] 로고 https://code.org
2) [그림 39-2] QR코드는 크롬 브라우저 QR 생성 기능 사용

❶ [겨울왕국], [모아나] 프로그램을 통해 '블록코딩'의 기본을 익혀봅니다.
❷ [마인크래프트], [플래피 게임 만들기]를 통해 코드를 이용하여 자신의 생각을 표현해봅니다.
❸ 코드에서 제공하는 여러 다른 프로그램들을 흥미에 맞게 체험해봅니다.

[표 39-1 코드 개요]

잘 알고 계시다시피 코딩이란 컴퓨터에게 일을 시키기 위해 컴퓨터의 언어로 명령을 하는 것을 말합니다. 코딩에 사용되는 프로그래밍 언어에는 자바, C언어, 파이썬 등 여러 가지가 있습니다. 하지만 이들은 어른이 배우기에도 어렵기 때문에, 교육용 프로그래밍 언어(Educational Programing Language)라는 것들이 개발되어 있습니다. 이들을 이용하면 블록 형태로 표현된 명령어들을 순서대로 쌓아나가는 활동을 통해 컴퓨터에게 명령을 할 수 있는데 이러한 활동을 '블록코딩'이라고 합니다. 학생들은 블록코딩을 통하여 다양한 명령어를 상황에 맞게 조립해가며 조금 더 심화된 절차적 사고를 배울 수 있습니다.

'코드'는 미국에서 국가적으로 만든 블록코딩 학습 홈페이지로 디즈니 캐릭터 등을 이용하여 학생들의 흥미를 자극하기 좋습니다. 단계별 힌트 영상이나 설명도 자세하여 학생들의 첫 블록코딩 활동으로 사용하기 좋은 홈페이지입니다.

1 활용 단원 추천

앞서 소개해드린 라이트 봇과 같이 실과 SW 교육 단원에서 활용할 수 있습니다. 출판사별로 내용은 조금씩 다르지만 소프트웨어 교육 단원은 대부분 '소프트웨어의 개념 소개 → 컴퓨터 없이 진행하는 언플러그드 교육 활동 → 컴퓨터를 활용한 코딩 활동'으로 이루어집니다. CODE.ORG는 컴퓨터를 이용하는 활동의 일환으로 교과서 활동을 대체하여 사용할 수도 있고, 교과서 코딩 활동 전에 적용함으로써 학생들의 이해도와 숙련도를 효과적으로 높이는 데 활용할 수 있습니다.

2 사용 방법

1. CODE.ORG에 접속합니다.
2. 첫 화면의 팝업창에서 언어를 선택할 수 있습니다. 브라우저 하단에서 언어를 선택할 수도 있습니다. 한국어를 찾아 선택합니다.

[그림 39-3 첫 화면의 언어 선택 팝업창]

[그림 39-4 화면 하단의 언어 선택 배]

3. CODE.ORG의 다양한 콘텐츠가 나타납니다.

[그림 39-5 수업 활용 콘텐츠 찾아가기]

- 초기 화면 중간의 학생들 로 들어갑니다.
- 화면 중간쯤에 있는 Hour of Code의 [더 보기]를 클릭합니다.
- [더 보기]로 들어온 화면을 조금 내리면 파트너들의 더 많은 활동 이 있습니다.

[그림 39-6 파트너들의 더 많은 활동]

- 아래의 활동 보기 를 클릭하면 모든 활동을 한 번에 볼 수 있습니다.
- 다른 화면에서도 활동을 할 수 있으나, 학생들의 사후 학습을 위해서도 전체 활동을 볼 수 있는 위의 단계를 알려주는 것이 좋았습니다.

4. 다양한 활동들을 선택하여 진행할 수 있습니다. 학생들에게 블록코딩의 개념을 단계적으로 이해시키기 위해 네 가지 활동을 순서대로 추천하고자 합니다. 자세한 내용은 지도안으로 담았습니다.

수업①  [그림 39-7]	**[안나, 엘사와 함께하는 코딩][3]** • 도형을 그리는 활동을 통해 라이트봇에 이어 순차 이동과 명령 반복을 배우기 좋은 프로그래밍 콘텐츠입니다. • [앞으로 한 칸] 등 단위로 제시되었던 명령들이 구체적인 수치를 입력하는 활동으로 업그레이드됩니다.

3) [그림 39-7]~[그림 39-10] https://hourofcode.com/kr/learn

수업②	 [그림 39-8]	**[모아나: 코드로 방법 찾기]** • 절차적 사고의 3요소인 '순차'와 '반복'에 이어 '선택' 구조를 배울 수 있는 콘텐츠입니다. • 특정 상황을 만났을 때 특정 행동을 하는 선택 구조를 게임을 통해 자연스럽게 익힐 수 있습니다.
수업③	 [그림 39-9]	**[마인크래프트 코딩의 시간]** • 모험가, 디자이너 두 가지 모드를 사용합니다. • 모험가 모드에서는 준비된 미션을 해결하기 위한 코딩을 진행합니다. 모아나와 유사합니다. • 디자이너 모드에서는 게임을 제작하기 위해 어떤 코딩을 하는지 체험해보게 됩니다. 학생들은 게임 소비에서 게임 제작으로 사고의 단계를 끌어올리게 됩니다.
수업④	 [그림 39-10]	**[플래피 게임 만들기]** • 직접 게임을 제작해보는 콘텐츠입니다. • 클릭하면 파리가 떠오르면서 장애물을 피하는 게임을 만들기 위해 배경 설정, 캐릭터 모션 지정, 점수 세팅 등 지금까지 배운 코딩을 모두 사용해볼 수 있습니다.

[표 39-2 코드-학생용 콘텐츠 중 6학년 실과 소프트웨어 교육에 사용한 콘텐츠들]

[수업 ①] 엘사, 안나와 함께하는 도형 그리기	
학습 목표	캐릭터의 이동을 통해 순차구조와 반복구조를 배울 수 있다. 블록코딩의 기본 블록 배치를 이용하여 원하는 결과를 만들 수 있다.
단계	교수·학습 활동

도입	• 선생님이 설명하는 도형 그려보기
	  - 교사는 간단히 그리기 어려운 도형 한 가지 준비
	  (예시: [그림 39-11] 등. 난이도 조절 가능)
	  - 도형 그리는 방법을 단계별로 써서 한 번에 보여주기
	  (학생들이 잘 이해하도록 한 단계씩 설명하시면 안 됩니다.)
	  - 정답 확인 뒤, 선생님의 설명에서 미흡한 부분 찾아보기

활동1	• 서로 도형 설명하며 그려보기 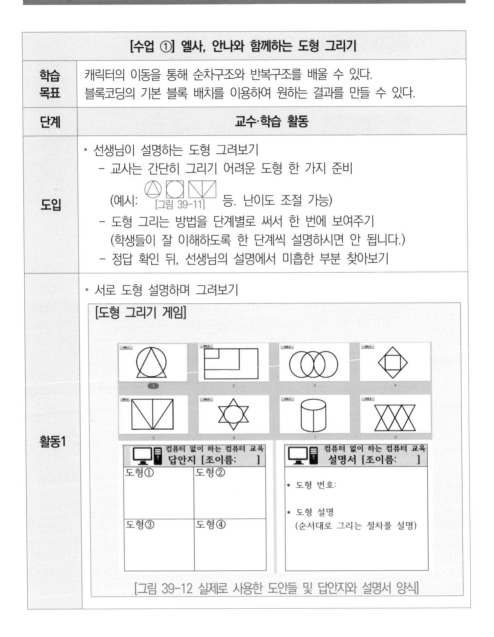

[그림 39-12 실제로 사용한 도안들 및 답안지와 설명서 양식]

	[수업 ①] 엘사, 안나와 함께하는 도형 그리기
활동1	**❶ 준비** - 활동의 개념을 잡는 중요한 게임입니다. 꼭 해보시길 바랍니다. - 활동 조를 편성합니다. 게임 시간 관계상 5-6개 조가 적당합니다. - 각 조마다 세 가지 준비물을 줍니다. ① [도안] 1장: 자기 조에서 설명할 도형이 그려져 있는 종이 ② [설명서] 1장: 도형 그리는 법을 단계별로 쓸 종이 ③ [답안지] 1장: 다른 조의 설명서를 보고 도형을 그릴 종이 **❷ 설명서 쓰기(약 5분)** - 선생님이 한 것처럼 그리는 단계를 '설명서'에 씁니다. **❸ 문제 맞히기(한 문제당 2-3분)** - 게임이 시작되면 다음 조로 설명서를 넘겨줍니다. - 옆 조에서 받은 설명서를 보고 어떤 도형일지 함께 추리합니다. - 문제 번호에 맞게 도형을 답안지에 그립니다. - 시간이 되면 갖고 있던 설명서를 다음 조에게 넘겨줍니다. - 한 바퀴 돌아 자신의 설명서가 돌아오면 게임이 종료됩니다. **❹ 점수 합산하기** - 다른 조의 도형을 맞히면 1점을 줍니다. - 다른 조가 우리 조의 도형을 맞히면 2점을 획득합니다. (우리 조가 설명한 도형을 3개조가 맞히면 6점 획득) - 생각보다 많이 틀린 것에 서로 놀라고 서로의 설명에 대해 질책하는 재미있는 장면을 볼 수 있습니다. **❺ 정리하기** - 배점 기준을 통해 이번 활동의 중심이 맞히기가 아닌 '절차적으로 잘 설명하기'라는 것을 알려줍니다. - 복잡한 행동을 절차적으로 표현하는 것의 어려움을 말해봅니다. - 컴퓨터에게 정확하게 일을 시키기 위해서는 어떤 요소들을 반영한 명령을 해야 할지 생각해봅니다.

[수업 ①] 엘사, 안나와 함께하는 도형 그리기	
활동1	 [그림 39-13 실제 활동 모습]
활동2	• CODE.ORG 엘사, 안나 활동 시작하기  안나, 엘사와 함께하는 코딩 Code.org 초등 2학년 이상 | 블록 코드를 이용해, 얼음의 마술과 아름다움을 탐구하는 안나, 엘사와 함께 하세요. 스케이트를 타면서 눈송이들과 패턴을 만들고, 겨울 왕국을 만 들어서 친구들에게 보여주세요! 시작 4) [그림 39-14 안나, 엘사와 함께하는 코딩] – 활동을 시작하면 소개 영상이 나옵니다. – 단계별로 새로운 개념을 소개할 때도 영상이 나옵니다. – 자막이 안 나오면 화면 하단 자막 아이콘을 클릭해 설정합니다. – 영상 위쪽 메뉴에서 **소개 프레젠테이션**을 누르면 영상의 중요 내용 요약을 볼 수 있습니다. – 블록, 작업 창 등 기본 사용법을 익힐 수 있습니다. – 화면 가장 위에 보이는 바를 이용하여 단계를 선택할 수 있습니다. 단계를 뛰어넘는 것도 가능합니다만 학생들에게 알려주시면 안

	[수업 ①] 엘사, 안나와 함께하는 도형 그리기
활동2	됩니다.(5)) – ▶ 실행 🐢━━━━🐰 : 작성한 프로그램을 실행합니다. 거북이와 토끼 바를 이용하면 엘사가 움직이는 속도를 조절할 수 있습니다. – 나머지 조작법은 화면 내의 설명을 통해 충분히 이해가 가능합니다. 선생님에게 무작정 묻지 말고 화면 내에서 찾아보도록 유도하시는 것이 좋습니다. [그림 39-17 완료 화면] – 단계를 클리어하면 사용한 블록 코드의 숫자를 알려줍니다. 이때, 더 적은 수의 블록으로 문제를 해결할 수 있다면 다시 해보라고 합니다. 이런 경우 더 나은 방법을 찾아보는 것을 권합니다.
정리	• CODE.ORG 엘사, 안나 해결하고 인증서 출력하기 • 학습 목표 제시하여 오늘 활동의 의미를 알려주기 ☞ 평가 장면: 절차적 사고력을 사용하여 도형을 그릴 수 있다.

[표 39-3 코드를 이용한 소프트웨어 수업 지도안 1단계]

4) [그림 39-14] https://hourofcode.com/kr/learn

5) [그림 39-15]~[그림 39-17] https://studio.code.org/s/frozen/lessons/1/levels/2

	[수업 ②] 모아나와 떠나는 코딩 여행
학습 목표	선택구조를 적용하여 프로그래밍을 할 수 있다. 순차, 선택, 반복 구조를 모두 활용하여 원하는 프로그래밍을 할 수 있다.
단계	교수·학습 활동

도입	• 〈모아나〉 영화 내용 알아보기
	   – 유튜브에 '모아나 결말 포함' 등을 검색하여 함께 감상
	   – 활동을 위한 기본적인 영화 내용 정리하기

활동1	• CODE.ORG 모아나 활동 시작하기 **모아나: 코드로 방법 찾기** The Walt Disney Company 초등 2학년 이상 l 블록 새 디즈니 아워오브코드 튜토리얼에서는 학생들이 비주얼 블록을 간단히 드래그하고 드롭하여 코드를 작성하고, 블록을 사용하는 비주얼 프로그래밍 언어를 사용합니다. 비주얼 프로그래밍은 코딩의 논리를 가르치기 위한 재미 있고 쉽게 이해되는 방법입니다. 비주얼 프로그래밍 노출은 더 복잡한 활동인 텍스트 기반 프로그래밍을 위한 기초가 됩니다. 튜토리얼은 8세 이상 아동과 처음으로 코딩을 시도하는 이들을 대상으로 합니다. 23개 언어로 제공되며 미국 외 지역에서는 현지화되었습니다. 이 튜토리얼은 온라인으로 무료로 이용할 수 있고 교육자 및 이벤트 조직자를 위한 영어와 스페인어로 디지털 툴 키트가 수록되어 있습니다. [시작] 6) [그림 39-18 모아나: 코드로 방법 찾기] [그림 39-19 언어 설정하기] – [시작] 버튼을 누릅니다. – 모아나 프로그램의 첫 화면은 영어로 시작됩니다. [Begin Now]를 클릭합니다. – 화면의 가운데에 프로그램 소개 영상이 영어 자막으로 나옵니다. – [그림 39-19]와 같이 화면 왼쪽 아래의 언어 설정(빨간색 네모)에서 '한국어'를 선택하면 영상이 한국어 자막으로 다시 재생됩니다. – 스토리가 진행됩니다. 작업 창, 블록 창, 힌트 등 기본적인 화면 구성은

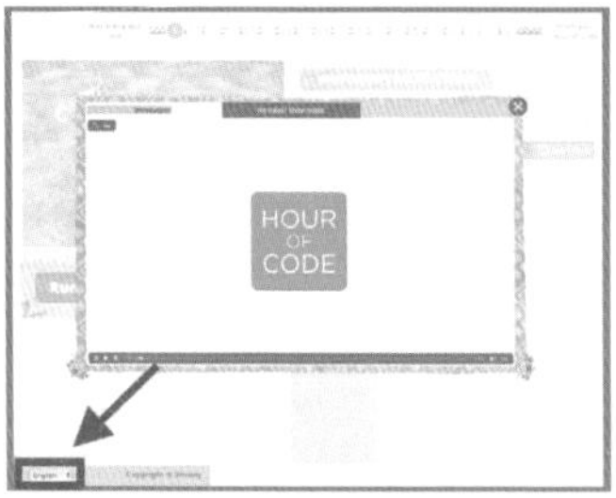

[수업 ②] 모아나와 떠나는 코딩 여행

CODE.ORG 엘사, 안나와 같습니다.
- 순차, 반복, 선택 구조를 조합하여 미션을 해결합니다. 단계가 진행될수록 더 어려운 프로그래밍 요소들이 추가됩니다. 새로운 요소가 추가되는 단계에서는 설명 영상을 통해 개념을 이해시켜줍니다.

<table>
<tr><th colspan="3">단계별로 추가되는 프로그래밍 요소들[7]</th></tr>
<tr><td>6</td><td>반복(=루프)가 추가됩니다. 반복되는 같은 명령을 하나의 명령으로 묶어서 제시할 수 있습니다.</td><td>반복 4 ▼ 회</td></tr>
<tr><td>11</td><td>캐릭터를 선택합니다. 사실 학습에 영향은 없으나 학생들이 괜히 고민하는 요소 중 하나입니다.</td><td></td></tr>
<tr><td>13</td><td>조건부 반복 구조를 사용할 수 있습니다. 일정 조건이 만족될 때까지 해당 명령을 반복하는 코드입니다.</td><td>다음까지 반복 카카모라 ▼
실행</td></tr>
<tr><td>14</td><td>선택(=조건) 구조를 만들 수 있습니다. '만일 불가사리를 만나면' 어떤 행동을 할 것인지를 명령합니다.</td><td>만일 불가사리 ▼
실행</td></tr>
<tr><td>17</td><td>더 강화된 선택(=조건) 구조가 나옵니다. 'if~, not'의 형태로 상황에 따라 두 가지 다른 행동을 명령할 수 있습니다. '만일 불가사리를 만나면' A를 실행하고, 아닌 상황에서는 B를 실행하는 구조입니다.</td><td>만일 불가사리 ▼
실행
아니면</td></tr>
</table>

- 미션 실패 시 설명을 통해 힌트를 얻을 수 있습니다.
- 모두 완료하면 수료증을 받을 수 있습니다. 모아나의 모든 미션을 해결하기 위해서는 반복 블록 안에 선택이나 반복을 중복으로 넣는 등 꽤 복잡한 구조의 블록코딩을 사용해야 합니다. 이 과정에서 코딩의 기본 요소들을 두루 배울 수 있습니다.

활동1

[수업 ②] 모아나와 떠나는 코딩 여행	

정리	• CODE.ORG 모아나 해결하고 인증서 출력하기
	• 학습 목표 제시하여 오늘 활동의 의미를 알려주기
	  - 순차, 반복, 선택의 명령을 할 수 있는 블록 찾기
	  - 왜 반복 블록이 있으면 좋은지 설명해보기
	  - 조건 선택 명령을 활용할 수 있는 실생활 명령 해보기
	
	    ☞ 평가: 순차, 반복, 선택 구조를 이해하고 관련 프로그래밍 문제를
	      해결할 수 있다.

[표 39-4 코드를 이용한 소프트웨어 수업 지도안 2단계]

[수업 ③] 마인크래프트 제작 과정 따라잡기	
학습 목표	순차, 선택, 반복 구조를 모두 활용하여 원하는 프로그래밍을 할 수 있다. 게임을 제작하기 위해 사용되는 코딩의 기본 구조를 이해할 수 있다.
단계	교수·학습 활동
도입	• 평소에 즐기는 게임 이야기해보기 • 마인크래프트를 즐겨본 경험 이야기해보기

활동1	• 평소 즐기는 게임 속 캐릭터의 움직임 흉내 내기
	• 블록코딩의 요소를 활용하여 캐릭터의 움직임 표현하기
	  - 지금까지 배웠던 블록코딩의 여러 블록들을 이용하여 캐릭터의 움직임을
	    종이에 써보기

6) [그림 39-18] https://hourofcode.com/kr/learn

7) [그림 39-20]~[그림 39-29] https://partners.disney.com/hour-of-code/wayfinding-with-code?cds

[수업 ③] 마인크래프트 제작 과정 따라잡기

활동2	• CODE.ORG 마인크래프트 코딩의 시간 활동 시작하기
	
	  – 시작 을 누르면 네 가지 관련 콘텐츠가 제시됩니다. 이번 수업에서는
	     우측의 [모험가]와 [디자이너]를 사용합니다. 아래와 같이 우선 두 가지를
	     완료한 후 나머지에 도전해보도록 합니다.

	[그림 39-30 마인크래프트 콘텐츠 찾기]
	
	• 마인크래프트 모험가

	[그림 39-31 힌트 보기]
	
	  – 마인크래프트 세상을 모험하는 캐릭터가 되어 준비된 상황 속에서 미션을 해결하기 위한 코딩을 진행합니다.
	  – 기본적인 진행은 현재까지 해왔던 활동과 동일합니다. 힌트가 필요할 경우 상단의 전구를 클릭합니다.

활동3	• 마인크래프트 디자이너
	  – "모험가는 복습일 뿐이다. 디자이너를 통해 게임을 제작하는 데 사용되는 코딩의 기본을 배워볼 수 있다"라고 동기를 유발합니다.
	  – 디자이너 모드에서는 게임 속 세상의 여러 조건들을 디자인하는 연습을 해볼 수 있습니다. 낮과 밤을 바꾸거나 크리처(=게임 속 동물 등)들의 행동을 정하는 등 실제로 게임을 제작해봅니다.

[수업 ③] 마인크래프트 제작 과정 따라잡기

- 디자이너 모드에서는 안내 영상을 꼭 잘 보는 것이 좋습니다. 설명을 놓치면 다음 단계로 넘어가기 힘들어질 수 있음을 학생들에게 안내해줍니다.

단계별로 알아두면 좋은 사항들		
② 8)	영원히 do(=무한루프)가 추가됩니다. 어떤 명령을 무한으로 반복하게 만들 수 있습니다.	
⑤ 9)	5단계부터 본격적으로 게임 환경을 구성합니다. 게임의 일부인 양의 움직임을 블록코딩으로 세팅해보는 활동입니다. 아래와 같이 양이 어떤 움직임을 보일 것인지 자유롭게 선택하여 게임을 만들 수 있습니다. 블록 코드들을 잘 조합하여 목적에 맞는 게임 상황을 만든 뒤, ▶실행 버튼을 눌러 게임을 실행하고 미션을 해결해야 다음 단계로 넘어갈 수 있습니다. 	
⑥ 10)	6단계부터는 다양한 크리처들의 행동을 코딩할 수 있게 됩니다. 준비된 목적을 달성하면 다음 단계로 넘어갈 수 있지만, 프로그래밍의 자유도가 높으므로 학생들이 충분히 재미있게 탐색해보는 시간을 주는 것이 좋습니다. 이 세계 속에서는 양이 돼지 소리를 낼 수도 있고, 소가 우유만 생산하라는 법도 없습니다. 아래의 블록들을 어떻게 활용하면 재미있게 놀 수 있을지 생각해볼 수 있도록 안내해줍니다. 	

(활동3)

[수업 ③] 마인크래프트 제작 과정 따라잡기		
활동3	(10) 11) 생성(=Spawn)이 추가됩니다. 원하는 크리쳐를 화면에 만들어낼 수 있는 명령입니다.	생성 좀비 ▼ 위로 ▼
	– 12단계에서는 완전히 자유롭게 게임을 제작해볼 수 있습니다. 학생의 코딩에 따라 재미있는 게임 제작이 가능합니다. 이를 활용하여 친구끼리 서로의 게임을 즐겨보도록 유도하는 것도 좋습니다. • 모두 완료하면 마인크래프트 다른 콘텐츠 해보기	
정리	• CODE.ORG 마인크래프트 해결하고 인증서 출력하기 • 학습 목표 제시하여 오늘 활동의 의미를 알려주기 　– 지금까지 즐겼던 게임들에 숨어 있는 코드 생각해보기 　– 게임 제작을 통해 복잡한 순차, 선택, 반복 구조 활용하기 　　☞ 평가: 더 복잡한 순차, 반복, 선택 구조를 사용하여 프로그래밍 문제를 해결할 수 있다.	

[표 39-5 코드를 이용한 소프트웨어 수업 지도안 3단계]

---

8) [그림 39-32]~[그림 39-33] https://studio.code.org/s/minecraft/lessons/1/levels/2

9) [그림 39-34]~[그림 39-35] https://studio.code.org/s/minecraft/lessons/1/levels/5

10) [그림 39-36]~[그림 39-37] https://studio.code.org/s/minecraft/lessons/1/levels/6

11) [그림 39-38]~[그림 39-39] https://studio.code.org/s/minecraft/lessons/1/levels/10

	[수업 ④] 내가 직접 만드는 게임
학습 목표	순차, 선택, 반복 구조를 모두 활용하여 간단한 게임을 제작할 수 있다.
단계	교수·학습 활동
도입	• 카카오톡 스낵게임 '프로도의 해저탐험' 해보기 　– [카카오톡] → [더보기 …] → [게임 🎮] → 하단의 [설치 없이 스낵게임] 　　중 '프로도의 해저탐험' 들어가기 　– 설치가 필요 없으므로 바로 즐길 수 있습니다. 　– 학급 1등을 뽑는 등 흥미를 유발해봅니다.
활동1	• '프로도의 해저탐험' 사용된 게임 내 요소 분석해보기 　– 배경, 장애물, 주인공, 점수 획득 방법 등 　– "배경의 수초가 계속 다가온다", "터치하면 주인공이 떠오른다" • 각 요소별로 어떤 코드가 들어갔을지 추측해보기 　– '만약 화면을 터치하면' → '프로도가 위로 20만큼 떠오른다' 　– '만약 장애물에 닿으면' → '게임이 끝난다' 　– '만약 장애물을 피하면' → '점수에 1을 더한다' 등
활동2	• CODE.ORG 플래피 게임 만들기 **플래피 게임 만들기** Code.org 초등 2학년 이상 | 블록 드래그 앤드 드롭 프로그래밍으로 자신만의 플래피 버드 게임을 직접 만들고, 원하는 다른 모양(플래피 샤크, 플래피 산타 등)으로 변형해 보세요. 한 번의 클릭으로 본인 전화기에 게임을 추가할 수 있습니다. 시작 12) [그림 39-40 플래피 게임 만들기] 　– 코드를 이용하여 빈 화면에서부터 하나씩 게임을 완성해가는 과정을 　　체험해볼 수 있는 교육 프로그램입니다. 지금까지와 마찬가지로 설명 　　영상과 힌트들을 통해 한 단계씩 진행합니다.

[수업 ④] 내가 직접 만드는 게임

<table>
<tr>
<td rowspan="3">활동2</td>
<td colspan="2">– 단계별 설명에 따라 코드를 작성하고, ▶ 실행을 누른 후 플래피 버드를 조작하여 목표 지점 ◉에 닿게 해봅니다.
– 단계가 진행될수록 게임의 조건이 하나씩 갖춰집니다. 아래의 순서로 게임의 조건을 추가해가며 최종 게임을 완성합니다.</td>
</tr>
<tr>
<td>1단계</td>
<td>클릭하면 날개 소리를 내며 날아오름</td>
</tr>
</table>

1단계	클릭하면 날개 소리를 내며 날아오름
2단계	땅에 떨어지면 게임이 끝남
3단계	시작 시 진행 속도 설정
4단계	물체에 부딪치면 게임 종료
5단계	물체 통과 시 점수 획득
6단계	정리 및 실행 점검
7단계	시작 시 게임 배경을 바꾸는 설정
8단계	게임 진행 중 배경을 랜덤으로 바꿔보기
9단계	장애물에 부딪혔을 때 결과를 바꿔보기
10단계	자유롭게 자기만의 플래피 버드 게임 만들기

활동3	• 독창적인 자신만의 플래피버드 게임 만들기 　– 10단계를 이용하여 캐릭터, 배경, 소리, 속도 등 모든 요소를 독창적으로 재구성한 자신만의 게임 만들어보기 • 서로의 게임을 해보고 피드백하기 　– 제작한 게임을 친구들과 바꿔서 해보기 　– 좋은 점, 아쉬운 점, 개선할 점 등 서로 토론하기 • 피드백을 반영하여 게임 수정하기
정리	• CODE.ORG 플래피 코드 인증서 출력하기 • 학습 목표 제시하여 오늘 활동의 의미를 알려주기

	[수업 ④] 내가 직접 만드는 게임
정리	- 순차, 선택, 반복 구조가 컴퓨터 프로그램의 기본임을 알고 앞으로 게임을 할 때 어떤 코드가 사용되었을지 생각해보기 ☞ 평가: 순차, 선택, 반복 구조를 모두 활용하여 간단한 게임을 제작해보기

[표 39-6 코드를 이용한 소프트웨어 수업 지도안 4단계]

4 수업 후기

CODE.ORG의 소프트웨어 수업 4단계를 통해 학생들은 평소에 즐기던 게임이 만들어지는 과정과 구조를 어느 정도 이해할 수 있게 되었습니다. 디지털 네이티브로 태어나 수많은 소프트웨어를 이용하고 살던 학생들이기에 그 작동 원리를 파악하는 활동에 큰 관심을 보였습니다. 앞으로는 게임을 할 때 캐릭터가 어떻게 움직이고 어떤 코드가 사용되었을지 생각해보겠다고 하는 학생들의 말에 무척 뿌듯했습니다. 특히 마지막 수업에서 플래피 버드 게임을 독창적으로 재해석하며 배경부터 난이도까지 누구 하나 똑같지 않은 게임을 만들고 즐겨보는 활동에서 코딩의 기술과 컴퓨팅 사고력뿐만 아니라 서로 대화하고 즐겁게 협동하는 모습도 볼 수 있었습니다.

앞으로 많은 소프트웨어 기술이 더 많이 생활 속으로 들어올 것입니다. 마치 글을 쓰고 수를 읽어야 하는 것처럼 미래사회를 살아갈 우리 학생들에게는 이런 소프트웨어 능력이 필요할지도 모릅니다. 자기도 모르는 사이에 재미있게 소프트웨어 역량을 기를 수 있게 도와주는 CODE.ORG는 매우 추천할 만한 교육 프로그램입니다.

---

12) [그림 39-40]~[그림 39-41] https://studio.code.org/flappy/1

04

이제 나도 프로그래머가 되는 건가?

엔트리

엔트리와 함께 프로그래머 되어보기		
1)	• https://playentry.org/ • 국내 개발된 블록코딩 교육용 프로그램 • 기본 기능부터 변수, 신호 등을 이용한 고급 기능까지 이용 가능 • 다른 작품을 자유롭게 감상, 활용한 학습 가능	
활용 목표	블록코딩을 방법을 익혀 자신만의 프로그램을 제작할 수 있다.	
사용 환경 추천 순서	① 윈도우	② 구글 플레이스토어
	2)	인터넷 웹 버전 접속, 이용
인터넷 사용	로그인 및 사용을 위해서 지속적인 인터넷 연결 필요	
공유 방법	완성작을 링크나 파일로 저장하여 타인과 공유 가능	

유사한 프로그램		
3)	[스크래치] • https://scratch.mit.edu/ • 미국 MIT에서 개발한 대표적 블록코딩 프로그램 • 엔트리보다 먼저 출시되었으며, 다양한 기능을 이용하여 완성도 높은 블록코딩 프로그램 제작이 가능함	

ⓘ 엔트리 3줄 요약

❶ [생각하기] → [엔트리 학습하기] → [첫 걸음]에서 기초적인 사용법을 익힙니다.
❷ [생각하기] → [교과서 실습하기]를 통해 교과서의 코딩 과제들을 실습해봅니다.
❸ [만들기] → [작품 만들기]로 원하는 작품을 자유롭게 만들어봅니다.

[표 40-1 엔트리 개요]

엔트리는 국내에서 개발한 블록코딩 교육용 프로그램입니다. 교과서에서 다루는 실과 소프트웨어 단원에서도 블록코딩 프로그램으로 엔트리를 사용합니다. 엔트리를 이용하면 교과서의 프로그래밍부터 자신이 만들고 싶은 복잡한 프로그램까지 블록코딩의 거의 모든 것을 할 수 있습니다.

코드(실과3)를 통해 블록코딩의 개념을 잡은 학생들은 엔트리를 이용하면서 교사를 놀라게 하는 재미있는 작품들을 만들어내곤 합니다. 지금까지는 정해진 목표 달성을 위한 코딩을 배웠다면, 이제부터는 자신의 생각을 컴퓨터에 구현하는 자유도 높은 고급 활동을 즐길 수 있게 됩니다.

변수, 신호 등 엔트리가 제공하는 강력하고 다양한 기능을 잘 이용하면 어지간한 수준의 컴퓨터 게임까지도 만들어낼 수 있습니다. 여기서는 보편적인 초등학생들을 대상으로 진행하는 수업을 위한 간단한 접속법과 기초 사용법만 다루고자 합니다.

---

3) [그림 40-4] https://scratch.mit.edu/

실과 6학년 2학기 소프트웨어 단원을 공부하기 위해서는 엔트리를 꼭 활용해야 합니다. 단원의 중반 이후 본격적인 블록코딩 과제들을 해결하기 위한 도구로 엔트리가 사용되기 때문입니다.

엔트리 홈페이지의 [교과서 실습하기] 메뉴에 들어가면 각 출판사별 교과서에서 수행해야 할 모든 블록코딩 과제들이 일목요연하게 정리되어 있습니다. 빈 화면에서 덩그러니 시작하는 것이 아니라 배경, 오브젝트(화면에 등장하는 인물, 동물, 사물 등 모든 개체) 등 필요한 준비가 되어 있는 상태에서 코딩을 시작할 수 있어 학습 목표에 집중할 수 있으므로 처음 코딩을 접하는 학생들에게 훨씬 좋은 환경을 제공해줍니다. 또한 수업에 활용할 수 있는 학습지와 수업용 프레젠테이션까지 준비해주어 선생님들께서도 교과서 코딩 수업을 아주 원활하게 준비하실 수 있습니다.

아래는 각 출판사별 교과서에서 제작하는 프로그램들의 목록으로, 모든 활동이 엔트리에 준비되어 있으므로 참고하셔서 활용하시기 바랍니다.

출판사 교과서 및 단원	제작하는 프로그램	쪽수
비상교육 실과 6학년 4. 소통하는 소프트웨어	자기소개 프로그램(오브젝트가 말하게 만들기)	66
	광복 몇 주년 계산하기(변수 이용한 뺄셈 계산기)	70
	방석퀴즈 놀이(반복 명령 및 문자열 처리)	72
	운동 도우미 프로그램(반복 명령 및 문자열 처리)	78
교학사 실과 6학년 4. 생활 속	친구들에게 인사하는 프로그램	66
	묻고 답하는 프로그램(문자열 입력 및 처리하기)	68

출판사 교과서 및 단원	제작하는 프로그램	쪽수
소프트웨어	숫자 계산기 제작 및 여러 문자열 연결하여 처리하기	69,70
	로봇 청소기 제작 및 수리(오브젝트의 이동)	72-74
금성출판사 실과 6학년 3. 소프트웨어와 생활	크기, 색이 변하고 말을 하는 캐릭터 제작	46, 50
	두 수를 입력하여(변수) 더하는 계산기 프로그램	48
	답을 맞히는 퀴즈 프로그램	52
	꽃잎 모양의 도장을 복제하는 프로그램	54
	로봇 청소기 프로그램	56
동아출판 실과 6학년 4. 프로그래밍과 소통	캐릭터가 걸어가게 만들기	80
	금액 합계 구하는 계산기 만들기	84
	캐릭터가 이동하고 말하는 프로그램	87
	저금통 금액 합산 프로그램 제작	88
미래엔 실과 6학년 3. 생활과 소프트웨어	캐릭터가 말하게 하는 장면 구성하기	48
	캐릭터 이동하고 말하는 애니메이션	50
	나이 계산 프로그램(변수를 이용한 뺄셈 계산기)	52
	디지털 도어록(변수 이용한 정답 맞히기)	56
천재교육 실과 6학년 5. 쉽게 배우는 소프트웨어와 프로그래밍	오브젝트의 이동, 말하기, 사라지기 제작	84-85
	변수를 이용한 계산기 제작하기	87
	문자열을 입력받아 처리하는 프로그램	88-89
	문자열 처리, 도형 그리기, 퀴즈 풀기 프로그램	90

[표 40-2 엔트리 사용 단원 추천]

1. 엔트리에 접속합니다.
2. 상단 메뉴 바를 통해 엔트리의 기능을 둘러볼 수 있습니다.

e n t r y	생각하기	만들기	공유하기	커뮤니티	Q ♀ ☺
엔트리 소개	엔트리 학습하기	작품 만들기	작품 공유하기	묻고 답하기	
문의하기	교과서 실습하기	교과형 만들기	스터디 공유하기	노하우&팁	
제안 및 건의		스터디 만들기		엔트리 이야기	
다운로드				공지사항	
교육 자료					4)

[그림 40-5 엔트리 홈페이지 메뉴 바]

	엔트리 학습하기	❶ 첫걸음: 엔트리 활용의 기초를 배웁니다.
생각하기		❷ 학년별 학습과정: 학년별 코딩 기초과정을 따라 해봅니다.
	교과서 실습하기	모든 출판사 실과 교과서의 소프트웨어 교육 단원에 나오는 프로그래밍을 쉽게 실습할 수 있습니다. 수업 교안과 활동 지도가 함께 제공되어 수업에 활용하기 매우 용이합니다.
만들기	작품 만들기	엔트리가 제공하는 모든 블록과 기능을 자유롭게 사용하여 프로그래밍을 해볼 수 있습니다. 꽤 멋진 프로그램들도 만들어볼 수 있습니다.
	교과형 만들기	실과 교과서에 나오는 프로그래밍을 하는 데 필요한 블록만 남겨둔 만들기 모드입니다. 너무 많은 블록이 주는 혼란을 막아 학생들이 조금 더 수월하게 코딩을 해볼 수 있습니다.

---

4) [그림 40-5] https://playentry.org/

만들기	스터디 만들기	교사나 학생이 직접 CODE.ORG의 콘텐츠들처럼 단계별로 따라 할 수 있는 학습 강의를 만들 수 있습니다.
공유하기	작품 공유하기	다른 사람들이 만든 프로그램들을 감상할 수 있습니다. 프로그램에 사용된 코드도 모두 확인이 가능하므로 다른 작품을 응용해보며 실력을 키울 수 있습니다.
	스터디 공유하기	다른 사람이 만든 스터디(=강의)를 해볼 수 있습니다.
커뮤니티	묻고 답하기	QnA 게시판입니다.
	노하우&팁	다른 유저들이 올려놓은 유용한 노하우 모음입니다.
	엔트리 이야기	다양한 이야기를 나누는 자유게시판입니다.
	공지사항	엔트리 관련 공지가 올라오는 곳입니다.

[표 40-3 엔트리 홈페이지 메뉴 기능]

3. 엔트리는 학급 개설·운영이 가능합니다. 교사 회원으로 가입한 뒤 학급을 개설하여 학생들을 초대합니다. 학급을 통해 공지사항, 과제, 스터디 등을 운영할 수 있습니다. 학생들도 가입 후 학급에 소속되면 자신의 작품을 저장하고 불러오거나 작품을 과제로 제출하고 친구들의 작품을 감상하는 것이 훨씬 용이해집니다. 코딩은 단 몇 분 만에 완성하기가 쉽지 않으므로 제작하던 프로그램의 저장과 불러오기가 무척 중요합니다. 꼭 학생들도 가입하여 이용할 수 있도록 하는 것이 좋습니다.

4. 교사 로그인 후 화면 우상단의 엔트리봇 얼굴이 있는 [프로필] 아이콘을 클릭하여 [나의 학급] ➡ 새로운 학급 만들기 로 학급을 만듭니다.

[그림 40-6 엔트리에서 새로운 학급 만들기]

5. 학급 안에서 공지사항을 알려주어야 할 때나 학생들이 학습해야 할 내용을 **과제 만들기** 를 이용하여 학급에 가져올 수 있습니다. 학생들이 만든 작품은 [우리 반 작품]에서 한곳에 모아볼 수도 있습니다. 엔트리 학급 만들기에서는 이렇게 수업을 진행할 때 꼭 필요한 기능들을 제공해줍니다.

[그림 40-7 엔트리 학급 학습 관리 및 작품 관리 페이지]

6. 교과서의 수업 진행에는 앞서 알려드린 [교과서 실습하기]만으로도 충분하지만, 심화학습을 원하는 학생들은 스스로 찾아서 공부할 수 있도록 안내해주시면 좋습니다.

5) [그림 40-6] https://playentry.org/group?sort=updated&page=1&activeTab=maked
6) [그림 40-7] https://playentry.org/group/5987d8ff8e12ef4e7010fd02/home

- 엔트리 홈페이지의 [공유하기] → [작품 공유하기]에서 만들고 싶은 프로그램과 유사한 다른 사람 프로그램을 찾아 사용된 코드를 보며 각 코드가 어떤 역할을 하는지 확인 및 응용해보는 방법을 추천합니다.
- 엔트리 공식 유튜브 채널(https://goo.gl/sUiGzU)을 이용하시면 다양한 프로그램을 만드는 방법을 찾아볼 수 있습니다.

금성출판사 6   도움자료   수업 교안 & 활동지

프로그래밍 체험하기   **두 수를 더하는 프로그램**   **피겨 선수를 만나는 프로그램**
[P.46]자신의 장래희망(피겨 선수)을 떠올리고 있는   [P.48]자기 차례를 마치고, 떨리는 마음으로 점수판을   [P.50]가장 좋아하는 피겨 선수를 만나게 되어 기뻐하
소녀   바라보는 소녀   는 소녀

동아출판 4   도움자료   수업 교안 & 활동지

엔트리 프로그램 체험하기   **준비물 합계 구하는 프로그램**   **순차·선택·반복구조 프로그램**   7)
[P.80]학교 앞 문구점을 향해 걸어가는 엔트리봇   [P.84]준비물을 사는데 필요한 금액을 계산하는 엔트   [P.87]학교 가는 길에 친구를 만나 인사하는 엔트리봇
                          리봇

[그림 40-8 교과서 코딩 활동이 모두 준비된 교과서 실습하기]

---

7) [그림 40-8] https://playentry.org/study/textbook

엔트리로 나만의 프로그램 만들기							
학년	6	**과목**	실과	**단원**	소프트웨어	**차시**	정리, 평가
학습 목표	블록코딩을 이용하여 실생활에 도움이 되는 프로그램을 만들 수 있다.						
단계	**교수·학습 활동**						
도입	• 우리 생활에 사용되고 있는 전자기기 떠올리기 • 학습 목표 제시						
활동1	• 생활 속 전자기기들의 동작과 기능 떠올리기 – "로봇청소기는 계속 움직이다가 벽에 닿으면 방향을 바꿔요" – "우리 집은 디지털 도어록인데 번호를 입력해야 문이 열려요" – "마트의 자동문은 사람이나 물건이 가까이 가야 열려요" • 생활 속 전자기기들의 동작에 적용된 코드 생각해보기[8]						

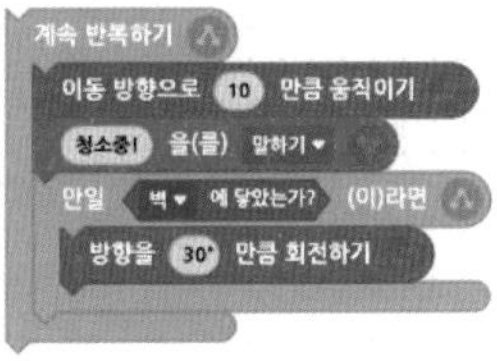

[그림 40-9 로봇청소기 코드 예시]

> **로봇 청소기**: "계속 앞으로 이동해요" "움직이는 동안 계속 청소를 해요" "벽에 닿으면 방향을 바꿔요" ▶ 넘어지면 멈추기 조건 추가 가능

---

8) [그림 40-9]~[그림 40-12] https://playentry.org/ws/new

		엔트리로 나만의 프로그램 만들기	
활동1	**디지털 도어록**	"처음 설치하면 비밀번호를 정해야 해요" "비밀번호를 물어봐요" "비밀번호가 맞으면 문을 열어줘요" "틀리면 다시 입력할 수 있어요" ▶ 번호 키에 조명 켜기, 시간이 지난 후 문 다시 잠그기 등 조건 추가 가능	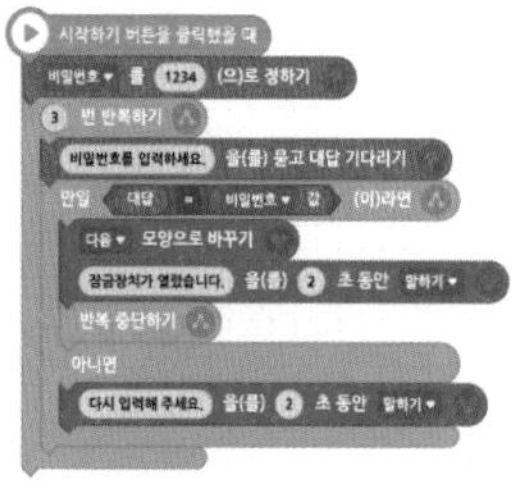 [그림 40-10 디지털도어록 코드 예시]
	자동문	"일단 문이 닫혀 있어요" "센서에서 레이저가 나와요" "사람이 레이저에 닿으면 문이 열려요" ▶ 문이 열릴 때 경고음이 들리거나 시간이 지나면 다시 문이 닫히는 등의 조건 추가 가능	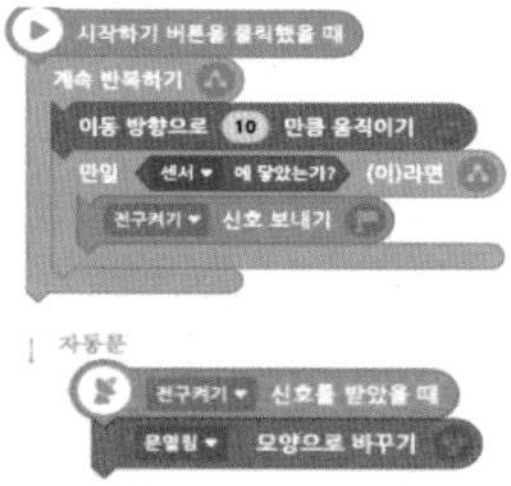 [그림 40-11 자동문 코드 예시]
	자판기	"자판기 안에 음료수들이 많아요" "돈을 넣으면 액수가 화면에 떠요" "버튼을 누르면 음료수가 나와요" ▶ 동전 액면가 인식하기, 거스름돈 내보내기 등의 조건 추가 가능	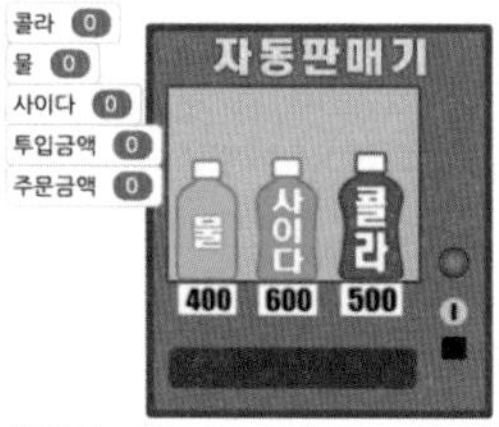 [그림 40-12 자판기 예시]

		엔트리로 나만의 프로그램 만들기	

활동1	**엘리베이터**	① '이동할 층을 누르세요' 말하고 ② '층수'라는 변수를 만들어 대답 입력 받기 ③ 엘리베이터를 층수만큼 이동시키기 ④ 해당 층에 도착하면 문 열기 등의 코드 입력하기
	자동 가로등	① '밝기'라는 변수를 만들기 ② '밝기' 값을 무작위로 바꿀 수 있도록 정하기 ③ '밝기' 값에 따라 밝으면 전구가 꺼지고 어두우면 전구가 켜지도록(켜지는 모양으로 바뀌도록) 가로등 오브젝트에 코드 넣어주기

• 적용할 코드의 흐름을 손으로 그려보기
  – 컴퓨터로 블록코딩을 하기 전에 미리 생각해보는 시간이 중요합니다. 머릿속으로 절차를 조립한 뒤 실현해야 사고력 발달에 더 큰 도움이 됩니다.
  – 순서도에 맞춰 정확하게 그리기보다 대략의 흐름을 정리하는 느낌으로 진행하시는 것이 좋습니다.

활동2

• 프로그래밍으로 구현할 실생활 기기 정하기
• 엔트리 ENTRY로 직접 만들어보기

해당 기기를 만들기 위한 엔트리 스터디 링크	
로봇 청소기	https://playentry.org/study/lecture/59018c785c601 19b1f299137
디지털 도어록	https://playentry.org/study/lecture/59018c78f7e62 69b0575a466
자동문	https://playentry.org/study/lecture/5b84afff1f9c2e0 e035b9036

	엔트리로 나만의 프로그램 만들기			
활동2	**해당 기기를 만들기 위한 엔트리 스터디 링크**			
	자판기	https://playentry.org/study/lecture/57318d3febdc6e0f6ee51826		
	로봇청소기9)	디지털 도어록	자동문	자판기
	• 프로그램을 작동시켜보며 오류 고치기			

정리	• 만든 작품 엔트리 학급에 공유하기
	   – 서로의 프로그램을 실행해보고 댓글로 피드백하기
	• 피드백을 반영하여 프로그램 발전시키기
	   ☞ 평가: 블록코딩을 이용하여 실생활에 도움이 되는 프로그램을 만들 수 있다.
	• 개인별 실천 사항 및 수업 소감 발표하기
	• 발전과제 제시: 자신만의 독창적인 발명품 제작해보기			

[표 40-4 엔트리 수업 지도안]

---

9) [그림 40-13]~[그림 40-16] QR코드는 크롬 브라우저 QR 생성 기능 사용

4 수업 후기

    자유롭게 자신만의 프로그래밍을 해보는 엔트리 학습까지 완료한 학생들은 자신감이 넘쳤습니다. 마치 이제 세상 모든 게임을 자기 손으로 만들 수 있을 것 같은 모습이었습니다. 우리 생활 속에 소프트웨어 기술이 얼마나 깊게 관여하고 있는지 깨닫는 시간도 가질 수 있었습니다. 다만 성취 수준의 개인차가 분명 존재합니다. CODE.ORG의 콘텐츠들까지는 잘 구성된 안내를 따라 열심히 참여하던 학생들도 갑자기 빈 화면에서 프로그래밍을 하게 되니 많이 당황하거나 시도를 포기하는 모습도 관찰할 수 있었습니다. 조별 활동이나 멘토-멘티 구성을 통해 어려워하는 학생들을 함께 이끌어가려는 노력이 필요한 활동이었습니다.

05

더 공부하고 싶은 학생들을 위한
코딩교육 자료 모음

프로그래밍에 흥미를 보이며 더 심화된 공부를 하고 싶어 하는 학생들이나 더 많은 내용을 알려주고 싶은 선생님들께서 참고하시면 좋은 자료들을 알려드리고자 합니다. SW 교육은 몇 년 전부터 국가적으로 많은 지원을 받아 이미 수많은 자료와 콘텐츠가 개발되었습니다. SW 교육 외에도 인공지능이나 데이터 등 미래기술에 대하여 다 가르칠 시간이 없을 정도로 방대한 양의 자료들이 준비되어 있으니 필요하실 경우 둘러보시길 추천합니다.

소프트웨어야 놀자! 놀면서 공부하자		
소프트웨어야 놀자 시즌2 **PLAY W/ PLAY W/** 1)	• https://www.playsw.or.kr/ • 네이버에서 만든 미래교육 자료 홈페이지 • 소프트웨어 교육뿐 아니라 인공지능과 데이터 기술 등 다양한 미래기술 관련 교육자료 탑재	
사용 환경	윈도우	인터넷 브라우저(크롬, 엣지 등) 접속
	안드로이드, 아이폰	인터넷 브라우저 사용. 태블릿 권장

[표 41-1 소프트웨어야 놀자 개요]

'소프트웨어야 놀자'에는 수업시간에 활용하거나 학생 스스로 공부할 수 있는 많은 영상 자료들이 준비되어 있습니다. 길이도 딱 좋아서 학생들에게 부담

---

1) [그림 41-1] 로고 https://www.playsw.or.kr/, [그림 41-2] 크롬 브라우저 QR 생성 기능 사용

없이 틀어주기 좋았습니다. 또한 선생님들을 위한 연수 영상이나 학생들이 직접 참여해볼 수 있는 활동도 충분합니다. 하지만 가장 좋은 것은 전문가들이 개발한 수많은 수업 활동 교재가 무료로 제공된다는 점입니다. 더 심화된 수업을 해보시고 싶은 분들은 '소프트웨어야 놀자'에 있는 많은 수업 콘텐츠가 큰 도움이 되실 것입니다.

'소프트웨어야 놀자'에 접속합니다. 엔트리(실과④) 홈페이지와 마찬가지로 상단 메뉴를 통해 모든 콘텐츠를 즐길 수 있습니다. 다양한 소프트웨어 교육 관련 자료들을 시청하거나 다운받아 활용하실 수 있습니다. 특히 소프트웨어 교육을 하고자 하는 선생님들께 유용한 교재와 구체적인 수업 지도안들이 매우 많이 있습니다. 간단한 안내를 아래 표로 보여드립니다.

알아보기	소프트웨어야 놀자 홈페이지의 정보입니다.

인공지능&데이터	인공지능과 데이터 학습 관련 학습 자료가 제공됩니다.
Hello AI World[2]	인공지능 교육 영상을 시청할 수 있습니다.(10편)
AI&DATA for teachers	선생님들을 위한 인공지능 관련 교육 영상입니다. 30분 내외의 영상들로 구성되어 있습니다.
Play with AI	초등학생 대상 인공지능 학습 영상이 제공됩니다. 코스 바로가기 를 통해 관련 학습을 해볼 수 있습니다.
인공지능 & 데이터 클래스	★추천 인공지능 교육과정 관련 수업 교안을 무료로 다운로드하여 활용하실 수 있습니다. 많은 수업 활동과 자료가 제시되어 있습니다.

---

2) [그림 41-3]~[그림 41-6] 아이콘 https://www.playsw.or.kr/artificial

엔트리로 배우는 AI&DATA	인공지능 활용, 모델 학습, 데이터 분석 관련 엔트리 블록코딩을 알아볼 수 있습니다. 아래의 각 항목을 클릭하셔서 더 알아보기 를 누르시면 상세 설명을 볼 수 있습니다.
AI&DATA 시대의 기업가 정신	AI를 활용한 사업을 구상해보는 등 기업가 정신을 경험해보는 수업 활동 교안을 제공합니다.
직접 만나보는 네이버의 AI 기술	네이버에서 현재 사용 중인 A.I. 기술들의 목록입니다. 직접 체험해보며 A.I. 기술의 현 주소를 느낄 수 있습니다.

소프트웨어	SW 교육 관련 영상 및 수업 교재가 제공됩니다.
시작영상 기초영상 응용영상	수준별 SW 교육 영상 자료를 볼 수 있습니다. 더 많은 영상 보기 를 선택하면 네이버TV로 이동합니다.
교재	★추천 SW 교육의 기초부터 로봇을 활용하는 피지컬 컴퓨팅까지 수업 교안과 자료로 구성된 교재를 무료로 사용할 수 있습니다. 다양한 수업안들이 상세하게 나와 있어 소프트웨어 교육을 하고 싶으신 선생님들에게 아주 좋은 자료입니다.

프로그램	온/오프라인으로 진행되는 교육 프로그램 일정을 공유합니다.

아카이브	행사 등 홈페이지 관련 뉴스를 볼 수 있습니다.

[표 41-2 소프트웨어야 놀자 콘텐츠 목록]

SW 중심 사회 온라인 코딩 파티		

SW중심사회
3)
	• https://software.kr
	• 교육부와 과기부가 주최하고 한국과학창의재단에서
	  주관하여 매년 열리는 코딩 파티 콘텐츠
	• 대회에 참여할 수도 있고, 대회 기간 이후에도 재미있는
	  SW 교육 콘텐츠 활용 가능	

사용 환경	윈도우	인터넷 브라우저(크롬, 엣지 등) 접속
	안드로이드, 아이폰	인터넷 브라우저 사용. 태블릿 권장

[표 41-3 SW 중심 사회 개요]

온라인 코딩 파티는 'SW 중심 사회' 포털 홈페이지에서 이용 가능한 코딩 행사입니다. 2015년을 시작으로 매년 개최되고 있으며 CODE.ORG처럼 학생들이 좋아할 만한 캐릭터를 이용하여 각종 SW 교육 콘텐츠를 제공합니다. 2016년부터는 반기별로 시즌 1,2를 운영하고 있으며 여건이 되실 경우 학생들과 기간에 맞춰 참여해보시는 것도 추천합니다. 꼭 기간 내 참여를 하시지 않더라도 지금까지 개발된 양질의 코딩 콘텐츠들을 수업에 활용하실 수 있으므로 학생들에게 소개해준다면 좋은 공부가 될 것입니다.

'SW 중심 사회' 포털 홈페이지 역시 다양한 SW 교육 관련 자료를 제공합니다. 다음과 같이 메뉴들을 둘러보시면서 여러 자료를 활용하실 수 있습니다. 선생님들과 학생들을 위한 교재와 수업 자료, 영상 등 앞서 소개해드린 '소프트웨어야 놀자'와 마찬가지로 소프트웨어 교육을 위한 방대한 양의 자료를 제공해줍니다. 나아가 소프트웨어 및 인공지능 관련 진로, 진학에 대한 정보도 함께 게시되어 있어 학생들이 유용하게 활용할 수 있습니다.

---

3) [그림 41-7] 로고 https://software.kr/home/kor/main.do [그림 41-8] 크롬 브라우저 QR 생성 기능 사용

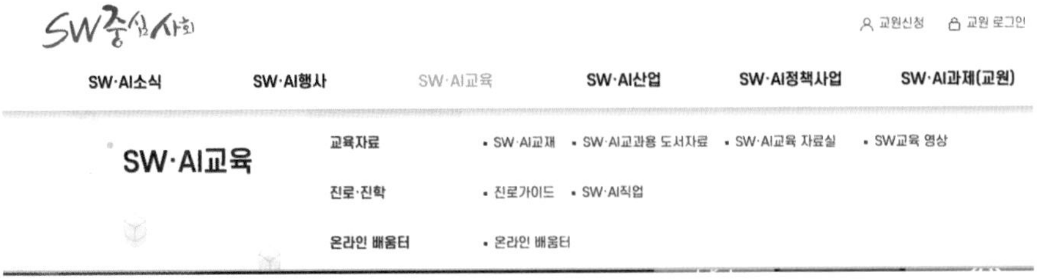

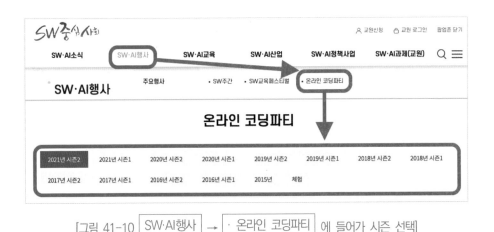

[그림 41-9 SW 중심 사회 홈페이지 메뉴]

여기서는 학생들에게 가장 활용하기 좋은 콘텐츠였던 온라인 코딩 파티를 소개해드리고자 합니다. 온라인 코딩 파티는 매년 시즌제로 진행됩니다. 지금까지 네이버, 엔트리 등 다양한 기업에서 온라인 코딩 파티를 위한 콘텐츠를 제공하여 학생들이 즐겁게 배울 기회를 제공해왔습니다. 대회 기간이 지나도 예전 자료를 활용해 공부를 할 수 있는데 익숙한 캐릭터들을 이용한 교육 콘텐츠들이 많아 학생들의 흥미를 유발하기 좋습니다. 온라인 코딩 파티에 접속하면 아래와 같이 지금까지 진행한 시즌을 선택하여 콘텐츠를 즐길 수 있습니다. 몇몇 과거 자료는 활용이 불가능한 경우가 있었습니다.

[그림 41-10 SW·AI행사 → · 온라인 코딩파티 에 들어가 시즌 선택]

4) [그림 41-9]~[그림 41-10] https://software.kr/home/kor/main.do

예를 들어 [2021년 시즌1]에서는 네 가지 분야의 미션을 제공하고 있습니다.

블록 코딩 미션! 🔍 5)

아래와 같이 많이 배웠던 블록코딩 관련 콘텐츠가 제공됩니다. 익숙한 캐릭터들과 함께 즐겁고 쉽게 따라 해볼 수 있습니다.

[그림 41-12 블록코딩 관련 콘텐츠]

- 학생들이 좋아하는 펭수 등의 캐릭터를 이용하여 코딩을 할 수 있습니다.
- 활동은 난이도에 따라 단계별로 진행되어 누구나 쉽게 따라 할 수 있습니다.
- 권장 연령과 난이도가 표시되어 있으므로 흥미·수준에 맞는 콘텐츠를 선택합니다.

텍스트 코딩 미션! 🔍

파이썬, 자바와 같이 블록이 아닌 텍스트로 명령어를 입력하는 코딩 활동입니다.

[그림 41-14 텍스트 코딩과 블록코딩의 차이] 6)

- 위 둘은 같은 명령입니다. 블록을 쌓아 쉽게 표현하던 것을 영어로 된 텍스트로 입력해야 하는 코딩 활동으로 난이도가 높습니다.

컴퓨팅 사고력[CT] 미션!   🔍 ⁷⁾

SW 교육에는 크게 세 가지 분야가 있습니다.

언플러그드	컴퓨터를 사용하지 않고 절차적 사고와 같은 컴퓨팅 사고력을 길러주는 활동(집안일 절차 써보기, 도형 그리는 법 설명하기 등)
프로그래밍	엔트리와 같이 컴퓨터에게 코드로 직접 명령을 해보는 활동
피지컬 컴퓨팅	로봇 등을 이용하여 프로그래밍의 결과를 실제 공간 속에서 구현해보는 활동(모터로 움직여보기, 센서로 전등 켜기 등)

위 세 가지 분야는 모두 SW 교육에 중요한 역할을 하고 있습니다. 컴퓨팅 사고력(CT) 미션에서는 이들 중 언플러그드 활동을 체험하게 됩니다. 제시된 세 가지 콘텐츠 중 컴퓨팅 사고력 미션에 좋은 활동으로 비버챌린지를 추천합니다.

[비버 챌린지]
세계적으로 유명한 언플러그드 컴퓨팅 사고력 향상 시험인 비버챌린지의 문제들을 체험해볼 수 있습니다. 수준별로 연습 문제가 제공됩니다. 공식 홈페이지에서 매년 열리는 챌린지에 참여해볼 수도 있습니다.(공식 홈페이지: https://www.bebras.kr/)

인공지능[AI] 미션!

인공지능 관련 콘텐츠를 학습하실 수 있습니다.
- 초등학교 수준에서는 CODE.ORG의 [바다를 위한 A.I]를 체험해보시는 것이 좋습니다.

---

5) [그림 41-11]~[그림 41-13] https://software.kr/home/kor/contents.do?menuPos=87

6) [그림 41-14] https://playentry.org/ws/new

7) [그림 41-15]~[그림 41-17] https://software.kr/home/kor/contents.do?menuPos=87

에듀넷 티-클리어 AI·SW 교육		
 8)	• edunet.net/swedu/main/mainForm.do?menu_id=1300 • 국가 차원에서 관리되는 에듀넷의 AI, SW 교육 자료 모음집으로 학생용 콘텐츠로 이용하기보다는 선도학교 운영 사례나 실제 수업 영상 등을 참고하기 좋음	
사용 환경	윈도우	인터넷 브라우저(크롬, 엣지 등) 접속
	안드로이드, 아이폰	인터넷 브라우저 사용

[표 41-4 에듀넷 티클리어 AI·SW 교육 개요]

선생님들을 위한 수많은 자료를 보유하고 있는 에듀넷 티-클리어에서도 AI 와 SW 교육을 위한 별도의 페이지를 운영하고 있습니다. 에듀넷에는 연구학 교, 선도학교 운영 보고서를 통해 교육 현장의 실제 모습을 엿보거나 여러 대 회에서 입상한 보고서들을 통해 많은 정보를 얻을 수 있습니다.

에듀넷 티-클리어의 많은 자료들 중 AI·SW 교육 관련 자료들만을 모아둔 곳이 따로 있습니다. 본서에 제시된 링크나 QR코드로 접속하시거나 첫 메뉴의 좌측 위쪽에 보이는 [수업] → [AI·SW 교육]으로 들어가시면 확인하실 수 있습 니다.

---

8) [그림 41-18] 로고 https://www.edunet.net/swedu/main/mainForm.do?menu_id=1300
   [그림 41-19] 크롬 브라우저 QR 생성 기능 사용

9)

[그림 41-20 에듀넷 티클리어에서 AI·SW 교육 찾기]

에듀넷 티-클리어에서는 방대한 양의 수업 자료뿐 아니라 연구학교 및 선도 학교 운영 보고서, 다른 선생님들이 직접 만든 자료, 실제 수업 동영상 등을 볼 수 있습니다. 함께 현장에 있는 다른 선생님들의 생생한 자료를 볼 수 있다는 점이 강점입니다.

---

9) [그림 41-20] https://www.edunet.net/swedu/main/mainForm.do?menu_id=1300

06

나의 평생 진로 도우미
커리어넷

커리어넷, 내 진로의 동반자	
1)	• https://www.career.go.kr/ • 전문적인 진로흥미 검사 및 직업에 대한 상세한 정보, 관련 학과 및 학과 보유 대학교 등 진로에 대한 거의 모든 정보를 얻을 수 있는 홈페이지
주니어 커리어넷 2)	• https://www.career.go.kr/jr/ • 초등학생용 커리어넷 홈페이지. 초등학생 수준에 맞는 진로 적성검사 및 직업 정보 제공 • 각종 진로 관련 영상 등 진로 교육자료 활용 가능
활용 목표	진로흥미 검사를 통해 적성을 파악하고 직업 정보를 조사할 수 있다.

사용 환경 추천 순서	① 윈도우		② 구글 플레이스토어		② 애플 앱스토어	
	3)	인터넷 웹 버전 접속, 이용		플레이 스토어 다운로드		앱스토어 다운로드

인터넷 사용	지속적인 인터넷 연결 필요
공유 방법	각종 검사 결과 출력, 공유 가능

---

1) [그림 42-1] https://play.google.com/store/apps/details?id=com.KRIVET.exam

2) [그림 42-2] https://www.career.go.kr/jr/

[표 42-1 커리어넷 개요]

　학교 공부 때문이 아니라도 진로흥미 탐색과 직업 탐색은 학생의 전 생애에 걸쳐 배워가야 할 거대한 공부입니다. 초등학교에서는 5학년 실과의 마지막 단원을 통해 일과 직업의 가치를 알아보고 자신의 진로를 고민해보는 시간을 가지게 됩니다. 이 시간을 통해 학생들에게 자신의 흥미를 탐색하고 적성을 찾으며 진로 성취를 위한 다양한 방법을 찾을 수 있는 능력을 길러주어야 합니다. 하지만 학생들 모두 각자의 개성이 뚜렷하여 모든 학생의 진로를 선생님이 찾아서 알려주는 것은 사실상 불가능한 일입니다. 빠르게 변화하는 세상 속에서 더 빠르게 변화하는 직업 세계를 학생들이 스스로 탐색할 수 있는 도구를 알려줄 필요가 있습니다.

　커리어넷을 이용하면 진로흥미적성검사를 통해 어울리는 직업을 추천받고 구체적인 직업 정보까지 한 번에 확인하실 수 있습니다. 관심 있는 진로에 대한 정보를 습득하고 새로운 진로를 모색해볼 수도 있으며 진로 고민 상담도 가능한 커리어넷을 소개합니다.

---

3) [그림 42-3]~[그림 42-5] QR코드는 크롬 브라우저 QR 생성 기능 사용

출판사 교과서 및 단원	주요 내용	쪽수
비상교육 실과 5학년 6. 나의 진로와 적응	일과 직업의 중요성 알아보기	112
	자신을 알아보고 진로흥미적성에 맞는 직업 탐색	114
교학사 실과 5학년 6. 일과 직업의 탐색	일과 직업의 세계	104
	자기 이해와 직업 탐색	109
동아출판 실과 5학년 6. 나의 발견과 나의 미래	일과 직업의 의미와 중요성	104
	나의 특성을 알고 특성에 알맞은 직업 찾아보기	106
금성출판 실과 6학년 6. 나와 직업	일과 직업의 세계	92
	자기 이해와 직업 탐색	94
미래엔 실과 5학년 6. 나의 진로	일과 직업의 세계	112
	자기 이해와 직업 탐색	115
천재교육 실과 6학년 6. 내 꿈을 찾아서! 신나는 진로여행	일과 직업의 세계	110
	나의 직업 탐색	114

[표 42-2 커리어넷 활용 단원 추천]

1. 컴퓨터의 인터넷 브라우저를 통해 접속하시는 것을 추천합니다. 컴퓨터실 이용이 어려운 경우 학생 각자의 스마트폰 앱으로 접속하는 것도 괜찮습니다. 두 가지 방법 모두로 수업을 진행해본 결과, 큰 화면으로 정보를 검색하며 진로 학습지에 필요한 정보를 옮겨 쓰는 방식이 가장 효과가 좋았습니다. 스마트폰 앱을 이용하는 방법도 함께 알려주면 가정에서도 학생들이 직접 원하는 정보를 찾아볼 수 있습니다.

4)

[그림 42-6 커리어넷에서 주니어 커리어넷 접속하기]

2. 초등학생들에게 최적화되어 있는 주니어 커리어넷에 접속합니다. 커리어넷으로 접속하셨을 경우 메인 화면의 위쪽에 보이는 [초등학생]을 선택하시면 주니어 커리어넷에 바로 연결됩니다.

---

4) [그림 42-6] https://www.career.go.kr/cnet/front/main/main.do → https://www.career.go.kr/jr/

	★ 나를 알아보아요
저학년 진로 흥미탐색	• 색칠놀이처럼 준비된 화면을 통해 저학년들도 이해하기 쉬운 진로흥미탐색검사를 진행할 수 있습니다. • 18개의 질문으로 6개의 적성 유형을 보여줍니다. • 적성 유형 아래에 제안되는 추천 직업을 클릭하면 직업 정보 페이지로 바로 이동합니다. 직업 정보 페이지에서는 각 직업의 하는 일, 되는 방법, 필요한 적성, 연봉 등 실질적이고 다양한 정보를 얻을 수 있습니다.  [그림 42-7 저학년 진로흥미탐색 결과와 추천 직업] • 회원 가입 시 검사 결과를 누적해서 볼 수 있습니다. 가정에서의 연계 학습을 위해 회원 가입을 추천합니다.
고학년 진로 흥미탐색	• 고학년용은 48개의 질문으로 6개의 적성 유형을 육각형 그래프로 보여줍니다. 저학년용 보다 더 구체적인 질문을 통해 정밀한 자아탐색 결과를 보여줍니다. • 검사를 실시하기 전, ▶ 진로흥미탐색 이용가이드 와 ▶ 진로흥미탐색 결과 해석가이드 영상을 이용하면 검사에 대한 이해를 도울 수 있습니다. 영상을 시청한 뒤 성별과 학년을 선택하고 비회원 결과 조회에 대한 공지에 '예'를 선택한 뒤 아래에 보이는 시작하기 를 클릭합니다. • 각 질문은 7점 리커트 척도로 제시됩니다. 아래와 같이 질문마다 어떻게 점수를 매겨야 하는지에 대한 구체적인 설명도 나옵니다.

★ 나를 알아보아요

나는 책을 읽는 것을 좋아한다 "아래 숫자를 클릭해 보세요."

나는 책을 읽는 것이 귀찮다

나는 책을 읽는 시간이
가장 행복하다

① ② ③ ④ ⑤ ⑥ ⑦

◀ 전혀 그렇지 않다   매우 그렇다 ▶

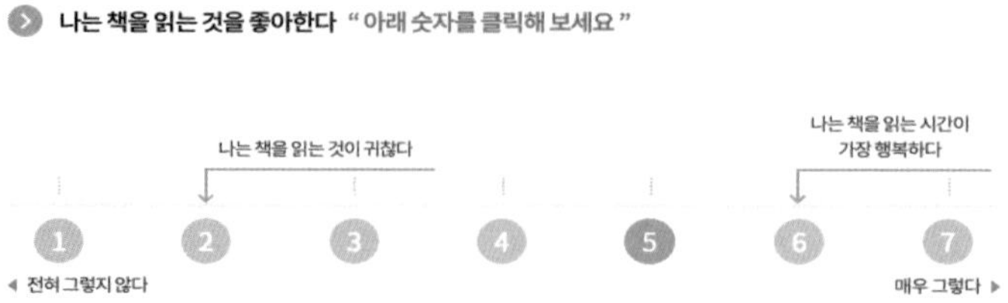

6)

[그림 42-8 고학년 진로흥미탐색 문항 예시]

고학년 진로 흥미탐색

- 모든 응답을 끝내면 진로흥미를 분석한 결과지가 나옵니다. 비회원의 경우 결과가 저장되지 않으므로 반드시 [결과표 다운로드]를 해두시는 것이 좋습니다. 결과표 링크만 있어도 다시 보기가 가능하므로 링크를 복사하여 학급 홈페이지에 댓글로 올리는 것도 좋습니다.
- 진로흥미를 6개 영역으로 나누어 각 영역의 점수를 그래프로 표시하고, 가장 흥미가 높은 영역에 대해 설명해줍니다. 또한 저학년용과 마찬가지로 하단에 다양한 추천 직업들이 제공됩니다.

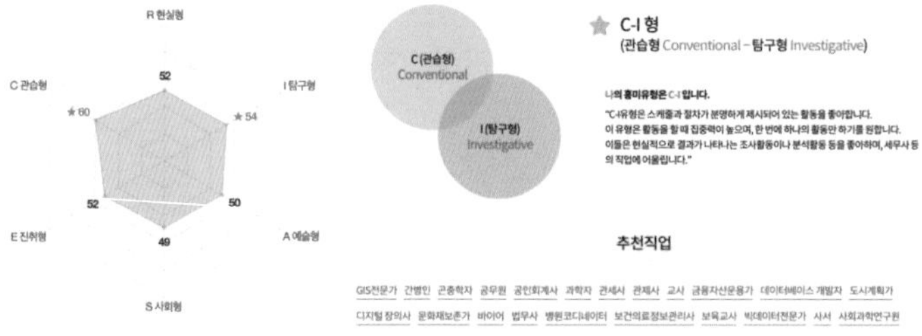

7)

[그림 42-9 고학년 진로흥미탐색검사 결과]

주니어 진로카드

카드 뒤집기 놀이를 통해 미래직업 트렌드, 내가 소중하게 생각하는 진로 가치, 자신의 진로 효능감에 대해 알아볼 수 있습니다. 결과 페이지에서 추천 직업들의 세부 정보를 볼 수 있습니다.

---

5) [그림 42-7] https://www.career.go.kr/jr/navigation/arojunior

6) [그림 42-8] https://www.career.go.kr/inspct/web/psycho/elementary2

7) [그림 42-9] https://www.career.go.kr/inspct/web/psycho/elementary/report?seq=NTc4MDA0MzA

⸜⸝ 진로정보를 찾아봐요	
주니어 진로 동영상	직업 소개 , 직업인 인터뷰 등 주제별로 모여 있는 다양한 진로 관련 영상 시청이 가능합니다. 학생들이 조사하고자 하는 직업에 대해 더 구체적으로 알아볼 수 있습니다.
주니어 직업 정보	여러 직업들의 상세 정보를 찾아볼 수 있습니다. 하는 일, 되는 방법, 관련 흥미와 적성, 연봉의 정보가 구체적으로 제공됩니다. <div> ○ 어떤 일을 하나요? ○ 어떻게 하면 될 수 있나요? ○ 어떤 적성과 흥미가 필요한가요? ○ 예상 연봉은 어떻게 되나요? 8) [그림 42-10 직업 정보]</div>
미래 직업 정보	미래에 주목받을 직업들을 로봇, 바이오, 에너지 등 키워드별로 모아서 찾아볼 수 있게 해줍니다. 아직은 익숙하지 않은 새로운 직업들에 대한 정보를 찾아볼 수 있습니다. 몇몇 직업들은 진로 동영상 자료도 준비되어 있습니다.
미래사회 직업	인공지능 기술이 발전한 미래에 사라질 직업과 새로 생겨날 직업 등 미래사회의 변화 모습과 그에 대응하는 일자리의 변화 모습을 생각해볼 수 있는 코너입니다. 직업세계 이해 우리나라 일자리 변화 미래 변화 예상하기 • 글로벌 경제 • 인구구조의 변화 • 기후변화와 에너지 부족 • 과학기술의 발전 미래 직업 세계 준비 9) [그림 42-11 미래 변화 예상하기]

---

8) [그림 42-10] https://www.career.go.kr/jr/juniorjob/view?seq=10675

9) [그림 42-11] https://www.career.go.kr/jr/future/main?tab=3

? 진로고민이 있어요		
진로탐험대	진로를 고민하며 많은 학생들이 한 번쯤 고민할 법한 이야기들을 다루고 있습니다. 행성을 탐험하는 게임 방식으로 학생들이 재미있게 콘텐츠를 즐기며 고민에 대한 해답을 얻을 수 있습니다.	 [그림 42-12 진로탐험대10)
진로상담	진로상담 글을 올려 답변을 받을 수 있습니다. 로그인이 필요한 서비스입니다. 다른 학생들이 올린 고민 글을 읽어보며 자신의 생각을 정리해볼 수도 있습니다.	

[표 42-3 주니어 커리어넷 콘텐츠 사용법]

3. 주니어 커리어넷이 초등학생들을 위해 친절하고 그림 위주로 설명이 되어 있는 홈페이지라면, 커리어넷은 중학생부터 성인들까지 이용할 수 있는 전문적인 정보를 제공합니다. 주니어 커리어넷의 정보로 만족하지 못하는 학생들에게는 커리어넷을 이용하도록 안내해줍니다.

커리어넷에서는 주니어 커리어넷보다 많은 진로심리검사를 제공합니다. 또한 더욱 다양한 직업들에 대한 구체적인 정보뿐 아니라 학과에 대한 정보들도 제공합니다. 중·고등학생, 나아가 대학생과 일반인들까지 대상으로 하지만 초등학생들도 충분히 이용할 수 있습니다.

선생님들께서는 커리어넷에서 제공하는 [진로교육자료]를 유용하게 활용하실 수도 있습니다. 교과연계형 각종 진로 수업 자료들과 진로 카드, 실감형 콘텐츠 등 수업에 적용할 수 있는 좋은 자료들이 아주 많이 있습니다.

---

10) [그림 42-12] https://www.career.go.kr/jr/exploration/main

[그림 42-13 커리어넷 메인 페이지 진로교육자료]

3 수업 지도안

커리어넷으로 내 꿈을 찾자						
학년	6	**과목**	실과 창체-진로	**단원**	교과서별 상이	**차시** 3-5
학습 목표	나의 진로흥미와 적성을 알아보고 적합한 직업을 찾을 수 있다. 관심 직업 정보를 수집하고 진로 성취 계획을 구체적으로 세울 수 있다.					
단계	**교수·학습 활동**					
도입	• 자신의 진로에 대하여 자유롭게 이야기 나눠보기 • 학습 목표 제시					

---

11) [그림 42-13] https://www.career.go.kr/cnet/front/web/courseLeading/courseMain.do

	커리어넷으로 내 꿈을 찾자
활동1 (1차시 분량)	• 주니어 커리어넷 진로흥미탐색검사 실시 – 실시 전 ▶ **진로흥미탐색 이용가이드** 영상으로 방법 익히기 • 검사 결과 학급 홈페이지에 올리기 – 검사 결과지를 다운받아 홈페이지에 올리기 – 결과가 나온 인터넷 페이지의 링크를 복사해서 올리기 (결과지 페이지 상단에 보이는 ⏳ 선택) • 검사 결과를 함께 보며 대화 나누기 ▶ **진로흥미탐색 결과 해석가이드** 참고하여 결과 읽는 법 익히기 – 친구들과 함께 검사지를 바꿔 보며 즐겁게 서로의 성향에 대해 대화 나누고 학습지에 새로 알게 된 점 정리하기
활동2 (1-2 차시 분량)	• 검사 결과 추천 직업 중 관심 있는 직업에 대한 정보 수집하기 – [하는 일], [되는 방법], [적성, 흥미], [예상연봉], [기타]의 다섯 항목을 표로 만든 학습지에 정보 정리하기 – 이미 알고 있거나 더 알게 된 것들은 [기타]에 쓰기 – 함께 제공되는 [직업 정보 영상]도 감상하며 정보 모으기 • 우리 학급 직업 소개판 만들기 – 작성한 학습지를 칠판이나 벽면에 한데 모으기 – 친구들의 관심 직업을 찾으며 응원의 댓글 남기기 • 직업 엮기 놀이 – 여러 직업을 가진 친구들이 함께 일하는 가정 해보기 – 예: "○○이가 모델이 되면 □□한테 메이크업 받고 △△이가 만든 옷을 입고 화보를 찍겠네!" "○○는 건물주가 되고 싶으니까 1층에 바리스타가 될 □□의 카페가 들어오고 2층에는 파티셰가 된 △△가 빵집을 열면 되겠다~. 3층에는 누가 들어올까?"
활동3 (1-2차 시 분량)	• 관심 직업에 대해 알고 있는 점 확인하기 – 희망 진로가 있는 학생들에게 구체적인 방법 물어보기 – 어떤 학과에 진학해야 하는지, 어떤 시험을 치러야 하는지, 어떤 자격증이 필요한지 등 – 대다수 학생들이 구체적인 방법을 모르고 있는 경우가 많음

	커리어넷으로 내 꿈을 찾자

활동3
(1-2차
시
분량)
	• 관심 직업 성취를 위한 구체적 방법 조사하기
	  – 대학진학 관련 진로: 학교, 학과, 필요한 공부 등
	  – 자격증 관련 진로: 시험 과목, 올해 시험 일정 등
	  – 기타: 오디션 일정(가수), 필요한 장비(유튜버) 등
	
	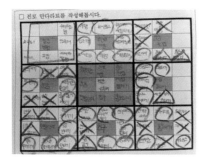
	[그림 42-14 학생 제작 진로 만다라트]
	
	• 꿈 지도 만들기
	  – 필요한 능력을 알아보고 능력계발계획 세우기
	  – 진로 만다라트 만들기(야구선수 '오타니 쇼헤이'의 유명한 진로 만다라트 참고하기)
	  – 필요한 능력과 발전을 위해 해야 할 일 쓰기
	• 해야 할 일을 실천하기 위한 연간 계획표 만들기
	  – K-MOOC, 경기 G-SEEK(실과7)에서 필요한 강의 찾아보기
	  – 원격영상 진로멘토링(실과7)으로 진로 인터뷰 진행 계획 세우기
	  – 조사한 학습 콘텐츠 반영한 실천 계획표 만들기

정리	• 꿈 지도 학급 홈페이지에 올리기 • 서로 응원해주고 피드백해주기 ☞ 평가: 자신의 진로흥미적성에 맞는 직업에 관심을 갖고 현재 할 수 있는 일들을 찾아 실천 계획을 세울 수 있다. • 개인별 실천 사항 및 수업 소감 발표하기

[표 42-4 커리어넷 수업 지도안]

한국학술정보원의 한 연구에 따르면 진로 계획이 있는 학생들의 경우 학교생활의 적극성과 학습 효과가 유의미하게 올라갔다고 합니다. 교육이 학생의 미래를 준비해주는 과정이라면 진로 교육은 그 뼈대라고 생각합니다. 갈수록 다양해지고 복잡해지는 미래의 직업 세계는 교사나 학부모님들이 알아서 챙겨주기에는 한계가 명확해지고 있습니다. 자신의 진로를 스스로 탐색하고 진로 성취 계획을 세워 실천할 수 있는 능력을 길러줄 필요가 있습니다. 학생들이 스스로 커리어넷을 주기적으로 활용할 수 있도록 잘 알려준다면 아직은 불투명한 미래를 밝힐 횃불로 활용할 수 있을 것입니다.

07

내 진로 공부는 내가 찾아서 한다

K-MOOC, G-SEEK, 원격영상 진로멘토링

한국형 온라인 공개강좌 K-MOOC					
 K-MOOC 1)	• https://www.kmooc.kr • 교양부터 직업 자격증 교육까지 전문 강좌 제공 • 성균관대, 성신여대 등 대학교에서 실제 학점은행제로 인정이 가능한 전공강좌를 제공				
사용 환경 추천 순서	① 윈도우		① 구글 플레이스토어		① 애플 앱스토어
	2)	인터넷 웹 버전 접속, 이용		플레이 스토어 다운로드		앱스토어 다운로드

경기도 평생학습포털 G-SEEK(지식)					
 3)	• https://www.gseek.kr/ • 외국어, IT 등의 자기 계발, 직업 자격 취득, 인문소양 등 교양강좌까지 다방면의 강의 수강 가능 • 실제 직업인들이 만든 강의 위주로 구성				
사용 환경 추천 순서	① 윈도우		① 구글 플레이스토어		① 애플 앱스토어
		인터넷 웹 버전 접속, 이용		플레이 스토어 다운로드		앱스토어 다운로드

---

1) [그림 43-1] https://play.google.com/store/apps/details?id=com.nile.kmooc&hl=ko&gl=US

함께 사용하면 좋은 홈페이지		
원격영상 진로멘토링 4)	**[원격영상 진로멘토링]** • https://mentoring.career.go.kr • 실제 직업인들과 원격으로 실시간 진로 멘토링 수업을 받을 수 있는 홈페이지. 수업 다시보기도 제공 • 개인별 사용보다는 교사가 학급 단위로 일정을 잡아 학생들과 수업을 미리 준비하여 진행하는 것이 좋음	

[표 43-1 K-MOOC, G-SEEK, 원격영상 진로멘토링 개요]

학교 현장에서 진로 교육은 창의적 체험활동 중 적은 비중을 차지하고 거기에 실과에서 조금 더 배우는 정도로 끝납니다. 짧은 진로 시간을 통해 직업과 노동의 가치를 배우고 자신의 꿈을 정합니다. 그렇게 진로 탐색 활동을 끝내고 나서 대다수의 학생들은 그냥 아무것도 안 하게 되는 경우가 많습니다.

우리는 앞서 커리어넷을 이용한 수업에서 학생들에게 미래의 꿈을 위해 지금부터 할 수 있는 일을 찾아보고 실천해보자는 메시지를 전달하였습니다. 무엇을 어떻게 해야 할지 모르는 학생들을 위해 K-MOOC(케이무크)와 G-SEEK(지식)의 활용법을 알려주면 어떨까요? 마음 같아서야 학생 한 명 한 명의 진로 재능을 살려주기 위해 선생님들께서 직접 다 알려주고 싶으시겠지만 이는 실질적으로 불가능에 가깝습니다. 좋은 진로 직업 강의를 알려주어 학생들이 스스로 공부할 수 있게 안내할 수 있다면 그것이 최선이라고 생각합니다.

K-MOOC와 G-SEEK은 온라인을 통해 누구나 무료로 공부를 할 수 있는 공개강좌 서비스입니다. 몇 가지 과정을 거친 회원 가입 이후에는 다양한 강의를 자유롭게 찾아 들을 수 있습니다. 강의들은 주제별로 잘 정리가 되어 있으므로 학생들이 스스로 원하는 강의를 찾아 수강하도록 지도합니다. 학교 공부

---

2) [그림 43-4]~[43-10] QR코드는 크롬 브라우저 QR 생성 기능 사용

3) [그림 43-2] https://play.google.com/store/apps/details?id=kr.gseek.mobile.app&hl=ko&gl=US

4) [그림 43-3] https://mentoring.career.go.kr/school/index.do

는 힘들어하던 학생들이 자기가 관심 있는 분야의 강의를 들을 때 눈빛이 변하는 모습을 관찰할 수 있었습니다.

1 활용 단원 추천

커리어넷(실과⑥) 페이지에서 소개해드린 출판사별 실과 교과서의 진로 단원 부분에서 소개해주시면 좋습니다. 혹은 창의적 체험활동의 진로 시간을 활용하여 커리어넷에서 K-MOOC와 G-SEEK으로 이어지는 진로 프로젝트형 수업을 재구성하시는 것도 추천해드립니다.

2 사용 방법

한국형 온라인 공개강좌 K-MOOC

1. 강의 수강을 위해서는 회원 가입이 필요합니다. 일반회원과 만 14세 미만의 어린이 회원으로 가입이 가능합니다.
2. 듣고자 하는 강의가 있을 경우 첫 화면 상단의 검색창에 바로 키워드를 검색하면 쉽게 관련 강의를 찾아볼 수 있습니다. 아래는 메이크업 디자이너를 꿈꾸는 학생이 찾아서 수강한 강좌입니다.

K-MOOC

분류 탐색 ∨ | 메이크업 | 🔍

K-MOOC 소개 강좌찾기 커뮤니티

분야별 강좌 · 묶음강좌 · 교양 강좌 · 학점은행과정 · 매치업 강좌

9 강좌 보기

"메이크업" ✕

K-뷰티 메이크업

김혜균 | 우송대학교
2021/09/06 ~ 2021/12/19

K-뷰티 메이크업

김혜균 | 우송대학교
2022/03/14 ~ 2022/06/20

실용아트 메이크업

김경옥 | 대구한의대학교
2022/01/17 ~ 2022/02/19

5)

[그림 43-11 K-MOOC 메이크업 강의 검색 결과]

3. 강의 하단에 표시되는 강의 기간이 끝났을 경우 이수증, 자격증 발급 등
   은 불가능하지만 **청강 등록** 을 이용하여 영상을 시청할 수 있습니다. 우
   리 학생들의 경우 이수증이 목적이 아니므로 원하는 강의를 자유롭게 골
   라 청강 등록을 할 수 있습니다.

4. 강좌 목록을 보며 자신이 필요한 내용만 수강할 수 있으며 K-MOOC 홈
   페이지에 탑재된 학습 자료도 이용이 가능합니다. 유튜브 등 영상 플랫폼
   을 통해 학생들이 단편적인 메이크업 정보를 찾아볼 수는 있지만 흐름을
   갖고 짜임새 있게 구성된 강의를 찾아볼 수 있다는 점에서 훨씬 더 공부
   가 되었다는 반응이 많았습니다.

---

5) [그림 43-11] http://www.kmooc.kr/courses?search_query=%EB%A9%94%EC%9D%B4%ED%81%AC%EC%97%85

5. 강좌 검색에 어려움을 겪는 경우 [강좌 찾기]의 [분야별 강좌]로 들어가
   원하는 분야를 찾는 데 도움을 주시거나, 검색에 필요한 키워드를 알려주
   시는 등 원하는 강좌를 잘 찾을 수 있는 방법을 알려주시는 것이 좋습니다.

[그림 43-12 K-MOOC 홈페이지 메인 화면의 강좌 찾기 탭]

[그림 43-13 G-SEEK 홈페이지]

---

6) [그림 43-12] http://www.kmooc.kr/

G-SEEK 홈페이지의 첫 화면입니다. 깔끔하게 정돈된 사용자 인터페이스로 누구나 쉽고 편하게 원하는 강의를 찾아서 들을 수 있습니다. 화면 좌측 하단에 보이는 [청소년 배움]에 들어가면 학생들에게 필요한 강의가 많이 준비되어 있습니다.

(온라인) 생활/취미 | 미술/공예
누구나 쉽게 배울 수 있는 **웹툰** 드로잉
조회수 2.4만회 좋아요 ♡6078

(온라인) 생활/취미 | 미술/공예
드로잉 놀이터에서 나만의 캐릭터 만들기
조회수 16.0만회 좋아요 ♡77761

(온라인) 생활/취미 | 저작권
만화(**웹툰**) 창작자를 위한 저작권 노하우
조회수 2,688회 좋아요 ♡20   7)

[그림 43-14 청소년 배움 중 웹툰 강의들]

1. 강의를 검색합니다. 실제로 진행한 수업에서 학급 학생들은 웹툰 강의에 많은 관심을 보였습니다. 웹툰은 학생들뿐 아니라 어른들에게도 이미 일상의 한 부분이자 우리나라 문화 사업의 일부로 성장하였습니다. 그래서 인지 그림 좀 그리는 학생들 중 몇 명은 꼭 웹툰 작가를 진로 희망으로 이야기합니다. G-SEEK에서는 현직 작가들이 만든 강의를 들으며 웹툰 제작의 실제와 관련된 생생한 정보를 얻을 수 있습니다.

2. 로그인을 하면 학습 중인 과정, 수료 과정 등 자신의 수강 내역을 체계적으로 관리할 수 있습니다. 비로그인으로 진행 시 진도율이 반영되지 않고 수료증도 발급받을 수 없습니다. 여의치 않을 경우 그냥 학습하기 를 눌러 내용만 학습하는 것도 가능하지만 학생들이 자신의 수업 상황과 진로 역량 발전을 한눈에 확인할 수 있도록 회원 가입을 추천합니다.

---

7) [그림 43-14]
https://www.gseek.kr/member/rl/search/result.do?menuId=&menuStep=&pMenuId=&searchText=%EC%9B%B9%ED%88%B0

3. 학생들이 본인의 계획에 따라 강의를 수강합니다.

목차	강좌정보	후기(32)	학습질문(0)

	차시명	좋아요	조회수	학습하기
1	웹툰 산업의 등장과 미래 전망	♡ 1,017	16,823회	학습하기
2	이야기의 주인공, 캐릭터 만드는 방법	♡ 109	13,666회	학습하기
3	술술 읽히는 힘! 웹툰 스토리 구성의 기술 : 일상 편	♡ 78	8,996회	학습하기
4	술술 읽히는 힘! 웹툰 스토리 구성의 기술 : 사회 역사 이슈 편	♡ 58	6,626회	학습하기

8)

[그림 43-15 웹툰 강의의 목차]

웹툰 강의의 경우, 위와 같이 그림을 그리는 방법뿐만 아니라 스토리 구상과 명대사 만드는 법, 연출법과 스토리 제작 및 복선의 기술, 관련 저작권 등 실제 웹툰 연재를 위해 정말로 필요한 꿀팁들을 많이 알 수 있습니다.

G-SEEK에는 부담 없이 들을 수 있는 취미용 강좌도 많이 있습니다. 요리나 매듭공예, 피아노 코드 반주법 등 평소에 배우고 싶었던 것들을 배워볼 수 있다는 점에서 학생들이 좋아하였습니다. 혹은 부모님이 학원에 보내주지 않아서 배울 수 없었던 것들을 체계적으로 배워볼 수 있다는 것에 기뻐했습니다. 저와 함께 수업을 진행한 학생들이 취미 생활을 위해 들었던 강의들로는 매듭 작품인 '마크라메' 제작 강의, 피아노 코드를 이용한 반주법 강의, 채식요리 강의 등이 있었습니다.

개성 강한 요즘 아이들의 다양한 관심사들을 충분히 소화할 만큼 다양한 분야의 좋은 강의들이 있으니 학생들이 자신의 진로를 위해 자기주도적으로

---

8) [그림 43-15]
https://www.gseek.kr/member/rl/courseInfo/onCourseCsInfo.do?menuId=&menuStep=&pMenuId=YTOP&courseSeq=3017&courseCsSeq=1&courseCateCode=H100&eduTypeCode=&stuSeq=

G-SEEK을 활용할 수 있도록 잘 안내해준다면 우리 아이들의 진로 역량에 큰 도움을 줄 수 있을 것으로 기대합니다.

화상으로 만나보는 나의 멘토, 원격영상 진로멘토링

축구선수인 아들을 박지성 선수와 꼭 한 번 만나게 해주기 위해 많은 노력을 기울이신 멋진 어머니의 이야기를 들은 적이 있습니다. 현재 그 아들은 해외에서 멋진 축구선수로 성장하고 있다고 합니다. 진심으로 동경하던 선수를 직접 만나본 엘리트 체육 꿈나무는 어떤 생각을 하게 될까요? 꼭 우상을 만나는 것이 아니더라도 진로 희망을 위해 한 걸음씩 나아가는 우리 학생들이 자신이 꿈꾸는 분야의 전문 직업인을 만나보는 것은 소중한 경험이 될 것입니다. 커리어넷과 함께 운영되는 원격영상 진로멘토링 홈페이지는 원격으로 이런 귀한 만남을 성사시켜줍니다.

수업을 신청하거나 참관하기 위해서는 교사 로그인 및 학급 등록이 필요합니다. 학생들이 자기가 원하는 강의를 스스로 찾아 들을 수 있었던 K-MOOC나 G-SEEK에 비해 수업 신청 및 일정 조정 등 교사가 준비해주어야 할 단계가 제법 있지만, 여건이 허락한다면 충분히 노력을 들일 가치가 있는 수업 콘텐츠라고 생각합니다. 수업 시수를 확보할 수 없는 상황이라면 학생들끼리 수업을 신청하는 것도 가능합니다.

원격영상 진로 멘토링에서는 익숙한 직업부터 아직은 조금 생소한 새로운 직업이나 학생들이 좋아할 만한 대중 가수, 댄서, 래퍼 등 다양한 직업인들이 멘토링을 제공하고 있습니다. 실시간으로 멘토들과 질의응답을 하며 생생한 정보를 얻을 수 있습니다. 크게 세 가지 방식으로 활용이 가능합니다.

① **학급 등록 뒤 직접 멘토링 개설 요청하여 원하는 멘토와 실시간 수업 진행**
　　* [교사 회원 가입] → [학급 등록] → [멘토 검색] → [멘토링 신청] → [일정

조율] → [수업 실시]의 과정으로 진행됩니다.

* 제공되는 사전 수업 자료를 이용하여 학생들과 함께 해당 직업에 대한 이해도를 높이고 멘토링에서 할 질문을 생각해두시면 좋습니다.

② **이미 개설된 멘토링 수업 일정에 참여하거나 참관**

* 가입 및 등록 후 홈페이지 최상단의 [수업시간표]에서 예정된 수업의 목록을 확인할 수 있습니다.
* 다른 학교가 개설한 수업에 [참여 신청]이나 [참관 신청]을 하여 함께 수업을 진행할 수 있습니다.

③ **이미 진행된 멘토링 수업 영상 다시보기 활용**

* 화면 상단의 [수업] → [수업 다시보기]를 통해 이미 진행된 수업 영상을 볼 수 있습니다. 일정에 구애받지 않고 활용할 수 있고 학생 개개인이 원하는 영상을 찾아볼 수 있는 장점이 있습니다.

[그림 43-16 원격영상 진로멘토링 홈페이지]

[A] 노란색 박스 안의 매뉴얼을 꼭 읽어보시기 바랍니다. 위에서 알려드린 세 가지 방법으로 멘토링을 원활하게 신청하거나 활용하기 위한 구체적인 방법을 정확하게 알 수 있습니다. 26페이지의 문서이나 내용이 길지 않으므로 쉽게 이해하실 수 있습니다.

[B] 원격영상 진로멘토링 홈페이지에서 제공하는 기능들입니다. 진로멘토링 이용을 위해서는 우선 교사 회원 가입 및 학급 개설이 필수적입니다. 학급 개설을 위해서는 [회원 가입 및 로그인] → [학교/교실관리] → [나의 교실] → [교실 신규 개설]을 해주셔야 합니다. 아래는 기능 상세 설명입니다.

	수업 목록	현재 이용할 수 있는 수업의 목록을 보여줍니다. 수업 날짜, 학교급 등 조건을 추가하여 검색할 수 있습니다.
수업	수업 일정	📅 수업시간표 와 같은 메뉴입니다. 달력 위에 적힌 월별 수업 일정을 한눈에 확인할 수 있습니다. 수업을 클릭하면 참여, 혹은 참관을 신청할 수 있습니다.  [그림 43-17 월별 수업시간표 확인] 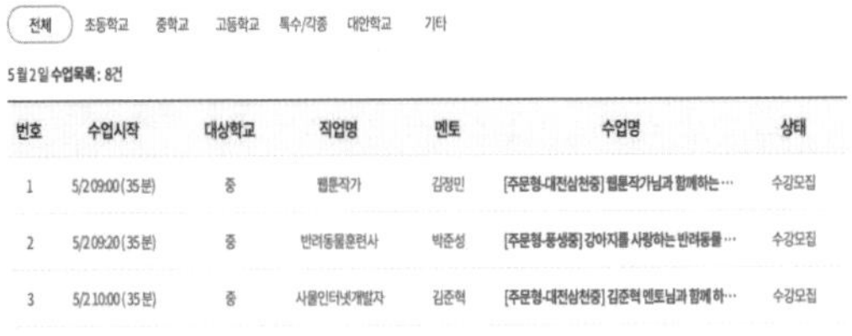 9) [그림 43-18 날짜를 클릭하면 해당일의 수업 확인 가능]

494 | 7교시 실과

	수업 활동지	수업에 사용되는 활동지들입니다. 수업 전에 미리 학생들과 활동지를 살펴보며 준비하시는 것이 좋습니다.
수업	수업 다시보기	종료된 수업 영상을 다시 볼 수 있을 뿐 아니라 홈페이지에서 제공하는 모든 종류의 진로 멘토 영상을 아래의 다섯 가지 카테고리로 분류하여 제공하고 있습니다. ⊞ 전체　▶ 수업 다시보기　🎤 멘토 영상　🔖 참고자료　etc 기타 특히 [etc 기타] 영상에는 교사 및 학생들이 참고할 수 있는 '활용가이드 영상'이 있으므로 꼭 참고해보시기 바랍니다.
수업 개설 요청	학교 요청	**수업 개설 요청하기** 버튼을 눌러 학급 단위로 교사가 필요한 멘토링 수업을 요청합니다.
	학생 요청	학생 단위로 수업을 신청할 수 있습니다.
멘토	소개	멘토의 소개를 볼 수 있습니다. 경력, 인터뷰, 수업 자료 등 멘토에 대한 많은 정보를 얻을 수 있습니다.
	인터뷰	멘토의 인터뷰를 읽어볼 수 있습니다.
	영상	멘토에 대한 짧은 소개 영상을 볼 수 있습니다.
이용 안내		공지사항, 자주 찾는 질문, 이용 문의, 진로멘토링 소개로 이뤄져 있습니다.

[표 43-2 원격영상 진로멘토링 사용 방법]

---

9) [그림 43-17], [그림 43-18] https://mentoring.career.go.kr/school/lecture/lectureSchedule/lectureSch.do

3 수업 후기

　예전에 한 모델 오디션 프로그램에서 인상적인 장면을 본 적이 있습니다. 어릴 때부터 모델을 꿈꿨다는 참가자의 말에 심사위원이 그렇다면 지금까지 어떤 준비들을 해왔냐고 날카롭게 반문하는 모습이었습니다. 그 참가자는 꿈을 가졌을 뿐 어떤 준비를 해야 되는지는 잘 몰랐기에 오디션에서 아쉬운 결과를 받아들여야 했습니다.

　어릴 때부터 진로를 정한다는 것은 쉬운 일이 아닙니다. 아이들의 꿈이 매달 바뀌는 것을 보면 사실상 불가능에 가까운 일입니다. 빠르게 변해가는 사회의 모습을 보면 더 그렇게 보입니다. 하지만 그럴수록 진로를 탐색하고 진로 역량을 기르는 방법을 아는 것이 학생들에게 큰 도움이 될 것이라 생각합니다. 몇 번이고 진로를 바꿔도 자신의 진로를 위해 필요한 준비를 스스로 해나갈 수 있는 능력이야말로 진로 교육의 궁극적인 지향점이 아닐까 생각합니다.

　자신에 대한 이해를 바탕으로 K-MOOC와 G-SEEK, 원격영상 진로멘토링을 이용해보는 프로젝트 수업을 하면서 학생들은 학원을 통해 접할 수 없는 다양한 배움의 기회를 활용하고 전문 직업인들을 만나보며 많은 영감을 받는 모습이었습니다.

　학교 교육의 목표가 훌륭한 사회인을 기르는 것이라면 진로 역량이야말로 가장 기본적으로 갈고닦아야 하는 것이 아닐까 합니다. 우리 아이들이 복잡다단한 미래사회를 슬기롭게 항해할 수 있는 능력을 길러나가는 데 본서의 내용이 조금이나마 도움이 되기를 바랍니다.

발표와
평가

생각을 빠르게 모으자!

멘티미터

키워드를 모을 때는 멘티미터		
1)	• https://www.mentimeter.com/ • 객관식 선택지를 제시하거나 주관식 단어 입력으로 학생들의 의견을 모을 수 있는 홈페이지 • 무료 기능만으로도 충분히 높은 활용도를 자랑함	
활용 목표	다양한 방법으로 쉽게 다른 사람들의 의견을 모아 시각화할 수 있다.	

사용 환경 추천 순서	① 윈도우	② 구글 플레이스토어	② 애플 앱스토어
	2) 인터넷 브라우저 로 접속	플레이 스토어 다운로드	앱스토어 다운로드

인터넷 사용	사용을 위한 지속적 인터넷 연결 필요
공유 방법	인터넷 링크로 공유 및 공동 참여 가능

---

1) [그림 44-1] 로고 https://www.mentimeter.com
2) [그림 44-2]~[그림 44-4] QR코드는 크롬 브라우저 QR 생성 기능 사용

[표 44-1 멘티미터 개요]

   빅데이터라는 개념이 등장하고 난 후 뉴스 등의 TV 매체에서는 자주 검색되거나 중요한 키워드를 크게 표현하는 워드 클라우드 자료를 종종 사용하고 있습니다. 일반적으로 수업에서는 학생들의 생각을 모으기 위해 거수 발표를 이용해왔습니다. 학생의 자신감과 발표력을 향상시킬 수 있다는 장점이 있지만, 수줍음이 많은 학생들의 의견을 듣기 힘들다는 단점도 있었습니다. 기술은 이러한 점을 보완해줄 수 있습니다. 수업에 적용되는 에듀테크 기술들은 기존 수업에서 느끼던 아쉬움들을 해소해준다는 점에서도 큰 가치가 있다고 생각합니다.

   멘티미터는 학생들의 생각을 모아서 쉽게 보여줄 수 있는 홈페이지입니다. 모두가 주변 시선을 의식하지 않고 자신의 의견을 낼 수 있습니다. 다양한 방법으로 의견을 모을 수 있고 한눈에 학생들에게 보여줄 수 있습니다.

학년-학기	과목	단원	주요 내용	차시	쪽수
3-1	사회	1. 우리고장의 모습	우리 고장에 대한 생각과 느낌 이야기해보기	7	23-25
6-1	국어	3. 짜임새 있게 구성해요	발표할 내용 준비, 정리하기	5-8	104-113
6-1	국어	7. 우리말을 가꾸어요	우리말 사용 실태 조사하기	5-6	246-249
6-1	수학	5. 여러 가지 그래프	그래프 제작을 위한 우리 반 데이터 수집하기	11-12	112-115
6-1	사회	1. 우리나라의 정치발전	민주적 의사 결정 원리에 따라 문제 해결하기(투표)	13-14	46-50

[표 44-2 멘티미터 활용 단원 추천]

교과목 이외에도 학급회의 등 의사결정을 위한 의견 수렴이 필요한 상황에서 두루 이용하실 수 있습니다. 한번 방법을 익혀두면 학생들이 알아서 상황에 맞게 사용하는 모습을 보여주곤 합니다.

1. 멘티미터에 접속합니다. 교사는 회원 가입 및 로그인을 합니다. 로그인을 하고 나면 지금까지 수행한 멘티미터 작업들이 보입니다. 폴더별로 정리를 할 수도 있습니다.

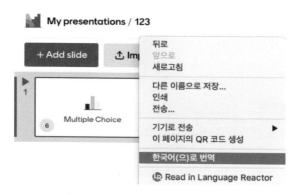

[그림 44-5 크롬 한국어 번역 메뉴]

2. **+ New presentation** 을 클릭합니다. 제목을 입력하면 작업 창으로 넘어 갑니다. 작업 창의 기본적인 구성은 파워포인트와 유사합니다. 기본 설정은 영어로 되어 있는데 구글 크롬을 사용하신다면 마우스 오른쪽 버튼을 눌러 [한국어로 번역]이 가능합니다.

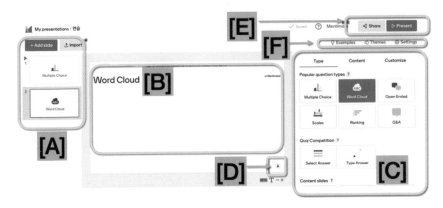

[그림 44-6 멘티미터 초기 작업 화면의 모습]

[A]	**+ Add slide** 를 눌러 슬라이드를 추가할 수 있습니다. 무료 버전에서는 슬라이드를 2개까지 사용할 수 있습니다. 여러 개의 슬라이드를 만들 수도 있지만 적은 수의 슬라이드만으로도 충분히 효과를 볼 수 있습니다. 아래에는 추가된 슬라이드의 목록이 나타납니다.
[B]	작업 결과를 보는 창입니다. 내가 만든 멘티미터 슬라이드가 어떤 형태일지 이곳에서 확인할 수 있습니다. 또한 학생들이 참여 중이라면 학생들의 결과물을 실시간으로 보여주기도 합니다.
[C]	슬라이드의 형태를 고르는 창입니다. 먼저 Type에서 어떤 작업을 할 것인지 결정하면 Content와 Custumize에서 추가 설정을 할 수 있습니다. 다양한 Type을 활용할 수 있으므로 퀴즈 등의 타입을 이용하여 학생 평가를 할 수도 있습니다. 하지만 2개의 슬라이드만 사용할 수 있는 무료 버전에서는 학생들의 생각을 모으는 데만 사용하는 것이 훨씬 적합하였습니다. 주로 사용한 Type은 아래와 같습니다. 크롬 한글 번역을 바탕으로 작성하였습니다.

[C]	**📊 다중 선택** 3)	**Type 유형**	객관식 선택지를 제시하고 학생들이 답변을 선택합니다. 결과를 각종 그래프로 보여줄 수 있습니다. 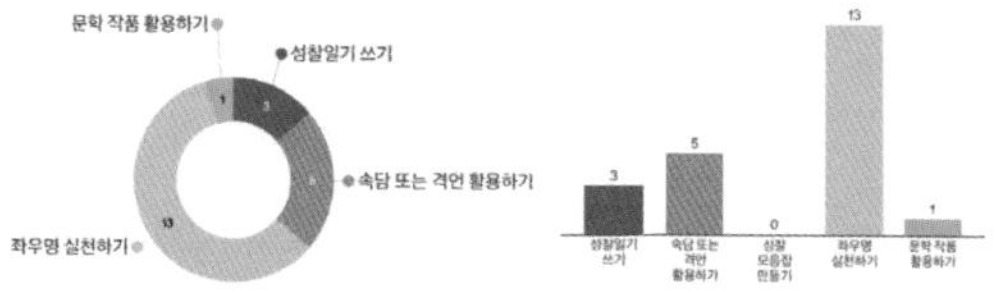 [그림 44-15 다중 선택 그래프 표현] 4)
		Content 콘텐츠	
		귀하의 질문	질문을 입력합니다.
		옵션	선택지 입력, 선택지 추가가 가능합니다.
		영상	학생 질문지에 보일 그림을 추가합니다.
		결과 레이아웃	어떤 그래프로 결과를 볼지 결정합니다.
		엑스트라	정답, 퍼센트 보여주기 등을 설정합니다.
		Custu-mize 사용자 정의 슬라이드 설정	투표 닫기, 결과 숨기기 등을 설정합니다.
		레이아웃	결과 창의 구성을 결정합니다.
	🔤 ABC 단어 구름	**Type 유형**	학생들이 많이 입력한 단어를 크게 보여줍니다. 다만 띄어쓰기만 달라도 다른 단어로 인식하기 때문에 학생들에게 결과 창을 보여주며 같은 단어를 쓸 거면 화면을 보고 똑같이 쓰게 하거나 아예 띄어쓰기를 하지 않는다는 규칙을 만들어 두는 것도 좋습니다. 실시간으로 단어들이 커지기 때문에 시각적 효과가 좋습니다.

[C]	 ![ABC] **단어 구름**	**Type** **유형**	[그림 44-16 워드 클라우드 예시] 5)	
		Content **콘텐츠**	귀하의 질문/ 영상	위와 동일합니다.
			참가자당 출품작	참가 학생들이 입력할 수 있는 단어의 개수입니다. 1-10개까지 가능합니다.
			엑스트라	중복 참여 가능 여부를 선택합니다.
		Custu- **mize** **사용자** **정의**	사용자정의는 모든 타입에서 동일한 선택지를 제공합니다. 이하 생략합니다.	
	![아이콘] **열린 결말**	**Type** **유형**	학생들의 답변을 담벼락에 같은 형태로 보여줍니다. 패들렛(발표와 평가②)과 유사한 화면을 볼 수 있습니다. 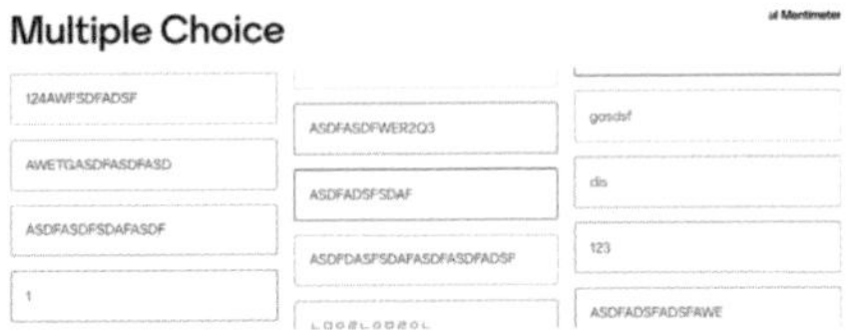 [그림 44-17 열린 결말 예시] 6)	

[C]					
열린 결말 (Content 콘텐츠)	Content 콘텐츠	결과 레이 아웃	말풍선		화면에 여러 답변을 동일한 크기로 띄웁니다. 클릭하여 크게 볼 수 있습니다.
			하나씩		답변들을 화면에 하나씩 띄웁니다. 하나씩 넘겨가며 볼 수 있습니다.
			흐르는 격자		기본적으로 말풍선과 동일합니다. 답변이 많아 한 화면에 안 보이면 자동으로 아래로 흘러갑니다. 엔터키로 멈출 수 있습니다.

저울		
Type 유형	1-10점 리커트 척도로 학생의 답변을 받을 수 있습니다. 설문조사 등에 유리합니다.	

[그림 44-18 저울 결과 예시] 7)

저울	Content 콘텐츠			
	진술			질문을 입력합니다.
	결과 레이 아웃	슬라이더		점수를 가로형 막대로 보여줍니다. 결과 창에서 가로 막대에 마우스를 올리면 점수별 사람 수를 볼 수 있습니다.
		스파이더 차트		점수를 다각형 그래프로 보여줍니다. 질문의 숫자에 따라 다각형의 형태가 나타납니다.
	치수			최고점과 최저점을 설정합니다. 각 점수의 의미(안다/모른다)도 입력 가능합니다.

[C]	Content 콘텐츠	엑스트라	평균점을 보여줄지, 모든 질문에 대답을 하지 않아도 되는지를 설정합니다.
	순위 Type 유형	선택지들의 순위를 정합니다. 1위 한국, 2위 미국, 3위 중국과 같은 식으로 제시한 선택지의 순위가 반영됩니다. 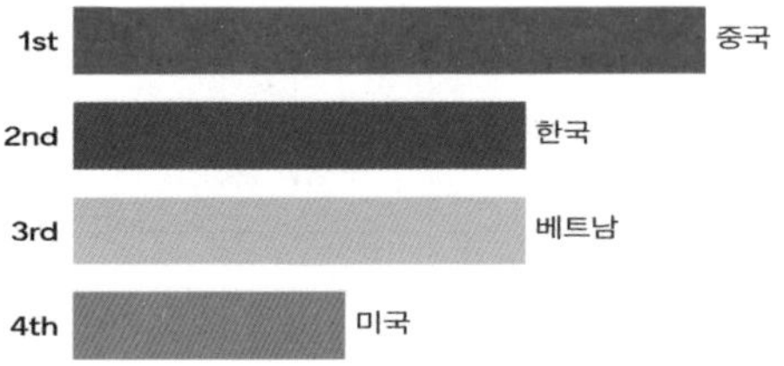	

선택지들의 순위를 정합니다. 1위 한국, 2위 미국, 3위 중국과 같은 식으로 제시한 선택지의 순위가 반영됩니다.

8)

[그림 44-19 랭킹 예시]

	Content 콘텐츠	아이템	순위를 정할 항목들을 입력합니다.

Q&A Type 유형

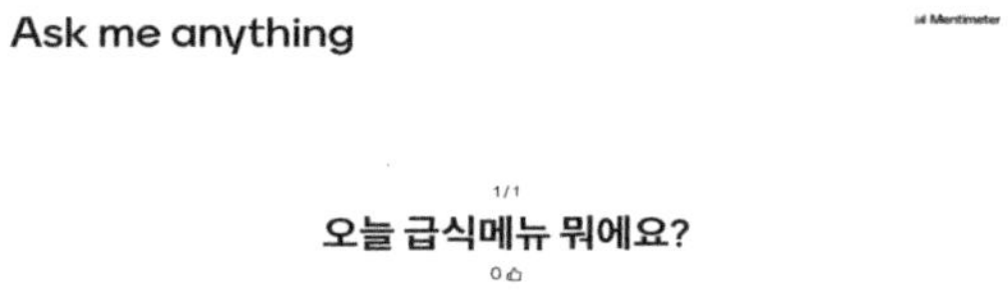

Ask me anything   al Mentimeter

1/1
오늘 급식메뉴 뭐예요?
👍

9)

[그림 44-20 Q&A 예시]

학생들이 질문을 입력하면 화면에 질문이 뜹니다. 수업 중 질문을 하기 힘들어하는 학생들에게 적용하거나 6학년 국어 인터뷰 활동을 할 때 활용하기 좋습니다.

답변 창에서 🔲 **Open Q&A** 를 눌러 질문을 입력하거나 다른 사람의 질문에 좋아요👍 를 표시할 수 있습니다.

[C]	Q&A	Type 유형	학생들이 답변 창에서 입력하는 질문은 교사의 화면에 실시간으로 뜨게 됩니다. 질문에 답변 후 **Mark as answered** 를 클릭하면 답변 완료 처리되고 다음 질문으로 넘어갑니다.
		Content 콘텐츠	구성	청중이 모든 슬라이드에서 질문을 할 수 있는지, 서로의 질문을 볼 수 있는지 설정합니다.
[D]	해당 슬라이드의 활동에 참가한 인원수입니다. 인원 체크가 되므로 안 한 사람들이 있는지 쉽게 확인할 수 있습니다.		
[E]	⌝⌐ Share	학생들에게 슬라이드를 보내줍니다. 팝업 창에서 두 가지 방법 중 하나를 선택합니다. [Participation]: 질문에 응답할 수 있는 링크를 공유합니다. [Presentation Sharing]: 응답은 할 수 없고 결과만 확인할 수 있는 링크를 공유합니다. 공유는 인터넷 링크, QR코드, 숫자 코드(학생들이 Menti.com에 접속하여 숫자 입력)의 세 가지 방법을 사용할 수 있습니다.	
	▷ Present	파워포인트의 슬라이드쇼와 같이 결과 창을 크게 만들어 실시간으로 답변이 추가되는 모습을 함께 볼 수 있습니다.	
[F]	템플릿, 테마를 제공합니다. 대부분 유료 기능으로 사용하지 않았습니다.		

[표 44-3 멘티미터 기능]

---

3) [그림 44-7]~[그림 44-14]
   아이콘 캡처 https://www.mentimeter.com/app/presentation/ec3b13829de1ed7c661fc8cfd680264a/48dbe7328fc6/edit?

4) [그림 44-15] https://www.mentimeter.com/app/presentation/551db49e7466bf7184f8cd52bc5217fa

5) [그림 44-16] https://www.mentimeter.com/app/presentation/65b65b15751dad654511aeacd040c5a1

6) [그림 44-17] https://www.mentimeter.com/app/presentation/451343269384c528ba9d86837fba9f9b

7) [그림 44-18] https://www.mentimeter.com/app/presentation/69408dd8f6515fd8aeb337f2e708e215

8) [그림 44-19] https://www.mentimeter.com/app/presentation/21a181f0156dc901078466ec81ee3321

9) [그림 44-20] https://www.mentimeter.com/app/presentation/0446fa057c49905f97e5d149c61dd1c6/74e261f15f80

멘티미터로 여러 사람의 의견 쉽게 모으기						
학년/학기	6-1	**과목**	수학	**단원**	5. 여러 가지 그래프	**쪽수** 112-115

학습 목표	디지털 기술을 활용하여 사람들의 의견을 쉽게 모을 수 있다. 주제를 정하여 통계 활용 포스터를 만들고 발표할 수 있다.
단계	**교수·학습 활동**

도입	• 표와 그래프가 활용된 포스터 찾아보기
	  – 인터넷에서 포스터(인터넷 기사, 뉴스 영상도 가능) 찾아보기
	  – 함께 공유하며 표와 그래프가 어떻게 사용되나 살펴보기
	  – 표와 그래프 사용의 좋은 점 알아보기
	• 학습 목표 제시

활동1	• 교과서 112쪽의 포스터 보고 문제 풀어보기

활동2	• 우리 반을 대상으로 그래프로 나타낼 수 있는 주제 생각해보기
	  – 좋아하는 음식 등 기호에 대한 질문
	  – 안경 착용 여부, 키에 따른 분류 등도 가능
	  – [저울] 슬라이드 활용을 위한 리커트 척도 방식의 질문도 생각할 수
	    있도록 유도해주기
	• 멘티미터로 자료 만들기
	  – 알맞은 질문 생각하여 멘티미터 슬라이드 제작하기
	  – 그래프 제작이 가능한 [다중 선택], [저울] 슬라이드 선택

질문 예시	
[다중 선택]	좋아하는 과목을 골라주세요(국어, 수학, 체육 등) 체육시간에 좋아하는 운동을 고르시오(축구, 피구 등)
[저울]	한 달에 책을 몇 권이나 읽나요?(1권-10권 이상 등) 일주일에 몇 번 운동을 하나요?

멘티미터로 여러 사람의 의견 쉽게 모으기	
활동2	- 설문 후 자동 제작되는 그래프 참고하기 • 설문 결과 데이터를 표로 정리하기(교과서 이용) - 띠그래프나 원그래프로 나타내기 - 그래프를 사용한 포스터 제작하기
정리	• 포스터 발표하기 ☞ 평가: 자료를 효과적으로 표현할 수 있는 그래프를 활용하여 통계 활용 포스터를 만들고 발표할 수 있다. • 상호 피드백하기

[표 44-4 멘티미터 수업 지도안]

4 수업 후기

수업의 첫 활동은 보통 '동기 유발'로 시작됩니다. 경험상 가장 효과적으로 동기 유발을 할 수 있는 방법은 학생들의 경험을 이용하는 것이었습니다. 그런데 모든 학생이 자신의 의견을 말하는 데 익숙한 것은 아닙니다. 다양한 이유로 발표를 꺼리는 학생들에게 귀를 기울이는 것은 교사의 중요한 일 중 하나일 것입니다.

수업 주제에 대해 학생들의 의견을 모아서 동기 유발 및 재료로 활용하는 데 도움을 줄 수 있는 강력한 도구인 멘티미터는 다양한 교과수업 및 학생 의견 수합에도 이용할 수 있습니다. 자신들의 의견이 실시간으로 모이는 장면을 보며 수업 주제에 더 즐겁게 몰입하는 학생들의 모습을 볼 수 있었습니다.

패들렛

패들렛으로 서로의 결과물 공유하기		
1)	• ko.padlet.com • 담벼락, 스트림, 그리드, 셀프 등의 다양한 서식으로 결과물을 실시간으로 공유할 수 있는 홈페이지 • 학생 작품 공유뿐 아니라 강의에도 활용 가능	
활용 목표	디지털 도구를 사용하여 의견을 빠르게 한자리에 모을 수 있습니다.	
사용 환경 추천 순서	① 윈도우	② 구글 플레이스토어	② 애플 앱스토어
	2) 인터넷 브라우저 로 접속	플레이 스토어 다운로드	앱스토어 다운로드
인터넷 사용	사용을 위한 지속적 인터넷 연결 필요	
공유 방법	결과물을 다운로드하여 활용 가능	

1) [그림 45-1] https://play.google.com/store/apps/details?id=com.wallwisher.Padlet&hl=ko&gl=US
2) [그림 45-2]~[그림 45-4] QR코드는 크롬 브라우저 QR 생성 기능 사용

[표 45-1 패들렛 개요]

모든 수업에는 평가가 포함되어야 합니다. 최근에는 평가의 중요성이 더 부각되면서 평가할 요소와 방법을 우선 설정하고 평가에 맞춰 수업을 구성하는 방법도 많은 선생님들이 사용하고 있습니다. 평가는 학생들이 아는 것과 모르는 것이 무엇인지 알려주고 수업에서 중요한 것을 되짚어주는 역할을 합니다. 또한 결과물을 함께 공유하며 다른 친구들의 생각을 통해 자신의 견해를 넓힐 수 있습니다.

수업 결과물 공유를 도와줄 수 있는 패들렛을 소개해드리고자 합니다. 멘티미터가 간단한 키워드들을 빠르게 모으는 작업이었다면 패들렛은 개별 제출물에 많은 정보를 담을 수도 있고 글꼴 등 세부적인 편집도 가능합니다.

---

3) [그림 45-5] https://ko.padlet.com/haste27/4uyp3kzne2bpf09h

학년-학기	과목	단원	주요 내용	차시	쪽수
3-1	사회	1. 우리 고장의 모습	우리 고장의 주요 장소를 [지도] 서식으로 소개하기	11-13	36-43
4-1	사회	1. 지역의 위치와 특성	중심지를 답사하여 [지도] 서식에 정보 정리하기	12-13	44-49
5-2	사회	1. 옛사람들의 삶과 문화	한국사, 근현대사 관련 내용을 [타임라인] 서식으로 정리하여 발표하기	전체	전체
5-2	사회	2. 사회의 새로운 변화와 오늘날의 우리		전체	전체
6-1	사회	1. 우리나라의 정치발전		2-5	10-25
6-2	사회	1. 세계 여러 나라의 자연과 문화	관심 있는 나라의 정보를 수집, 대륙별로 구별하여 [셀프] 서식으로 제작하기	8	31-35
6-2	사회	2. 통일 한국의 미래와 지구촌의 평화	국제기구, 비정부기구를 분담하여 조사 자료 만들기	12	126-128
6-1	국어	3. 짜임새 있게 구성해요	발표할 내용을 [담벼락] 서식으로 정리하기	7-8	108-113

학년-학기	과목	단원	주요 내용	차시	쪽수
6-1	국어	7. 우리말을 가꾸어요	올바른 우리말 사례집을 [셀프] 서식으로 만들기	9-10	254-257

[표 45-2 패들렛 활용 단원 예시]

예시 외에도 모든 과목, 모든 차시의 정리 및 평가 활동으로 활용할 수 있습니다.

2 사용 방법

1. 패들렛에 접속합니다. 회원 가입을 하고 로그인을 합니다. 무료 회원은 최대 5개의 패들렛을 이용할 수 있습니다. 로그인을 하면 지금까지 만든 패들렛을 볼 수 있습니다. 단순히 입력만 하는 학생들은 로그인이 필요 없습니다.

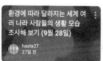
4)
[그림 45-6 로그인 시 지금까지 만든 패들렛 목록이 나옴]

2. 메인 화면에서는 패들렛을 새로 만들거나 타인의 작품에 합류할 수 있습니다.

---

4) [그림 45-6] https://ko.padlet.com/dashboard?filter=recents

PADLET 만들기	새로운 패들렛을 만듭니다.
PADLET 합류하기	링크를 입력하여 다른 사람이 만든 패들렛에 합류합니다.

[표 45-3 패들렛 만들기·합류하기 선택]

3. + PADLET 만들기 로 들어갑니다. 일곱 가지 서식을 선택할 수 있습니다. 설명과 미리보기를 제공하므로 사용할 패들렛의 서식을 확인할 수 있습니다. 패들렛은 화면 속에서 학생들이 + 버튼을 눌러 '게시물'을 추가하는 형태로 진행됩니다.

담벼락5)	칠판에 메모지를 부착하듯 쌓이는 게시물 안에 학생들이 글, 그림, 하이퍼링크 등을 입력할 수 있습니다. 게시물 속에 영상, 오디오, 위치 등 많은 정보를 담을 수 있습니다. 게시물을 꾸미는 방법은 하단에서 자세히 설명합니다.
스트림	게시물들을 세로 일렬로 배치합니다. 스크롤을 내려 확인할 수 있습니다. 이야기 이어 쓰기 등의 활동에 사용할 수 있었습니다.
그리드	게시물들을 가로로 정렬하여 배치합니다. 담벼락과 유사하나 게시물들을 가로선에 줄을 맞춰 보여줍니다.
셀프	수업에 가장 활용하기 좋은 방식입니다. 칼럼(기둥)별로 주제를 정해주고, 칼럼에 학생들이 게시물을 배치할 수 있습니다. 주제별로 학생들의 생각을 모을 때 유용합니다. [담벼락]으로 여러 게시물들을 모은 뒤, 서식을 [셀프]로 변경하여 주제에 맞게 게시물들을 분류할 수도 있습니다.

---

5) [그림 45-가]~[그림 45-00] 이미지와 아이콘 캡처 출처는 모두 '패들렛' 앱

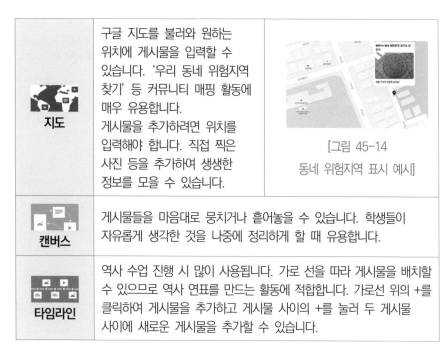 **지도**	구글 지도를 불러와 원하는 위치에 게시물을 입력할 수 있습니다. '우리 동네 위험지역 찾기' 등 커뮤니티 매핑 활동에 매우 유용합니다. 게시물을 추가하려면 위치를 입력해야 합니다. 직접 찍은 사진 등을 추가하여 생생한 정보를 모을 수 있습니다.	[그림 45-14 동네 위험지역 표시 예시]
캔버스	게시물들을 마음대로 뭉치거나 흩어놓을 수 있습니다. 학생들이 자유롭게 생각한 것을 나중에 정리하게 할 때 유용합니다.	
타임라인	역사 수업 진행 시 많이 사용됩니다. 가로 선을 따라 게시물을 배치할 수 있으므로 역사 연표를 만드는 활동에 적합합니다. 가로선 위의 +를 클릭하여 게시물을 추가하고 게시물 사이의 +를 눌러 두 게시물 사이에 새로운 게시물을 추가할 수 있습니다.	

[표 45-4 패들렛 서식의 종류와 특징]

4. 패들렛을 만들면 작업 창으로 이동합니다. 우선 선생님께서 사전 설정을 완료하신 뒤 학생들에게 주소를 공유하셔야 합니다.

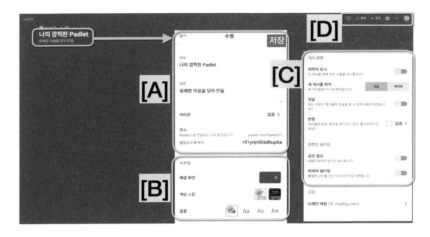

[그림 45-15 패들렛 만들기 순서]

화면 왼쪽 상단의 제목(나의 깜찍한 Padlet)을 더블클릭하시거나 화면 상단 우측의 설정 버튼 ✿을 누르면 화면 우측에 설정 창이 뜹니다. 설정 창에서 변경할 수 있는 것들은 아래와 같습니다. 모든 설정이 끝나면 저장 을 누릅니다.

[A]	제목	패들렛의 제목을 정합니다. 수업 날짜를 적어두면 좋습니다.
	설명	패들렛 제목 아래에 표시될 설명을 쓸 수 있습니다.
	아이콘	패들렛 제목 옆에 표시될 이모티콘을 넣을 수 있습니다.
	주소	학생들이 패들렛에 참여할 수 있는 링크입니다. 복사해서 학생들에게 전달해줍니다.
[B]	배경 화면	다양한 배경화면을 선택할 수 있습니다.
	색상 스킴	전체적인 색상 콘셉트를 밝거나 어둡게 결정할 수 있습니다.
	글꼴	패들렛에 적용될 글꼴을 설정합니다.
[C]	게시 관련	[저작자 표시], [댓글 달기], [반응 표현]하기 등을 설정할 수

[C]	게시 관련	있습니다. 학생들이 만든 게시물 상자를 보며 서로 상호작용을 촉진하는 데 활용할 수 있습니다.
	콘텐츠 필터링	비속어 필터링, 콘텐츠 승인 여부 등을 결정합니다.
[D]	복제, 공유	똑같은 패들렛을 하나 더 만들거나 공유할 수 있습니다.
	…	패들렛 게시물들을 모두 지우거나, 패들렛의 서식을 변경할 수 있습니다. 학생들의 게시물을 유지한 상태에서 서식만 변경하여 사용할 수도 있습니다.

[표 45-5 패들렛 초기 설정]

5. 패들렛에 참여한 학생들은 서식에 맞게 게시물을 만들고 배치할 수 있습니다. 게시물 하나 안에 다양한 콘텐츠를 담을 수 있습니다.

새 게시물 추가하기	게시물 추가 시에는 화면 오른쪽 아래에 보이는 ![+] 버튼을 클릭합니다. * [지도] 서식에서는 화면 우측 상단에 버튼이 있습니다. 클릭 시 위치를 먼저 지정해야 합니다. 검색하여 찾거나, 핀▼을 드래그하여 위치를 정할 수 있습니다. 위치를 정하면 게시물이 생깁니다. * [셀프] 서식에서는 각 칼럼 주제 칸 아래에 있는 +를 눌러 추가합니다. 칼럼 추가를 하려면 가장 오른쪽에 [칼럼 추개를 누릅니다.
게시물에 내용 쓰기	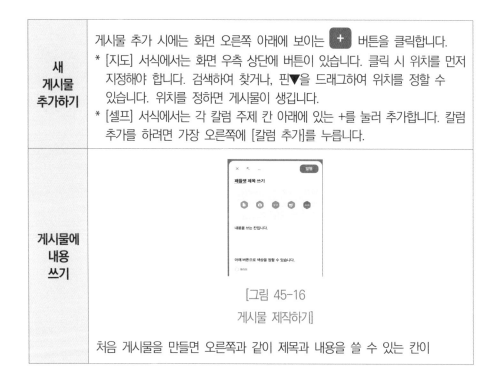 [그림 45-16 게시물 제작하기] 처음 게시물을 만들면 오른쪽과 같이 제목과 내용을 쓸 수 있는 칸이

게시물에 내용 쓰기	생성됩니다. 제목과 내용을 작성한 뒤 가운데에 보이는 아이콘들(🔵 📷 🔶 🔷 ●●●)을 이용하여 사진, 인터넷 링크 등 여러 자료를 추가할 수 있습니다. 게시물의 편집을 끝낸 뒤, 게시물 우측 상단의 [발행]을 클릭하면 패들렛에 완성된 게시물이 표시되고 모두가 함께 볼 수 있게 됩니다. 아래의 버튼으로 게시물의 색상을 변경할 수도 있습니다. 글을 입력한 뒤 입력한 글을 드래그하여 선택하면 글꼴 등의 서식을 바꿀 수 있는 기다란 창이 자동으로 뜹니다. 글자 모양을 변경하거나 취소선, 하이퍼링크, 하이라이트, 위첨자, 아래첨자, 따옴표, 숫자·동그라미 글머리표 표시 등 글씨를 다양하게 바꿀 수 있어 작은 게시물 안에서도 한 편의 완성도 높은 보고서를 제작할 수 있습니다.

게시물 기능 이용하기	🔵	기기에 있는 파일을 업로드합니다. 사진, 비디오, 문서, 음악 등 모든 종류의 파일을 지원합니다. 비디오, 음악 등은 게시물 안에서 바로 재생이 가능합니다.
	📷	기기의 카메라를 이용하여 바로 사진을 찍어 추가할 수 있습니다.
	🔗	링크를 입력합니다. 유튜브 주소를 추가하는 경우 파일 업로드와 같이 게시물 안에 작은 영상 창이 생겨 바로 재생할 수 있습니다.
	🔍	구글에 검색어를 입력하여 나오는 결과를 바로 추가할 수 있습니다. 이미지, GIF, 유튜브, Spotify(음악), 웹 검색 결과를 제공합니다.
	●●●	게시물에 추가할 수 있는 모든 기능을 볼 수 있습니다. 비디오, 오디오, 화면을 레코딩하여 추가하거나 위치를 추가하는 등 다양한 기능을 게시물 안에 구현할 수 있습니다. [그림 45-23 패들렛 게시물 전체 기능]

[표 45-6 패들렛 게시물 추가하기]

6. 게시물을 완성한 뒤 게시물 오른쪽 위의 [⋮] 아이콘을 클릭하면 게시물을 편집할 수 있습니다. 색상을 바꾸거나 내용을 수정할 수도 있고 게시물 자체를 다른 패들렛에 옮기거나 복사할 수도 있습니다.

3 | 수업 지도안

역사 연표 제작하기							
학년-학기	5-2	**과목**	사회	**단원**	1-2단원 전체	**차시**	각 단원 마무리
학습 목표	역사적 사건들의 전개와 의의를 알고 시간 순서대로 나열할 수 있다. (삼국, 고려, 조선 등 한 시대를 마무리 할 때 정리 활동으로 활용 가능)						
단계	**교수·학습 활동**						
도입	• 역사사건 시간 순 배치 게임 해보기 1. 조별 활동, 반 전체 활동 모두 가능합니다. 2. 학생들에게 교과서 범위를 주고 중요한 역사적 사건을 골라 사건의 이름을 종이에 적게 합니다.(강화도조약, 갑신정변, 동학농민운동 등) 3. 적은 종이를 접어 한곳에 모아 섞어둡니다. 4. 순서를 정하고 종이를 하나씩 뽑아서 종이에 적힌 사건을 확인합니다. 5. 사건이 일어난 순서에 맞게 일렬로 배치합니다. 　- 첫 번째 사람은 아무데나 종이를 둘 수 있음 　- 두 번째 순서부터 자신이 뽑은 종이를 사건 발생 순서에 맞게 배치하기 　　(예: '신미양요' 종이 배치 후 '병인양요' 종이를 뽑았다면 　　'신미양요' 왼쪽에 배치하기)						

	역사 연표 제작하기
도입	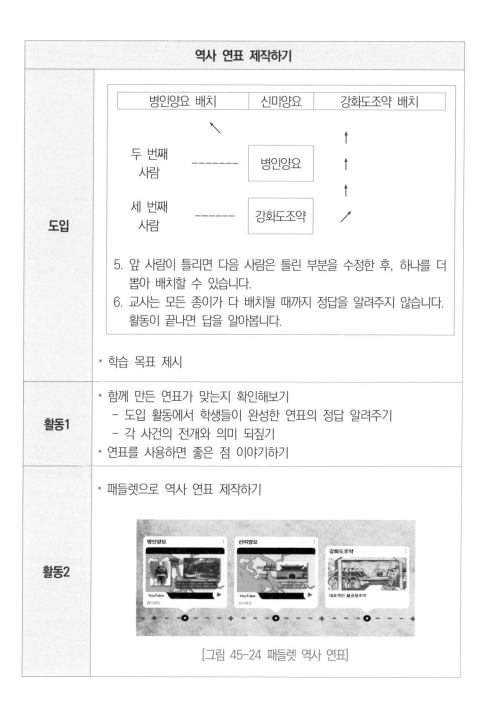 5. 앞 사람이 틀리면 다음 사람은 틀린 부분을 수정한 후, 하나를 더 뽑아 배치할 수 있습니다. 6. 교사는 모든 종이가 다 배치될 때까지 정답을 알려주지 않습니다. 활동이 끝나면 답을 알아봅니다. • 학습 목표 제시

활동1	• 함께 만든 연표가 맞는지 확인해보기
	  – 도입 활동에서 학생들이 완성한 연표의 정답 알려주기
	  – 각 사건의 전개와 의미 되짚기
	• 연표를 사용하면 좋은 점 이야기하기

활동2	• 패들렛으로 역사 연표 제작하기 [그림 45-24 패들렛 역사 연표]

역사 연표 제작하기	
활동2	– 타임라인 서식 사용 – 제목에는 사건의 명칭을 쓰고 아래에 내용 작성 – 관련 이미지, 유튜브 자료 등을 첨부 가능 • 조별로 만든 연표를 토대로 우리 반 연표 만들기 – 완성된 연표의 게시물에 댓글, 반응 표시하기 – 게시물을 보며 역사적 사건 복습하기

정리	• 완성한 연표를 출력하여 복도에 붙이기
	– 접착식 메모지를 비치하여 친구들의 의견 받기
	– 인쇄 시 인터넷 링크 자료는 QR코드로 따로 붙여주기
	   ☞ 평가: 역사적 사건들의 전개와 의의를 알고, 시간 순서대로
	       연표를 제작할 수 있다.
	• 활동 소감 이야기하기

[표 45-7 패들렛 게시물 수업 지도안 ①]

우리 동네를 지키는 커뮤니티 매핑 활동							
학년-학기	4-1	**과목**	사회	**단원**	1. 지역의 위치와 특성	**차시**	12-13차시 중심지 답사하기
학습 목표	중심지를 답사하고 답사 결과를 자료로 표현하여 공유할 수 있다. [응용하기] 여러 학년의 창의적 체험활동 시간을 활용하여 우리 동네 맛집 조사, 위험지역 조사 등 다양한 커뮤니티 매핑 활동이 가능합니다.						
단계	교수·학습 활동						
도입	• 멘티미터(발표와 평가①) 워드 클라우드로 동네 주요 장소 모으기 – 장소에 관련된 경험 이야기해보기 • 학습 목표 제시						

우리 동네를 지키는 커뮤니티 매핑 활동	

활동1	• 우리 동네 중심지 찾아보기
	   – 주요 장소들이 많이 몰려 있는 곳 찾기
	• 중심지 답사 계획 세우기
	   – 모둠 편성 및 답사 장소 정하기
	   – 인터넷 자료나 지도를 이용한 사전 조사 진행

활동2	• 답사 수행하기
	   – 보호자 동행 및 안전수칙 준수
	   – 사진, 영상, 인터뷰 등 자료 수집

활동3	• 답사 결과 정리하기
	   – 보고서에 들어갈 내용 정리하기
	   – 키네마스터(국어④)로 영상 제작 후 유튜브에 올리기
	• 패들렛 지도로 수합하여 커뮤티니 맵 완성하기
	   – 패들렛 지도 서식 사용
	   – 장소를 찾아 설명을 쓰고 제작한 유튜브 영상 링크 추가
	   – 장소의 종류에 따라 아이콘 색깔 설정하기
	     (맛집 노란 핀, 행정기관 빨간 핀, 공원 녹색 핀 등)

정리	• 완성한 커뮤니티 맵을 출력하여 복도에 붙이기
	   – 접착식 메모지를 비치하여 다른 학년, 학급 친구들의 의견 추가로
	     받아보기
	   – 인쇄 시 인터넷 링크 자료는 QR코드로 따로 붙여주기
	   ☞ 평가: 중심지를 답사하고 답사 결과를 자료로 표현하여 공유할 수
	     있다.
	• 활동 소감 이야기하기

[표 45-8 패들렛 게시물 수업 지도안 ②]

멘티미터가 수업 사전 활동 관련 활용도가 높은 도구였다면 패들렛은 수업 사후 결과 정리와 공유에 특별한 장점을 가진 도구입니다. 단순히 글만 쓸 수 있는 것이 아니라 각종 첨부파일이나 웹 검색 자료를 즉시 첨부할 수 있는 기능 덕분에 결과물을 풍성하게 꾸밀 수 있습니다. 다양한 서식을 활용하여 학생들과 전 과목에 걸쳐 여러 가지 수업을 할 수 있는 것도 좋았습니다. 꼭 제안된 지도안과 같은 수업이 아니더라도 그냥 모든 수업에서 학생들의 이해도를 알아보거나 생각을 표현하는 도구로도 편안하게 사용이 가능합니다. 특히 원격수업에서 그 활용 가치가 더 높았습니다.

학생들에게 필요한 중요한 미래 역량 중 하나가 의사소통 능력을 기반으로 한 협업 능력이라고 합니다. 패들렛은 연표나 커뮤니티 맵을 함께 완성해가는 수업을 통해 협업 능력을 길러주는 데 유용하게 사용할 수 있었습니다. 특히 학생들이 커뮤니티 매핑 활동을 통해 동네에 관심을 갖고 서로 새로운 장소를 추천해주며 즐겁게 활동하는 모습이 무척 인상적이었습니다.

작은 도구 하나가 사람들의 행동 양식을 통째로 바꿔버릴 때가 있습니다. 패들렛을 잘 활용한다면 우리가 아이들과 수업을 하는 모습도 제법 많이 바뀔지 모르겠습니다.

X Mind로 함께 생각 모으기					
1)	• https://www.xmindkorea.net/ • 마인드맵을 쉽게 제작할 수 있는 프로그램 • 파일로 공유가 가능하고 마인드맵을 재생해볼 수 있는 피치 모드를 지원해 발표에 사용하기도 좋음				
활용 목표	디지털 도구를 이용한 마인드맵 작성 방법을 배워 브레인스토밍에 활용할 수 있다.				
사용 환경 추천 순서	① 애플 앱스토어		① 구글 플레이스토어		② 윈도우
	2)	앱스토어 다운로드		플레이 스토어 다운 로드	홈페이지 의 프로그램 다운로드
인터넷 사용	첫 설치 후 인터넷 연결 없이 사용 가능				
공유 방법	X Mind 파일로 저장하여 편집 가능 PDF, PNG 파일로 결과물 내보내기 가능				

1) [그림 46-1] https://apps.apple.com/kr/app/xmind-mind-map/id1286983622
2) [그림 46-2]~[그림 46-4] QR코드는 크롬 브라우저 QR 생성 기능 사용

[표 46-1 X Mind 개요]

국어 교과에서는 읽기, 듣기 등 텍스트를 받아들이는 활동 못지않게 말하기, 쓰기 등 자신의 생각을 표현하는 활동이 많이 있습니다. 생각을 말이나 글로 표현하기 위해서는 생각의 구조를 잘 가다듬어야 합니다. 마인드맵 프로그램을 적절히 활용한다면 학생들이 자신의 생각을 표현하는 데 큰 도움을 줄 수 있을 것입니다.

1 활용 단원 추천

학년-학기	과목	단원	주요 내용	차시	쪽수
4-1	사회	3. 지역의 공공 기관과 주민 참여	우리 지역의 문제를 마인드맵으로 그려보기	8	118-120
5-1	국어	4. 글쓰기의 과정	쓸 내용 떠올리기 위한 브레인스토밍 해보기	2-3	128-132

학년-학기	과목	단원	주요 내용	차시	쪽수
6-1	국어	4. 주장과 근거를 판단해요	주장하는 글을 쓰기 위한 주장과 근거 구조 구성하기	7-8	138-143
6-2	사회	2. 통일 한국의 미래와 지구촌의 평화	지구촌 갈등의 원인과 문제점을 마인드맵으로 그려보기	8-9	114-119

[표 46-2 X Mind 활용 단원 추천]

마인드맵을 제작, 활용, 공유해야 할 때 이용이 가능합니다. 꼭 교과서 학습이 아니라 창의적 체험활동 등의 시간에 학생들의 의견을 시각화할 때도 유용합니다.

2   사용 방법

1. X Mind 앱을 설치합니다. 스마트폰 가로모드를 이용하였습니다.

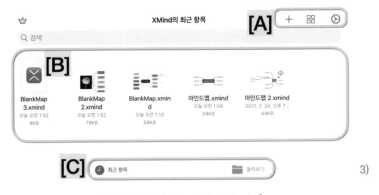

[그림 46-5 X Mind 앱 초기 화면]

[A]	＋ 새로운 마인드맵을 추가합니다. X Mind에서 제공하는 템플릿을 이용하거나 빈 맵에서 시작할 수 있습니다. 🔡 [B] 영역의 마인드맵들을 보는 방식을 정합니다. 현재 [그림 46-5]와 같이 아이콘 형식으로 보거나 목록 형식으로 바꿀 수 있습니다. 이름·종류·날짜 등으로 정렬할 수도 있습니다. ⚙ 언어 등 각종 설정을 변경합니다.
[B]	이전에 제작한 마인드맵들입니다. 검색창을 이용해 원하는 마인드맵을 찾을 수 있습니다. 편집을 원하는 마인드맵을 선택하여 편집 화면으로 이동할 수 있습니다.
[C]	[최근 항목]은 제작한 마인드맵들 중 최근에 만든 몇 가지만 화면에 보여줍니다. [둘러보기]를 이용하면 파일 탐색기와 같은 형식으로 기기 안에 저장된 모든 마인드맵을 찾아볼 수 있습니다.

[표 46-3 X Mind 초기 화면 기능]

2. [A] → ＋ → [새로운 빈 맵]을 선택하여 아래와 같이 간단한 마인드맵을 제작해보았습니다. 중앙 주제는 '계절', 주요 주제는 봄, 여름, 가을입니다. 하위 주제로 봄에는 따뜻함, 꽃을 넣었고 여름에는 바다가 들어가 있습니다.

'가을'을 선택하니 하늘색 테두리가 생기는 동시에 검은색 편집 메뉴가 나타나 있는 것을 볼 수 있습니다. 검은색 메뉴에 보이는 삭제, 복사 등을 이용해 해당 주제를 편집할 수 있습니다. [1]과 [2]의 아이콘으로 편집이 가능합니다.

---

3) [그림 46-5]~[그림 46-00] 이미지와 아이콘 캡처 출처는 모두 'X Mind' 앱

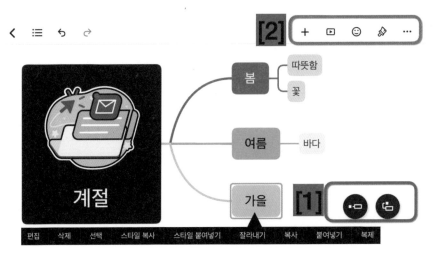

[그림 46-9 마인드맵 제작 화면]

[1] 마인드맵에서 가장 핵심 기능인 주제를 추가하는 아이콘입니다.

⊡	선택한 주제보다 하위의 주제를 추가합니다. 위 그림 46-9 상황에서는 '가을' 아래에 '단풍' 등을 넣을 수 있습니다.
⊡	선택한 주제와 같은 수준의 주제를 추가합니다. 위 상황에서는 '가을'과 같은 수준에서 주제가 하나 더 생겨 '겨울'을 넣을 수 있게 됩니다.

[표 46-4 X Mind 마인드맵 주제 상자 추가 방식]

[2] 다양한 편집 기능을 사용할 수 있는 메뉴 바입니다.

+	주제 상자를 선택하여 상자 안에 메모, 레이블, 하이퍼링크, 설명 선 등을 추가할 수 있습니다. 상단 아이콘들을 이용해 각종 설명 선을 추가하면 주제들의 관계를 더 효과적으로 연출할 수 있습니다.

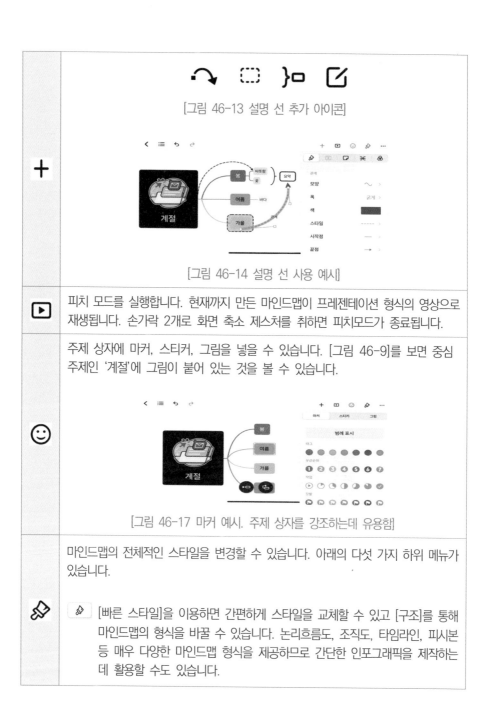

[그림 46-13 설명 선 추가 아이콘]

[그림 46-14 설명 선 사용 예시]

▶	피치 모드를 실행합니다. 현재까지 만든 마인드맵이 프레젠테이션 형식의 영상으로 재생됩니다. 손가락 2개로 화면 축소 제스처를 취하면 피치모드가 종료됩니다.
☺	주제 상자에 마커, 스티커, 그림을 넣을 수 있습니다. [그림 46-9]를 보면 중심 주제인 '계절'에 그림이 붙어 있는 것을 볼 수 있습니다. [그림 46-17 마커 예시. 주제 상자를 강조하는데 유용함]
🖌	마인드맵의 전체적인 스타일을 변경할 수 있습니다. 아래의 다섯 가지 하위 메뉴가 있습니다. 🖌 [빠른 스타일]을 이용하면 간편하게 스타일을 교체할 수 있고 [구조]를 통해 마인드맵의 형식을 바꿀 수 있습니다. 논리흐름도, 조직도, 타임라인, 피시본 등 매우 다양한 마인드맵 형식을 제공하므로 간단한 인포그래픽을 제작하는 데 활용할 수도 있습니다.

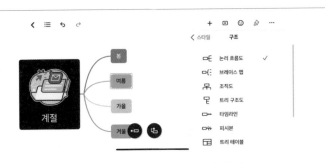

[그림 46-20 마인드맵 구조 변경 화면]

그 외에도 주제 상자의 모양, 색상, 테두리, 글꼴 등 다양한 스타일 편집이 가능합니다.

▣ 피치모드에 관련된 설정을 변경합니다.

▢ 배경색 등 전체적인 스타일을 바꿉니다.

⌘ 마인드맵 형식을 바꿀 수 있습니다. 형식별로 다양한 템플릿을 제공하므로 마음에 드는 것을 고를 수 있습니다.

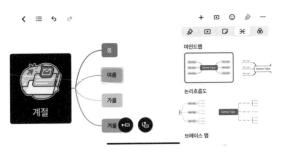

[그림 46-24 마인드맵 형식과 템플릿 선택]

⊛ 마인드맵의 전체적인 색 구성을 한 번에 변경합니다.

마인드맵 [공유], PDF나 그림 파일(PNG)로 [내보내기], [인쇄] 등을 할 수 있습니다. 공유는 X Mind 파일을 통해 다른 기기의 앱으로 같은 마인드맵을 보게 할 수 있는 기능입니다. 더 이상 편집이 필요 없는 경우에는 내보내기를 이용하시는 것이 좋습니다.

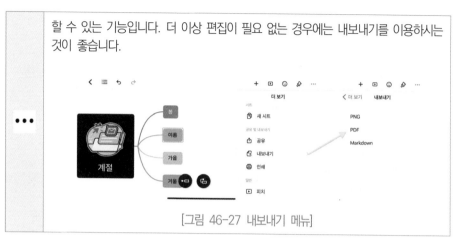

[그림 46-27 내보내기 메뉴]

[표 46-5 X Mind 마인드맵 편집 기능]

---

3 | 수업 지도안

마인드맵으로 글감 모으기						
학년-학기	5-1	**과목**	국어	**단원**	4. 글쓰기의 과정	**차시**	2-3
학습 목표	쓸 내용을 떠올려 마인드맵으로 정리할 수 있다.					
단계	**교수·학습 활동**					
도입	• 패들렛(발표와 평가②) '셀프' 서식으로 최근 겪은 일 떠올리기 　– 칼럼에 좋은 일, 나쁜 일, 슬픈 일 등을 쓰고 학생들이 겪은 일을 써서 　　알맞게 상자 배치하기 • 학습 문제 확인					

마인드맵으로 글감 모으기	

활동1	• 교과서 128쪽에서 민재가 글 쓰는 상황 살펴보기
	  – 민재의 글쓰기에서 쓰는 상황이나 목적, 읽을 사람, 주제, 떠올린
	    경험, 쓸 내용 파악하기
	• 민재가 쓴 글 읽어보고 내용 정리하기

활동2	• 글로 쓸 주제 정하기
	  – 자신의 경험 떠올리며 글 주제 정하기
	  – 주제를 정하기 힘든 경우, 친구들이 패들렛에 올린 글 보며 유사한
	    경험 떠올려보기
	• 글 쓰는 상황이나 목적, 읽을 사람 정하기
	• 글로 쓸 내용을 X Mind로 정리하기
	  – 주제를 중심 토픽으로 두고 생각을 확장하기
	  – 제한 없이 생각나는 키워드 모두 적어보기

정리	• 완성한 마인드맵을 학급 홈페이지에 올리기
	  – 친구의 글감 마인드맵을 보고 더 궁금한 점을 댓글로 달기
	  – 친구들의 궁금증을 반영하여 글에 추가할 내용 정리하기
	    ☞ 평가: 마인드맵을 사용하여 쓸 내용을 정리할 수 있다.
	• 수업 소감 나누기

[표 46-6 X Mind 수업 지도안]

4 수업 후기

　사실 마인드맵은 빈 종이에 그냥 그려도 큰 문제는 없습니다. 펜과 종이를 이용하는 것이 학생들에게 더 좋은 방법이 될 수도 있습니다. 하지만 장기 프로젝트를 시작할 때는 마인드맵을 학생들끼리 공유하고 하나의 마인드맵에 여러 학생의 아이디어를 모아야 하는 경우가 있습니다. 이럴 때 파일을 공유하면서 서로의 생각을 보태고 다듬을 수 있는 X Mind 앱이 유용합니다. 자신이 만든 마인드맵을 한곳에서 모아 볼 수 있다는 장점도 큽니다. 한번 만들어둔 마인드맵 서식을 여러 번 이용할 수도 있었습니다. 미래 역량으로 중요시되고 있는 창의력을 발휘하고 마인드맵으로 다듬을 수 있는 X Mind를 잘 이용하여 학생들이 자신의 아이디어를 빠짐없이 정리할 수 있도록 지도해보시기 바랍니다.

캔바 Canva로 발표 함께 준비하기			
Canva 1)	• https://www.canva.com/ • 포스터, 인포그래픽, 전단지, 마인드맵, 동영상까지 다양한 형태의 템플릿을 제공하는 프레젠테이션 프로그램 • 여러 사람이 함께 실시간 공동 자료 제작 기능 제공		
활용 목표	공유 프레젠테이션 제작 도구를 활용하여 효율적으로 발표 자료 준비를 할 수 있다.		
사용 환경 추천 순서	① 윈도우	② 구글 플레이스토어	② 애플 앱스토어
	[QR] 2) 인터넷 브라우저로 접속	[QR] 플레이 스토어 다운로드	[QR] 앱스토어 다운로드
인터넷 사용	사용을 위해 지속적 인터넷 접속 필요		
공유 방법	다양한 형태의 파일 내보내기 가능		

---

1) [그림 47-1] https://play.google.com/store/apps/details?id=com.canva.editor&hl=ko&gl=ID

2) [그림 47-2]~[그림 47-4] QR코드는 크롬 브라우저 QR 생성 기능 사용

[표 47-1 캔바 개요]

하나의 주제 안에 여러 교과의 배움 요소들을 넣어 학생들의 성장을 도모하는 프로젝트 학습이 널리 사용되고 있습니다. 프로젝트 학습에서는 대개 목표를 달성하기 위해 여러 학생들이 협동하는 방식을 사용합니다. 많은 프로젝트 학습들이 주제를 정하고 조사를 수행하여 결과를 발표하는 순서로 진행됩니다. 캔바를 사용하면 준비된 템플릿을 이용하여 깔끔하고 보기 좋은 자료를 쉽게 제작할 수 있습니다. 또한 자료 공유를 통해 모두 함께 발표 자료 제작에 참여할 수 있습니다. 함께 만드는 파워포인트라고 생각하시면 됩니다. 학생들이 자신이 맡은 파트별로 직접 프레젠테이션을 제작하여 발표 자료를 만들 수 있는 캔바에 대해 알아보겠습니다.

1 활용 단원 추천

학년-학기	과목	단원	주요 내용	차시	쪽수
5-1	국어	8. 아는 것과 새롭게 안 것	새말 사전 만들기	8-9	234-236
5-1	과학	5. 다양한 생물과 우리 생활	다양한 생물을 알리는 홍보 자료 만들기	9-10	112-113
5-2	국어	4. 겪은 일을 써요	우리 반 글 모음집을 공동 프레젠테이션으로 제작하기	9-10	148-153
5-2	국어	5. 여러 가지 매체 자료	알리고 싶은 인물 소개하기	9-10	208-211
6-1	국어	3. 짜임새 있게 구성해요	발표할 내용을 정해 알맞은 자료를 활용하여 발표하기	5-10	104-117
6-2	국어	4. 효과적으로 발표해요	매체를 이용한 발표하기	6-9	160-167

[표 47-2 캔바 활용 단원 추천]

2 사용 방법

1. 캔바에 접속합니다. 로그인을 한 뒤 어떤 작품을 만들 것인지 선택합니다. 홈페이지 여기저기에 만들기 메뉴가 준비되어 있습니다.

3)

[그림 46-5 메인 화면에서 다양한 제작 형식 바로 선택 가능]

2. 프레젠테이션을 선택하면 바로 제작 화면으로 넘어갑니다.

[그림 47-6 캔바 편집 화면]

---

3) [그림 47-6]~[그림 47-23] https://www.canva.com/design/DAElGRGCIqQ/QC61J-dHn8kgwyG9cjlZlg/edit

작업 메뉴바입니다. 왼쪽에 세로로 나열된 작은 아이콘을 클릭하면 오른쪽의 큰 공간에서 원하는 것을 찾아 이용할 수 있습니다. 검색창을 이용하여 원하는 것을 빠르게 찾을 수도 있습니다.

[A]

디자인	캔바에서 제공하는 추천 템플릿들을 이용할 수 있습니다. 검색창의 필터⚙를 누르면 색깔, 언어, 무료 사용 필터를 적용하여 템플릿을 검색할 수 있습니다.
요소	선, 도형, 사진, 차트, 프레임 등을 추가할 수 있습니다. 검색창에 원하는 요소를 검색하여 사용할 수 있습니다.
T 텍스트	텍스트를 입력합니다. 준비되어 있는 글상자를 이용할 수 있습니다. 글상자 아래에 [무료] 표시가 있으므로 구별이 용이합니다.
브랜드 센터	자주 사용하는 템플릿, 사진, 그래픽, 로고, 글꼴 등을 브랜드로 저장해 나만의 제작 세트를 저장해 일관성 있는 작품을 제작할 수 있습니다.
업로드 항목	기기에 있는 사진, 동영상, 오디오 미디어를 업로드하여 사용할 수 있습니다. 한번 올려두면 작업 중 계속해서 사용이 가능합니다.
Draw	각종 펜 툴을 이용해 작업창에 바로 그림을 그릴 수 있습니다.
프로젝트	제작한 프로젝트(프레젠테이션, 영상 등)의 목록을 띄웁니다. 다른 프로젝트로 바로 이동할 수 있습니다.
앱	캔바에서 추가로 활용할 수 있는 제작 앱이 있습니다. 사진, 음성 제작 등 인공지능 기능도 활용해 다양한 요소를 만들 수 있습니다. 캔바에서 만든 작품을 컵이나 옷 등의 제품에 넣어볼 수 있는 'MOCKUP' 앱들은 수업에도 활용하기 좋습니다.
사진 오디오 동영상	사진, 오디오, 동영상을 넣습니다. 픽사베이(발표와 평가[5])처럼 캔바에서 제공하는 무료 사진, 효과음, 배경음악, 짧은 영상들을 검색하여 사용할 수 있습니다.
(✦)	빠른 작업 메뉴입니다. 해당 프레젠테이션에 어울리는 요소들을 추천받으며 더 빠르게 작업할 수 있습니다. 글을 써주는 'MAGIC WRITE' 등 생성형 인공지능 기능도 활용할 수 있습니다.

[B]	작업 창입니다. 화면에 보이는 요소들을 배치하고 글씨나 사진을 넣어 자료를 제작할 수 있습니다. 템플릿 이용 시 화면에 보이는 거의 모든 요소들을 별도로 조작 가능합니다. 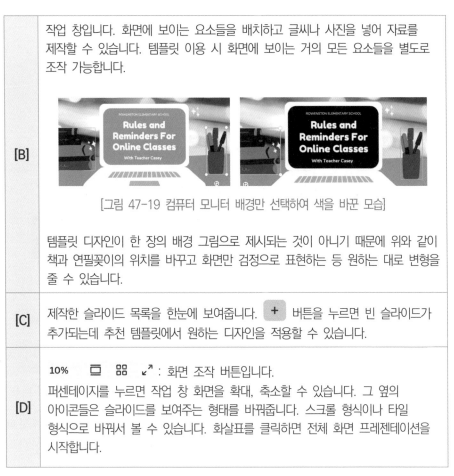 [그림 47-19 컴퓨터 모니터 배경만 선택하여 색을 바꾼 모습] 템플릿 디자인이 한 장의 배경 그림으로 제시되는 것이 아니기 때문에 위와 같이 책과 연필꽂이의 위치를 바꾸고 화면만 검정으로 표현하는 등 원하는 대로 변형을 줄 수 있습니다.
[C]	제작한 슬라이드 목록을 한눈에 보여줍니다. **+** 버튼을 누르면 빈 슬라이드가 추가되는데 추천 템플릿에서 원하는 디자인을 적용할 수 있습니다.
[D]	**10%** ☐ ⊞ ⤢ : 화면 조작 버튼입니다. 퍼센테이지를 누르면 작업 창 화면을 확대, 축소할 수 있습니다. 그 옆의 아이콘들은 슬라이드를 보여주는 형태를 바꿔줍니다. 스크롤 형식이나 타일 형식으로 바꿔서 볼 수 있습니다. 화살표를 클릭하면 전체 화면 프레젠테이션을 시작합니다.

[표 47-3 캔바 프레젠테이션 편집 기능]

3. 상단의 가로 메뉴 바를 이용하면 제목, 공유, 다운로드 등을 할 수 있습니다.

[그림 47-23 상단 메뉴]

 (아이콘)	해당 프로젝트 접속 통계와 댓글을 볼 수 있습니다.
프레젠테이션	전체 화면 프레젠테이션을 시작합니다. 전체 화면 프레젠테이션 중 우측 하단의 메뉴에서 [원격 제어 공유]를 선택해 QR코드로 스마트폰을 연결하면 리모컨으로 사용할 수 있습니다. 페이지를 넘기거나 박수, 폭죽 등의 효과를 넣을 수 있습니다. 
공유	프레젠테이션을 공유하거나 다운로드합니다. 함께 작업할 사람에게 링크를 보내 편집 권한을 줄 수 있습니다. 캔바에서 만든 프레젠테이션은 PPT, PDF 등 다양한 형태로 다운로드가 가능합니다. 영상도 제작하여 저장할 수 있습니다.

[표 47-4 저장 및 공유 기능]

4. 캔바의 강점은 프레젠테이션 공동 제작입니다. [공유]를 이용하여 링크를 받은 사람과 간편하게 공동 편집을 할 수 있습니다. 여러 친구들이 하나의 발표 자료를 제작할 때 생길 수 있는 많은 문제들을 예방할 수 있고 제작 속도도 훨씬 빨라집니다. 또한 교사가 학생들의 작품을 평가할 때도 [공유]를 이용하면 자료를 옮기는 수고를 크게 덜 수 있습니다.

　캔바의 [공유] 기능은 영상을 제작할 때도 유용하게 활용할 수 있습니다. 영상을 제작한 후 공유 기능 중 [공개 보기 링크]를 만들면 파일 전송 없이 링크만으로 영상을 볼 수 있습니다. 영상 수정 사항도 즉각 반영되어 약간씩 수정할 때마다 다시 오랜 시간을 들여 영상 내보내기(인코딩)을 해야 하는 번거로움이 사라져 제작과정이 훨씬 수월해집니다.

캔바로 발표 내용 함께 준비하기							
학년-학기	6-1	과목	국어	단원	3. 짜임새 있게 구성해요	차시	7-8
학습 목표	발표할 내용을 정리할 수 있다.						
단계	교수·학습 활동						
도입	• 전시학습 상기 　- 발표 모둠을 편성하고 주제를 정한 상황 • X Mind(발표와 평가③)로 정리한 모둠별 발표 주제 마인드맵 보기 　- 발표 주제와 발표할 내용을 마인드맵으로 정리 　- 함께 보며 더 추가할 내용에 대해 의견 나누기 • 학습 목표 제시						
활동1	• 교과서 108-109쪽을 보고 발표할 내용을 구성하는 방법 알기 　- 주제와 자료의 어울림, 자료의 적절성 판단하기 • 발표할 내용 구성하기 　- 내용의 순서 정하기 　- 발표 자료의 종류, 순서 정하기 　- 발표 장소, 청중 등을 고려하여 내용 구성 점검하기						
활동2	• 캔바로 프레젠테이션 제작하기 　- 발표 내용에 따라 담당자 나누기 　- 사진, 영상, 그래프 등 맡은 부분의 자료 정리 　- 프레젠테이션 제작 및 발표 원고 준비						
정리	• 발표할 내용을 잘 구성해야 하는 까닭 알아보기 • 모둠별 발표 자료 점검하기 　- 교과서 113쪽을 보며 점검 기준 세워 판단하기 　- 맡은 부분을 스스로 점검한 후 모둠 내 교차 점검하기 　☞ 평가: 공동 제작 프레젠테이션 프로그램을 이용하여 발표할 　　　내용을 함께 정리할 수 있다. • 활동 소감 이야기하기						

[표 47-5 캔바 수업 지도안]

4 | 수업 후기

　인터넷을 보면 대학교 조별과제를 소재로 한 유머들이 많이 있습니다. 조별 과제를 해보신 분이라면 공감하며 웃으셨을 겁니다. 다 큰 성인들에게도 뭔가를 같이 한다는 것은 쉽지 않은 일인 것 같습니다. 특히 PPT 담당자를 정하거나 발표자를 정할 때 다들 피하는 장면이 많은데 사실 자료의 제작과 발표는 둘 다 꼭 해봐야 하는 중요한 과제라고 생각합니다. 그렇다고 모두가 다른 주제로 각자 자료를 만들고 발표하기에는 차시가 충분하지 않습니다. 그런 면에서 캔바는 모둠별 과제를 하더라도 모두가 자료 제작과 발표에 참여할 수 있는 훌륭한 도구입니다.

　의사소통 능력과 협업 능력은 미래 학습자 역량으로 빠지지 않는 요소입니다. 캔바로 발표를 준비하면서 학생들은 서로의 프레젠테이션을 보완해주고 발표 모습을 점검해주는 등 바람직한 협업의 모습을 보여주었습니다. 아이들이 따로, 또 같이 하나의 목표를 갖고 노력할 수 있게 만들어주는 도구인 캔바를 선생님의 수업에도 적용해보시길 바랍니다.

05

무료 사진·영상 소스의 보물창고
픽사베이

픽사베이로 내 자료를 전문가처럼!	
px 1)	• https://pixabay.com/ko/ • 수많은 이미지, 영상, 음악을 무료로 사용할 수 있는 유용한 홈페이지로 로그인 없이도 원하는 자료를 검색하여 다운로드 가능
활용 목표	오픈 소스 영상, 이미지 사이트를 활용하여 자료를 풍성하게 꾸밀 수 있다. 오픈 소스의 개념을 알고 생활 속 저작권에 대해 생각해볼 수 있다.

사용 환경 추천 순서	① 애플 앱스토어		② 구글 플레이스토어		② 윈도우	
	QR 2)	앱스토어 다운로드	QR	플레이 스토어 다운로드	QR	인터넷 브라우저 로 접속

인터넷 사용	사용을 위해 지속적 인터넷 접속 필요
공유 방법	원하는 영상이나 이미지 파일을 찾아 저장 가능

---

1) [그림 48-1] https://play.google.com/store/apps/details?id=com.pixabay.pixabayapp&hl=ko&gl=US

2) [그림 48-2]~[그림 48-4] QR코드는 크롬 브라우저 QR 생성 기능 사용

[표 48-1 픽사베이 개요]

발표 자료를 제작할 때, 혹은 영상 광고 만들기나 뉴스 영상 만들기 등 영상을 제작할 때 사진이나 영상 자료가 더 필요하다고 느껴질 때가 있습니다. 결과물의 완성도를 높이기 위해 멋지게 촬영된 사진이나 짧게 이용할 인트로 영상 소스 등이 필요할 때 픽사베이(Pixabay)를 추천합니다. 퀄리티 높은 영상, 사진, 클립아트 등 수많은 이미지 자료를 무료로 제공합니다. 최근에는 음악과 음향효과까지 제공하고 있습니다. 픽사베이의 사진과 영상들은 상업적 사용 가능 여부와 출처 표기 의무를 알려줍니다. 거의 대부분은 사용이 가능하여 선생님이나 학생들이 저작권 걱정 없이 멋진 자료를 만들 수 있습니다.

1 활용 단원 추천

학년-학기	과목	단원	주요 내용	차시	쪽수
6-1	국어	3. 짜임새 있게 구성해요	발표할 내용을 정해 알맞은 자료를 활용하여 발표하기	5-10	104-117

학년-학기	과목	단원	주요 내용	차시	쪽수
6-2	국어	4. 효과적으로 발표해요	효과적인 발표 자료 만들기	6-9	160-167
6-2	국어	6. 정보와 표현 판단하기	관심 있는 내용으로 뉴스를 만들 때 자료화면 검색하기	7-8	264-267
6-2	국어	8. 작품으로 경험하기	경험한 내용으로 영화를 만들 때 필요한 영상 검색하기	7-8	318-321

[표 48-2 픽사베이 활용 단원 추천]

학생들이 작품을 제작하는 모든 단원에서 사용 가능합니다. 특히 예시에서와 같이 뉴스 제작 등을 할 때 소스 영상, 이미지 등을 모을 때 유용하고, 신문이나 소식지를 만드는 차시에서도 사용할 수 있습니다.

2 | 사용 방법

1. [주의 사항]이 있습니다. 픽사베이는 오픈 소스로 운영되므로 다양한 이미지가 올라옵니다. 픽사베이에서는 아이들에게 부적절한 사진이 노출되는 것을 방지하기 위한 [세이프서치]라는 기능이 있습니다.

3)

[그림 48-5 컴퓨터에서 세이프서치가 체크된 모습]

현재 애플 아이폰에서는 세이프서치 해제가 불가능하지만 컴퓨터로 이용할 때는 해제가 가능합니다. 컴퓨터 접속 시 아래와 같이 조치하면 세이프서치 영구 적용이 가능하다고 합니다.

① 첫 화면 상단의 [둘러보기] → [About] → [자주 묻는 질문]으로 들어가기

[그림 48-6 자주 묻는 질문 들어가기]

② 자주 묻는 질문 목록 중 아랫부분에 보이는 [Safe Search] 부분을 클릭합니다.

May Pixabay media be used on Facebook and other social platforms?

Why do I find iStock media on Pixabay?

SafeSearch: How can I avoid inappropriate or explicit media?

4)

[그림 48-7 세이프서치 관련 항목]

---

3) [그림 48-5]~[그림 48-6] https://pixabay.com/ko/

4) [그림 48-7]~[그림 48-8] https://pixabay.com/ko/blog/posts/block-adult-content-on-pixabay-at-your-school-or-w-140/

브라우저에 대해 세이프서치를 영구적으로 잠그기

SafeSearch를 영구적으로 켜고 웹사이트에서 이 설정을 토글할 가능성을 비활성화하려면 "safesearch"라는 추가 GET 매개변
수를 사용하여 Pixabay의 홈페이지나 검색 결과 페이지를 열면 됩니다. URL 예: https://pixabay.com/?safesearch

이렇게 하면 브라우저에 영구 쿠키가 설정되고 사이트에서 SafeSearch를 비활성화하는 옵션도 액세스할 수 없게 됩니다.
SafeSearch를 비활성화하려면 브라우저에서 쿠키를 제거해야 합니다. 이 작업은 일반적으로 브라우저의 기록과 캐시를 지워서
수행됩니다.

[그림 48-8 세이프서치 URL 설정 방법]

③ 위 방법대로 URL을 제공하면 세이프서치가 자동으로 적용된다고 합니다.

2. 이제 원하는 이미지, 비디오, 음악 등을 찾아봅니다. 앱을 실행한 후 가장
아래에 보이는 언어 설정에서 한국어를 선택합니다. 검색창에 찾고자 하
는 단어를 검색합니다.

5)

[그림 48-9 앱 화면 최하단의 언어 설정]

3. '바다'를 검색했습니다. 하단에 보이는 많은 이미지들을 사용할 수 있습니
다. 상단의 필터를 통해서 [인기], [이미지], [방향] 필터링이 가능합니다.
사진, 벡터그래픽(배경이 없는 이미지로 PNG 파일로 저장 후 깔끔하게
이용 가능), 일러스트, 비디오 등을 검색할 수 있습니다. 가로, 세로 방향
및 크기, 색상별로 필터를 적용하여 상세 검색도 가능합니다.

---

5) [그림 48-9]~[그림 48-12] 이미지와 아이콘 캡처 출처는 모두 'Pixabay' 앱

[그림 48-10 '바다' 검색 및 검색 결과 필터링]

4. 앱에서는 컴퓨터와 다르게 [음악]이나 [Sound Effect]를 검색창의 필터에 서 바로 찾을 수 없습니다. 앱 우측 상단의 설정을 터치하면 따로 검색을 할 수 있습니다.

[그림 48-11 앱에서 음악 검색 들어가기]

5. 원하는 이미지를 클릭하면 화면 좌측에 미리보기가 있고, 우측에는 이미 지 정보가 뜹니다. 크기나 이미지가 올라온 날짜 등을 볼 수 있습니다.

여기서 우리가 확인해야 할 것은 [라이선스]입니다. 자유로운 이용이 가능한지, 출처를 안 밝혀도 되는지 확인 후 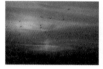 버튼을 눌러 저장합니다. 저장할 때는 영상·이미지의 크기를 설정하여 저장할 수 있습니다. 화면 하단에는 유사한 이미지가 추천되므로 다른 이미지로 쉽게 이동할 수 있습니다.

Pixabay License
상업적 용도로 사용 가능
출처 안 밝혀도 됨

관련된 이미지들

[그림 48-12 다운로드 버튼, 라이선스 표기, 관련 이미지]

3   수업 지도안

픽사베이는 별도의 수업을 구성할 만큼의 기능을 가지고 있지는 않습니다. 발표 자료를 제작하는 여러 수업에 걸쳐 사용하시면 됩니다.

4   수업 후기

새로운 세대의 언어인 영상을 제작하는 것은 학생들에게 무척 의미 있는 활동입니다. 하지만 마음만큼 촬영 기술이나 장비 등의 여건이 허락지 않아 결과물이 아쉬울 때가 많습니다. 픽사베이를 이용하여 고품질 자료 사진이나 영상을 적재적소에 추가하도록 안내하였더니 결과물의 완성도를 높이는 데 큰 도움이 되었습니다.

학생들은 특히 뉴스 영상을 제작하면서 멋진 뉴스 인트로 영상을 사용할 수 있다는 점을 좋아했습니다. 10초 내외의 화려한 인트로 영상에 '○○뉴스'라는 본인들의 뉴스 타이틀을 달아 멋진 뉴스를 제작했습니다. 영상 광고를 제작할 때는 도심의 야경이나 초원의 사자, 웨딩 꽃 장식 등 학생들이 직접 촬영하기 거의 불가능한 소스 영상을 활용하며 광고의 효과를 극대화하는 모습을 보여줬습니다. 본인의 유튜브 채널을 갖고 있는 한 학생은 자기 채널의 인트로 영상을 새로 제작하고는 저에게 자랑하기도 했습니다.

좋은 재료가 많으면 요리도 더 맛있기 마련입니다. 우리 학생들에게 멋진 이미지와 영상을 재료로 제공할 수 있는 픽사베이를 유용하게 활용해보시기 바랍니다.

06

학생들끼리 진행하는 퀴즈 게임

스피드퀴즈

스피드퀴즈 언제든지 퀴즈 게임 하기			
스피드 퀴즈 1)	• 학생들이 언제든지 간단하게 키워드를 입력하여 퀴즈를 제작하여 게임을 즐길 수 있는 앱 • 필수 기능만 제공하여 사용이 편리함		
활용 목표	스스로 스피드퀴즈를 만들어 즐겁게 수업 정리 퀴즈를 진행할 수 있다.		
사용 환경 추천 순서	① 구글 플레이스토어	② 윈도우	③ 애플 앱스토어
	2) 플레이 스토어에서 다운로드	'NOX', 'BLUESTACK' 등 안드로이드 가상머신 사용 시 컴퓨터에서도 앱 사용 가능	사용 불가
인터넷 사용	사용을 위해 지속적 인터넷 연결 필요		
공유 방법	외부 공유 방식은 없음		

---

1) [그림 49-1] https://play.google.com/store/apps/details?id=com.yang.speedquiz
2) [그림 49-2] QR코드는 크롬 브라우저 QR 생성 기능 사용

(!) 스피드퀴즈 사용법 요약
❶ 첫 화면에서 `Make` 를 눌러 문제 만들기로 들어가기
❷ `Category` 에 주제 쓰기. `Item` 에 키워드를 넣고 `+` 를 눌러가며 문제 추가
❸ 모든 키워드를 쓴 후 `Save` 를 눌러 저장
❹ `Play` 로 들어가 카테고리를 선택한 후, 시간을 정하고 `Start` 로 게임 시작
❺ `정답`, `패스` 를 눌러가며 게임을 진행. 끝나고 점수 확인

[표 49-1 스피드퀴즈 개요]

매일매일 열심히 수업을 하다 보면 지루해질 때가 있기 마련입니다. 이럴 때 학습 내용을 간단한 게임으로 제작해 활용하면 수업에 활기를 줄 수 있습니다. 이미 교실에서 활용할 수 있는 퀴즈 앱들이 많이 있지만, 수업에 빠르게 적용하기 위해서는 필수 기능만 간단하게 사용할 수 있어야 한다고 생각합니다.

이번 챕터에서는 단원의 중요한 키워드를 학생들이 스스로 찾아 스피드퀴즈로 제작할 수 있는 '스피드퀴즈' 앱을 소개하고자 합니다. 파워포인트나 종이에 선생님이 직접 단어를 쓰고 시간을 재며 점수까지 체크해야 했던 번거로움을 벗어나 학생들이 스스로 낸 문제를 서로 바꿔가며 풀고 점수, 시간까지 자동으로 계산할 수 있는 편리한 수업 도우미입니다.

1   활용 단원 추천

아래 예시 외에도 키워드를 이용한 스피드퀴즈로 정리가 가능한 모든 단원에 적용 가능합니다.

학년-학기	과목	단원	활용 제안
5-2	사회	1.옛 사람들의 삶과 문화 2. 사회의 새로운 변화와 오늘날의 우리	역사적 사건, 인물, 문화재 등 다양한 키워드를 활용한 스피드퀴즈 가능
6-1	국어	5. 속담을 활용해요	다양한 속담, 사자성어 퀴즈
6-1	사회	1. 우리나라의 정치 발전	주권, 국회, 정부 등 민주주의 제도 관련 키워드나 4.19 등 역사적 사건 키워드 퀴즈
6-2	사회	2. 통일 한국의 미래와 지구촌의 평화	각종 정부기구, 국제기구, 비정부기구 이름을 조사하여 퀴즈로 정리 가능
6-2	과학	4. 우리 몸의 구조와 기능	소화기관 등 우리 몸의 여러 기관 이름 퀴즈

[표 49-2 스피드퀴즈 활용 단원 추천]

2 사용 방법

1. 앱을 실행하면 Play 와 Make 2개의 아이콘이 보입니다. Play 를 선택하면 앱에 미리 준비되어 있는 퀴즈를 풀 수 있습니다. 나라, 동물, 노래 제목, 속담 등이 준비되어 있습니다.

2. 학생들이 직접 문제를 만들어야 하므로 Make 에 들어갑니다. Category 에 주제를 쓰고, 아래에 키워드를 넣습니다. 아랫줄의 Item 에 문제로 사용할 단어를 쓰고 + 버튼을 누르면 단어가 아래

| 553

에 입력됩니다. 각 단어들 우측의 **-** 를 누르면 개별 단어가 제거됩니다. 모든 단어를 입력한 이후에 화면 오른쪽 위의 **Save** 를 누르면 하나의 퀴즈 모음이 완성됩니다.

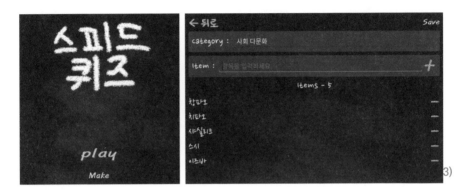

[그림 49-3 스피드퀴즈 세트 만들어 단어 입력하기]

위의 예시에서는 6학년 1학기 사회 1단원 '세계 여러 나라의 자연과 문화'에 나오는 여러 나라의 문화 요소들을 써보았습니다. 5개만 입력하였으므로 **Items-5** 라는 문구가 뜹니다. 학생들에게 교과서 범위를 주고 그 안에서 중요 단어 20개 정도를 입력하도록 하는 방식으로 진행하면 좋습니다.

3. **Save** 를 누르면 다시 첫 화면으로 돌아옵니다. **Play** 를 누르면 방금 저장한 퀴즈 목록과 앱에 준비되어 있는 퀴즈 목록이 함께 뜹니다. 직접 만든 퀴즈 목록은 수정 표시(🔧)를 눌러 언제든지 수정할 수 있습니다.

카테고리를 선택하면 아래쪽 하얀 창에 카테고리 제목이 뜹니다. [전체 랜덤]이나 [선택 랜덤]으로 여러 카테고리를 한 번에 퀴즈로 풀어볼 수도 있습니다.

---

3) [그림 49-3]~[그림 49-7] 이미지와 아이콘 캡처 출처는 모두 '스피드퀴즈' 앱

아래쪽 창에서 스피드퀴즈를 실시할 시간을 정한 뒤 우측의 Start 버튼을 누르면 퀴즈가 시작됩니다.

[그림 49-5 퀴즈 선택하여 풀어보기]

4. 게임 진행 화면입니다. 학생들이 준비를 마치면 하얀색 [Start]를 누릅니다. 바로 퀴즈가 시작되며 시간이 줄어듭니다. 화면 가운데 아래쪽의 -, + 버튼을 누르면 글씨가 커지거나 작아집니다. 맞히면 오른쪽 아래의 정답 을 눌러주고 패스하면 왼쪽 아래의 패스 를 눌러줍니다. 정답 수는 화면의 오른쪽 위에 카운트됩니다. 따로 시간을 재거나 정답을 셀 필요가 없어 편리합니다. 모든 문제를 보고 나면 완료 메시지가 뜨면서 정답 수를 알려줍니다.

[그림 49-6 퀴즈 시작 화면과 정답 수가 나오는 종료 화면]

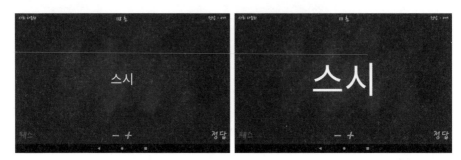

[그림 49-7 교실 활동 시 필수인 글씨 크기 변경 기능]

3 수업 지도안

스피드퀴즈로 재미있게 내용 정리하기						
학년-학기	6-1	**과목**	사회	**단원**	1. 우리나라의 정치 발전	**차시** 21-22
학습 목표	단원 학습 내용을 퀴즈로 제작하여 재미있게 정리할 수 있다.					
단계	**교수·학습 활동**					
도입	• '우리나라의 정치 발전' 단원에서 기억에 남는 내용 말해보기 　- 각자 자유롭고 편안하게 대화 나누기					

스피드퀴즈로 재미있게 내용 정리하기	
도입	• 선생님의 간단한 스피드퀴즈 풀어보기 　– 교과서를 훑어보며 간단한 문제 몇 개 내기 • 학습 목표 제시
활동1	• 학습 모둠 구성하기 　– 각 모둠별 스마트폰 최소 1대 이상 필요 　– 우승팀 보상 정해보기(급식 순서 조정 등) • 스피드퀴즈로 모둠별 퀴즈 제작하기 　– 교과서를 보며 중요한 키워드 추려내기 　– 키워드별 설명도 함께 적으며 공부하기 　– 모둠별 논의를 통해 최종 문제 완성하기(상황에 따라 10-15문항)

활동2

• 구경꾼 없는 스피드퀴즈 진행하기
　– 모든 모둠의 스피드퀴즈용 스마트폰을 선생님께 제출하기
　– 게임이 시작되면 라운드별로 모두 다른 조의 퀴즈를 가져가
　　풀기 (퀴즈 진행 예시: 4개 조의 경우)

	1모둠	2모둠	3모둠	4모둠
1 세트	2모둠 퀴즈 풀기	3모둠 퀴즈 풀기	4모둠 퀴즈 풀기	1모둠 퀴즈 풀기
휴식	스마트폰 반납하고 틀린 문제 복습하기. 교사는 점수 합산			
2 세트	3모둠 퀴즈 풀기	4모둠 퀴즈 풀기	1모둠 퀴즈 풀기	2모둠 퀴즈 풀기
휴식	스마트폰 반납하고 틀린 문제 복습하기. 교사는 점수 합산			
3 세트	4모둠 퀴즈 풀기	1모둠 퀴즈 풀기	2모둠 퀴즈 풀기	3모둠 퀴즈 풀기

　– 다른 모둠이 문제를 풀 때 지켜만 보는 스피드퀴즈와는 다르게 모든
　　조가 동시에 게임 진행

	스피드퀴즈로 재미있게 내용 정리하기
정리	• 모둠별 성적 확인하고 틀린 문제 다시 보기 　☞ 평가: 퀴즈를 통해 단원 내용을 정리할 수 있다. • 활동 소감 이야기하기

[표 49-3 스피드퀴즈 수업 지도안]

4 　수업 후기

　스피드퀴즈 앱은 스피드퀴즈를 낼 수 있는 어떤 차시에서든 사용이 가능합니다. 게다가 문제를 교사가 만들 필요도 없어 선생님은 범위만 잘 설정해주시고 학생들의 활동을 지켜보는 것이 가능합니다. 개인전도 가능하고 모둠별 게임도 가능합니다. 학생들이 개별 태블릿을 사용하고 있던 저희의 경우에는 자신의 문제를 직접 만들어 친구들끼리 태블릿을 교환해가며 1:1로 문제를 풀고, 나중에 조별 점수를 합산하는 방법을 자주 사용하여 수업에 빠지는 학생이 없도록 진행했습니다. 또한 학습에 어려움을 겪는 친구들을 배제하지 않기 위해 수업과 관련 없는 키워드 몇 개를 받아서 섞도록 규칙을 정했더니 "너 때문에 졌다!"는 등의 갈등을 최소화할 수 있었습니다.

　만약 교실 내 스마트기기 사용이 여의치 않다면 종이에 키워드를 적어 낸 후 선생님이 카테고리를 만들어주시는 것도 가능합니다. 안드로이드 태블릿을 스마트 TV에 미러링하면 함께 풀 수 있습니다. 미러링이 어려우실 경우 선생님께서 사용하시는 컴퓨터에 안드로이드 가상머신인 블루스택(인터넷에 검색)을 설치해보시는 것도 좋을 것입니다. 블루스택은 안드로이드 스마트폰을 컴퓨터 안으로 가져오는 프로그램입니다. 블루스택을 사용하면 컴퓨터에서도 거의 모든 안드로이드 앱을 사용할 수 있으므로 한번 설치해두시면 스피드퀴즈 앱 이외에도 종종 쓸 일이 있을 것입니다.

07

세상에서 가장 편리한 골든벨
플리커스

플리커스로 스마트기기 없이 골든벨 하기			
1)	• https://www.plickers.com/ • 기호 카드를 출력한 후 학생들이 카드를 들면 교사의 기기를 이용하여 한 번에 정답과 오답을 인식해주는 퀴즈 프로그램 • 사용 안내 영상 추천: https://youtu.be/M6vfUjHRUMw[2]		
활용 목표	반 전체를 대상으로 스마트기기 없이 실시간 퀴즈 평가를 진행할 수 있다.		
사용 환경 추천 순서 (함께 사용)	① 구글 플레이스토어	① 애플 앱스토어	① 윈도우
	QR 3) / 플레이 스토어 다운로드	QR / 앱스토어 다운로드	QR / 인터넷 접속
인터넷 사용	사용을 위해 지속적 인터넷 접속 필요		
공유 방법	퀴즈 결과를 확인할 수 있음		

---

1) [그림 50-1] https://play.google.com/store/apps/details?id=com.plickers.client.android

2) 유튜브 Plickers, How to scan Plickers cards in the classroom

3) [그림 50-2]~[그림 50-4] QR코드는 크롬 브라우저 QR 생성 기능 사용

4) [그림 50-5]~[그림 50-8] 아이콘과 화면 https://www.plickers.com/library

[표 50-1 플리커스 개요]

여러 가지 이유로 수업 중 스마트기기의 활용이 어려운 교실이 많은 것으로 알고 있습니다. 플리커스는 교사의 기기 하나만 있으면 학생들은 인터넷 연결 없이도 사용할 수 있는 퀴즈 앱입니다. 미리 출력해준 답안 카드를 준비한 뒤 학생들이 문제를 보고 카드를 들면 플리커스 카메라를 통해 모든 학생의 정답 여부가 자동으로 기록됩니다. 교사는 자신의 스마트폰 카메라로 교실을 한번 찍기만 하면 빠르게 평가 내용을 확인할 수 있습니다. 미리 몇 문제를 만들어 두면 수업의 마무리 부분에서 골든벨과 같은 형식으로 빠르게 학생들의 이해도를 측정할 수 있습니다.

1 활용 단원 추천

스피드퀴즈(발표와 평가⑥)의 활용 단원과 같이 퀴즈 평가가 필요한 모든 단원에 활용이 가능합니다. 혹은 방과 후 만족도 조사나 급식 설문 등 객관식 질문으로 구성된 설문을 빠르게 수합할 때도 유용하게 사용할 수 있습니다.

1. 플리커스 홈페이지에 접속하여 클래스를 만들고 학생을 추가합니다.

문제를 만들고 학생들에게 나눠 줄 기호 카드를 출력하기 위해서는 컴퓨터 홈페이지를 이용하는 것이 더 편리합니다. 회원 가입을 하고 로그인을 합니다. 기본 설정은 영어로 되어 있으므로 구글 크롬으로 접속한 뒤 홈페이지에서 마우스 오른쪽 버튼을 눌러 [한국어로 번역]을 눌러주면 조금 더 편하게 작업을 하실 수 있습니다. 첫 로그인 시 친절하게 어떤 작업들을 해야 하는지 화면의 오른쪽 아래에서 친절하게 안내해줍니다.

[그림 50-7 초기 안내 화면 일부]　　　　　[그림 50-8 클래스 만들기]

① [그림 50-8]과 같이 클래스를 만듭니다. 플리커스에서는 위와 같이 여러 개의 학급을 만들어 각각 관리할 수 있습니다. 클래스 만들기를 눌러 학급을 만들어줍니다. 구글 클래스룸을 이용하신다면 클래스 가져오기도 가능합니다.

② [그림 50-10]-[그림 50-11]과 같이 클래스에 학생들을 추가합니다. 화면 왼쪽에 방금 만든 새 클래스가 추가된 모습이 보입니다. 클래스를 선택한 뒤 [학생 추가]를 눌러 학급 학생들을 추가합니다. 활동을 할 때 학생들이 받는 카드에는 개인 번호가 매겨져 있습니다. 여기서 등록하는 번호와 학

생들이 받을 기호 카드의 번호가 일치해야 누가 어떤 답을 들었는지 정확하게 인식이 가능합니다. 나중에 학생 명단을 수정하실 때는 클래스를 클릭하신 뒤 화면 위에 보이는 학사모 아이콘(🎓5))을 클릭하시고 수정하시면 됩니다.

6)

[그림 50-10 클래스를 선택하여 학생 추가]

7)

[그림 50-11 학생 추가 시 각 학생의 고유 번호 생성]

5) [그림 50-9] https://www.plickers.com/classes/6103a9e46a39ab00139d8ba9

6) [그림 50-10] https://www.plickers.com/classes/6103a9e46a39ab00139d8ba9

7) [그림 50-11] https://www.plickers.com/classes/6103a9e46a39ab00139d8ba9/students

2. 질문을 제작합니다.

화면 왼쪽 위에 보이는 📝 **새로운 세트** 를 클릭하면 질문 모음을 만들 수 있습니다. 화면 구성은 파워포인트와 유사합니다. 멘티미터(발표와 평가①)를 사용해보셨다면 거의 비슷하게 사용하실 수 있습니다. 한 번만 해보셔도 크게 어렵지 않게 사용하실 수 있습니다.

시험지나 설문지 등 질문들이 이미 종이로 만들어져 있는 경우에는 질문 모음에서 그냥 문제 번호만 써도 사용이 가능했습니다. 1번, 2번, 3번과 같이 문제 번호만 쓰고 학생들은 시험지를 보며 기호 카드로 답을 표시하라고 하면 됩니다. 색연필로 채점하거나 바를 정자로 설문지 답을 수합할 필요 없이 편하게 결과를 확인할 수 있었습니다.

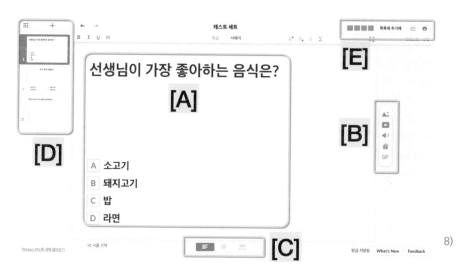

[그림 50-12 플리커스 문제 만들기 화면]

8) [그림 50-12]~[그림 50-14] https://www.plickers.com/set/6103aa20f70219001244fa92

[A]	문제를 만드는 창입니다. 문제를 쓰고 아래에 4개의 보기를 만듭니다. 화면 가운데 위쪽에서 **등급**은 정답이 있는 문제입니다. 보기들 중 하나를 정답으로 정하고 문제를 냅니다. **서베이**를 선택하면 정답 없이 학생들의 의향을 묻는 문제로 출제할 수 있습니다. 왼쪽 상단의 작은 아이콘들을 통해 글꼴을 조정하고 오른쪽 상단의 수식 아이콘을 이용하면 위첨자, 아래첨자를 넣거나 분수, 방정식도 넣을 수 있습니다.
[B]	문제에 이미지, 영상, 소리 등을 추가합니다.
[C]	문제의 레이아웃을 선택합니다. 보기를 세로형이나 가로형으로 배치할 수 있고, 사진으로 객관식 보기를 만들 수도 있습니다.
[D]	✚ 새 질문 슬라이드를 추가합니다. 슬라이드 목록에 빈 슬라이드가 하나씩 늘어납니다. ⠿ 새로운 세트, 사본 만들기, 질문 가져오기 등 다양한 기능을 이용할 수 있는 도구 모음입니다.
[E]	[목록에 추가해]를 누르면 든 문제 모음을 학급에 추가(저장)합니다. 만든 문제를 공유하거나 출력할 수도 있습니다.

[표 50-2 플리커스 문제 만들기]

3. 기호 카드를 다운로드받아 나눠 줍니다.

메인 화면 우측 상단의 [돕다∨]에서 [플리커 카드 받기]를 클릭하면 플리커 카드를 받을 수 있는 새 창이 뜹니다. 화면에 보이는 [Print Cards]를 누르면 카드가 포함된 PDF 파일이 나옵니다. 나중에 학생들이 꼭 자기 기호 카드를 잃어버리는 경우가 있으므로 저장해두시길 바랍니다.

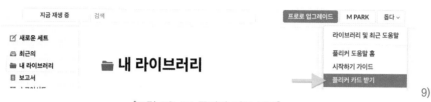

[그림 50-15 플리커 카드 받기]

카드를 보면 네 꼭짓점에 번호가 적혀 있습니다. 학생 번호를 확인하고 알맞은 기호 카드를 줍니다. 기호 카드의 네 변에는 A, B, C, D가 쓰여 있습니다. 선택한 알파벳을 위로 향하게 들면 교사의 플리커스 앱 카메라가 답을 인식합니다. 학생들이 바로 이해하기 어렵기 때문에 아래와 같은 학습지를 만들어 설명하였습니다.

[플리커스 기호 카드 사용법]

1. 기호 카드의 숫자가 자기 번호가 맞는지 확인하세요.
2. 문제가 나가면 기호 카드를 들어주세요.
3. A, B, C, D의 네 가지 보기 중 선택하고 싶은 알파벳을 위로 향하게 하고 카드를 들어주세요.
4. 1번 학생이 답을 표현하는 방법은 아래 그림과 같습니다.[10]

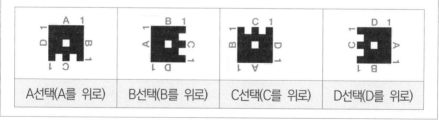

| A선택(A를 위로) | B선택(B를 위로) | C선택(C를 위로) | D선택(D를 위로) |

[표 50-3 플리커스 기호 카드 사용법 설명서]

---

9) [그림 50-15] https://www.plickers.com/library

10) [그림 50-16] https://assets.plickers.com/plickers-cards/PlickersCards_2up.pdf(한 장을 회전시킨 그림)

4. 이제 활동을 시작합니다.

플리커스에 접속하여 📁 **내 라이브러리** → 문제 세트 선택 → ▶ 지금 플레이를 누르고 학급을 선택하면 활동이 시작됩니다. 교사는 스마트폰 플리커스 앱을 실행하여 로그인한 뒤 카메라를 이용하여 학생들의 답을 확인할 준비를 합니다. 교사 화면에서는 학생들이 답을 선택한 비율을 [그래프 표시]로 보여주거나 [답변 공개]로 정답을 보여줄 수 있습니다.

컴퓨터에서 ▶지금 플레이를 하면 스마트폰 아래쪽에 실행 중인 문제 세트가 뜹니다. 클릭하면 현재 진행 중인 문제 화면이 나오는데 아래에 보이는 파란색 동그라미 아이콘(O)을 눌러 카메라로 정답을 인식할 수 있습니다.

[그림 50-17 스마트폰에서 플레이 중인 퀴즈 연동]

아래는 학생들의 카드를 비춘 모습입니다. 1번 카드이므로 6학년 1반 명단 중 1번인 김철수 학생의 이름이 보입니다. A-D 중 선택 답안에 따라 이름 앞 동그라미의 색깔이 다릅니다. 모두의 답변이 기록되었다면 스톱 버튼(■)을 누른 뒤 결과를 확인하고 다음 문제로 넘어갑니다. 스톱 버튼 양옆의 그래프 📊 와 학생 명단 ⊞ 아이콘을 눌러 정답 제출 상황을 확인할 수 있습니다. 활동을 마치면 📁 **내 라이브러리** 에서 결과를 확인할 수 있습니다.

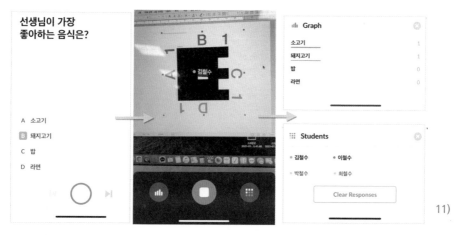

11)

[그림 50-18 플리커스 스마트폰 앱으로 정답 인식 및 정답 제출 상황 확인]

3   수업 지도안

즐거운 속담 놀이! 플리커스					
학년-학기	6-1	**과목**	국어	**단원**	5. 속담을 활용해요
학습 목표	속담 퀴즈를 통해 다양한 속담을 즐겁게 배울 수 있다.				
단계	**교수·학습 활동**				
도입	• 사자성어 퀴즈 예능의 한 장면 함께 보기 – https://youtu.be/9nD3ZcWjdCl[12](2분 40초까지) • 학습 목표 제시			[그림 50-21]		

---

11) [그림 50-18] 이미지 캡처 출처는 '플리커스' 앱

12) 유튜브 디글 클래식, [#신서유기2] 사자성어 문제라구요!!!!!!ㅋㅋㅋ기대를 저버리지 않는 요괴들의 환장의 답 퍼레이드 | CJ ENM 160527

즐거운 속담 놀이! 플리커스	
활동1	• 플리커스 사용법 알아보기 – 학생들에게 기호 카드 배부하기 – 기호 카드 사용법 알려주기 • 선생님이 만든 속담, 사자성어 퀴즈 풀어보기 	**사자성어 문제**	도입 활동의 영상과 같이 두 글자를 비우고 빈칸에 들어갈 단어를 객관식으로 맞히기(동가□□→홍상)
속담 문제	교과서에 나오는 속담들의 빈칸 맞히기	
활동2	• 속담, 사자성어 문제 만들기 – 한 사람당 한 문제씩 사지선다형 객관식 문제 만들기 – 교사는 플리커스에 문제 번호만 넣어서 객관식 문제 세트 만들기 • 속담, 사자성어 퀴즈 진행하기 – 답을 확인할 스마트기기를 TV와 미러링하기 – 학생들은 자기 자리에서 일어나 돌아가며 자신의 문제 읽어주기 – 학생들이 기호 카드를 들면 교사가 정답 확인하기 – 퀴즈 종료 후 순위 정해보기
정리	• 가장 재미있었던 문제 말해보기 • 활동 소감 이야기하기

[표 50-4 플리커스 수업 지도안]

플리커스는 학생들과 수업 중 간단한 정리를 할 때 유용했습니다. 특히 학교에서 자주 하는 골든벨 형식으로 문제를 풀 때 좋았습니다. 기존에 교실에서 이루어지던 골든벨 활동을 위해서는 학생용 화이트보드, 보드마카, 마카용 지우개까지 준비물도 많고 문제를 풀 때마다 이전 답을 지워야 하며 학생들이 답을 너무 작게 써서 알아보느라 힘든 것 등의 불편함이 있었습니다. 또한 골든벨 활동은 한 번에 모든 학생이 참가할 수 있다는 장점이 있지만 탈락자가 쉬고 있어야 하는 단점도 있습니다.

플리커스는 이런 단점들을 해결해주었습니다. 기호 카드만 꺼내 들면 언제든지 간단히 시작할 수 있고, 모두가 끝까지 참여하여 최종 점수를 매기고 자기가 틀린 문제를 나중에도 확인할 수 있다는 점에서 좋았습니다. 학생들도 한번 방법을 알고 나면 별도의 로그인 등 번거로운 과정 없이 기호 카드만 알맞게 들면 되니 금세 익숙해졌습니다. 수업 중 언제든지 학생들의 성취 수준을 퀴즈로 간단하게 확인할 수 있는 플리커스를 꼭 활용해보시기 바랍니다.

08

화려하고 즐거운 퀴즈 대회

카훗!

카훗 퀴즈로 퀴즈왕이 되어보자!	
 1)	• https://kahoot.it/ • 숫자 코드로 여러 사람이 함께 접속하여 퀴즈로 경쟁할 수 있는 앱으로 개인전, 단체전 선택 가능 • 무료 버전에서는 사지선다와 OX 퀴즈 사용 가능
활용 목표	퀴즈 세트를 직접 제작하고 서로 풀어보며 학습할 수 있다.

사용 환경 추천 순서	① 구글 플레이스토어		① 애플 앱스토어		② 윈도우	
	 2)	플레이 스토어 다운로드		앱스토어 다운로드		인터넷 브라우 저로 접속

인터넷 사용	사용을 위해 지속적 인터넷 접속 필요
공유 방법	퀴즈 결과를 확인할 수 있음

---

1) [그림 51-1] https://play.google.com/store/apps/details?id=no.mobitroll.kahoot.android&hl=ko&gl=US

2) [그림 51-2]~[그림 51-4] QR코드는 크롬 브라우저 QR 생성 기능 사용

⚠ 카훗 사용법 요약
❶ 카훗 로그인 후 [Create]➕³⁾를 눌러 문제 세트 만들기
❷ [Library]⬛⬛에서 만든 퀴즈를 선택하고 ▶ Play 눌러 학생에게 숫자 코드 전달
❸ 학생들은 [Enter PIN] 🔼🔽에서 숫자 코드로 참가, 종료 후 점수와 랭킹 확인
❹ [Discover]🧭로 다른 사람들이 만든 문제 풀어보기

[표 51-1 카훗 개요]

카훗을 이미 알고 계신 선생님들도 많을 것 같습니다. 교사가 미리 퀴즈 문제를 준비하고 학생들과 풀어보는 방식의 퀴즈 앱입니다. 플리커스와는 다르게 카훗은 학생들이 인터넷에 연결된 기기를 준비하고 직접 접속해야 합니다. 교실에서 와이파이를 사용할 수 없는 상황이더라도 안심하고 데이터 사용을 할 수 있는 학생이 몇몇 있으면 조를 편성하여 조별로 한 대씩만 있어도 원활한 활동이 가능합니다. 카훗에는 개인전과 팀전이 있으며, 화려한 애니메이션 및 자동 점수 배점 기능을 통한 랭킹 시스템으로 학생들의 반응을 이끌어내기 좋습니다.

1 활용 단원 추천

스피드퀴즈, 플리커스, 카훗까지 퀴즈를 위한 애플리케이션을 이어서 설명해 드리고 있으므로 활용 단원은 생략하고자 합니다. 카훗 무료 버전에서는 사지선다형과 OX 퀴즈 타입의 문제를 출제할 수 있으므로 수업 내용에 알맞은 타입의 퀴즈를 선택하셔서 활용하시면 됩니다.

---

3) [그림 51-5]~[그림 51-18] 이미지와 아이콘 캡처 출처는 모두 'Kahoot' 앱

1. 교사가 문제를 내기 위해서는 회원 가입 및 로그인이 필요합니다. 학생들이 퀴즈에 참여하기 위해서는 회원 가입 없이 앱만 설치해도 됩니다. 카훗은 스마트폰에도 최적화되어 사용이 편리합니다.
2. 첫 화면 하단에서 카훗의 핵심 기능 다섯 가지를 볼 수 있습니다.

🏠	Home	홈 화면으로 이동합니다.
🧭	Discover	다른 사람들이 제작하여 공개한 퀴즈에 참여합니다.
▰▰	Enter PIN	Game PIN을 입력하여 퀴즈 게임에 참가합니다. 학생들이 가장 많이 사용하게 될 아이콘입니다.
⊞	Create	문제 세트를 만듭니다.
▦	Library	만든 문제 세트들을 확인할 수 있습니다.

[표 51-2 카훗의 다섯 가지 기본 기능]

3. [Create]⊞로 들어가 문제를 만듭니다. 다음 순서로 진행합니다.

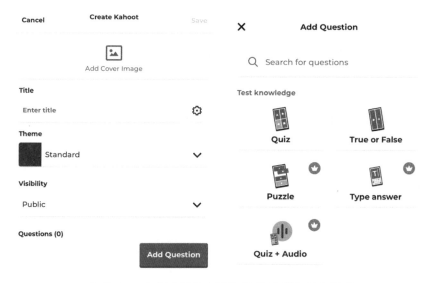

[그림 51-10 문제 만들기 화면 및 문제 유형 선택 화면]

① [Title]: 문제 세트의 제목을 씁니다.
② [Theme]: 문제 세트의 디자인 테마를 설정합니다.
③ [Visibility]: 학생들과 함께 풀어야 하므로 [Public]을 선택해 공개합니다.
④ [Add a Cover Image]: 문제 세트 대표 이미지를 추가합니다.
⑤ [Add Question]: 문제를 추가합니다. 무료 버전에서는 사지선다형의 [Quiz], OX 퀴즈인 [True of False]를 사용할 수 있습니다.

4. **Add Question** 을 터치하여 문제를 만듭니다. [Quiz]와 [True of False]를 만드는 방법은 보기의 유형(사지선다형 혹은 택일형) 외에는 모두 동일하므로 한 가지만 소개합니다.

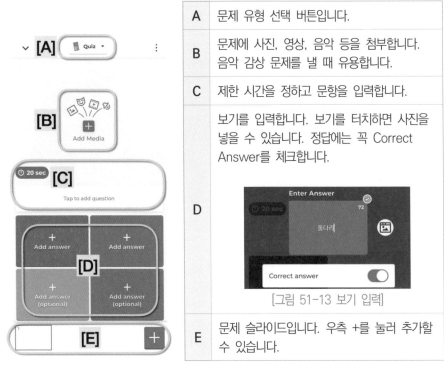

A	문제 유형 선택 버튼입니다.
B	문제에 사진, 영상, 음악 등을 첨부합니다. 음악 감상 문제를 낼 때 유용합니다.
C	제한 시간을 정하고 문항을 입력합니다.
D	보기를 입력합니다. 보기를 터치하면 사진을 넣을 수 있습니다. 정답에는 꼭 Correct Answer를 체크합니다. [그림 51-13 보기 입력]
E	문제 슬라이드입니다. 우측 +를 눌러 추가할 수 있습니다.

[그림 51-12 문제 만들기]　　　　　[표 51-3 문제 만들기 기능]

　　모든 문제를 만든 뒤에는 화면 왼쪽 위의 아이콘(∨)을 누르면 문제 세트 화면으로 돌아갑니다. 만들어진 문제들이 [Questions]에 목록으로 정렬되어 있습니다.

5. 이제 [Library]⚏에서 퀴즈를 시작합니다. 문제를 골라 Start 를 터치합니다. 수업 중 학생들과 함께 진행할 때는 [Live game]을, 과제를 낼 때는 [Assignment]로 들어갑니다.

6. [Live game]을 진행합니다. [Classic mode]는 개인전, [Team mode]는 단체전입니다만 처음 팀원 이름을 입력할 때 외에는 차이가 없으므로 그 냥 [Classic mode]만 이용합니다. Start를 누르면 게임에 입장할 수 있 는 핀 번호가 생성되는데 이를 학생들에게 알려주면 게임 참여 및 진행이 가능합니다. 게임 종료 후에는 점수와 순위를 확인할 수 있습니다.

[그림 50-16 퀴즈 모드 선택]

[그림 50-17 Game Pin 번호를 생성 후 학생 입장 대기]

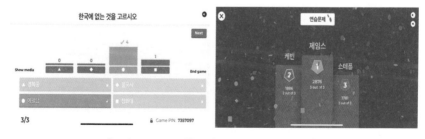

[그림 50-18 문항별 응답 결과와 최종 랭킹]

카훗으로 친구들 알아가기					
학년-학기	5-6 학년	**과목**	창의적 체험활동	**단원**	학기 초 친목 활동
학습 목표	자신을 알리는 질문을 만들 수 있다. 친구들에 관련된 질문을 풀어보며 서로를 알아갈 수 있다.				
단계	**교수·학습 활동**				
도입	• 선생님에게 궁금한 점 자유롭게 묻고 답하기 • 선생님이 준비한 카훗 퀴즈 풀어보기 – 교사에 관한 부담 없는 질문 5개 준비 • 학습 목표 제시				
활동1	• X MIND(발표와 평가③)로 나를 소개할 아이디어 생각하기 – 중심 토픽에 자기 이름 넣기 – 주 토픽들에 자신이 관심 있는 분야 쓰기 – 필요한 경우 음식, 노래, 가수, 취미 등 키워드 알려주기 • 카훗으로 나에 대한 퀴즈 만들기 – 무료 버전의 사지선다 퀴즈 및 OX 퀴즈 활용 – 5-10개 정도 만들어 저장하기				
활동2	• 카훗 퀴즈 공유하기 – [Assignment]로 과제형 퀴즈 만들어 Game PIN 받아두기 – 학급 홈페이지에 자신의 Game PIN 올리기 • 서로의 퀴즈 풀어보기 – 다른 친구들의 Game PIN을 입력하여 퀴즈 풀기 – 댓글로 더 궁금한 질문 남기기				
정리	• 교사가 몇몇 학생의 퀴즈 풀어보기 – 퀴즈에 대한 질문과 대화를 통해 즐거운 분위기 만들기 ☞ 평가: 나 자신을 더 잘 알리기 위한 요소를 생각하고 이를 퀴즈로 제작하여 공유할 수 있다. • 활동 소감 이야기하기				

[표 51-4 카훗 수업 지도안]

적당한 보상이 가미된 퀴즈는 언제나 수업의 큰 활력소가 됩니다. 카홋은 화려한 원색으로 제작된 즐거운 애니메이션 효과와 음악까지 더해져 퀴즈 시간을 한층 더 시끄럽게 만들어준 앱이었습니다. 아직 한글은 지원되지 않지만 사용에 전혀 지장이 없었습니다. 다만, 무료 버전에서 낼 수 있는 문제의 유형이 한정된 것은 아쉬운 점입니다.

최근 고학년 국어 교과서를 보면 질문을 만드는 능력을 키워주기 위해 많은 노력을 하는 것을 볼 수 있습니다. 교과서에 이야기가 나올 때마다 '이야기를 읽고 할 수 있는 질문을 만드시오'와 같은 유형의 확인 문제들을 곁들이고 있습니다. 질문을 만든다는 것은 수업에 대한 메타인지가 형성되었다는 것을 의미합니다. 질문을 만드는 과정을 통해 학생들은 수업 내용에 대한 전체적인 맥락을 이해하고 어떤 것이 중요한지 판단할 수 있게 됩니다. 성취도를 종합적으로 평가할 수 있는 좋은 방법 중 하나가 질문 만들기인 것입니다. 카홋에 익숙해진 이후, 학생들은 열심히 질문을 만들고 서로의 퀴즈에 참여하는 모습을 보여주었습니다. 물론 아직 많이 어설픈 질문들도 많았지만 교과서에서 질문을 만들어 쓸 때보다는 훨씬 열심이었습니다. 본서의 수업 지도안에서와 같이 꼭 교과 내용이 아니더라도 자기 자신에 대한 진짜/가짜 질문들을 만들게 하여 학생 간 아이스 브레이킹에 사용하는 것도 추천합니다. 카홋을 다양한 방법으로 활용하시면 선생님의 교실이 더 즐거운 곳이 되지 않을까 생각합니다.

09

스마트한 다용도 평가 도구
구글 설문

스마트한 다용도 도구 구글 설문			
 1)	• https://drive.google.com/ • 구글 드라이브에서 제공하는 설문 기능으로 설문 제작 뒤 링크를 보내 답변을 쉽게 수합할 수 있음 • 단원 평가 등 평가에도 이용 가능		
활용 목표	각종 설문 및 다양한 평가까지 디지털로 결과를 한 번에 수합하여 활용할 수 있다.		
사용 환경 추천 순서	① 윈도우	① 구글 플레이스토어	① 애플 앱스토어
	 2) 인터넷 브라우저로 접속	플레이 스토어 다운로드	앱스토어 다운로드
인터넷 사용	사용을 위한 지속적 인터넷 연결 필요		
공유 방법	설문 결과를 엑셀 파일로 내보내 다양한 활용 가능		

1) [그림 52-1] https://drive.google.com/
2) [그림 52-2]~[그림 52-4] QR코드는 크롬 브라우저 QR 생성 기능 사용

⚠️ **구글 설문 사용법 요약**

❶ 구글 로그인 → 구글 드라이브 접속 → 새로 만들기 → Google 설문지
❷ 파일명 → 설문 제목 → 설문 설정 순서로 기본 세팅 완료하기
❸ 질문 추가 및 유형 설정(객관식, 단답형 등)하고 필요에 따라 섹션 분리
❹ 설정에서 [응답 횟수 제한], [제출 후 수정] 확인 뒤 **보내기**로 링크 전달

[표 52-1 구글 설문 개요]

구글은 선생님과 학생들을 위해 다양한 서비스를 제공하고 있습니다. 학급을 조직하고 관리할 수 있는 클래스룸, 화상회의 기능이 있는 미트업, 과목별 앱 소개에서도 나온 크롬 뮤직랩(음악②)이나 아트 앤 컬처(미술①) 등 교육에 이용할 수 있는 많은 것들을 제공하고 있습니다.

원격수업 시대를 거치면서 아마 선생님들께서도 구글 설문으로 제작된 설문지를 한 번쯤은 보셨을 것입니다. 구글 설문은 구글 드라이브에서 제공하는 여러 기능 중 하나입니다. 간단한 조사부터 단원 평가까지 다양하게 활용할 수 있는 구글 설문을 알아봅시다.

1 활용 단원 추천

예시 외에도 단원 평가, 설문지 수합, 비밀투표 등 다양한 활용이 가능합니다.

학년-학기	과목	단원	주요 내용	차시	쪽수
5-2	사회	1. 옛사람들의 삶과 문화 2. 사회의 새로운 변화와 오늘날의 우리	한국사, 근현대사	전체	전체
4-1	사회	1. 지역의 위치와 특성	중심지 답사하기	12-13	44-49
6-1	국어	7. 우리말을 가꾸어요	우리말 사용 실태 조사	5~6	246-249

[표 52-2 구글 설문 활용 단원 추천]

2 사용 방법

1. 크롬 등의 인터넷 브라우저에서 구글에 로그인하고 오른쪽 위의 메뉴 아이콘(⋮⋮⋮3))을 누른 후 구글 드라이브(△)에 들어갑니다.
2. 화면 왼쪽 상단의 [➕ 새로 만들기]에서 [▦ Google 설문지]를 선택합니다.
3. 설문을 만들 수 있는 새로운 창이 생깁니다. 아래 화면과 표를 보며 알파벳 순서를 따라 빠짐없이 확인하시면 좋습니다.

---

3) [그림 52-5]~[그림 52-7] 아이콘 https://drive.google.com/drive/u/0/my-drive

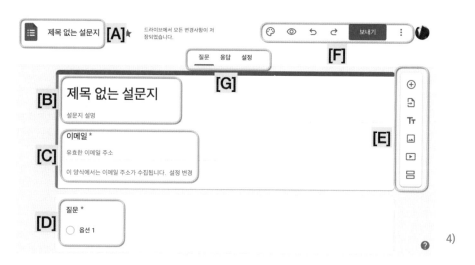

[그림 52-8 구글 설문지 작성 화면]

[A]	설문 파일 이름을 설정합니다.
[B]	설문의 제목과 설명을 입력합니다.
[C]	이메일 수집 창입니다. 설정 변경을 눌러 이메일 수집을 하지 않을 수 있습니다. 특별한 상황이 아니라면 꺼두시는 것을 추천합니다.
[D]	질문을 만듭니다. 질문 상자를 클릭하면 변경이 가능합니다. [그림 52-9 질문 상자] ① [제목없는 질문] 칸에 질문을 입력합니다.

4) [그림 52-8]~[그림 52-23] 이미지 및 아이콘 캡처
https://docs.google.com/forms/d/1jkVHGzKD0_IR-pmQUY-w3Nz13LIrux-1iK1021uN6wc/edit

② 질문 유형을 선택합니다.

단답형, 장문형	직접 텍스트를 입력하는 질문입니다.
객관식 질문 체크박스 드롭다운	객관식으로 답변을 선택합니다. 체크박스는 여러 개의 답을 선택해야 할 때 사용합니다.
파일 업로드	답변을 위해 파일을 업로드해야 합니다. 사진을 찍어 과제물을 제출해야 하는 경우 등에 이용할 수 있습니다.
선형 배율	리커트 척도와 같이 점수를 매기는 데 사용합니다.
객관식 그리드 체크박스 그리드	가로 세로 행렬을 갖춘 표를 만들어 답을 선택하게 합니다. 체크박스 그리드는 여러 답을 선택할 수 있습니다.
날짜, 시간	날짜나 시간을 답변으로 입력합니다.

③ 객관식 문제의 경우 옵션을 추가합니다. 그리드에서는 가로와 세로에 들어갈 옵션들을 모두 입력해야 합니다.
④ 질문 상자 하단의 아이콘들을 이용해 설정을 완료합니다.

🗇	해당 질문 상자를 복사하여 같은 질문을 만듭니다.
🗑	해당 질문 상자를 삭제합니다.
필수 ●	응답 필수 여부를 체크합니다. 필수 질문이 아닌 것은 답변을 하지 않고 넘어갈 수 있습니다.
⋮	질문 아래에 설명을 추가하거나 질문 유형에 따라 각종 설정을 바꿀 수 있습니다.(보기 무작위 섞기 등)

[D]

[E] 꾸미기 도구 모음입니다. 질문 상자를 선택하면 [그림 52-9]와 같이 그 옆에 선택한 질문 상자를 편집할 수 있는 도구 모음이 뜹니다.

[E]	⊕	새로운 질문을 추가합니다.
	⊡	예전에 사용한 설문 양식을 불러옵니다.
	Tt	[제목 및 설명] 상자를 추가합니다.
	🖾 ▶	해당 질문 상자에 사진이나 영상을 첨부합니다. 단원 평가 시험지의 문제들을 캡처하여 사진으로 첨부하고 단답형 질문으로 세팅하면 빠르게 단원 평가를 만드실 수 있습니다
	吕	섹션을 추가합니다. 위에서 설명한 것과 같이 섹션을 나눌 경우 첫 섹션의 질문을 모두 완료한 뒤, 페이지를 넘겨야 다음 섹션으로 넘어가게 됩니다. 첫 섹션에서 학년, 반, 성명 등 학생 정보를 입력하고 다음 섹션으로 넘기도록 제작하면 좋습니다.
[F]	🎨	디자인 테마를 변경합니다.
	👁	설문지 미리보기입니다.
	보내기	이메일로 보내거나 링크를 복사해 설문을 공유합니다. 보통은 링크 복사(🔗)를 한 뒤 학급 홈페이지에 올리면 학생들이 참여하는 방식을 사용합니다.
[G]	[응답] 탭에는 응답자의 숫자가 뜹니다. 질문 별로 어떤 답변을 했는지 한눈에 확인할 수 있습니다. 응답 받기를 끄면 설문이 종료됩니다. 스프레드시트➕5)를 누르면 답변이 정리된 엑셀 파일을 다운받을 수 있습니다.	

---

5) [그림 52-24]~[그림 52-25]
   https://docs.google.com/forms/d/18dm_9CqSvzLFvDszLJr8uQjyy8-ZBiUwWsuNN7f_xr0/edit#responses

[G]	 [그림 52-25 응답 탭] [설정] 탭에서는 퀴즈로 만들기, 이메일 수집 여부, 응답 횟수 제한, 제출 후 수정 여부 등을 선택할 수 있습니다.

[표 52-3 구글 설문지 제작 기능]

3 수업 지도안

구글 설문으로 단원 평가 지식시장 활동하기							
학년-학기	6-1	과목	수학, 사회, 과학 등	단원	논술형 단원 평가가 가능한 전 단원	차시	정리 차시
학습 목표	단원의 중요한 내용을 알아보고 문제로 만들어 함께 풀어볼 수 있다.						
단계	교수·학습 활동						
도입	• '지식시장'의 개념 살펴보기 -지식시장의 모습: https://youtu.be/F3rxtOENUPQ • 학습 목표 제시					[그림 52-26] 6)	

---

6) 유튜브 학끼오TV, [학끼오TV] 동해중학교에서 지식시장이 열렸다?

구글 설문으로 단원 평가 지식시장 활동하기	

활동1	• 단원 평가 지식시장 활동 설명하기
	   – 도입 영상에서 알아본 지식시장은 일종의 강의 활동
	   – 단원 평가 지식시장은 학생들이 직접 단원 평가를 제작하는 활동
	   – 제작한 단원 평가를 서로 풀어보고 좋은 문제인지 가격을 매김
	• 구글 설문 사용 방법 익히기
	   – 문제 유형 설정하기, 사진 첨부하기 등 기본 기능 익히기

활동2	• 활동 모둠 편성 및 단원 평가 제작
	   – 25개의 문제 세트 제작을 위해 모둠을 편성하기
	   – 인원수에 따라 문제 숫자 배분하기
	   – 문제 유형과 출제 범위 정하기
	   – 단원 평가 제작하여 학급 홈페이지에 구글 설문 링크 올리기

활동3	• 서로의 평가 풀어보기
	   – 다른 모둠의 구글 설문 링크를 공유하여 문제 풀기
	   – 댓글로 단원 평가의 가격을 매겨 피드백하기

정리	• 가장 비싸게 팔린 단원 평가 함께 훑어보기 – 제작한 단원 평가에 대한 자유로운 의견 교환해보기 • 활동 소감 이야기하기

[표 52-4 구글 설문지 수업 지도안]

4 수업 후기

구글 설문은 정말 다양하게 이용할 수 있습니다. 특히 학교에서 수없이 나가는 설문용 안내장을 대체하기에 무척 편리합니다. 선생님들께서도 학기마다 한 번씩 실시하는 급식 설문이나 방과 후 학교 만족도 조사를 수합해보신 적이 있을 것입니다. 질문은 어찌나 많고 선택지도 얼마나 많은지 학급 아이들의 설문지를 종이로 받아 한 장씩 넘기며 바를 정자로 답변 수를 체크하다 보면 목이 뻐근해집니다. 학생들에게 거수를 시키며 답변 수를 조사하다 보면 목도 아프고 꼭 다시 손을 드는 일이 생기며 무엇보다 소중한 한 시간 수업이 그냥 사라져버리기 일쑤입니다. 이럴 때 차라리 구글 설문을 이용하시길 권해드립니다. 설문 제작 시간이 더 걸리지 않겠냐고 생각하실 수 있지만, 종이 설문지를 사진으로 찍어서 구글 설문에 사진 추가를 해버리고 질문 숫자와 객관식 옵션 숫자만 맞춰주면 상당히 빠르게 제작하실 수 있습니다. 구글 설문으로 응답을 모은 뒤 엑셀 파일로 다운로드하고, Countif 함수로 답변 수를 한 번에 구해버리면 아주 깔끔하게 종료됩니다. 한번 만든 설문은 참여 인원이 몇 명이든 상관이 없으므로 학년 전체 설문을 한 번에 해결해주시고 동 학년 선생님들의 박수를 받으실 수도 있습니다. 한번 만들어둔 Countif 함수 엑셀 파일도 반복 사용이 가능합니다.

원격 수업에서 단원 평가를 하실 때도 유용합니다. 단원 평가를 위해 시험지를 미리 출력해뒀다가 갑자기 모든 수업이 원격으로 바뀌면서 당황했던 적이 많았습니다. 이럴 때 위와 같이 시험지의 각 부분을 촬영해서 구글 설문으로 만듭니다. 대부분의 시험지는 객관식이나 단답형 질문으로 치환이 가능했습니다. 객관식 문제의 보기 부분까지 한 번에 촬영해서 올리면 설문지에서 일일이 보기를 제작할 필요도 없습니다. 문제를 하나하나 쓸 필요 없이 사진으로 찍어 올리고 유형만 선택하면 20문제 기준 약 15분 정도면 하나의 구글 단원 평가를 완성할 수 있었습니다. 동 학년 선생님들과 단원을 쪼개니 4개 학급 기준 각자 15분을 투자하여 4차시 분량의 단원 평가를 얻을 수 있었습니다.

데이터를 수집·분류·정렬하는 작업은 사람이 하는 것보다 컴퓨터가 하는 것이 훨씬 빠르고 정확합니다. 데이터의 양이 방대할수록 그 격차는 커집니다. 구글 설문을 익혀두시면 목 아프고 눈 아픈 단순 작업에서 많이 해방되어 방과 후 커피 한 잔 느긋하게 즐길 여유를 누리실 수 있을 것입니다.

업무 도우미

업무 도우미

업무를 도와줄 유용한 도구들		
구글 드라이브 문서		책을 사진으로 찍어 글씨만 추출하기
	1)	• https://drive.google.com/ • 구글 드라이브에서 제공하는 기능으로 사진 파일 속에 있는 글씨를 자동으로 인식하여 컴퓨터로 복사, 편집할 수 있게 해줍니다. 컴퓨터, 스마트폰 모두 사용 가능합니다.
구글 스프레드 시트		신경 쓰이는 수합 업무 스프레드시트로 빠르게 처리하기
		• https://drive.google.com/ • 구글 드라이브에서 스프레드시트(엑셀 파일)를 만든 뒤 링크를 공유하면 언제 어디서 누구든 접속하여 파일을 수정할 수 있습니다. 각종 수합 업무에 매우 유용합니다. • 컴퓨터, 스마트폰 모두 사용 가능합니다.
네이버 맞춤법 검사기		눈 아프지 않게 종합일람표 빠르게 점검하기
	N	• 네이버에 '네이버 맞춤법 검사기' 검색 • 맞춤법이나 띄어쓰기를 빠르게 점검할 수 있습니다. 내용을 붙여넣기하여 검사하기를 누르면 틀린 부분을 바로 수정해줍니다. • 컴퓨터에서 이용하시는 것이 좋습니다.

---

1) [그림 53-1]~[그림 53-2] https://drive.google.com/

2) [그림 53-3] https://papago.naver.com/

3) [그림 53-4] https://play.google.com/store/apps/details?id=com.voyagerx.scanner&hl=ko&gl=US

업무를 도와줄 유용한 도구들		
		다문화 학교에서 의사소통, 안내장 번역하기
파파고	2)	• 플레이스토어, 앱스토어에서 다운로드합니다. • 실시간 번역 기능뿐만 아니라 종이에 쓰여 있는 글을 비추면 즉시 번역을 해줍니다. 다문화 학교에서 각종 안내장을 번역하거나 학급 공지사항을 쓸 때 특히 유용합니다. • 컴퓨터, 스마트폰 모두 사용 가능합니다.
		스마트폰으로 즉시 문서 스캔하기
vPLAT 스캐너블 캠스캐너	3)	• 플레이스토어, 앱스토어에서 다운로드합니다. • 스마트폰 카메라를 이용하여 문서를 빠르게 스캔합니다. 단순히 문서를 사진으로 찍는 것이 아니라 삐뚤어진 각도, 어둡게 나온 부분 등을 자동으로 조정해 깨끗한 결과물을 자동으로 만들어줍니다. • 태블릿이나 스마트폰에서 이용 가능합니다.
		현장체험학습 관련 정보 한 번에 얻기
크레존	Cre_{Zone} 크레존 4)	• https://www.crezone.net/ • 한국과학창의재단에서 만든 창의적 체험활동 수업 종합 사이트로 [창의적 체험활동] → [현장체험학습 모델] 메뉴에서 전국의 체험학습 우수 사례를 검색할 수 있습니다. • 현장체험학습 장소 안내, 교통편, 체험학습 수업안 등 체험학습에 필요한 자료들을 쉽게 구할 수 있습니다.

[표 53-1 업무 도우미 개요]

---

4) [그림 53-5] https://www.crezone.net/

 구글 드라이브

1 활용 예시

국어 시험지를 만드실 때 교과서의 텍스트를 그대로 옮겨와야 하는 경우가 있습니다. 짧은 부분이라면 그냥 책을 보며 타이핑하는 것이 빠르지만, 가끔씩은 아주 많은 부분을 가져와야 합니다. 이럴 때 구글 문서를 이용하면 사진에서 글자만 인식하여 문서로 만들어주기 때문에 쉽게 복사해서 붙여넣기를 할 수 있습니다. 방법도 아주 간단하기 때문에 업무 중 필요하실 때마다 사용하기 편리합니다. 지도안 세안을 작성하실 때나 업무 계획서의 앞부분을 꾸밀 때도 유용하게 활용할 수 있었습니다.

2 사용 방법

1. 구글 설문에서와 같이 구글 드라이브에 접속합니다.
2. 텍스트를 추출하고 싶은 책을 펼쳐 잘 보이게 사진을 찍은 후, 사진 파일을 구글 드라이브에 추가합니다.

5)

[그림 53-6 구글 드라이브에 사진 파일 업로드]

3. 사진 파일이 구글 드라이브의 파일 목록에 뜨면 파일에 마우스 커서를 대고 마우스 오른쪽 버튼을 누릅니다. 아래와 같이 연결 앱 → Google 문서를 누릅니다.

[그림 53-7 구글 문서로 텍스트 추출]

4. 인터넷 브라우저에 새 탭이 뜨면서 변환된 WORD 파일이 나옵니다. 원본 사진과 함께 추출한 텍스트가 있습니다. 이제 복사하여 자유롭게 사용이 가능합니다.

[그림 53-8 도덕교과서를 찍은 사진 파일에서 텍스트가 추출된 모습]

5. 만들어진 구글 문서는 구글 드라이브에 자동으로 저장이 되므로 나중에도 다시 사용하실 수 있습니다. 여러 표에 나뉘어 들어가 있는 텍스트들을 레이아웃 그대로 옮겨오지는 못합니다. 하지만 충분히 알아볼 수 있게 정렬한 모양으로 텍스트를 추출하므로 필요한 부분을 확인하셔서 사용하시면 됩니다.

---

5) [그림 53-6]~[그림 53-7] https://drive.google.com/drive/u/0/my-drive
6) [그림 53-8] 교육부, 6학년 1학기 도덕 교과서 16쪽 일부 발췌

구글 스프레드시트

1 활용 예시

　학기 초 학년 업무를 정할 때 대다수가 기피하고 싶은 업무 중의 하나가 아마 수합 업무일 것입니다. 교육청에서 내려오는 이런저런 수합은 물론 학교에서도 의견을 모아달라고 하는 것들이 어찌나 많은지 머리가 아플 지경입니다. 업무 부장을 맡고 계신다면 모든 교직원들을 대상으로 조사해야 할 때도 있습니다. 메신저에 쪽지가 넘쳐나는 것은 물론이고, 제시간에 모든 수합을 마치기도 늘 쉽지 않습니다. 새로운 메시지가 올 때마다 하던 일을 멈추고 수합 파일을 다시 열어 내용을 입력하는 것도 여간 번거로운 것이 아닙니다.

　이럴 때 구글 스프레드시트를 만드신 후 링크를 공유해주시면 번거로운 중간 과정 없이 결과물을 확인하실 수 있습니다. 모두가 접근하고 함께 수정할 수 있는 엑셀 파일을 만드는 개념인데, 업무 중 자주 사용하시는 '자료집계'와 유사하다고 보시면 될 것 같습니다. 최근에는 이지에듀에서 만든 '이지투게더'의 '함께 만드는 문서' 기능을 통해 이런 작업을 하는 학교도 많이 있습니다.

　구글 스프레드시트로 공유한 문서는 언제든 수정과 접근이 가능합니다. 만들고 공유하는 과정도 무척 간단하니 많이 활용해보시기 바랍니다.

1. 구글 드라이브에 접속합니다. ➕새로 만들기7)에서 ✝Google 스프레드
   시트를 선택하면 새로운 탭에 엑셀 파일이 생겨납니다. 수합에 필요한 정
   보를 입력합니다.

[그림 53-11 스프레드시트 제작]

2. 화면 오른쪽 위의 **공유** 를 누릅니다. 아래 순서로 공유 옵션을 변경합니다.
① 접근 권한을 [제한됨] → [링크가 있는 모든 사용자에게 공개]로 바꿔줍니다.
② 오른쪽 부분을 [편집자]로 변경합니다. [뷰에는 파일을 보는 것만 가능하
   고 [댓글 작성자]는 댓글만 달 수 있으므로 상황에 맞게 적용합니다.
③ 링크 복사를 눌러 복사된 링크를 선생님들께 전달합니다. 이제 다른 선생
   님들께서 표에 알맞게 작성하시는 것을 기다리시면 됩니다.

---

7) [그림 53-9]~[그림 53-10] https://drive.google.com/drive/u/0/my-drive
8) [그림 53-11]~[그림 53-13]
   https://docs.google.com/spreadsheets/d/19rIWoIQ8hioHe_bVC3EZtwo8BKly85S4c12VVXzOBho/edit?usp=sharing

[그림 53-12 스프레드시트 '편집자'로 공유하기]

스프레드시트 공유를 이용하면 수정 사항이 잦은 수합 업무의 경우 매번 메시지를 확인하실 필요가 없습니다. 마감 시한만 정해주시고 결과물만 확인하면 되니 일이 무척 편해집니다. 다만 절대 다른 사람이 작성한 부분은 건드리시면 안 된다고 알려주시는 것이 좋습니다. 틈틈이 스프레드시트 제목 바로 아래에 보이는 [파일] → [다운로드]를 눌러 저장해두시는 것도 좋은 방법입니다. 탭을 여러 개 만들어 한 번에 많은 항목을 조사하실 수도 있습니다.

한번 공유된 스프레드시트 파일은 같은 링크로 계속 접근할 수 있으니 그냥 같은 파일에 시트만 추가해서 여러 수합을 동시에 진행할 수도 있습니다. 일 년 동안 하나의 주소만 있으면 지속적으로 수합이 가능합니다. 내용을 몇 번 바꾸든 저는 마지막에 한 번만 확인하면 됩니다. 공유 문서 기능은 네이버 등 클라우드 기능을 가진 거의 모든 플랫폼에서 제공하고 있고, 그 기능과 사용법이 유사하니 본인이 익숙한 다른 플랫폼에서 만들어보시는 것도 좋을 것입니다.

[그림 53-13 화면 아래의 '+' 버튼으로 시트 추가하여 여러 수합에 사용]

N 네이버 맞춤법 검사기

1 활용 예시

학기 말은 항상 기대되면서도 두려운 시간입니다. 방학이 가까워졌다는 설렘과 동시에 수많은 학기말 업무들로 정신이 없는 시기이기도 합니다. 특히 한 학기 동안 함께 생활한 우리 학생들의 모습을 기록한 통지표를 만드는 작업은 늘 쉽지가 않습니다. 벌써 수십 번 해왔지만 매번 각자의 개성을 지닌 학생들을 몇 줄의 문장으로 평가해주는 것은 부담스러운 일입니다. 모든 안내장이 마찬가지겠지만 특히 통지표는 학부모님들도 무척 신경 써서 보실 것이기 때문에 몇 번의 확인 작업을 거치게 됩니다. 덕분에 선생님들께서도 방학을 며칠 앞두고 연구실에 모여 서로가 출력한 종합일람표를 줄 그어가며 확인하신 경험이 분명 있을 것입니다. 20-30장에 육박하는 종합일람표는 글씨까지 무척 작아서 한 번 확인하기도 참 힘듭니다. 1차 점검 후 2차 점검까지 하다 보면 눈이 뻑뻑해집니다.

종합일람표 점검을 조금 수월하게 하실 수 있는 네이버 맞춤법 검사기를 소개해드리고자 합니다. 안내장 등을 점검할 때에도 유용하게 사용하실 수 있습니다. 주어 서술어의 호응관계나 시제 일치 등 아예 잘못된 문장을 체크해주지는 못하지만 선생님들께서 성적이나 행동발달을 입력하시면서 이런 부분을 놓치는 일은 거의 없을 것입니다.

만약 아주 디테일한 부분까지 확인을 원하실 경우 [국립국어원 맞춤법 검사기][9]를 추천합니다. 검색해보면 바로 이용하실 수 있습니다. 맞춤법과 문법을

---

9) http://164.125.7.61/speller/

교정해줄 뿐 아니라 어디가 왜 틀렸는지까지 알려주므로 학생들이 쓴 글을 수정해줄 때도 유용합니다.

2 사용 방법

1. 나이스에서 종합일람표를 다운로드받습니다. 이때, 반드시 엑셀 파일로 저장하시길 바랍니다. 한글 파일로 저장할 경우 텍스트를 복사하여 맞춤법 검사기에 붙여넣기 하면 띄어쓰기가 하나도 되지 않은 채 붙여넣기 되는 오류가 발생합니다. 원인은 알 수 없지만 다행히 엑셀 파일에서는 해당 오류가 없습니다.

2. 네이버에서 맞춤법 검사기를 검색합니다. 한 번에 검사할 수 있는 글자는 500자까지입니다. 문장을 넣고 [검사하기]를 누르면 즉시 결과가 나옵니다. [그림 53-14]는 일부러 흥미를 '홍미'로, 전통을 '전퉁'으로 쓰고 검사해본 결과입니다. 어디가 어떻게 틀렸는지 색깔로 알려줍니다. '홍미'라는 단어는 표준어 의심이라고만 확인이 됩니다. 아직 베타 기능이라 완벽하지는 못하지만 틀린 부분은 충분히 찾아낼 수 있습니다.

네이버 맞춤법 검사기 *Beta*   교정결과 오류제보

원문   ✕   **교정결과**

미술: 미술 교과에 <u>홍미</u>가 높아 작품제작활동에 항상 열심   미술: 미술 교과에 흥미가 높아 작품 제작 활동에 항상 열심
히 참여함. 우리 나라 전퉁 미술의 시대별 변화를 알고 민화   히 참여함. 우리나라 전통 미술의 시대별 변화를 알고 민화
와 풍속화의 특징을 설명할수 있음.   와 풍속화의 특징을 설명할 수 있음.

84/500자   검사하기   ● 맞춤법   ● 표준어의심   OFF   □   10)
                                    ● 띄어쓰기 ● 통계적교정

[그림 53-14 네이버 맞춤법 검사기]

3. 다운로드받은 종합일람표 엑셀 파일에서 500자씩 복사하여 맞춤법 검사기에 붙여 넣고 검사를 실시합니다. 틀린 부분을 찾아 수정합니다. 교과 학기말 종합의견의 경우에는 성취 기준에 따라 같은 문장을 여러 번 사용하는 경우도 있으므로 미리 맞춤법 검사를 통해 오류를 수정한 뒤에 사용하는 것도 좋은 방법입니다.

 파파고 번역기

1 활용 예시

다문화 학교에서는 고학년들의 경우 오랜 한국생활 덕분인지 한국말이 능숙한 편이지만 한국에 온 지 얼마 되지 않은 저학년 학생들의 경우 아예 한국말이 불가능한 경우가 있습니다. 특히 다문화 학부모님들과 소통을 해야 할 때는 자녀를 통역으로 활용해야 하는 일도 빈번합니다.

학생이나 학부모님과 서면으로 소통을 할 때는 구글 번역기 등의 도움을 받을 수 있지만 학교생활 중 실시간으로 이야기를 해야 할 때는 통역이 필요할 때가 많습니다. 이럴 때 파파고 번역기를 이용할 수 있습니다. 수많은 번역기 앱이 있지만 한국어 번역에 가장 부드럽고 인터페이스가 직관적이며 이미지 번역 등의 다양한 기능을 제공해주는 파파고가 가장 좋았습니다.

---

10) [그림 53-14]
https://search.naver.com/search.naver?where=nexearch&sm=top_hty&fbm=0&ie=utf8&query=%EB%84%A4%EC%9D%B4%EB%B2%84+%EB%A7%9E%EC%B6%A4%EB%B2%95+%EA%B2%80%EC%82%AC%EA%B8%B0

2 사용 방법

앱을 열면 간단하게 구성된 화면이 보입니다. 아래와 같이 사용하실 수 있습니다.

한국어 ⇆ 영어	번역할 언어를 선택합니다. 가운데 버튼을 누르면 교차됩니다.
번역할 내용을 입력하세요	텍스트로 번역을 할 때 이곳을 눌러 글을 입력합니다. 번역 결과가 화면에 즉시 나타납니다.
🎤 음성 11)	음성을 인식시켜 번역을 합니다. 화면 아래 원형 아이콘을 눌러 음성을 인식시키면 번역 결과가 나옵니다.
💬 회화	쌍방향 대화입니다. 각자의 언어를 위아래에 세팅하고 음성인식을 통해 즉시 번역된 결과를 보며 소통할 수 있습니다.
📷 이미지	이미지 번역입니다. 상단에서 언어 선택 뒤 외국어를 카메라로 비추고 전체번역 버튼을 누르면 번역된 글이 보입니다.
📱 학습카메라	이미지 번역의 기능에 학습의 기능이 추가됩니다. 문장별 번역 및 단어장 기능을 제공하여 공부에 최적화된 번역을 해줍니다.

[표 53-2 파파고 번역기 기능]

다음 장면은 이미지 번역을 하는 장면입니다. 화면에 있는 중국어를 비추고 [바로번역]을 누르면 화면에 번역 결과가 즉시 덧입혀집니다. 아래의 [전체선택]을 누르면 화면에서 인식된 모든 텍스트들이 파란 상자로 묶입니다. 파란 부분을 각각 눌러가며 번역 결과를 볼 수 있습니다.

파파고 번역기는 한국어 번역에 특화된 서비스로 한국어 번역에 있어서는 구글 번역기보다 훨씬 깔끔한 번역을 제공합니다. 예를 들어 한국어로

---

11) [그림 53-15]~[그림 53-19] 이미지와 아이콘 캡처 출처는 모두 '파파고' 앱

'ㅇㅇ'를 영어로 번역하면 'YES'라고 해줄 정도입니다. 간편하고 확실한 파파고 앱은 분명 큰 도움이 될 것이라 기대합니다.

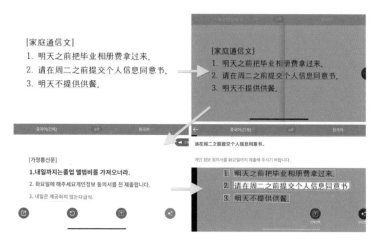

[그림 53-19 파파고 이미지 번역]

 vPLAT, 12) 스캐너블, 13) 캠스캐너

| 1 | 활용 예시 |

학교 업무를 하다 보면 가끔 급하게 서류를 스캔해야 할 때가 있습니다. 보통 교실마다 스캐너가 구비되어 있지는 않기 때문에 자료에 오류가 있을 때마다 교무실을 들락거려야 하는 귀찮은 상황이 펼쳐지기도 합니다. 학생들에게

---

12) [그림 53-20] https://apps.apple.com/kr/app/evernote-scannable/id883338188

13) [그림 53-21] https://play.google.com/store/apps/details?id=com.intsig.camscanner&hl=ko&gl=US

나눠 주어야 할 안내장이 갑자기 부족한데 아무리 찾아봐도 없는 경우도 종종 발생합니다. 비단 학교뿐만 아니라 등본 제출이나 영수증 첨부 등 일상생활 속에서도 서류를 스캔하여 제출해야 하는 경우는 무척 많이 있습니다.

이럴 때 아주 큰 도움을 받을 수 있는 스캔 애플리케이션들을 소개합니다. 저희 반 6학년 학생들에게도 앱 사용 방법을 알려주었더니 코로나19 결석 등 학교에 나오지 못할 때 제출해야 될 각종 신청서나 결석 관련 서류를 깔끔하고 선명한 화질로 제출하여 수합하는 데 큰 도움을 받을 수 있었습니다.

2 | 사용 방법

vPLAT은 여러 장의 문서를 빠르게 스캔할 수 있다는 점이 강점입니다. 책을 펼쳐놓은 상태에서 두 페이지를 한 번에 스캔하는 기능도 있어 필요한 책 내용을 빠르게 스캔할 때 유용합니다.

vPLAT에서도 앞서 설명해드린 구글 드라이브처럼 스캔한 파일 속의 텍스트를 자동으로 인식하는 강력한 기능을 제공합니다. 자동인식 기능을 이용하면 매우 간편하게 스캔을 할 수 있습니다. 스캐너블은 가장 신속하게 사용할 수 있습니다만 아이폰에서만 사용할 수 있는 앱입니다. 캠스캐너는 스캔한 자료를 PDF 파일로 바로 저장할 수도 있고 텍스트 자동인식 기능도 제공합니다만 광고가 있고 몇몇 기능들은 유료 버전에서만 사용할 수 있도록 제한되어 있습니다.

여기서는 다양한 기능을 쉽고 간편하게 무료로 이용할 수 있는 vPLAT의 사용법을 설명하도록 하겠습니다. 휴대용 스캔 애플리케이션들의 기능이나 사용법은 대동소이하고 크게 어렵지 않으므로 아래 사용법을 확인해보시고 활용하시기 가장 좋은 것을 골라 사용하시기 바랍니다.

 vPLAT 사용법

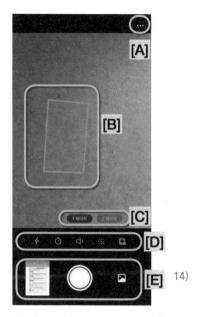

[그림 53-22 vFLAT 사용 화면]

	두 가지 설정을 변경합니다.
[A]	① [사진 라이브러리에 저장] 스캔한 페이지를 자동으로 사진 앨범에 저장합니다. 켜두는 것이 좋습니다. ② [두 페이지 스캔 순서] 책을 펼쳐두고 두 페이지를 한 번에 스캔할 경우 책의 순서가 왼쪽에서 오른쪽인지, 오른쪽에서 왼쪽인지를 설정합니다.

---

14) [그림 53-22]~[그림 53-23] 이미지 캡처 출처는 모두 'vFLAT' 앱

[B]	스캔이 이루어지는 영역을 표시합니다. 민트색 박스가 움직이며 스캔되는 대상을 자동으로 감지합니다. 스캔할 대상과 배경의 색이 확실하게 차이가 날수록 빠르고 선명하게 인식합니다.
[C]	스캔할 페이지 수를 정합니다. 2페이지로 설정해두고 1페이지를 스캔할 경우 인식이 되지 않습니다.
[D]	⚡ [플래시 on] ⏱ [3, 5초 타이머 on] 🔊 [카메라 촬영음 on] ☀ **[색상 보정, 손가락 지우기]** 색상 보정은 스캔한 결과물을 깔끔하고 선명하게 자동 보정해주는 기능이므로 켜는 것을 추천합니다. 손가락 지우기 기능은 스캔 시 책을 잡고 있는 손가락을 자동으로 인식하여 지워주는 편리한 기능입니다. 📷 **[자동 스캔]** 자동 스캔을 설정하면 아래 [E]에 보이는 촬영 버튼이 비활성화되고, 스캔할 페이지를 인식하는 즉시 자동으로 스캔하여 저장해줍니다. 빠르게 여러 장을 스캔해야 할 때 유용합니다.
[E]	왼쪽은 스캔 문서 미리보기입니다. 스캔한 모든 문서가 표시되는데 자동 저장을 활성화하지 않았다면 각 문서들을 선택하여 저장해주어야 합니다. 가운데 둥근 버튼은 스캔(=촬영) 버튼입니다. [D]에서 자동 스캔을 활성화하지 않은 상태에서는 스캔할 대상을 [B]에 보이는 영역에 맞춘 뒤 스캔 버튼을 눌러줍니다.

[표 53-3 vFLAT 사용법]

[E]에서 스캔한 문서의 목록으로 들어가면 지금까지 스캔한 모든 문서들이 보입니다. 여기서 문서를 선택하면 다음과 같이 **T 텍스트 인식하기** 나 [공유하기]를 사용할 수 있습니다.

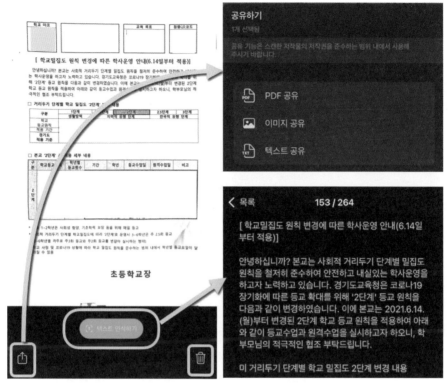

[그림 53-23 vFLAT 텍스트 인식 기능]

T 텍스트 인식하기 를 누르면 스캔한 문서 속에서 인식할 수 있는 텍스트를 자동으로 인식하여 나타내줍니다. 기호나 표까지 완벽하게 인식하지는 못하지만 글자 자체는 위 장면에서와 같이 거의 완벽하게 인식합니다. 인식된 텍스트는 복사, 붙여넣기 등 다양하게 활용할 수 있습니다.

왼쪽 아래의 [공유하기] 아이콘을 누르면 스캔한 문서를 PDF나 이미지 형태로 저장할 수 있습니다. 혹은 인식한 텍스트를 여기서 공유할 수도 있습니다. 오른쪽 아래에 보이는 쓰레기통 아이콘을 누르면 해당 스캔 문서가 삭제됩니다.

CrezZone 크레존

1 활용 예시

학년 교육과정 편성 시 현장학습의 구상은 꽤 큰 고민이 필요한 부분 중 하나입니다. 어디로 갈지, 어떻게 이동할지, 가서 어떤 활동을 할지, 필요한 준비는 무엇인지 등 많은 것을 면밀히 따지고 고민해야 합니다. 이럴 때 크레존을 이용하면 현장체험학습 준비에 큰 도움을 받을 수 있습니다.

크레존은 앞서 소개해드린 애스크 매스(수학②), 사이언스 레벨업(과학②)과 함께 한국과학창의재단의 패밀리 사이트 중 하나로 창의적 체험활동 관련 자료를 모아둔 사이트입니다. 각종 계기교육이나 최근 주목받고 있는 지속가능교육 관련 자료도 찾아볼 수 있어 특별한 수업을 준비하는 데 큰 도움을 받을 수 있습니다. 다른 패밀리 사이트들과 마찬가지로 방대한 양의 수업 자료, 연구 자료, 연구회 커뮤니티 등 창의적 체험학습에 관련된 다방면의 자료들을 담고 있습니다. 한국과학창의재단 통합 멤버십 아이디로 로그인이 가능합니다.

15)

[그림 53-24 크레존 메인 페이지]

여기서는 크레듀의 많은 자료들 중 현장체험학습에 대한 것을 다루고자 합니다. 지역별로 체험학습을 가기 좋은 장소들의 소개와 위치, 홈페이지 등의 정보를 분류하여 한눈에 보기 쉽게 정리해두었습니다. 또한 해당 장소에 체험학습을 갈 때 활용할 수 있는 현장체험학습 계획, 학생 학습지 등의 자료도 함께 이용할 수 있습니다.

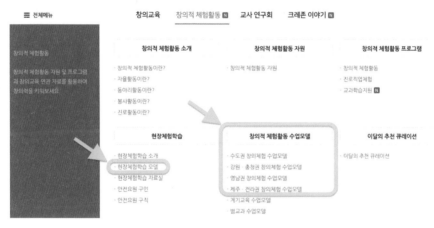

[그림 53-25 현장체험학습, 창의적 체험활동 수업모델]

위 화면과 같이 전체 메뉴를 열어둔 상태에서 [창의적 체험활동] → [현장체험학습] → [현장체험학습 모델]에 들어갑니다. 작은 노란 네모로 표시된 부분입니다. [현장체험학습 모델] 메뉴에서는 아래와 같이 학교급, 지역, 인원, 기간, 테마 등을 필터로 설정하여 체험학습을 검색할 수 있습니다.

검색하면 현장체험학습 우수 사례들이 목록 형태로 나타납니다. 이들 중 이

---

15) [그림 53-24]~[그림 53-25] https://www.crezone.net/index.do

용하고 싶은 현장체험학습 모델을 선택하면 장소, 인원, 일정 등 구체적인 정보가 자세히 나타납니다. 현장체험학습에 사용한 학습지도 다운로드하여 사용할 수 있습니다. 국내 유명한 역사유적이나 관광지, 박물관, 과학관부터 생긴지 얼마 되지 않아 잘 알려지지 않은 지역별 테마 박물관들까지 많은 장소들이 추천되어 있습니다. 교육청에서 개발한 전국 현장체험학습 코스 개발 자료집도 찾아볼 수 있습니다.

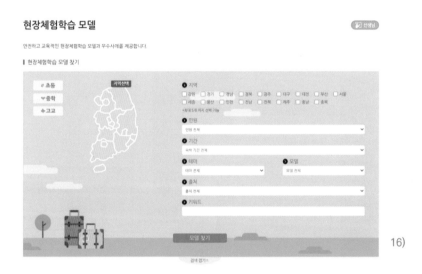

16)

[그림 53-26 현장체험학습 모델 조건별 검색]

17)

[그림 53-27 모델 찾기로 검색되는 현장학습 사례를 클릭하여 상세 정보 확인]

---

16) [그림 53-26] https://www.crezone.net/activities/fieldExperientialLearning/model/list.do

■ 소개

민족의 긍지를 찾아 떠나는 「S.A.F.E (Safe, Active Field trip for Education)」 수학여행은 학생활동, 지식습득, 현장경험, 안전을 주제로 학생들이 실제 있습니다. 특히 6학년 사회과에서 가장 중요하게 다루어지는 근현대사의 주요 장소를 찾아가 직접 체험하고 느낄 수 있는 여행지를 설정하였으며, 한 시기, 나라를 지키고자 노력한 고종과 수많은 독립운동가와 민주화 운동가들의 숭고한 뜻을 직접 현장에서 느낄 수 있도록 계획하였습니다. 서대문 형쓰기 미션을 수행하도록 하였으며, 덕수궁과 정동길 위에서는 인상적인 장소를 그림으로 그려오기 등의 활동을 통해 오랫동안 기억에 남을 수 있는 수나다.

서대문자연사박물관
서울시 서대문구 연희로 ...
홈페이지: http://...
문의전화: 02- 3547

■ 일정표
▶ 1일차: 활동초 · 서대문형무소 · 덕수궁 · 정동길 · 숙소
▶ 2일차: 숙소 · 롯데월드아쿠아리움 · 롯데월드 · 활동초

날짜	이동구간	소요시간
1일차 (10/6)	학교 → 서대문형무소	08:00~11:00
	서대문형무소 및 독립문(점심도시락 식사 포함) *서대문형무소 도슨트 해설 11:20~12:00	11:00~14:00
	서대문형무소 → 덕수궁	14:00~14:30
	덕수궁과 정동길 *수문장 교대식 14:30 *덕수궁&정동길 해설 14:30~16:30	14:00~16:30
	덕수궁 → 안중근 기념관(해설시간 관계로 생략)	16:30~17:00
	안중근 기념관(해설시간 관계로 생략)	17:00~18:00
	저녁식사(남산 산채집)	18:00~19:00
	남산케이블카 N타워 관광	19:20~21:00

서대문형무소역사관
서울특별시 서대문구 통일로 251
홈페이지: http://...
휴무정보: 1월 1일, 설날 및 추...

[그림 53-28 현장학습 관련 소개, 일정표, 관련 자원(장소) 등 정보 확인]

큰 노란색 네모로 표시한 [창의적 체험활동 수업모델] → [수도권 창의체험 수업모델] 등 지역별 창의체험 수업모델 메뉴 역시 현장체험학습을 가기 좋은 장소들과 가서 할 수 있는 수업 활동 예시 등의 정보를 확인할 수 있습니다. 앞서 보신 [현장체험학습 모델]은 숙박형 일정이 많은 편이라면, 여기서는 당일 체험학습으로도 가기 좋은 장소들도 많이 준비되어 있다는 인상을 받았습니다. 일부러 찾아보지 않으면 쉽게 알기 힘든 지역 내 생태체험관이나 고장 문화 탐방 등을 일목요연하게 정돈하여 볼 수 있어 체험학습 장소 선정에 큰 도움이 됩니다. 늘 주말 나들이를 고민하는 부모님들에게도 좋은 정보가 되지 않을까 생각합니다.

---

17) [그림 53-27]~[그림 53-28]
https://www.crezone.net/activities/fieldExperientialLearning/model/detail.do?sid=562&page=1&search=

나가며

학교는 분명히 변화하고 있습니다. 더디게나마 더 나은 방향으로 나아가려 끊임없이 방법을 모색하고 실천하려 노력합니다. 블렌디드 러닝, 융합인재교육, 거꾸로 교실 등 새로운 교육적 시도들이 각각의 가치를 입증하며 학교 현장에 자리 잡았습니다.

이제 다음 차례는 디지털교과서를 이용한 디지털 리터러시 교육이 아닐까 생각합니다. 최근 치러진 교육감 선거에서도 다수의 후보들이 디지털교과서 보급, 디지털 리터러시 향상, 미래교육 등을 공약으로 내걸었습니다. 가까운 시일 내에 맞이하게 될 눈앞의 현실입니다.

그렇다고 너무 조바심을 내실 필요는 없습니다. 수많은 선생님들께서 각자의 훌륭한 방식으로 학생들을 지도하고 계심을 알고 있습니다. 누군가는 토론을, 누군가는 그림책을 무기로 아이들의 성장이라는 공통의 목표에 접근해가고 있을 것입니다. 디지털교과서 역시 다른 방법들과 같이 학생의 성장을 위한 하나의 도구일 뿐입니다. 학생들과 함께하며 천천히 접근하시다 보면 어느새 자연스럽게 디지털 도구를 이용한 다양한 수업을 진행하실 수 있을 것이라 확신합니다.

원고를 완성하기까지 많은 도움과 격려를 준 우리 가족들에게 감사의 마음을 전합니다. 끝으로 한 사람의 아이디어를 멋진 책으로 탄생시켜주신 다빈치 books에 진심으로 감사드립니다. 이 책이 학생들의 디지털 리터러시 성장에 조금이나마 도움이 되기를 바랍니다.